फाँस

फाँस

संजीव

वाणी प्रकाशन

वाणी प्रकाशन
4695, 21-ए, दरियागंज, नयी दिल्ली 110 002

फ़ोन : +91 11 23273167 फ़ैक्स : +91 11 23275710

शाखाएँ

अशोक राजपथ, पटना 800 004, बिहार

कॉफ़ी हाउस कैम्पस, महात्मा गांधी मार्ग, इलाहाबाद 211 001, उत्तर प्रदेश

महात्मा गांधी अन्तरराष्ट्रीय हिन्दी विश्वविद्यालय, वर्धा 442 001, महाराष्ट्र

36/ए, शेक्सपीयर सरणी, रानी बिरला गर्ल्स कॉलेज के पास, कोलकाता 700 017, प. बंगाल

www.vaniprakashan.com
marketing@vaniprakashan.in
sales@vaniprakashan.in

Phans
by Sanjeev

ISBN : 978-93-5072-948-9
Novel

प्रथम संस्करण 2015
द्वितीय संस्करण 2023

मूल्य : ₹ 499

अध्याय 5 का चित्र : मेघा आचार्य

आर. टेक ऑफ़सेट प्रिंटर्स, दिल्ली-110 032 में मुद्रित

वाणी प्रकाशन का लोगो मक़बूल फ़िदा हुसेन की कूची से

समर्पण

सबका पेट भरने और तन ढकने वाले
देश के लाखों किसानों और उनके
परिवारों को जिनकी 'हत्या'
या 'आत्महत्या' को
हम रोक नहीं
पा रहे।

आभार

1. श्री विभूति नारायण राय, भूतपूर्व कुलपति, महात्मा गाँधी अन्तरराष्ट्रीय हिन्दी विश्वविद्यालय, वर्धा (महाराष्ट्र)
2. प्रो. अनिल अंकित राय, अधिष्ठाता मानविकी, सामाजिक विज्ञान विद्यापीठ, महात्मा गाँधी अन्तरराष्ट्रीय हिन्दी विश्वविद्यालय, वर्धा (महाराष्ट्र)
3. श्रीमती पुष्पा सिंह राठौर, वर्धा
4. श्री कुमार सिंह राठौर, वर्धा
5. श्रीमती सुरभि विप्लव, वर्धा
6. श्री राजदीप राठौर, वर्धा
7. महात्मा गाँधी अन्तरराष्ट्रीय हिन्दी विश्वविद्यालय, मास कम्युनिकेशन 2009-2011 के स्नातकोत्तर के छात्र
8. श्री सन्दीप वर्मा परिवार, मास कम्युनिकेशन विभाग, महात्मा गाँधी अन्तरराष्ट्रीय हिन्दी विश्वविद्यालय, वर्धा
9. प्रो. सन्तोष राय बोले, अमरावती
10. डॉ. सुनील कुमार लवटे, कोल्हापुर
11. डॉ. गिरीश काशिद, शोलापुर
12. श्री सदानन्द देशमुख, लेखक, औरंगाबाद
13. श्री पी. साईनाथ, पत्रकार, चेन्नई
14. श्री देवाजी तोपा और मेंडालेखा के लोग, मेंडालेखा, गड़चिरोली (महाराष्ट्र)
15. श्री रामजी दादाजी खोबरागड़े, नांदेड़, चन्द्रपुर (महाराष्ट्र)
16. श्री देवेन्द्र मेवाड़ी, लेखक, वैज्ञानिक, दिल्ली
17. श्री राजेन्द्र श्रीवास्तव, लेखक, पुणे
18. श्री विजय जावंदिया, सामाजिक कार्यकर्ता, वर्धा
19. श्री किशोर तिवारी, राजनीतिक कार्यकर्ता, यवतमाल
20. प्रो. प्रफुल्ल, सामाजिक कार्यकर्ता, अकोला
21. श्री प्रेम प्रकाश यादव, शोध छात्र, महात्मा गाँधी अन्तरराष्ट्रीय हिन्दी विश्वविद्यालय, वर्धा

22. प्रो. शम्भु गुप्त, महात्मा गाँधी अन्तरराष्ट्रीय हिन्दी विश्वविद्यालय, वर्धा
23. श्री दामोदर खड़से, पुणे
24. डॉ. शशिकला राय, प्रोफेसर, पुणे विश्वविद्यालय
25. श्री धर्मपाल, डोरली, वर्धा
26. श्री वाल्मीकि आड़े, यवतमाल
27. श्री सुभाष पालेकर, कृषि विशेषज्ञ, अमरावती
28. श्री नीलेश झालटे, पत्रकार, जलगाँव
29. श्री पराग मगर, पत्रकार, वर्धा
30. श्री हरिनारायण, सम्पादक, कथादेश, दिल्ली
31. श्री एन.आर. श्याम, लेखक, आदिलाबाद, आन्ध्रप्रदेश
32. श्री अशोक गोस्वामी, लेखक, आनन्द, गुजरात
33. श्री देविन्दर शर्मा, कृषि अर्थनीति विशेषज्ञ, दिल्ली
34. श्रीमती मधु कांकरिया, लेखिका, मुम्बई
35. डॉ. विवेक मिश्र, दिल्ली
36. श्री अरुण चन्द्र राय, ज्योतिपर्व प्रकाशन, इन्दिरापुरम्, गाजियाबाद (उ.प्र.)
37. श्रीमती अमृता बेरा, दिल्ली
38. श्री अमरेन्द्र कुमार सिंह, श्री अमरेन्द्र कुमार आर्य और श्री विनायक, शोध छात्र, महात्मा गाँधी अन्तरराष्ट्रीय हिन्दी विश्वविद्यालय, वर्धा
39. श्री अमर, श्री दीपक और श्री दीपक, नागार्जुन सराय, वर्धा
40. विदर्भ और देश के तमाम कृषक, ग्रामवासी जिनका सहयोग मुझे मिलता रहा।

विशेष :

इस उपन्यास को आधार देने का श्रेय महात्मा गाँधी अन्तरराष्ट्रीय हिन्दी विश्वविद्यालय, वर्धा को जाता है, जहाँ (2011-12) के एक वर्ष के दौरान अतिथि लेखक के रूप में मैंने इसकी शुरुआत की, जहाँ से विदर्भ के विभिन्न जिलों की भूमि और भूमि पुत्रों की दशा-दिशा और दुर्दशा देखने और समझने का मुझे अवसर मिला।

—संजीव

1

भला कोई कह सकता है कि सुखाड़ के ठनठनाते यवतमाल जिले के इस पूरबी छोर पर 'बनगाँव' जैसा कोई गाँव भी होगा जो आधा वन होगा, आधा गाँव, आधा गीला होगा, आधा सूखा। स्कूल में लड़कों के साथ लड़कियाँ भी, जुए में भैंसे के साथ बैल भी। जो भी होगा आधा-आधा। और इस गाँव में कला नाम की कोई लड़की भी होती होगी जो शराफत का टोकरा अपनी बड़ी बहन सरस्वती के सिर पर रखकर खुद भारमुक्त हो, गिल[1] की तरह पूरे गाँव में फुदकती फिरती होगी, कभी-कभी गाँव के बाहर भी। पुकारने का नाम बड़ी का 'बड़ी', छोटी का 'छोटी'। बाप शिवशंकर और माँ शकुन्तला को कोई 'शिबू' या 'शकुन' कहकर नहीं पुकारता 'छोटी का वडील'[2] या 'छोटी की आई' ही कहता है। बाप सीधा, माँ टेढ़ी। इस लिहाज से बड़ी 'बाप की मुलगी' और छोटी 'आई[3] की मुलगी[4]' ठहरी।

बनगाँव के पूरब देखो तो जंगल शुरू होने लगता है, पश्चिम देखो तो पठार। कभी-कभी तो पूरब में पानी पड़ रहा होता है और पश्चिम में नहीं, सो बारिश से बचने के लिए बकरियाँ, गाय-भैंस, बैल-भैंसे, लोग-बाग, भागकर पश्चिम आ खड़े होते हैं। वैसे बारिश का क्या है, बरसी तो बरसी, नहीं बरसी तो नहीं बरसी। बनगाँव गाँव पहाड़ी की ढलान पर बसा हुआ है, चढ़ाई चढ़ते-चढ़ते जमीन पहाड़ी पर ही पहुँचकर दम लेती है जहाँ सूरज शाम को पहुँचकर थके किसान की तरह पसीना पोंछते हुए पीछे मुड़कर अपने खेतों को देखता है और पूरी घाटी सुनहरी हो उठती है। बारिश हुई तो ऊपर का पानी पहाड़ी से ढलानों पर रिस-रिसकर नीचे उतरता है। यह संयोग है या कोई करिश्मा है कि ऊँचास पर स्थित दलित, पिछड़े और मामूली जोत के किसानों के खेतों के कंठ भी नहीं भीगते कि पानी नीचे ढुलक जाता है।

नीचे ब्राह्मण, राजपूतों और कुछ एक मराठा परिवारों के खेत और बाग-बगीचे हैं—सन्तरे, अनार के बाग। पानी रिस-रिसकर उत्तर के एक बाग में जमा होता है।

---

1. गिल = गिलहरी
2. वडील = पिता
3. आई = माँ
4. मुलगी = बेटी

मराठों, महारों, चमारों, कुनबियों, माँग, मछुआरों और आदिवासियों की मिश्रित आबादी है। ब्राह्मणों ने गाँव से हटकर एक किलोमीटर उत्तर बाँध के नजदीक अलग बनगाँव बसा लिया है—शायद छुआ जाने के भय से। बोले तो, बाँध, बाग, उर्वर खेत सब उनके या सम्पन्न मराठों के मगर मजदूर इस बनगाँव के। इस गाँव में उपनिवेश की तरह उन्होंने एक मन्दिर रख छोड़ा है—मूल मन्दिर कच्ची माटी का कभी छत्रपति शिवाजी के राजाराम या शिवाजी द्वितीय ने बनवा दिया था जिसकी किले जैसी ऊँची दीवार से सटकर एक विशाल पीपल का पेड़ वासुकी की तरह अपने फन से इतिहास पर छत्रछाया किये रहता है। जोशियों ओर कुलकर्णियों ने इसे पक्का बनवाना शुरू किया पर मन्दिर की कच्ची दीवार को गिराया नहीं, मराठों के हिन्दू प्रेम के विज्ञापन की तरह टँगा रहने दिया ताकि शेष लोग प्रेरणा लेते रहें। धान वालों की खेती हाल्या माने भैंसे से, बाकियों की बैल से...। किसी-किसी के जुए में एक बैल, एक भैंसा होता। एक-आध के जुए में इनसान भी। इस तरह बनगाँव आज भी आधा-आधा है—आधा पक्का, आधा कच्चा। आधा शूद्र, आधा ब्राह्मण। अलबत्ता मराठों और पिछड़ी जातियों को क्या कहेंगे? सवर्ण या शूद्र? यह पहेली और ऐसी ढेरों पहेलियाँ अभी हल होनी बाकी हैं।

मन्दिर की दानेदार ग्रेनाइट की पक्की फर्श पर आये दिन कच्ची दीवार की शूद्र मिट्टी झर-झर कर उसकी स्वच्छता, पावनता के ढोंग को छेड़ती रहती है। पहले शकुन, मुलगियाँ[1] और शिबू जैसे लोग धर्म का कारज मानकर पूरे परिसर को सुबह-शाम साफ किया करते, अब कुछ बैठे-ठालों, गँजेड़ियों, नशेड़ियों के सिवा कम ही लोग आते हैं।

वे ही सुबह-शाम की आरती के स्थायी सदस्य हैं।

यवतमाल से आकर गाँव के बीचोबीच से गुजरती आधी पक्की, आधी कच्ची सड़क आगे कच्ची बनकर जंगल में समा गयी है। शायद आगे वैनगंगा को पार कर गड़चिरोली भी। सड़क पर चलते हुए लोग पायचों को उठाकर सावधानी से चलते हैं। विदर्भ के कई अंचलों की तरह चिकना देखकर कुछ लोग सड़क के ऐन बगल में ही निबटान से निवृत्त हो लेते हैं। जंगल में कभी-कभी आग भी लग जाती है तो कुछ दिन लगी ही रहती है। इस बार आग जंगल में नहीं, सीधे-सीधे बनगाँव में लगी थी।

एक ने दूसरे से कहा, दूसरे ने तीसरे से, तीसरे ने चौथे से कहा कि ''कलावती, शिबू की छोटी मुलगी स्कूल से घर नहीं लौटी।'' सारी उँगलियाँ छोटी के बाप को छेदती हुई।

''हाय देवा, अनरथ हो गया।'' मन्दिर के पुजारी जी जिस-तिस से पूछते हैं,

1. बेटियाँ

"कुछ पता चला?"

फिर खुद ही बताते हैं, "हमें तो पहले से ही पता था कि एक दिन यह होकर रहेगा।"

"और पढ़ाओ मुलगियों को, जैसे पढ़-लिखकर बैरिस्टर बनेंगी।"

"सुनते हैं, कोई फंक्शन था, उसी में गयी थी।"

"अरे गये तो और भी मुलगे-मुलगियाँ[1] थे, शुभा का बेटा अशोक भी गया था। सभी तो लौट आये, उसे छोड़कर।"

"क्यों नहीं आयी, बड़ी क्या कहती है?"

"कहती है, उसका डांस था।"

यह तो हुई गाँव की बात। परिवार में छोटी के गायब होने की बात पर शिबू और शकुन में जो महाभारत मचा, सो अलग। उस दिन खाना नहीं ही न बना। सुबह मराठा पड़ोसन शुभा के परिवार की मध्यस्थता में जब तक शिबू ने अपनी बात मनवा न ली कि अब से दोनों बेटियों का स्कूल जाना बन्द, घर में चूल्हा नहीं जला।

इन सब से अनजान बनगाँव से बहुत दूर गड़चिरोली के एक स्कूल के कैम्प में छोटी अपनी सहेली मंजुला के साथ पंख लगाकर तितली-सी उड़ रही थी। दोनों के पाँव साथ-साथ पड़ते, कंठ साथ-साथ खुलते, दो ही दिनों में छोटी ने वहाँ की बोली ऐसी सीख ली, जैसे वहीं पैदा हुई हो।

'धिंग-धिंधिंग! धिंग धिंधिंग!' इस प्रकार का नाच उसके जीवन का पहला नाच था, लड़कियों और लड़कों का अलग-अलग दल। एक साथ लड़के धोती में, लड़कियाँ मोटे हरे पाड़ की साड़ी में, साड़ी सफेद और धोती भी सफेद। लड़कों ने मोर पंख का टोप पहन रखा था और ढोल बजा रहे थे। गड़चिरोली, चन्द्रपुर और सीमा पर यवतमाल जैसे स्कूलों का यह युवा महोत्सव कैम्प लगा था। जिन लड़के-लड़कियों के स्पोर्ट्स आदि के प्रदर्शन सम्पन्न हो चले थे, उन्हें उनके टीचरों के साथ वापस भेज दिया गया था, जिन्हें समापन के सांस्कृतिक उत्सव में भाग लेना था, उन्हें रोक लिया गया था। इस तरह बड़ी जा चुकी थी और छोटी रुक गयी थी।

नाच की सखी मंजुला के साथ नाचते-नाचते धानोरा से उसके गाँव मेंडालेखा चली आयी और कैम्प टूटने तक रुकी रही वह। मंजुला नाम स्कूल की टीचर का दिया हुआ था, टाट पर मखमल का पैबन्द वरना वहाँ ऐसे नाम कहाँ! अपने तमाम गँवईपन के बावजूद मेंडालेखा उसके लिए किसी आश्चर्य लोक से कम नहीं था। एक गाँव, जहाँ कोई मन्दिर नहीं, जाति नहीं, जंगल पर सबका समान अधिकार, बाँस के वन और वर्षों-वर्षों पुराने पेड़ों से भरा मेंडालेखा। बाघ, भालू के डर से

1. लड़के-लड़कियाँ

जंगल में ज्यादा अन्दर नहीं गये, लेकिन जो भी दिख रहा था, वह उसे चकित कर देने के लिए काफी था। यहाँ घोटुल भी था, घोटुल तो और जगहों पर भी होता है पर यहाँ एक और भी अद्‌भुत चीज थी कूर्माघर, जहाँ मासिक धर्म के दिनों में 3-4 दिन तक औरतें विश्राम करती हैं। छोटी और उस जैसे दूसरे लड़के-लड़कियों के लिए यह नया था। ये कैसा गाँव है! बस्तर के घोटुल के बारे में उसने काफी कुछ सुन रखा था, पर यहाँ वैसा कुछ नहीं था, सिर्फ गाना-बजाना, नाचना.....बतियाना। यहाँ गाय-भैंस पालते सब हैं, पर उनका दूध कोई नहीं पीता। पूछने पर पता चला, दूध गाय-भैंस के बछड़े और पाड़े के लिए है। हम कौन होते हैं माँ और बच्चे के बीच आने या शिशु आहार छीनने वाले? हल्या[1] खेत जोतने के काम आता है। गाँव और जंगल की उपज—सब यहाँ सामूहिक, बाँस भी। हर समस्या का स्त्री-पुरुष मिलकर फैसला लेते हैं।

यहाँ कोई राजा नहीं, कोई मालिक नहीं। बहुत कुछ देखा, अभी कुछ देखना बाकी था लेकिन उसे लौटना पड़ा, यद्यपि कैम्प के हिसाब से उसका दल परसों लौट रहा था और वह एक दिन और रुक सकती थी लेकिन उसकी प्यारी सखी मंजुला ने उसके कान में कुछ कहा कि वह चौंक गयी—''मुझे तीन दिन तक तुमसे अलग उस कमरे में रहना होगा।''

''क्यों?''

''वो, शुरू हो गया।'' उसने कान में फुसफुसाकर कहा।

''ज्यादा नाचने-कूदने से?''

''अरे नहीं रे! तेरा अभी शुरू नहीं हुआ?''

''मेरा? लगता है...मेरा भी...?''

''तब भाग कला भाग, नहीं तो मेरे साथ उस कूर्माघर के बाड़े में तुझको भी बन्द कर देंगे.....तीन दिन।''

''तब तो सचमुच यह एक खतरनाक गाँव है।''

''अरे नहीं...! इसके पीछे सोच यह है कि लड़कियों, औरतों को इस समय आराम देना चाहिए। उन्हें कोई काम न करना पड़े। उनका भोजन पानी पहुँचा दिया जाएगा वहाँ।''

उस शाम कैम्प के अन्य सदस्यों के साथ मंजुला से विदा लेकर वापस लौट आयी छोटी और अगले दिन दोपहर ढलते-ढलते बनगाँव। मंजुला ने उसे उसको बन्दी विश्रामगृह कूर्माघर से ही विदा किया।

गाँव में कदम रखते हुए उसका मन हुलास से भरा हुआ था कि वह गाँव वालों और माँ-बाप को जब एक-एक बात बताएगी तो उनकी आँखें फटी की फटी रह

1. हल्या = भैंसा

जाएँगी।

यह तो अच्छा ही हुआ कि टीचर सीमा मैम उसे खुद गाँव तक पहुँचाने आयी थीं वरना शीबू तो वध ही कर डालता उसका।

शिबू ने मैम से सिर्फ इतना पूछा—''इसे कहाँ से पकड़कर ला रही हैं?''

''कहाँ से?'' मैम ने हँसकर कहा—''आपने अपनी बेटी को जहाँ भेजा था, वहाँ से।''

''पाँच दिन बाद?''

''बाकी बच्चे पहले चले आये। आपकी कला और कुछ दूसरे बच्चों का सांस्कृतिक कार्यक्रम रह गया था समापन का। डरने की कोई बात नहीं, हम थे न साथ-साथ इनके।''

शकुन ने चाय पीकर जाने का इशारा किया पर वे मानी नहीं—''अभी दो मुलगियों को उनके घर पहुँचाना है।'' और चली गयी।

चली गयी तो शकुन ने साँस छोड़ी—''जान बची।''

फिर नवरा[1] की ओर मुखातिब हुई, आँखों ही आँखों में चुनौती उछाली—''अब बोलो।''

''कुछ भी हो, कल से ये स्कूल नहीं जाएँगी।''

''एक महीने बाद मैट्रिक फाइनल है।''

''होने दो।''

छोटी ने बड़ी से जानना चाहा कि उसके जाते ही ऐसा क्या अपशकुन हो गया? लेकिन पिता पर गयी 'बड़ी' पिता की तरह ही गम्भीर रह गयी—काली, ठोस और गम्भीर।

छोटी कोशिश कर-कर के हार गयी पर उसे भेद न सकी। कितनी नयी-नयी बातें बतानी थीं उसे मेंडालेखा के बारे में, कैम्प के बारे में, मंजुला के बारे में लेकिन मन मारकर काम में लग जाना पड़ा, आई तक ने उससे भर मुँह बात न की। अलबत्ता अशोक ने देखा तो पास आ गया। कुएँ पर हँस-हँसकर वह उसे पूरा का पूरा बता गयी तो जी को करार आया।

अशोक ने कलेजे पर हाथ रखा—''हाय! तूने मुझे क्यों न बुलाया?'' माँ ने पुकारा तो घर लौट आयी।

शकुन के लिए बात आयी गयी हो गयी, लेकिन शिबू के सीने में काँटे सी कहीं अटकी रही। सरस्वती कितनी समझदार और गम्भीर है और कलावती कितनी शरीर! 16 की होने को आयी और बचपना अभी तक गया नहीं। इधर गाँव-समाज एक अलग ही चेमेगोइयाँ! भाग गयी, माँ-बाप का कोई लगाम नहीं। बदचलन है!

---

1. नवरा = पति

यह है। वह है।...और मन्दिर का वह पुजारी! पूजा का प्रसाद भकोसकर अपने गोरे पुट्ठों का प्रदर्शन करता जाने किस-किससे टोह लेता रहता—"कहाँ गयी—?" शीबू देखते ही पच्च से थूक देता। स्साला कुत्ता! दिन भर नीचे नाले में नहाती औरतों को ताकता खजहे कुत्ते की तरह। जाँघ खुजलाता रहता है और जब आ गयी टीचर के साथ तो कैसा मुँह सुटुक गया सबका! लोग फिर भी बदजात, एक मौका चूक गया तो दूसरा ढूँढ़ लेंगे।

बेटी की बात पर एकबारगी छुई-मुई बाप। स्पर्श कातरता ऐसी कि अब वह बाहर जो कुछ भी सुनता है, सबको अपने दुर्भाग्य से जोड़ने लगता है। उसे इस बात की चिढ़ है कि शकुन इसे समझती क्यों नहीं। जिद करके मुलगियों को फिर से स्कूल पहुँचाना चाहती है। भूल गयी कि वहाँ उनकी शाहजादी कला ने उस दिन क्या गुल खिलाया था।

एक पेड़ से लटककर एक किसान ने फाँसी लगा ली थी। गये तो कौतूहलवश सारे ही लोग, लेकिन पुलिस के आने तक सब लौट भी आये और ये महारानी धीरे-धीरे आगे बढ़ीं, करीब जाकर खड़ी रहीं। देखती रहीं। क्लास छोड़ दिया। बड़ी ढूँढ़ते हुए वहाँ पहुँची तो देखा, वहीं खड़ी होकर देख रही है। यही नहीं, उसने लाश को ठेला भी और ऐसा करते ही लाश का चेहरा घूमकर उसके सामने आ गया। वह आँखें सिकोड़ कर उसे लगी देखने। उसने हाथों से फिर से लाश को ठेल दिया। चेहरा घूम गया। बड़ी तो चीखकर भाग खड़ी हुई। फिर सोचा कि वह अकेली है, लौटकर डाँटा—"घर चलती है कि नहीं।" धमकी दी कि मैं बाबा को बुला लाती हूँ? तब कहीं जाकर हटी। आज क्या घर, क्या मन्दिर, क्या मस्जिद, क्या साहूकार की दुकान, सर्वत्र उसी की चर्चा है—"कौन था, क्यों फाँसी लगायी....?" अरे आदमी था भाई, शेतकरी[1]! दो-दो बार फसल मारी गयी, कर्ज लिया, न दे पाया, मार लिया खुद को, सो वही लोग लाश को चीर-फाड़कर 'अन्त्येष्टि' मनाकर भूलने लगेंगे लेकिन ये महारानी लाश को तब तक ढोती रहेंगी। इसे तो शिवाजी या ताराबाई की पलटन में होना चाहिए था।

शिबू के इस छोटे-से घर में भी चार छोटे-छोटे घर हैं, सामने वाले घर में माँ-बाप सोते हैं, उसके आगे पशुशाला। कभी आबाद रहा करती थी भैंस-गाय से। अब सिर्फ एक हल्या है। दूसरा हल्या तुकाराम का लेना पड़ता है जोड़ी बनाने के लिए। पीछे दो कमरे, एक अनाज कापूस की गाँठें मका[2] की जुड़ी[3], पोटलियों में बँधे जाने कब के बीज और कबाड़ भरा रहता है। बगल के कमरे में दोनों बहनें

1. शेतकरी = किसान
2. मका = मक्का
3. जुड़ी = झोंप, गुच्छे

सरस्वती और कलावती। सौभाग्य से बिजली है गाँव में, मगर वह दस बजे रात को आयेगी। खा-पीकर, दोनों बच्चियाँ, माँ-बाप की सेवा करती हैं, सेवा, माने हाथ-पाँव, कमर-कन्धे, कूल्हे और सिर दबा देना।

इस क्रिया में अक्सर ही माँ-बाप में बहस छिड़ जाती है या दोनों बहनों में। फिर आज तो सबके सामने एक लाश झूल रही थी।

शुरुआत शकुन ने की—"इस देश का किसान कर्ज में ही जन्म लेता है, कर्ज में ही जीता है, कर्ज में ही मर जाता है।"

बाप के हाथ-पाँव टीपते हुए छोटी को अपना ज्ञान बघारने का मौका मिला—"कारपोरेट-सोशल रेसपोंसिबिलिटी इन देसी-विदेशी सेठों की जिम्मेवारी। आपूर्ति उतनी ही होती है जितने में इसका ग्राहक बचा रहे। किसी को भी किसानों की आत्महत्या की फिकर नहीं, किसी को भी नहीं।"

"ये क्या बोली तू—कारपेट सोशल....?" बड़ी ने पूछा।

"कारपेट नहीं ताई कारपोरेट....।"

खीज गयी बड़ी—"ये कहाँ से लायी तू....कैसे नहीं है फिकर?"

"पिछले बरस सात हजार किसानों ने आत्महत्या की थी। अखबार, रेडियो, टी.वी. सबने अफीम खा ली, खबर तक न हुई।"

"झूठ!"

"सच!"

"झूठी कहीं की।"

"तुम दोनों झगड़ना बन्द करो तो।" बाप ने झिड़का। थोड़ी देर तक शान्ति छायी रही फिर अँधेरे से बाप की आवाज उभरी—"इस बार तो फसल की कोई उम्मीद नहीं, दो-चार किलो तूअर[1], बाकी कुछ नहीं। मुझे लगता है, मैं बीच मझधार में फँस गया हूँ। न आगे बढ़ पा रहा हूँ, न लौट पा रहा हूँ। मेरी हालत अपने लालू जैसी होती जा रही है।"

"कौन लालू?" सरस्वती ने पूछा।

"इतनी जल्दी भूल गये तुम सब....?" शिबू ने छह बरस पहले की बातें उकेरनी शुरू कीं—

वडील[2] जाते-जाते भी कैसे-कैसे तो दो एकड़ खेत जोड़ गये थे। एक एकड़ उँचास पर कापूस[3] जोआरी[4] के लिए, एक एकड़ निचास पर धान-गेहूँ के लिए। दो

---

1. तूअर = मक्का
2. वडील = पिता
3. कापूस = कपास
4. जोआरी = ज्वार

बैल भी—'लालू', 'माकड़ू' और खेती के सारे साज-ओ-सामान भी। जाते-जाते कह गये थे ब्रडील—"लालू ज्यादा नहीं चल पाएगा, बदलकर दूसरा ले लेना। माकड़ू घर का वासरू[1] है। मकरी गाय की निशानी। उसके बाद गाय नहीं ले पाये हम। उसे मत बेचना।"

कायदे से ऊपर के खेतों की खेती बैल से होती थी लेकिन नीचे कीचड़ पानी में बैल कामयाब न थे, ज्यादा ताकत की जरूरत होती है। सो इधर के सारे धनहर खेतों में हल्या से ही खेती होती। थोड़े सुस्त होते हैं मगर दो तरह की जुताई से बचने के लिए छोटे किसान हल्या रखना ही पसन्द करते। शिबू भी ऐसा करने को सोच रहा था, तभी एक दिन बैठ गया लालू। दुःस्वप्न की तरह याद है उस दिन का एक-एक वाकया। उस दिन उस तरफ रह-रहकर पानी बरस रहा था। शिबू 'लालू' माकड़ू के साथ अपने बनजारी वाले खेत को जोत रहा था। शकुन उखाड़ी गयी वैरण के जोड़े ला-लाकर मेंड़ पर रख रही थी। सरस्वती, कलावती अपने चड्डी! फ्रॉक में नंगे पैर प्लास्टिक ओढ़े स्कूल को ।नेकली थीं। कहीं जुताई चल रही थी। कहीं हेंगा....अचानक हल का फाल मिट्टी में जा फँसा और भहरा पड़ा लालू। गिरा तो फिर उठा न गया। शिबू ने किसी तरह खिंच गये जुआट की सरिया खींचकर जुए से मुक्त किया लालू को।

"उठ! उठ जा मेरे बाबा! हट हट! ट्ट!ट्ट" तमाम ललकारें बेकार गयीं। नववारी में लथपथ शकुन दौड़ी-दौड़ी आयी। बस्ता मेंड़ पर रखकर दौड़ी आयी मुलगियाँ भी। पूरा परिवार लग गया लालू को खड़ा करने में।

"मैं सींग की तरफ जाता हूँ, तू पूँछ पकड़कर उठा।" शिबू ने कहा और लालू की दोनों सींगें पकड़ लीं। वह सींग की तरफ से जोर लगा रहा था, शकुन पूँछ की तरफ से। दोनों मुलगियाँ गर्दन के नीचे पुई[2] सहला रही थीं, पुचकार रही थीं—"उठ जा भैया! उठ जा दादा! उठ जा लालू!" मगर नहीं, लालू ने दो-एक बार उठने की कोशिश भी की मगर न उठ सका। कीचड़ उसे दबोचकर बैठ गया था। उसने अपना लाचार थूथन माटी में टेक दिया था। जीभ निकाल दी। बैठे-बैठे पेशाब और गोबर कर दिया। कीड़े काट रहे थे मगर पूँछ से हड़ाने भर की कूबत न रह गयी थी। वैसे भी पूँछ पूरी तरह लिथड़ चुकी थी। लिथड़ चुका था लालू, लिथड़ चुका था पूरा परिवार गोबर-कीचड़ से। शकुन ने पूँछ छोड़ दी। खेत जोत रहे किसानों को बुला लायी, मुलगियाँ घर से बाँस ले आयीं और अशोक के घर से हेंगा के रस्से भी। जैसे-तैसे सबने उठाकर खड़ा किया मगर दूसरे ही पल लालू फिर जा भहराया। दूसरी बार भी, तीसरी बार भी। दूसरा बैल माकड़ू अपने साथी की दुर्दशा देखकर

1. वासरू = बछड़ा
2. पुई = गले के नीचे की लटकी खाल

घबराया-घबराया-सा था। शकुन भल्ल-भल्ल रोये जा रही थीं। मुलगियाँ भी...।

किसानों ने शिबू को कोसना शुरू किया—"ऐसी माटी के लिए हल्या चाहिए थे और तुम....? चले आये बैल लेकर, सो भी बूढ़ा।"

"सोचा था, इस साल किसी तरह पार लग जाए तो अगले साल बदल देंगे।"

सबने मिलकर सीने के नीचे एक रस्सा लगाया, एक रस्सा कमर की तरफ पिछली टाँगों के बगल से। बाँध-छान कर बनजारी खेत के कोने तक ले आये। उसके लिए महुआ फुलाकर लाया गया, हरी-हरी घास आयी, कुछ घोलकर चोंगी से पिलाने की कोशिश भी की गयी। जिसने जो-जो कहा, सब किया गया। दूसरे दिन 'लालू' कह कर पुकारने पर वह हुड़क देता, कान खड़े हो जाते। लेकिन यहीं तक....। आँखों से आँसू बहे जा रहे थे। परिवार का वह सदस्य अपनी असहायता पर आँसू बहाते-बहाते, भूल-चूक के लिए क्षमा माँगते हुए सदा के लिए विदा ले रहा था—"माफ करना, मुझसे जितना बन पड़ा, किया, अब नहीं....।"

उसे वहीं जमीन खनकर गाड़ दिया गया। आज भी जब कभी शिबू उधर से गुजरता रुककर मन ही मन पुकारता है, "लालू" लगता है 'लालू'! पुकारते ही वह हुड़क कर उठ खड़ा होने की कोशिश कर रहा है।

मामा अपना पाड़ा दे गये। वही हल्या माकडू का जोड़ीदार बना। एक बैल, एक भैंस! लोग हँसते—एक चक्का ट्रैक्टर का, एक साइकिल का।

"तुम सब भूल गये लालू को।"

"एकदम नहीं भूले वडील, मगर तुमने यह दुःख भरी चर्चा आज क्यों उठायी?" छोटी ने पूछा।

"अकेला होता तो चला भी जाता कहीं...नागपुर, नासिक, मुम्बई, दिल्ली....लेकिन ये दो-दो मुलगियाँ, बायको[1] इन सबको लेकर कहाँ जाऊँ?"

"तुम ही नहीं, इस देश के सौ में से चालीस शेतकरी आज ही खेती छोड़ दें अगर उनके पास कोई दूसरा चारा हो। 80 लाख ने तो किसानी छोड़ भी दी।" पिता को बताने के बाद आई की ओर मुड़ गयी—"क्यों आई, तुम क्या सोचती हो, छोड़ देंगे न?"

"मेरी उतनी अकल कहाँ कि सोचूँ।" शकुन उदास हो गयी।

"तुम बताओ ताई।" अब सरस्वती से समर्थन की माँग।

सरस्वती ने इनकार किया तो खुद ही जवाब देने लगी अपने सवाल का—"नहीं! एक विद्वान ने कहा है कि शेती कोई धन्धा नहीं, बल्कि एक लाइफ स्टाइल है—जीने का तरीका, जिसे किसान अन्य किसी भी धन्धे के चलते नहीं छोड़ सकता। सो तुम बाबा....तुम लाख कहो कि तुम शेती छोड़ दोगे, नहीं छोड़ सकते। किसानी तुम्हारे

1. बायको = पत्नी

खून में है।''

चिहुँक पड़ते हैं शिबू—''तुम्हें यह सब कैसे पता?''

चोरी पकड़ी जाने पर हकला उठी छोटी—''वो विजयेन्द्र सर का लेख छपा है 'देशोन्नति' में।''

''नहीं बाबा, अशोक से शेतकरी पर बराबर डिस्कस करती रहती है।'' सरस्वती ने चुगली की।

''तू तो साथ रहती है, किस-किस से बात करती है छोटी?''

अगले दिन शिबू ने बड़ी बेटी से पूछा।

''वो तो हर किसी से, हवा से, पानी से, पेड़ से, फूल से....।''

''मेरा मतलब अशोक से...?''

''हाँ, अशोक से कुछ ज्यादा ही बातें होती हैं। साथ आता है, साथ जाता है, साथ पढ़ता है न!''

''कैसी बातें?''

''ज्यादातर पढ़ाई की। शेती-शेतकरी, राजनीति की भी कितनी-कितनी तो पत्रिकाएँ, किताबें, उन्हीं सबकी।''

''और...?''

''हिन्दी फिल्मी गीतों की। पुराने गानों के दोनों दीवाने हैं।''

''अशोक के पास तो माना कि मोबाइल है, मगर छोटी...?''

''वही तो गुरु है। रास्ते भर बजता रहता है। हॉबी है दोनों की।''

''हूँ ऽ ऽ ऽ!'' बहुत लम्बी हुंकारी थी शिबू की। आगे की बात पूछी नहीं जा सकती सरस्वती से। लेकिन न पूछने से क्या होता है। एक बन्द गुबार की तरह घुमड़ती तो रहती ही है न! खुद ही खुद से पूछता रहता है—''कहीं छोटी के साथ आने के लिए ही तो दो-दो बार नहीं फेल किया अशोक ने?''

2

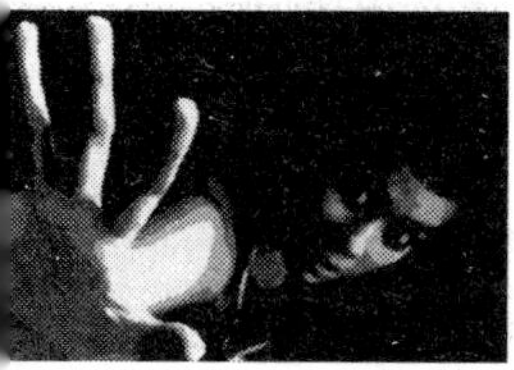

"देखो ज्यादा अन्दर मत जाना।" शकुन ने अपनी दोनों बेटियों को निर्देश दिये और गाँव की दूसरी औरतों के साथ महुए चुनने लगी।

लेकिन जो किसी की मान ही ले, वह छोटी कैसी! उसे तो जैसे मुँहमाँगी मुराद मिल गयी।

बाँस का हरापन, ताजे किसलयों की लपटें! पलाश के फूलों की दहकती लाली! जिधर देखो, उधर सलोनी रंगत। और महुए के फूलों की तो पूछो ही मत, जैसे सोने के कण बरसा रहे हों भगवान। वसन्त प्लावित इस मौसम में कलावती का मन वसन्ती-वसन्ती हो उठा। जंगल उसे पुकार रहा था। सरस्वती ने उसे रोकना चाहा। मगर असफल रही। कहाँ जंगल की टेर, कहाँ सरस्वती की! उस टेर पर वह आगे बढ़ती गयी। जंगल धीरे-धीरे घना होता गया और अब वह कहीं नजर नहीं आ रही थी।

इस गहरे एकान्त में, जाने कैसे, स्कूल के बगल देखी गयी लाश का चेहरा सामने आ गया। वह सम्मोहित-सी चलती रही। अचानक उसे लगा, किसी ने उसकी बाँह पकड़ी और खींच रहा है।

कलावती को कहाँ पता था कि उसे जंगल में अकेला जाते देख एक भेड़िया उसके पीछे लग गया था—वन विभाग का सिपाही खुदाबख्श!

"आई ऽ ऽ ऽ!" वह जोरों से चीखी।

फिर तो जैसे जंगल में भूचाल आ गया।

गाँव की औरतें दौड़ पड़ीं, दौड़ पड़ीं शकुन, सरस्वती.....। सबने मिलकर खुदाबख्श की वो गति बना दी कि वह गिड़गिड़ाकर माफी माँगने लगा। उसे उसी अवस्था में छोड़ अपना-अपना टोकरा उठाकर भाग चलीं औरतें।

धूप से थरथरा रही है टेढ़ी-मेढ़ी पगडंडी की कतार। चौकी पर बैठे अपने बाँसों का हिसाब-किताब कर रहे शिबू की नजर इस दृश्य पर पड़ी तो आशंका में उठकर खड़ा हो गया।

"बड़ी जल्दी लौट आये तुम सब! अरे बस इतने ही...और चेहरे पर खरोंचें कैसी?"

बड़ी ने कुछ नहीं कहा, अन्दर जाकर खाट पर गिरकर हाँफने लगीं। जबकि छोटी दीवार पर टँगे हर देवी-देवता के पाँव छूने लगी। इस क्रम में उसने बड़ी के भी पाँव छुए जैसे वह भी कोई देवी हो तो चिहुँक कर उसने पाँव सिकोड़ लिये। छोटी ने होठों पर हाथ रखकर इशारे से उसे चुप रहने का अनुरोध किया—''ताई, बताना मत।''

''शकुन, बताओ तो सही, क्या हुआ?'' शिबू ने पूछा।

''आज तो जान बचाकर भाग आये लेकिन....।'' वाक्य टूटने लगा।

शिबू को लगा, कोई अनिष्ट जरूर हुआ है, बता भले ही नहीं रही है—''तुम्हें भी जल्दी लगी थी न! अरे हम आठ दिन तो फलों को यूँही छोड़ देते हैं। इस जंगल के फल-फूल पर सबका हक है, सिर्फ हमारा नहीं। देवता रुष्ट हो जाते हैं।''

''छोड़ा था न।'' शकुन ने कहा।

वह अपनी रौ में था—''सियार-वियार भी मावा[1] खाते हैं, भालू भी, सुअर भी।''

''वह सुअर नहीं, बड़का सुअर था।''

''माने!''

''वही साला जंगल का सिपाही।''

''कौन, खुदाबख्श? क्या किया उस साले ने?'' शिबू का कलेजा धड़क उठा।

''कह रहा था, हराम का माल है? सरकारी चीज है सरकारी चीज! ठेका हो गया है। फिर बोला—'टैक्स दोगी?' साला भँडुआ! मन तो करता था ऐसा मुक्का मारूँ कि दाँत टूटकर हथेली पर आ जाएँ। मैं गाँव वाली औरतों के साथ थी। हमने अलग-अलग पेड़ बाँट लिये थे। छोटी, बड़ी थोड़ी दूर पर एक दूसरे पेड़ के नीचे थीं। हमें धमका कर वह चला गया। हमने समझा, चलो बला टली। लेकिन तभी छोटी लगी चिल्लाने। हमने समझा भालू-वालू देख लिया होगा। जल्दी-जल्दी हम उसके पास पहुँचे, देखा, भँडुवे ने उसकी बाँह पकड़ रखी थी और खींच रहा था।''

''खुदाबख्श का दिमाग इधर बढ़ता ही जा रहा है। मैं भी जंगल बाँस काटने गया तो उसने रोक दिया। तुम गयीं तो मुलगियों को भी लेती गयीं।''

''सोचा तीनों मिलकर तीन टोकरी ले आएँगे।''

''कुछ किया तो नहीं उसने?''

''नहीं, बाकी औरतें भी आ गयीं। हमने कहा—इसी जंगल से हमारे बाप दादे भी बाँस, मावा, बेहर्रा और सखुआ के बीच लाते रहे। बहेर्रा, केन और तेंदू के पत्ते भी और अब जंगल सरकारी हो गया। अब हम छू भी नहीं सकते।''

''ये मुलगियाँ अकेले गयीं ही क्यों उधरीच?''

सकपका गयी छोटी।

''अरे मैं उस साले को छोड़ूँगा नहीं। लाश बना दूँगा, लाश।''

1. मावा = महुआ

"हमने भी उसे नहीं छोड़ा। अब जब तक वह जिन्दा रहेगा उसके मुँह पर निशान बने रहेंगे और याद दिलाते रहेंगे कि किसी मुलगी पर गलत निगाह डाली थी। चेहरा खून से रँग गया था।"

शिबू का दिमाग सनसनाने लगा। उसने बगल में पड़े प्रतले-पतले बाँसों को देखा जिसे छप्पर छाने के लिए काटा था। औरतें काँय-काँय कर रही थीं और उसका दिमाग भन्ना रहा था। अब जवान मुलगियों को अकेले जंगल में नहीं भेजा जा सकता।

"सारी गलती तुम्हारी। तुम मुलगियों को ले क्यों जाती हो मावा चुनने।"

"पढ़ाई तो छुड़वा दी तुमने। फिर दिन भर बैठे-बैठे करती क्या?"

"सबसे अलग हुई क्यों छोटी?"

"उसी से पूछो।"

घास और चारा उठायी, चल पड़ी अमर की चारा काटने वाली मशीन पर। कुट्टी काटने का अपना गँड़ासा जो एक बार गुम हुआ, सो आज तक न मिला उनके बैलों और गाय-भैंस का सानी-पानी भी देखना है। शुभा का परिवार शिरडी गया हुआ है। आज ही जाना था। शकुन को शुभा का ऐन इसी समय शिरडी जाना अच्छा नहीं लगा। घंटे भर बाद लौटी तो शिबू अभी भी बड़बड़ाए जा रहा था—"अरे इसलिए तो पढ़ाई छुड़वा दी। क्या जानते थे यहाँ भी...! सोचा था इसी साल दोनों की शादी निबटा देंगे। पैसा ही नहीं जुटा।"

"पढ़ाई छुड़वा देने भर से बचा लोगे मुलगियों को?" शकुन ने तंज किया—"खुदाबख्श बदला लेगा।" गाँव की औरतें अपने-अपने घरों से वहाँ जुटने लगी थीं।

"आने दो न, बनगाँव की औरतें बाघिन हैं, बाघिन।" शिबू ने कहा—"इन बाँसों को जिसे ले जाना हो ले जाए, सब तैयार रहें।"

शिबू ने शौर्य को आरोपित तो किया मगर अगले ही पल अपनी ही बात से डर गया वह।

"तुम्हारे कारण सब मारे जाएँगे।" एक औरत ने कहा।

"इतना डर है तो घर में जाकर बैठो। बाहर निकलो ही मत।"

छोटी ने भँटकटैया को निचोड़कर अपने चेहरे पर लगाया। सी-सी करती हुई बोली। गाँव वाले भी जुटने लगे—"शिबू ये माना कि तुम्हारी मुलगियों और बायको[1] ने जो किया वो उचित ही किया लेकिन पानी में रहकर मगर से बैर कैसे लेंगे हम?"

"तुम्हारे तो मान लिया असिंचित ही सही दो एकड़ खेत हैं। इस साल सूखा पड़ा तो कभी न कभी पानी बरसेगा ही। लेकिन हमारा तो जंगल ही सहारा है या

1. बायको = पत्नी

फिर ब्राह्मणों की मजूरी।"

"तो क्या करें। इज्जत के बल पर पेट का सौदा कर लें।" शकुन फिर आ गयी पति का बचाव करने।

"हम ये नहीं कहते।"

"तो क्या कहते हो? गोल-मटोल क्यों बोलते हो। साफ-साफ बोलो न। जब सुनील भाई आते हैं तब तो उनकी हाँ में हाँ मिलाने के लिए सब एक से बढ़कर एक। लेकिन जैसे ही जंगल के सिपाही आते हैं तुम्हारा पाद बन्द हो जाता है। अभी तो बाँस की लड़ाई है, कितनी-कितनी लड़ाइयाँ आगे बाकी हैं।"

शिबू ने कहा–"लेकिन मैं किसी भी कीमत पर अपनी मुलगियों की सुरक्षा का सौदा नहीं कर सकता।"

आश्चर्य, उसका पति भी भीरु लोगों की जमात में जा खड़ा हुआ। कसमसाकर रह गयी शकुन–"तुम तो अब तक बड़े बहादुर बने फिरते थे।"

"सबको जेल में ठूँस देगा। हर जगह सुनील बचाने नहीं आयेगा।"

बुढ़िया कार्तिक की माँ का पेट खराब था। उसने पूछा–"मर्द-औरत सब एक साथ?"

"तब क्या!"

"मान लो जेहल में ही तुम्हारा पेट खराब हुआ तो?" तुकाराम ने ठिठोली की–"हमने मना किया था इतना मावा मत खाया कर। पेट खराब होगा या नहीं।"

"अरे कच्चे खा जाती है न।" एक ने तंज कसा।

बुढ़िया भी कम न थी–"तो पूरण पोली[1] बनाकर भेजवा दे न बेटा! कोई शौक से मावा खाते हैं!"

"तुम घबराओ मत, आजी, जेहल में सबका इन्तजाम रहता है, डॉक्टर भी।"

"बल्कि इसी बहाने तेरा इलाज भी हो जाएगा।" छोटी ने कहा।

इसी कीच-काँच में दोपहर हुई, शाम ढली, रात हुई। कोई नहीं आया।

"आज नहीं आया तो कल आयेगा, कल नहीं तो परसों। लेकिन आयेगा जरूर। सो बाँसों को कम से कम छिपा ही देना चाहिए।" शिबू ने कहा।

"इसका तो पक्का फैसला करना होगा न? दस दूसरे गाँव के लोग के साथ वन विभाग करे। बाँस बेचकर हम दो-चार पैसा कमाते हैं, मावा बेचकर भी, तेंदू के पत्ते और दूसरी चीज बेचकर भी और यहाँ दाल-भात में मूसरचन्द बना हुआ है वन विभाग। उंसे घूस दो तो चोरी चुपके काटो, नहीं तो छूने भी नहीं देगा। भगवान की धरती, भगवान के पेड़ और फिर बीच में ये भँडुआ कौन?" शकुन बड़बड़ाए जा रही थी।

---

1. पूरण पोली = महाराष्ट्रीय व्यंजन

दूसरे दिन आठ बजते-बजते आ धमकी पुलिस। झपा-झप कूद पड़े पुलिसिया जवान। सबसे आगे था खुदाबख्श जिसके चेहरे पर इतनी मरहम पुती थी कि चेहरा पहचान पाना भी मुश्किल था।

उधर छोटी ने भी इतनी पीसी पत्तियाँ छोप रखी थीं कि चेहरा पहचान पाना भी मुश्किल। लेकिन कल के युद्ध के प्रतिद्वन्द्वियों की पहचान इसी से आसान भी हो गयी थी। सारे गाँव को बुलाकर वहाँ इकट्ठा किया गया।

सरपंच कैलू हाथ जोड़कर बोला—"क्या गलती हुई हुजूर?"

"चलो बैठो सब जीप में।"

"क्या बात है हाकिम?"

"तुमने लूट मचा रखी है। जब चाहो बाँस काट लो, पत्ते तोड़ लो, नीचे सारा का सारा मावा चुन ले जाओ।"

"यह तो हम बाप-दादों के जमाने से करते रहे सरकार।"

"थाने में चलकर बताना, थाने में।"

"इतने आदमी एक साथ कैसे समाएँगे।" छोटी ने चुहल करते हुए कहा तो उसके शब्दों के साथ लेप की पपड़ियाँ झरने लगीं—"एक बस ले आनी चाहिए थी न!"

"चोप! जब बड़े बोल रहे हों छोटों को नहीं बोलना चाहिए।"

अफसर ने दो-एक बार हास्यास्पद कोशिश भी की। ऊपर-नीचे बैठने के बाद भी सम्भव नहीं हो पाया।

"ऐसा करो, तुम सब पैदल चलो। जीप तुम्हारे पीछे-पीछे चलेगी।"

"ये हुई न बात!"

ऐसा ही हुआ। इस तरह उन्हें पशुओं की तरह हाँकते हुए ले जा रहे थे जवान, जैसे कोई जुलूस जा रहा हो। आस-पास देखने वाले जमा हो रहे थे। आगे ब्राह्मणों के गेहूँ के खेत थे। शुकन को दिखा-दिखाकर सवर्ण किसानों ने कहना शुरू किया—"अरे कुलकर्णी, क्या यह वही औरत तो नहीं जो गेहूँ की बाली सुड़क कर ले जा रही थी? जिसने जोशी की बाग के सन्तरे चुराये थे।"

"हाँ-हाँ यही है, यही है।"

"मैं तो नहीं थी, लेकिन जो भी रही हो, कौन-सा खजाना लूट लिया तुम्हारा?" छोटी ने कहा—"पेट में भूख हो और खेत में दाना तो क्या करना चाहिए?"

"अजीब मुलगी है! दरोगा जी दो डंडा मेरी ओर से भी लगाना, सारा गेहूँ झाड़ लेना।"

"कहीं गड़चिरोली के नक्सल बेल्ट से तो भागकर नहीं आ गयी।" एक दूसरे व्यक्ति ने कहा।

अब कोई कुछ नहीं बोल रहा था। सभी सिर झुकाकर चले जा रहे थे जैसे वे वधशाला के पशु हों।

थाने में भी कम समस्या नहीं थी। बीच की खाली जगह पूरी भर गयी। हाजत में इतने लोग अँटे नहीं! सो बाकी लोग थाने के बाहर गुलमोहर के पेड़ की छाँव में। कार्तिक की माँ भी।

अन्दर बाहर वो किचिर-विचिर कि पूछो मत। छोटी ने जान-बूझकर गोद के बच्चों को रुला दिया, रही-सही कसर पूरी हो गयी।

"ऐ बच्चे को चुप कराओ न?"

"भूखे हैं, इन्हें दूध चाहिए।"

कुछ औरतों ने अपना ब्लाउज खोलकर पिलाना शुरू किया। सिपाही दूध देखने के लिए मँडराते रहे। इस तरह रिरिकते हुए दोपहर हुई। दोपहर ढली। एक डीवाई. एस.पी. और दो एक छोटे-बड़े पुलिस अधिकारी दिखे। थाने का माहौल देखकर उनका दिमाग भन्ना गया।

"ऐ शान्त! शान्त!"

कोलाहल का उफान जरा-सा थमा तो उन्होंने दोनों पक्षों को अपनी बात रखने को कहा—"आप लोगों को मालूम नहीं है कि बिना परमिशन के आप जंगल का कुछ भी नहीं छू सकते। न बाँस, न बल्ली।"

"मावा भी नहीं?" शकुन ने पूछा।

"मावा भी नहीं।"

"और जो सुअर, सियार, भालू, बन्दर खाते हैं, परमिशन लेते हैं?"

"बहस मत करो।"

"पड़े-पड़े सूख ही तो जाता है, वैसे हम गरीबों का.....।"

"कहा न, बहस मत करो।"

"ई तो जुलुम है हाकिम। अगर हम आपके सिपाही को अपनी मुलगी के साथ मनमानी करने देते तो ठीक था, उसका मुलगी ने मूँ नोच लिया, हमने खदेड़ लिया तो गलत हो गया।" शकुन ने कहा।

"थाने में जाओ।"

"ई कौन चीज है, थाना नहीं है तो?"

झल्ला पड़े डीवाई. एस.पी.—"तो तुमने इसका मुँह नोचा?"

"नोचा तो मुलगी ने हमने तो इसे पीटा। हमारी जगह आप होते तो आप क्या करते?"

"खुदाबख्श!" डीवाई. एस.पी. चीखे।

खुदाबख्श ने कड़कदार सैल्यूट दिया—"जी सर!"

"तुमने तो कहा था कि किसी भालू ने तुम पर अटैक किया था?"

"जी...जी!"

"तो ये क्या है?" डीवाई. एस.पी. गाँव वालों की तरह मुखातिब हुए—"आप लोग अपने-अपने गाँव चले जाइए। इस बार हमने छोड़ दिया लेकिन आइन्दा से नियम-कानून मानकर चलिएगा वरना जेल की हाजत में जाना पड़ेगा।"

शिबू का एक हाथ शिवाजी ने पकड़ रखा था, दूसरा राणा प्रताप ने, शिबू करे तो क्या करे? शिवाजी और राणा प्रताप...? आप पूछेंगे इक्कीसवीं सदी के प्रथम चरण में ये कहाँ से आ गये। तो ऐसा है कि ऐसे समझना होगा। शकुन का पति शिबू आपको बताएगा कि अपने सुनील काका में थोड़ा-थोड़ा दोनों हैं। एक हुंकारती हुई आवाज का नाम है सुनील—"खबरदार जो किसी ने कर्ज लिया, खबरदार जो किसी ने आत्महत्या के लिए कदम बढ़ाये। कोई भी खुद-ब-खुद यमराज के पास नहीं जाएगा...।" काश जिन्दगी सुनील काका की हुंकार की तरह सीधी और सपाट होती!

जब से वनरक्षी खुदाबख्श ने उसकी छोटी बेटी कलावती की बाँह पकड़ी उसके संकल्प हिल गये हैं। लड़की की जात। आज खुदाबख्श है, कल कोई और होगा, परसों कोई और! इनका जल्दी शादी-ब्याह करना पड़ेगा। सुनील ने कहा—"कर्ज मत लो।" चलो, नहीं लेते कर्ज। लेकिन पहले के लिये हुए कर्ज का क्या होगा?

"कर्ज तो फिर भी लेना पड़ेगा। मुलगियाँ पार लगेंगी कैसे?"

भंडारा और चन्द्रपुर में दो मुलगे देखे थे। मामूली खेती। बाप रेलवे में लाइनमैन। अभी पढ़ ही रहे थे। पूछते हैं लड़की कितनी पढ़ी-लिखी है और कितना दोगे? झूठ बोलना पड़ा—"कॉलेज जा रही है। बाकी देने-लेने को हैसियत भर उठा नहीं रखेंगे। कैसे कहते कि स्कूल दूर था, सो पढ़ाई छोड़वा दी? लेकिन पैसों के लिए उनका खुला मुँह कैसे बन्द करते? वैसे सुनील काका का कहना एक तरह से ठीक ही है। कर्ज आत्मा का बोझ बन जाता है और किसी भी काम को करने की जिद होनी चाहिए। हमारे अन्दर राणा प्रताप की तरह, जब तक चित्तौड़ वापस जीत नहीं लेंगे, सोने-चाँदी के बर्तनों में नहीं खाएँगे, पत्तलों पर खाएँगे, जमीन पर खाएँगे वगैरह-वगैरह! की जिद होनी चाहिए।"

शकुन हँसकर उड़ा देती—"पत्तलों में नहीं खा रहे?......या कि जमीन पर नहीं सो रहे? लेकिन कोई भी तपस्या आज तक फलवती हुई क्या? कहने को दो एकड़ की शेती! मिला क्या? कापूस तो एकदम से दगा दे गया, मका सिर्फ नाम का जो थोड़ी बहुत उम्मीद है, वह धान से। वह भी कितनी! दो साल से तो सूखा है। यह तो कहो, पास ही जंगल है जिससे बहेरा, शाल के बीज, मावा, बाँस, लकड़ी आदि से कुछ-न-कुछ मिल जाता है, वरना तो ब्राह्मणों की टहलुअई करते बीतती। वर्षों पहले कापूस का नया बीज आया तो एक आस जगी थी। वो भी साला नपुंसक

निकला। अब चारों तरफ निराश किसानों का एकमात्र अवलम्बन बचा जंगल। उस पर भी वन-विभाग का नया फरमान—छूना मत? गड़चिरोली में तो जंगल पर ग्राम समाज का अधिकार है, फिर यहाँ क्यों नहीं? जरूर कोई-न-कोई घपला है। बिना परमिशन के किसी भी चीज को नहीं छू सकते—न फल, न फूल, न पत्ती। भले ही पड़े-पड़े सूख जाएँ। बाघ, भालू, सियार, वानर छू सकते हैं, तुम नहीं। अब बोलो कहाँ जाना है? किस्मत में आये दिन बेइज्जत होना लिखा है तो क्या कर लोगे। किस देवी-देवता की पूजा नहीं की, मन्नत नहीं माँगी, लेकिन कुछ बदला? कोच्छ नहीं!''

उसे दिन पर दिन इन देवी-देवताओं पर संशय होता जा रहा था।

मन की जलन दूर करने गयी थी यवतमाल, मामा के पास। हालाँकि वहाँ जाने का मन नहीं होता। किराया ही कितना बैठ जाता है। फिर भी जैसे घाव पर की पपड़ी उकेरकर कभी-कभी देखने की इच्छा होती है, देखें कितना सूखा, कितना अभी कच्चा रह गया है, ठीक उसी तरह की यह यात्रा थी मामा के घर की।

वहाँ गाँव में सात कुएँ, पर किसी पर भी उन लोगों को पानी नहीं भरने देते। कलशी, गगरा लेकर दूर खड़े रहो। सब के भर लेने के बाद किसी कुनबी-मराठे ने दया करके उनके बर्तनों में पानी डाल दिया तो डाल दिया, वरना इन्तजार करो।

मगर इस बार देखा तो चित्र उलटा था। सरकार ने चापाकल गड़वा दिया था। अब छू जाने से किसी की जात नहीं जाती। अब मन्दिर जाकर दुरदुराये जाने की भी फजीहत नहीं। पिछली बार सत्तावन लोगों ने नागपुर की दीक्षा भूमि जाकर बौद्ध धर्म की दीक्षा ली थी। इस बार बाकी लोग लेंगे। अपना पानी, अपना धर्म, अपने देवता! मन में नया संकल्प उभर रहा था, जैसे समुद्र से कोई द्वीप उभरता हो धीरे-धीरे....। मामा के यहाँ से लौटी तो दीक्षित होकर लौटी। सचमुच की दीक्षित! मामा का पूरा परिवार तीन भाई, तीन मामियाँ, बच्चे-कच्चे—सबने बौद्ध धर्म की दीक्षा ले ली थी, साथ में 'पति' खुद भी।

लौटी तो नवरा का सामना करने का साहस नहीं सँजो पा रही थी। सीधे-सीधे नवरा को बताने से अच्छा है पहले शुभा भाभी से कहा जाए। कल ही लौटी हैं शिरडी, महालक्ष्मी और कहाँ-कहाँ से तो....। शुभा खाँटी मराठा माने हिन्दू हैं, बुरा मान गयी। वे समझेंगी भी कैसे? उसके जितना अपमान सहना पड़ता तो समझतीं। उस समाज में रहकर क्या होगा जिसमें उसकी इज्जत ही नहीं। बाकी रहा 'पति' तो शिबू तो निरा बैल ठहरा। वह उसके बौद्ध धर्म स्वीकारने की बात से इतना डर गया, जैसे उसने धर्म न बदला हो, आत्महत्या कर ली हो।

''तुम भी बौद्ध हो जाओ अब!''

''हाय, यह तूने क्या किया? और मुझे भी कह रही है....।''

मामा खुद आये थे समझाने—''शकुन बौद्ध और तू हिन्दू, क्या मजेदार अन्तरजातीय विवाह है तुम दोनों का।'' बहुत तरह से समझाया मामा ने—''सभी बौद्ध हो रहे हैं, तू भी हो जा।''

''हिन्दू रहकर कर्ज लिया है, हिन्दू होकर उतार दूँ।'' शिबू ने दबे मन एक तर्क ढूँढ़ निकाला—''हो जाऊँगा तब।''

''च्च! च्च! च्च! तलाश ही रहे थे तो कोई मजबूत बहाना तलाशते।'' शकुन तरस खाती।

पूजा शुरू हुई।

हिन्दू से बौद्ध बन गये घर की पहली बुद्ध पूजा।

मामा आगे-आगे करते जा रहे थे, पीछे-पीछे शकुन। कुछ भूल-चूक हो जाए, उसके लिए कॉपी लेकर खड़ी बताती जा रही थी छोटी।

''पहले पुष्प अर्पण!'' दोनों ने पुष्प अर्पित किया, ''अब वन्दना।''

''ऐसे नहीं, घुटने पर वज्रासन पर बैठकर। हाँ....।''

बुद्धं शरणं गच्छामि!
धम्मं शरणं गच्छामि!
संघम् शरणं गच्छामि!

मामा के साथ-साथ शकुन ने भी दोहराया। फिर देखा-देखी तीन बार वज्रासन में रहते हुए ही सिर झुकाकर प्रणाम।

अब आगे पालि भाषा के श्लोक या मन्त्र थे जो अभी उन दोनों की पहुँच के बाहर थे। पर घबराने की कोई बात नहीं। छोटी कॉपी लेकर बाँचने लगी है—

''पानाति पाता....साधु! साधु! साधु!''

मामा और शकुन ने साधु! साधु! कहकर पूजा सम्पन्न की।

'बड़ी' और उसके वडील शिबू बड़े कौतूहल से उनका ऐसा करना देखते रहे। जैसे वह कोई तमाशा हो।

मामा के जाते ही शुरू हुई पूरे घर की झड़ाई, सफाई, पुताई जैसे वर्षों के जाले साफ किये जा रहे हों। पुताई के बाद पुराने चित्रों को बाप-बेटी सजाने जा रहे थे कि शकुन ने रोक दिया—''रुको, अब ये कचरे घर में नहीं लाएँगे। बाबा साहब ने क्या कहा था।''

''कल तक इन्हीं की आरती उतारा करती थी, अब ये कचरे हो गये?''

''अरे-अरे, क्या कर रही है?'' अशोक फेंके गये देवताओं के चित्रों को उठाने लगा।

''तेरे ये देवता और तुम क्या कर रहे थे जब पुलिस हमसे जानवर से भी बदतर सलूक कर रही थी।'' शकुन तल्ख हुई।

''मैं होता तो गुलेल से ही दो-चार के सिर फोड़ देता।''

''अरे जा-जा। तुम भी तो वही ठहरे ऊँची जाति वाले जो उस दिन तमाशा देख रहे थे।''

राम, सीता, गणेश, शिव, विष्णु, दुर्गा कचरे की तरह एक-एक कर फेंके जा चुके थे। काली का एक फोटो भी फेंका गया। योग-क्षेम वहन करने के लिए उसने हिन्दू देवी-देवताओं की फौज खड़ी कर रखी थी—सब भरम! सब बेकार! अब इनकी जगह भगवान बुद्ध, आम्बेडकर, फुले, सावित्रीबाई फुले। शकुन ने कुछ सोचा, जाने क्या सोचा, फिर माँ काली की प्रतिमा भी वापस लाकर आँचल से पोंछा, सिर नवाया और इनमें सजा दी। छोटी ने एक और भी फ्रेम लाकर बीचोबीच जड़ दिया। पति-पत्नी ने आश्चर्य से देखा—

''ये क्या है?''

''बाबा साहब की वाणी—'शिक्षित हो। संगठित हो। संघर्ष करो'।''

''शाबाश! तू मेरी असल मुलगी है।'' शकुन ने शाबाशी दी—''और सुन, इस गर्मी की छुट्टियाँ बीतते ही तुम्हें फिर से स्कूल जाना है।''

''पर बाबू तो...।''

''कोई बापू-वापू नहीं। पढ़ना है तो पढ़ना है। बाबा साहब ने क्या कहा है?''

गतिरोध दूर होते ही लौट आये मुलगियों के पुराने स्कूली दिन। जल्दी-जल्दी करनी थी कोर्स की तैयारी। मगर छोटी के पढ़ने का तरीका ही जुदा था। कोर्स के अन्दर हो या बाहर, जो भी धुन सवार हो जाए।

''यार, वो थ्योरी ऑफ रिलेटिविटी। अपुन के भेजे में नहीं घुस रएली है।'' छोटी ने अशोक से कहा—''वो क्या $E=mc^2$, यहाँ तक तो ठीक है, पर ये क्या बात हुई कि कोई अगर प्रकाश की गति से तेज चले तो वह व्यतीत हुए अतीत में लौट सकता है?''

''ये अपुन के कोर्स में है क्या?'' सरस्वती ने पूछा।

''नहीं, एक मैगजीन में पढ़ा।''

''लाइट की वेलोसिटी क्या है?'' अशोक ने पूछा।

''एक लाख छियासी हजार मील या थ्री इन्टू टेन टु द पॉवर टेन पर सेकेंड।''

''इस गति से ज्यादा कोई जा पाये तब सोचा जाए।''

थोड़ी देर तक वे अन्य सहपाठियों के साथ चुपचाप चलती रहीं फिर अशोक ने पूछा—''इंटर में क्या ले रहे हो तुम लोग?''

''मेरा मन करता है साइंस के सा-आ-आ रे सब्जेक्ट्स?'' छोटी ने 'सारे' को इतना फैला दिया कि उसमें समूचा ब्रह्माण्ड समा जाए।

''और तुम सरस्वती...?''

"वडील पढ़ने देंगे तब न! अभी से फालतू में क्या सोचना!" बड़ी ने उदास होकर कहा—"जंगल—थाने की घटना के बाद तो और भी...।"

"बहुत टची हैं न?" अशोक ने पूछा।

"ये टची क्या होता है?"

"स्पर्श कातर। टच मी नॉट।" छोटी ने जवाब दिया।

"वो क्या?"

"छुईमुई।"

"वो क्या?"

"स्कूल के गार्डेन में वो छोटा-सा इमली जैसे पत्तों का पौधा—छुई कि उसकी पत्तियाँ मुरझाकर या लजाकर नीचे...। वैसा माफिक सेंसिटिव अपना वडील।"

"वो छूने भर से नहीं गिरतीं नीचे।" अशोक ने कहा।

"फिर?"

"वजन से—वेट।"

"बेट बाजी।"

यह उनका नित्य का धन्धा था—पढ़ाई की बातें, दुनिया-जहान की बातें। अगले दिन सरस्वती का कपड़ा साफ न था, स्कूल नहीं गयी। अशोक और छोटी लौट रहे थे।

ज्वार के काले कलंगीदार ऊँचे-ऊँचे पौधों के मोड़ पर जहाँ महुए का एक लम्बा बूढ़ा पेड़ अकेले प्रहरी की तरह सीमान्त की रखवाली करता है, उस एकान्त में ठिठक गया अशोक।

"क्या हुआ...?"

"तेरी माँ बौद्ध हो गयी न?"

"क्यों? क्या तकलीफ हो गयी अब?" छोटी की पलकों की पुतलियों ने पंख झाड़े।

"यूँ ही। तू मत होना।"

"मैं बौद्ध होऊँ या क्रिश्चियन, तेरे को क्या फरक पड़ने का?"

"मैं...? ऐसा सोचते ही कलेजा मूँ को आने लगता है। ऐसा लगता है तू मुझसे दूर चली जा रही है।"

"धत्त! मैं तो तेरे पास ही हूँ, घर भी पास-पास है।"

"एकदम बोदी है न क्या रे!" चिढ़ गया अशोक—"कुछ समझती भी नहीं।"

उसकी तड़प का मजा लेते हुए हँसकर रह गयी छोटी—"उहूँ!"

"तूने बनरक्षी का मुँह नोच लिया था न?"

"हाँ। क्यों?"

"मुझे चूमने देगी? खुदाबख्श की तरह मुँह तो नहीं नोच लेगी?"

"तेरी जात नहीं जाएगी?"

एक क्षण को दुविधा में पड़ा अशोक, फिर उसने दोनों हाथों से उसके मुखड़े को पकड़ा और कसकर चूम लिया। फूल-से सुकुमार होठों को और भीगी पलकों के पीछे आग-सी दहकती बिल्लौरी आँखों को...।

उन दो किशोरों के मूक प्रेम का अगर कोई साक्षी था तो कोई नहीं, सिर्फ बूढ़ा महुए का पेड़। उसने कुछ एक फूल गिराये उन दोनों पर और फिजाँ में मादकता घुल गयी।

"कितनी जल्दी आ गये?" छोटी ने कहा।

घर के पास अलग होते हुए अशोक ने पूछा—"थ्योरी ऑफ रिलेटिविटी समझ में आयी?"

छोटी ने आँखें बन्द कीं। सोचा। लजायी। मुस्करायी। फिर धीरे से कहा—"आयी।"

3

देखते-देखते आ गयीं गर्मियाँ। महुए के फूल झर गये। उनकी जगह उनके फलों (कोइनों) ने ले ली। आम, नीम, जामुन, महुआ, बेर सबके बीजों की गुठलियाँ सख्त हो गयीं और सबके सब पकने की तैयारी करने लगे। करौंदे, जंगली बेलें और दूसरे फलों की सुवास से भर गये जंगल। गिलहरियों, भौंरों और तितलियों की मौज। ऊपर के इलाकों की हरियाली सूख गयी और खेत दरक कर बिवाई की तरह फट गये।

हिंगनघाट वाली मावसी[1] को भी जाने क्या सूझी कि इन्हीं गर्मियों में ठान दिया अपनी मुलगी का ब्याह, जब कुओं तक में पीने का पानी न बचे। लेकिन है तो है। जाना तो पड़ेगा ही। शिबू अकेले चले जाते, सो नहीं, शकुन भी जायेगी और जब पति-पत्नी जायेंगे तो मुलगियों को किसके भरोसे छोड़ा जाये बनगाँव में? अब चार-चार प्राणी का खेवा-खर्चा कुछ होता है कि नहीं! फिर न्योता है, साड़ी-वाड़ी और उस पर सौ-पचास न रखो तो मुँह क्या दिखाओगे? कोई बहाना बना दें? उहूँ। दुविधा ही दुविधा। लेकिन सारी दुविधाएँ छँट गयीं जब सुनील काका के यहाँ जाने का प्रसंग इससे जुड़ गया। घर और बाहर इतनी बार सुनील का नाम लिया जाता है कि पति-पत्नी ही नहीं मुलगियाँ तक जाने को मचल उठीं।

"अपने पास पैसे नहीं हैं। गरमी के दिन हैं। पैदल चलना पड़ेगा, सोच लो।" शिबू ने डराया।

"सोच लिया।" सबने एक स्वर से डर को दुरदुरा दिया।

जितनी किफायत की जा सकती थी, की गयी। जाते समय चन्द्रपुर से पैसेंजर गाड़ी से हिंगनघाट। बारात वर्धा के लायड कारखाने की बस्ती से आयी थी। शादी बीत-बिता गयी तो अलस्सुबह बारात वाली बस से सेवाग्राम जाने वाली सड़क पर। भोर में सेवाग्राम का गाँधी जी का आश्रम पथरीला और जर्जर-सा लग रहा था।

"वनगाँव का मन्दिर तक कैसा चमकदार है और गाँधी जी के सेवाग्राम का क्या हाल है?" छोटी की जबान में खुजली हो रही थी लेकिन वडील की डाँट—"जल्दी-जल्दी कदम बढ़ाओ, अभी सात-आठ किलोमीटर चलना है।" पर उसे जब्त कर जाना पड़ा।

---
1. मावसी = मौसी

वे तेज-तेज कदमों से चलने लगे। शकुन पिछड़ जाती तो मुलगियाँ आई के लिए रुक जातीं। दो घंटे में पवनार नदी पर पहुँचे। बायें बिनोवा भावे का पवनार आश्रम था। बीच-बीच में कहीं-कहीं ऊस[1] की हरी-भरी खेती। बायीं ओर आगे नागौरा का कच्चा रास्ता निकलता था।

मोड़ की पुलिया पर एक चाय की दुकान पर पानी और चाय पी गयी। अब इसके आगे? नौ बजे होंगे। अभी से गरमी का यह हाल है। आगे क्या होगा! काश! कोई बैलगाड़ी ही मिल जाती।

"यहाँ से नागौरा जाने का क्या साधन है?"

शिबू अभी मोड़ के एक दुकानदार से पूछ ही रहा था कि दूर आती हुई कोई खड़खड़ाहट सुनाई पड़ी।

"तड़र-तड़र तड़ तड़रर-तड़रर...!"

धरती को प्रकम्पित और आकाश को गुंजायमान करती यह आवाज निश्चय ही नाना बापटराव शंकर राव की बैलबंडी[2] की है और दूर से ही ऐलान करती आ रही है—

"बा-अदब, बा-मुलाहिजा, होशियार! मैं तशरीफ ला रही हूँ।" वगैरह-वगैरह!

भरी रहने पर, जब बैलों को बैलबंडी को खींच पाने में मशक्कत होती है, वह शहनाई बजाती आती है। चूँकि अभी वह खाली है और ऊबड़-खाबड़ ढलान पर है सो ताशे तड़का रही है—

"तड़रर...तड़रर...!"

इस बेसुरी आवाज ने शिबू को आश्वस्त किया—हाँ वही लगती है।

नाना की तरह ही दोनों पहिए झोल खाते हुए, दोनों बैल, बगावत करते हुए..। उसी तरह का मझोला कद, उसी तरह का झुलसा चेहरा, उसी की तरह प्रौढ़ और सिर पर सफेद टोपी। और लो...टाट पर मखमल के पैबन्द-सा कोई फटीचर-सा गीत...'कोमली पड़ाली...' मुर्गी दड़बे से निकल के भाग गयी।

कोई कुछ भी कहता फिरे, नाना है एक मस्त जीव।

दुकानदार के कहने के पूर्व ही समझ गया नाना—"अपुन उधरीच ही जा रहे हैं। बैठिये छोड़ देते हैं।"

गाड़ी और गाड़ीवान की हालत देखकर पहली नजर में ही हौसला जवाब दे गया सबका।

"घबड़ाने का बिल्कुल नहीं। नागौरा के सुनील दादा के घर जाने की इसके सिवा दूसरी सवारी तुम्हें मिलने से रही। जल्दी करो नहीं तो पहुँचते-पहुँचते झुलसकर

1. ऊस = गन्ना
2. बैलबंडी = बैलगाड़ी

कबाब बन जाओगे।''

शकुन, शिबू और सरस्वती सवार हुए। कलावती नहीं।

''तेरा क्या हुआ मुलगी?''

''मैं बैलगाड़ी के पीछे-पीछे चलूँगी। इसे ठेलने वाला भी तो कोई होना चाहिए।''

''अरे नहीं मुलगी, तुम सबको सुनील दादा के घर तक सही सलामत पहुँचने का जिम्मा नाना का।''

बैठ तो गयी छोटी पर हुआ वही। चढ़ाई पर पूरे परिवार को उतर जाना पड़ा। अब नाना और नाना की बैलबंडी की भूमिका पथ-प्रदर्शक तक महदूद हो गयी और शिबू का परिवार गाड़ी के पीछे-पीछे चलने लगा।

घंटे भर में चरमराती बैलबंडी आखिर पहुँच ही गयी सुनील के घर।

बैलों के गले की घंटियाँ सुनकर बाहर निकले सुनील—''अरे नाना! किसे ले आये अपने महारथ पर?''

''तुम्हारे मेहमान! मैं कहाँ ले आया। यही लोग मुझे ले आये समझ लो।''

प्रणाम पाती के बाद शिबू ने कहा—''इधर मावसी का गाँव ठहरा। वहाँ एक शादी में हम सब आये तो सोचा आपसे भी मिलते चलें।''

''बड़ा अच्छा किया। ये मुलगियाँ तो काफी बड़ी हो गयीं। किस क्लास में पढ़ती हैं।''

''दोनों बोर्ड का फाइनल देंगी।''

''वाह! पढ़ाई मत छुड़वाना।''

''जी!''

''तो ये हे सुनील काका, वह शख्स जिसकी माला जपते हैं लोग। यही कहते हैं कि आत्म सम्मान से जीना है तो कर्ज मत लो।'' छोटी ने चोर निगाहों से देखा उस मिथकीय पुरुष को, गन्दुमी रंग, मझोला कद। कच्ची-पक्की दाढ़ी-मूँछ से ढका चेहरा, कुर्ता-पायजामा, गले में गमछा अत्यन्त साधारण व्यक्ति, उसकी कल्पना के दबंग शख्सियत की भाव मूर्ति खंड-खंड हो गयी। वह जल्दी से अपनी यह प्रतिक्रिया अपनी ताई से साझा करना चाहती थी, मगर वह निकली हमेशा की तरह ठुस्स! न हाँ, न हूँ!

नाश्ते-पानी के बाद सुनील शिबू को लेकर खेत में चले गये। शिबू ने एकान्त पाकर छूटे हुए सूत्र को फिर उठा लिया—''चाहता तो मैं भी हूँ इन्हें आखिरी दम तक पढ़ाना लेकिन शेती में कोई बरक्कत नहीं।''

फिर भी एक-एक कर वह अपनी सारी समस्याएँ खोलकर बताने लगा, जंगल, बाँस, पिछले दिनों की घटनाएँ। ''पढ़ना तो टल सकता है लेकिन जवान होती मुलगियाँ, शादी कैसे टल सकती है? फिर अपना गाँव!''

"सो तो है।"

"तुम यहाँ होते तो कोई-न-कोई तदवीर सोची जाती मगर हो बहुत दूर।"

तनिक चुप रहने के बाद उसने सिर उठाया—"तब एक बात है, सोचने की, किस घर में मुलगे-मुलगियाँ नहीं होते। माना कि मुलगियाँ हैं, मुलगे नहीं, मगर हैं तो साक्षात् लक्ष्मी स्वरूपा। मुलगे हुक्मउदूली कर सकते हैं, मुलगियाँ नहीं। बाकी जो समस्याएँ तुमने बतायीं...तो कई गाँवों की महापंचायत बुला लो, मुझे कहो तो मैं भी आऊँ, बाँस और दूसरे वनोपजों, जंगल विभाग की मनमानी—सबका हल संगठित होकर आपसी सद्भाव से निकाला जा सकता है। दिल छोटा करने से नहीं होगा।"

"चलिए लौटा जाए, धूप तेज हो रही है।"

"अरे मैं तो भूल ही गया।"

"ये सारे शेत[1] आपके ही हैं?

"पच्चीस एकड़...बाकी पाटिल काका के। मिलिटरी मिजाज के हैं। नासिक में रहते हैं, कहते हैं इसे भी ले लो कॉन्ट्रैक्ट पर।"

"तब तो ट्रैक्टर लेना पड़ेगा, फिर पानी...?"

"पानी नीचे नाले के पास है...।" सहसा इनकी निगाह नाले की ओर गयी।

"अरे ये बिज्जू कब आया? उसके साथ मुलगियाँ।"

बिज्जू माने विजयेन्द्र, सुनील का जवान बेटा!

शिबू ने अपनी बेटियों को मना करना चाहा, लेकिन रोक दिया सुनील ने—"छोड़ो। क्या मस्त एन्ज्वॉय कर रही हैं।"

शिबू की निगाह उठी, छोटी पीली-पीली तितलियों के पीछे भाग रही थी और बड़ी एक सुन्दर सलोने युवक के साथ आम तोड़ रही थी।

लौटकर आये तो देखा नाना जा चुका था।

"उन्हें पैसे देने थे, चले गये।" शिबू को पश्चात्ताप होने लगा। वह तनिक आगे बढ़कर टोह लेने लगा, कहाँ तक गया होगा?"

---

1. शेत = खेत

4

नाना तब निर्गुणी गाँव पहुँच रहा था। सूरज उस समय सिर पर था, जैसे वह उसे ढोए लिये जा रहा हो और उसकी बैलबंडी उसके इस आगमन का दूर से ही ऐलान कर रही हो।

खड़भड़ाहट सुनकर निर्गुणी की चौड़ी पुलिया पर चौड़ा होकर लेटा मोहन बाघमारे कुत्ते की तरह कनमनाकर उठ बैठा—''यह तो नाना लगता है! हाँ, वही है।''

''अरे नाना, अब तो बैलबंडी की जान छोड़ दो।''

नाना ने बैलगाड़ी लाकर उसके ऐन बगल में खड़ी कर दी। दोनों बैल पेशाब करने लगे।

''सब मत गिरा देना, पानी की क्राइसिस है।'' बैलों को धमकाते हुए नाना ने बैलगाड़ी से उतरकर मोहन का अभिवादन किया, इधर-उधर ताक कर कहीं से पत्थर का एक टुकड़ा उठाया 'ठक-ठक!' धुर्रे की कील को ठोंककर कौवे की तरह दोनों ओर ताककर बोला—''बैलबंडी मेरी सोने की ठहरी काका। ये बैल ही पेस्टिज डाउन करने वाले हुए। अभी जनानी सवारियाँ उतारकर आ रहा हूँ सुनील भाई के घर।''

''किसकी शामत आयी थी जो तुम्हारी बैलबंडी पर आया?''

''बोल लो, बोल लो। लेकिन कब तलक? दो वासरू[1] मुलगी बीना के यहाँ रख छोड़े हैं, दो-तीन साल में बैल बन जाएँगे.....तब तक! आज अगर माला की माँ साथ होती।''

मोहन ने जेब से दो बीड़ियाँ निकालकर सुलगायीं, एक नाना को थमायी, एक खुद। दोनों के सुट्टे लगाने से ढेर सारा धुआँ दोनों के रुक्ष चेहरों के बीच फैल गया। दोनों ने खँखारकर गला साफ किया।

नाना ने पूछा—''इस पुलिया पर बैशाख के महीने में तुम कौन-सी तपस्या करने बैठे हो? कहीं वहिणी[2] ने खदेड़ तो नहीं दिया घर से। तुम भी एक जिन्न ही ठहरे। तुम्हें गर्मी भी नहीं लगती?''

1. वासरू = गाय के बछड़े
2. वहिणी = भाभी

"लगती तो है लेकिन ये पेड़ की छाँव है न, इससे थोड़ा बचाव रहता है। फिर आज तो आकाश बदरीला है।" तनिक रुककर उसके चेहरे को देखते हुए कहा—"मुझे कोई काम चाहिए नाना।"

"अब बुढ़ापे में भी काम?" नाना की आँखें सिकुड़ गयीं।

"मैं मजाक नहीं कर रहा।" वह बीड़ी से राख झाड़ते हुए बोला।

"काम तो इन दिनों एक ही है—बालू, मिट्टी, ईंट या खाद की ढुलाई। सड़कों के किनारे सारी खेती वाली जमीनें बिक चुकी हैं। मकान बन रहे हैं। आने वाले दिनों में सिर्फ बिल्डिंगें होंगी, चमचमाती सड़कें होंगी और चमचमाती गाड़ियाँ। न हमारे तुम्हारे जैसे लोग होंगे, न शेती, न हमारी-तुम्हारी बैलगाड़ियाँ।"

"मगर इस मरतुकड़ी बैलगाड़ी से तू करेगा कैसे ढुलाई का काम? मैं होता तो ठोंक-पीटकर ठीक भी कर लेता।"

"तू ठहरा मिस्त्री और मैं.....एक बात बोलूँ।"

"बोल"।

"मेरी गाड़ी तू ले ले। मेरी तरह खटारा हो गयी तो क्या, है तो ऐतिहासिक बैलबंडी।"

"और मेरी बैलबंडी ऐतिहासिक नहीं?"

"थी....मगर शहीद हो चुकी मेरे दाँतों की तरह। अब तेरे पास बैलबंडी नहीं है, खेत नहीं है, रोजगार नहीं है। तू ऐसा कर, मेरी गाड़ी तू ले ले और अपना इकलौता बैल मुझे दे दे।"

"बैल नहीं 'भाई' है मेरा भाई!" मोहन ने आँखों ही आँखों में नाना को तरेरा।

"ऐसे कदर की जाती है भाई की? हाड़-हाड़ दिख रहा है। मुझे दे दे, चार ही महीने में देखना, खिला-पिलाकर क्या मस्त चीज बनाता मैं।"

"ये तो तेरे बैलों को देखकर ही लगता है।" मोहन ने तंज कसा—"हाथ भी मत लगाना भाई को।"

"तू समझता, ये बेचारा क्या देगा? अरे पेशगी ले-ले, पेशगी....।"

"जा-जा, बड़ा आया कुबेर का नाती, फालतू का टाइम बर्बाद करता है।"

"कलेजा तो जला दिया तूने, थोड़ा पानी दे न।"

"नहीं।"

"और बोतल में जो रखता था तू?"

"कह दिया न, नहीं है।"

नाना ने उसे खिसियाई नजरों से देखा, बैलों को टिटकारी मारी और चरमराती बैलबंडी चल पड़ी—"सुनील ठीक कहता है, दुनिया का अगला महाभारत पानी के लिए होगा और यहाँ इसकी शुरुआत होगी तुमसे और हमसे! पानी न सही, मेरी बैलबंडी ही ठीक कर देता सो भी नहीं।"

मोहन कुरमुराया—"ऐसा ही विश्वकर्मा की औलाद होता मैं तो अपनी ही गाड़ी मरम्मत न कर लेता।"

"तू इतना काट खाने पर क्यों आमादा रहता है काका, सिन्धु ताई से फिर झगड़ा किया क्या?"

मोहन ने कोई जवाब न दिया।

शेतकरी आन्दोलन के वाचाल मोहन दास बाघमारे की दहाड़ को सहसा लकवा कैसे मार गया?

क्रम-क्रम से सभी मोर्चों पर हारते हुए, कहीं वह अवसाद में तो नहीं डूबने लगा? अक्सर बीते दिनों की स्मृतियों को चुभलाता रहता है दिन-रात। उधर उसका भाई पागुर कर रहा होता और इधर वह स्वयं। बैल के साथ बैल होता जा रहा है मोहन। मन का पंछी कहाँ उड़ता रहता है, बीते दिनों के दुःख-सन्ताप, संयोग-वियोग, स्मृतियों के बगूले, हारे हुए क्षण, जीते हुए क्षण....सबके ऊपर ही ऊपर...। तले गाँव की पट दौड़ में आगे रहने वाले, ब्रह्मपुरी की पट दौड़ जीतने वाले उसके बैल....बैल नहीं 'भाई'। चारों ओर से बरसती ललकारों के बीच बीस-बीस जोड़ी बैलों की दौड़ में सबके आगे ही आगे निकलते उसके बैल! फिर याद आया उसे सन् सत्तानवे के बैलबंडी आन्दोलन का वो जमाना, जब जोशी जी के नेतृत्व में शेतकरी आन्दोलन में पूरी सड़क पर बैलगाड़ियाँ ला-लाकर खड़ी कर दी थीं उन लोगों ने। पूरी सड़क जाम!

"शेतकरी[1] एकता जिन्दाबाद'!"

"शेतकरी विरोधी सरकार मुर्दाबाद!"

फिर तो कितनी बार उन्हें पीटा और घसीटा गया उस सड़क पर। तीन बार तो जेल में ही ठूँस दिया, मार-मारकर अंजर-पंजर ढीला कर दिया। उसका भी, उसकी बैलबंडी का भी। बैलबंडी तो टूट गयी लेकिन वह किसी तरह फिर से खड़ा हो गया, युद्ध में घायल हजारों टीसें लिये योद्धा की तरह।

शेतकरी की एकता तोड़ने के लिए या उनके उद्धार के नाम पर भगवान जाने सन् 2002 में आया था कापूस[2] का महाबीज बीटी कॉटन बीज, क्या, तो विलायत से कि अमेरिका से! विलायती बीज है, नाजुक बीज, खाद चाहिए? लो! कीटनाशक भी चाहिए? लो! पैसे नहीं हैं, सरकार कर्ज दे रही है न! लो! और पानी? ऊपर वाला देगा न! उस साल ऊपर वाले ने दिया भी। उफ्.....क्या रेशे थे! क्या फलन! पूरा खेत कापूस से बूढ़े संन्यासी की तरह उजला हो गया। वही उजास किसानों के मुँह पर—हिन्दी फिल्म 'मदर इंडिया' के गीत की तरह.....'दुख भरे दिन बीते रे

1. शेतकरी = किसान

2. कापूस = कपास

भैया, अब सुख लायो रे, रंग जीवन में नया लायो रे!' लेकिन अगले ही साल झटका लगा। बी टी कॉटन का महाबीज दूसरी बार फिस्स हो गया। अब फिर से बीज खरीदो। फिर से खाद, कीटनाशक, फिर से मजदूरी, फिर से कर्ज! यह तो सरासर धोखा है। शेतकरियों में कसमसाहट हुई। फसल में नये-नये कीड़े, नये-नये रोग और बिक्री केन्द्र पर नयी-नयी बेईमानियाँ। तौल में गड़बड़ी।

"काँटा कुछ ज्यादा झुका है।" शेतकरी कुरमुराता।

"अरे उतने से कुछ नहीं होता।" थोड़ा-सा नोच लिया—"अब ठीक है?"

वह क्या बोले, झुका तो अभी भी है।

"अरे मुँह में जुबान नहीं है, बेचना है तो बेचो नहीं तो रास्ता खाली करो।"

यादों में कड़ुवाहट घुल गयी। शेतकरी अपने नेताओं को ढूँढ़ते। नेता अदृश्य! धैर्य चुकता जाता। उधर पैसों की जरूरत कचोटती रहती। नेता जब तक आते शेतकरी औना-पौना दाम लेकर जा चुके होते। जब ऐसा बार-बार हुआ तब शक हुआ कि इस उजले में कहीं-न-कहीं कुछ काला है।

'जोशी जी मुर्दाबाद!' के नारे लगने लगे। उनका शक सही निकला। 2003 में सरकार ने किसानों के बीज, खाद, ऋण, मुआवजे के लिए 'टास्क फोर्स' का गठन किया और उसका डायरेक्टर बना दिया जोशी को। नेतृत्व विहीन आन्दोलन। बड़ी श्रद्धा थी उसे जोशी जी पर। उन्हीं के बूते वह बाघ-सा दहाड़ता फिरता था, पर नहीं। एक बार जो टूटना शुरू हुआ तो खंड-खंड टूटता ही चला गया शेतकरी आन्दोलन का विश्वास।

2004 में बिखरे दलों को लेकर तीसरा मोर्चा बना। दलितों, आदिवासियों, भारतीय रिपब्लिकन पार्टी, ओबीसी, अल्पसंख्यक, बहुजन समाज और कम्युनिस्ट पार्टियों का संयुक्त मोर्चा। खुद प्रकाश अम्बेडकर जी शामिल थे मोर्चा में...।

मन्थर गति से आकाश में उड़ते बादल! एक होते, बरसते, उसके पहले ही बिखर जाते। किसानों की आत्महत्या की खबरें आने लगी थीं। फिर तो महामारी की तरह फैलता गया वह रोग। इस सुखाड़ इलाके के इस मर्ज का कोई इलाज नहीं। जानबूझ कर बेटी विद्या का ब्याह किसान से नहीं, मजदूर परिवार में किया। चन्द्रपुर के मजदूर से। पाँच एकड़ खेत दोनों बेटों की पढ़ाई और बेटी की शादी में होम हो गये। बड़का एम.ए., पीएच.डी. कर के बैठ गया। छोटका मुम्बई जाकर फिल्म में अपनी किस्मत आजमाना चाह रहा था। दोनों को दो-दो लाख चाहिए थे। अन्धेर है। सारी पढ़ाई पढ़ने के बाद भी घूस दो तो नौकरी लगे। अक्सर इस बात पर ताने मारने बैठ जाती बायको।[1]

"शेत बेचकर पढ़ाया अब शेत बेचकर घूस दो। नौकरी लगेगी या नहीं कोई

---

1. बायको = पत्नी

गारंटी नहीं। पढ़े-लिखे लड़के शेती करना अपमान समझते हैं। शेत से गये, बेटों से गये, आमदनी से गये, उम्र से गये। और बेटे सूदखोरों की तरह सिर पर सवार।''

वह सिर झुका लेते। बेटे बोलते—''दूसरे लड़कों के बापों ने हाथ-पाँव जोड़कर दे-दिलाकर जैसे-तैसे हासिल कर ली नौकरी और एक हमारा बाप है, जिन्दाबाद-मुर्दाबाद, करते मुर्दा हो गया है।''

पिछले साल दोनों धिक्कारकर चले गये घर छोड़कर। वह उनका जाना देखता रहा असहाय। तब से न खत, न खबर। कोई कहता है—'बड़का किसी एनजीओ में है।' एनजीओ का नाम आते ही उसे लगता है, किसी साँप ने डस लिया। 'सर्प बन्धु' एनजीओ वाले को सुनते हैं, बहुत पैसा मिलता है। कहीं से साँप पकड़ो और कहीं ले जाकर छोड़ दो। शायद किसी एनजीओ वाले ने साँप लाकर उसके घर के पिछवाड़े में छोड़ दिया। एक बैल को साँप ने डस लिया। रह गया एक अदद बैल, पत्नी और वह। बीपीएल के कार्ड में गेहूँ घर के जात से पीस-पोकर दे देती है थाली में बायको! बस इसी में सिमटी हुई दुनिया। कड़वाहट घुल गयी मन में। इससे निजात पाने के लिए उसने 'भाई' का दामन थाम लिया।

''कहाँ गया भाई?'' उसने आवाज लगायी—''भाई!''

''हों....!'' बैल ने हुंकार भरी। कान खड़े कर लिए।

आश्वस्त हुआ मन। वह उसके पास गया और लिलार सहलाते हुए घास दिखा-दिखाकर मीठे-मीठे झिड़कने लगा—''कहाँ ध्यान है तुम्हारा भाई? वो देखो, ढाक के नीचे, वहाँ दूब छुपी पड़ी है, पीछे भी। ऐसे छोड़ते चलोगे तो कैसे काम चलेगा? जितना हो सके, चर-चुर कर पेट भर लो। मेरे लिए तो मेरी बायको ने कुछ-न-कुछ जुगाड़ किया ही होगा लेकिन तुम्हारे लिए? सारा सीमान्त झुलसा पड़ा है एक जरा-सी चिनगारी उड़े और दूर-दूर तक धू-धू कर जल उठेगा। कहाँ बचा है कोई चारा? हाँ, जरा साँप-वाँप से बच के रहना। साँप तुम्हें डस ले तो डस ले—तुम साँप को नहीं छू सकते—सर्प बन्धु का फरमान है।''

मोहन को आदमी नहीं मिलते बात करने को, या वह खुद ही कटा-कटा रहता है। बैल, गाय, पशु-पक्षी, पुलिया, यहाँ तक कि पेड़-रूख से भी बातें करता रहता है और कभी-कभी तो चलते समय हवा से भी।

इधर मोहन 'भाई' से बातें कर रहा था उधर नाना सिन्धुताई के दर पर अलख जगा रहा था—'वहिणी' सिन्धुताई यानी मोहन दादा की पत्नी! ताई भी, वहिणी भी। सिन्धु ताई उस समय जाँत पर बीपीएल का गेहूँ पीस रही थी, जाँत की 'घर्र-घर्र' में 'वहिणी' की पुकार भी पिस रही थी। लेकिन नहीं! सच तो यह है कि काम के बखत नाना जैसों का टपक पड़ना उसे अच्छा नहीं लगा। कपड़े अस्त-व्यस्त थे और ब्लाउज तो पसीने से भीगकर गल-गल! लेकिन नाना तो जोंक था जोंक, चिपक गया

तो चिपक गया। फिर नाना के नाना प्रकार के गण और संगी-साथी जुटने लगेंगे धीरे-धीरे, वह वर्धा वाली मास्टरनी, वह सुनन्दा, सदानन्द और पता नहीं कौन-कौन! उसे जाँत रोकना पड़ा। पीठ[1] झाड़ती, कपड़े ठीक करती वह खड़ी हुई—''आइए आइए, नाना जी।'' फिर चेहरे पर जबरन मुस्कान लाते हुए बोली—''कैसे रास्ता भूल गये आज अचानक?''

''प्यास लगी थी। अब तुम्हारा कंजूस नवरा तो पानी पिलाने से रहा तो सोचा, वहिणी के पास पीकर आते हैं। यहाँ देखा तो तुम जाँत पीस रही थीं। डिस्टर्ब नहीं किया।

''गाड़ी से बाल्टी और रस्सी ली, इस ओर गया। एक-एक कर सात-सात कुएँ झाँके, जो कहो, किसी में पानी हो, सदा/'सदानन्द'/मिल गया जले पर नमक छिड़कने लगा—''किसी कुत्ते ने काटा क्या, कुएँ झाँक रहे हो नाना? इस गरमी में कुएँ तो कुएँ आदमी तक सूख जायें। सिन्धु ताई वाले टोले में जाओ वहीं मिलेगा पानी। अगले साल शायद वहाँ भी न मिले।''

''रहने दो नाना, रहने दो।''

सिन्धुताई ने हाथ बढ़ाकर रस्सी-बाल्टी ले ली।

''कहीं गिर-विर गये तो आत्महत्या बना देंगे लोग, फिर वर्षों चर्चा होती रहेगी 'पात्र' हो कि 'अपात्र' और परेत बनकर मँडराते रहोगे यहाँ-वहाँ। लो, तुम्हारे यार-दोस्त भी आ गये तुमसे मिलने।''

अमरावती वाली मामी, वर्धा वाली मास्टरनी, सदा, जफरूल और दो एक अन्य जुटते गये। उसके पानी लाकर लौटते-लौटते अच्छी-खासी पार्लियामेंट जम चुकी थी। चाहे जैसे भी हो, नाना के चाहने वाले बहुत हैं।

पानी पीने के बाद नाना ने बाल्टी बैलों के आगे कर दी। सहसा सिन्धुताई जाँत पर दौड़ी, उसकी अनुपस्थिति में एक गिलहरी पीठ का भोग लगा रही थी, उसने उसे भगाया फिर बिन बुलाये घर के मेहमानों से पूछा—''क्या फैसला हुआ?''

''फैसला? नहीं वहिणी, हम तो सिर्फ यूँ ही...। ये नाना पूछ रहे थे कि सिन्धुताई और मोहन दादा में कोई झगड़ा हुआ है क्या?'' सुनन्दा ने कहा।

''झगड़ा?'' सिन्धुताई ने एक गहरी साँस ली—''झगड़े की मत पूछो। गाँव-गाँव में हाहाकार है, घर-घर में तकरार।''

''हम तुम्हारे बारे में पूछ रहे थे।''

''हमारा झगड़ा तो सनातन ठहरा। झगड़ा किसी भी बात पर हो सकता है, बिना बात के भी.....।''

जितना ही सिन्धुताई भाग रही थीं, उतना ही वे उन्हें छेड़ रहे थे। सुनन्दा ने आगे

---

1. पीठ = आँटा

बताया—"अभी उस दिन की बात है, मैं आयी तो देखा महाभारत मचा हुआ है। तुम कह रही थीं—किसान से साहूकार बनने चले थे न! अन्न नहीं, पैसा चाहिए, कच्चा पैसा। थूक लगाकर हरी-हरी नोट गिनोगे। इस पर मोहन दादा ने क्या कहा था—लड़कों को फीस देनी है, क्या दोगी धान, जोआरी या कापूस? रेल, बस में टिकट माँगेंगे, कौन-सा अन्न दोगी? पैसा! पैसा! पैसा! हर जगह पैसा! तुम चाहो तो भी गुजरे जमाने में नहीं लौट सकतीं, जब सामान से सामान की अदला-बदली हो जाती।"

बात से बात निकलती गयी और पूरी रील खुलती गयी....उस दिन का मियाँ-बीवी का झगड़ा! मियाँ बचाव पर और बीवी हमलावर!

"अगर यह गलती है तो मेरे अकेले की गलती नहीं, लोभ है तो मेरा अकेले का नहीं।" मोहन ने कहा—"कौन नहीं चाहता कि उसके बाल-बच्चे खुशहाल रहें? कौन नहीं चाहता कि उसकी बायको के गले में भी पतली ही सही, सोने की एक चेन हो। रहा पुराना बीज तो यवतमाल, नागपुर, चन्द्रपुर, अमरावती कहाँ-कहाँ नहीं खोजा गया, पुराना देसी बीज कहीं मिला?"

सिन्धुताई ने गुस्से में फनफनाते हुए कहा—"तुम्हारा हर काम ही उल्टा होता है। बीटी बोए, धन्ना सेठ बनने के लिए। फकीर बनकर रह गये। बच्चों को पढ़ाने लगे तो इतना न पढ़ा दिये कि दोनों ही हाथ से निकल गये।"

"तुम होतीं तो क्या करतीं?"

"मैं....? छुड़वा देती पढ़ाई। एकदम्म से। जो पढ़ाई, शेती से घृणा करना सिखाये, स्वार्थी बनाये, वैसी पढ़ाई को चूल्हे में न डालूँ।"

"तुमने कहा सब ठीक, बस एक ही गलती की, सारी गलतियों के लिए मोहन दादा को अकेले ही दोषी ठहरा दिया।" सुनन्दा ने कहा।

फिर वर्धा वाली मास्टरनी ने हाँ में हाँ मिलाते हुए कहा—"अपने नवरा की असफलता को कुरेदकर तुमने अच्छा नहीं किया। अकेला कमाने वाला आदमी। दो-दो मुलगों को पढ़ाया। मुलगी को पढ़ाकर शादी की। समूचा गाँव जानता है कि एक बैल मर जाने पर खुद बैल बना। शेतकरी आन्दोलन में पुलिस के टॉरचर से प्रायः अपंग ही हो गया था बेचारा, फिर भी उसने परिवार और बच्चों—किसी को कष्ट न होने दिया और चाहती क्या हो! वह असफल हो सकता है लेकिन बेईमान नहीं।"

"तभी कहें कि कौन-सा शोक समा गया उसमें कि उसने बोलना-चालना ही कम कर दिया।" जाधव की पत्नी ने कहा।

बातें चल रही थीं कि सुबकने लगीं सिन्धुताई—"मैंने जेवण[1] परोसा, वह उठकर चला गया। मैंने पुकारा, उसने जवाब नहीं दिया। चुपके-से घर से निकला। मेरी ही

---

1. जेवण = भोजन

जीभ को आग लगी थी। पीछे-पीछे देखने गयी कि वह जाता कहाँ है। मैंने देखा, वह मन्दिर की सबसे निचली सीढ़ी पर अँधेरे में जाकर बैठ गया, न किसी से दुआ, न सलाम। बीड़ी सुलगा ली और सूटता रहा। लोग इधर-उधर की बातें करते हुए अपने को हल्का कर रहे थे, एक मेरा ही आदमी था जो अपने आप में खोया पड़ा था। जैसे घर से गया था, वैसे ही लौट आया घर। जेवण के लिए दोबारा पूछा, उसने हाथ हिलाकर मना कर दिया।''

''सुना, शिव और शंकर आये थे?'' नाना ने पूछा।

''सिर्फ शिव?''

''है कहाँ?''

''लौट गया।''

''कहीं धन्धे-पानी पर लग गया क्या?''

''अरे नहीं नाना, उसी का तो रोना है। शिव ने पैसे माँगे। इन्होंने कहा—अब तो एक ही उपाय है, जो भी शेत बचा हुआ है, ये बैल और हम दोनों, सबको बेच दो।'' शिव ने तिरस्कार भरे स्वर में कहा—''तुमने पैदा ही क्यों किया?'' और दनदनाते हुए चला गया। मैं पुकारती ही रह गयी—''रुको शिव! बेटा शिव! कहाँ का शिव! कहाँ का बेटा!''

अरे बाप! इतना सब कुछ हो गया और हमें खबर तक नहीं। नहीं, नहीं मोहन दादा को कभी अकेला मत छोड़ना, उससे प्रेम से बात करना और कोई उपाय नहीं है तेरे पास। मुलगे-मुलगी सब तो जा चुके हैं। ले-देकर तुम्हीं दोनों तो बचे हो। जैसे भी हो, उसे मनाकर रखो।

जाधव और कुछ लोग उठकर चले गये तो सिन्धुताई ने इधर-उधर देखकर कहा—''तुमसे क्या बताऊँ नाना, मुलगे-मुलगी साथ होते तो क्या बात थी! पहला बैल सर्पदंश से मरा तो कन्धे से कन्धा लगाकर हमने शेती की, वो बगल के जाधव अभी-अभी गये न, एक बैल उनका, एक बैल हमारा। कभी मिला, कभी नहीं। न मिलता तो जुए में एक तरफ भाई होता तो दूसरी तरफ ये। हल को मैं सँभालती। डेढ़ एकड़ में क्या सोना बरसता? बाकी रहे गाँव वाले तो बातों के मीत हैं। यह मीठा-मीठा बोलने वाला जाधव आगे-पीछे छेकता चला आ रहा है। सब सह लूँगी, सब।'' उसकी आँखें डबडबा आयीं—''बस एक ही डर है कि वह आत्महत्या न कर ले। कुएँ पर जाता तो पीछे-पीछे चुपके-चुपके मैं भी जाती हूँ।''

''यहीं से बैठी-बैठी देखती रहती हूँ कि वह पुलिया पर है या नहीं। डर लगता है इस 'रणरणाती दुपार'[1] में कहीं लू न लग जाये। चारों तरफ सूखा इलाका। बस थोड़ी-सी घास पुलिया में रहती है। वहीं अकेले में पागलों की तरह जिस-तिस पेड़-पंछी

1. रणरणाती दुपार = धधकती दोपहरी

से बातें करता रहता है। कई बार पीछे जाकर मैंने भी सुनने की कोशिश की कि किसी से न बोलने वाला बोलता माझा[1] नवरा किससे बतिया रहा है।''

''ऐसे ही अकेले पड़ते-पड़ते लोग इतने अकेले हो जाते हैं कि जीवन ही व्यर्थ लगने लगता है। सोचते हैं, मेरे जीने में क्या है और मरने में क्या।'' टिप्पणियाँ बरसने लगीं।

''बल्कि मरना एक मुक्ति है और जीना एक बन्धन। आये दिन तो आत्महत्या की खबरें सुनते रहते हैं। जिधर देखो उधर, कोई पेड़ की डाल पर लटका पड़ा है, कोई कुएँ में गिरा पड़ा है तो कोई कीटनाशक खाकर मुँह से झाग फेंक रहा है।''

''एक तो चौबीस साल का जवान, क्या तो नाम था, हाँ शंकर मेश्राम। माँ ने जेवण परोसा, बोला, खेत से बैलों की रस्सी से नीम के पेड़ पर लटका पड़ा था।''

''और वह यवतमाल वाला.....।''

आत्महत्या करने वालों का पिटारा खुला तो खुलता ही चला गया। हर खबर एक खरोंच देकर उसे लहूलुहान किये जा रही थी।

नाना के पैरों में झुनझुनी लग गयी थी। उसने छुआ तो पैर करेंट मारने लगे, वह धीरे-धीरे सहलाकर ठीक कर रहा था, बोला—''मोहन दादा के साथ वर्षों का साथ रहा। शेतकरी आन्दोलन में कितनी मार खायी लेकिन उसका बाघ-सा दहाड़ना बन्द नहीं हुआ। हम कहते वाकई तुम्हारा नाम 'बाघमारे' सटीक है दादा—लेकिन इधर कुछ दिनों से मैं देख रहा हूँ जैसे कोई मझधार में आ फँसा हो, न इधर जा पा रहा हो न उधर।''

''अब बन्द भी करो, यह चर्चा। वहिणी, आप इतना भी जी छोटा न करो। देखो तुम्हारे सामने इतने लोग हैं, कोई धन्ना सेठ नहीं, सब के सब जैसे-तैसे जी ही रहे हैं।'' वह उठ पड़ा—''सभा बर्खास्त!''

''मेरी अरजी सुने बिना सभा बर्खास्त नहीं होगी।'' सदा ने बीड़ी को जल्दी-जल्दी सूटते हुए कहा—

''अगले साल से अपुन शेती छोड़ रहा है।''

सदा का कहना था कि हारमोनियम मास्टर कैसर ने उसे छेड़ दिया—''तुमने कहा सो कहा, तुमने बीड़ी क्यों तोड़ दी?''

''मैं बताऊँ.....?'' सुनन्दा ने कहा—''जैसी फाँसी की सजा लिखने वाली कलम की निब को जज तोड़ दिया करते हैं।''

इस पर सभी हँस पड़े।

नाना के सभा बर्खास्त की घोषणा लगा, पुलिया तक जा पहुँची हो। मोहन दादा ने 'भाई' से कहा—''क्या इरादा है? प्यास-व्यास नहीं लगी? न चरने को कुछ है,

1. माझा = मेरा

न पीने को। क्या ताक रहे हो चारों ओर? सब कुछ सूखा-सूखा। एक चिंगारी भी उड़े तो दूर-दूर तक स्वाहा हो जाए। चलो, घर चला जाए। क्या रखा है इस वीराने में?''

सहसा मोहन को लगा बादलों के थक्के जमने लगे हैं। न, ये बादल नहीं, कुछ और चीज हैं। शम्सुल! लगता है बैलों के झुण्ड के साथ चला आ रहा है।

''अकेले-अकेले किससे बातें कर रहे थे मोहन मियाँ। आदाब अर्ज है।''

''आदाब!'' उठ बैठा मोहन ''लम्बी उमर होगी मियाँ, तुम्हें ही याद कर रहा था।''

''मुझे?'' इतना आदर पाकर खुश हो गया शम्सुल।

''चलो इसी बात पर तुम्हें खर्रा[1] खिलाते हैं।''

''बस इस कड़वे खर्रे और कड़वी खबरों के सिवा रहा है कभी तुम्हारे पास कुछ?''

''एक अच्छी खबर सुनाता हूँ।'' फिर उसने अपने साथी रहीम से बैलों का खयाल रखने को कहा और मोहन से मुखातिब हुआ—''धनौर के एक शेतकरी दिल्लू ने अपने पाँच एकड़ खेत बेचकर प्यून की नौकरी पा ली। उम्र अभी तीस-बत्तीस की ही थी।''

''यानी एक और किसान ने आत्महत्या कर ली।''

''न!'' नकार में उँगुली हिलाते हुए शम्सुल ने कहा—''बच गया, जब तक किसान था कोई अपनी लड़की देने को तैयार नहीं था।''

''अब तैयार है।''

''पूछते हो अब तैयार है।'' शम्सुल की त्यौरियाँ चढ़ गयीं—''अगले हफ्ते उसकी शादी हो रही है।''

''तो वही तो कह रहा हूँ।'' मोहन ने मुंडी हिलाई।

''तुम्हारी उलटवाँसी मेरे भेजे में नहीं घुसती।''

''मामूली बात है। एक किसान मर गया और एक प्यून जिन्दा हो गया।''

''तुमने भी तो अपनी बेटी उमा की शादी किसान से नहीं, मजदूर से की। क्यों की? इसलिए न कि किसानी का मतलब है मौत! तुम्हें यकीन नहीं आयेगा अब दस एकड़ की मुसम्मात मालकिन दल्लू से कर्ज लेती है....प्यून से।'' ऐसी ही बहुत सारी अनाप-शनाप बातें बोलता रहा शम्सुल। फिर पूछा—''मुलगी की कोई खबर आयी इधर?''

''न।''

''और मुलगों की?''

---

1. खर्रा = जर्दा, सुपाड़ी का विदर्भ का गुटका

मोहन ने इनकार में मुंडी हिला दी।

"तुम खुद ही चन्द्रपुर क्यों नहीं चले जाते मुलगी की खोज-खबर लेने?"

"भाड़े भर के पैसे हों तब तो!...फिर बेटी के यहाँ खाली हाथ कोई कैसे जा सकता है।" बोलते-बोलते वह चुप हो गया फिर दूर देखते हुए बोला—"बादल उमड़ रहे हैं, बारिश हो गयी तो बीज और खाद का इन्तजाम भी करना है। कहाँ से करूँगा?" बेबसी गले तक लहरायी। उबरने के लिए बोला—"इधर क्या रोजगार कर रहे हो मियाँ?"

"यही गाय-बैल खरीदना और बेचना।"

"धन्धे में कुछ मिल जाता है?"

शम्सुल उठ पड़ा—"फिर पूछ लेना कभी तफसील से, अभी मेरे बैल आगे निकल गये हैं, अकेले रहीम से सँभलेंगे नहीं।"

उधर नाना अपनी टेढ़ी-मेढ़ी टाँगों के सहारे झिंलगी खटिया से उठकर खड़ा हो गया।

"अब चलूँगा वहिणी। मोहन दादा को कह दोगी एक बार कृषि दफ्तर हो आये।"

"जेवण नहीं करोगे? दोपहरी तो ऐसे तप रही है कि...।"

"नहीं, सिर्फ एक बार फिर से पानी पियेंगे, हम भी और हमारे बैल भी। बस्स!"

पानी लेकर आयी तो उसने दूर से मोहन को शम्सुल से बतियाते देखा—"यह किससे बतिया रहा था?"

"ये अपना पुराना दोस्त शम्सुल है, मालेगाँव का शम्सुल।"

"क्या धन्धा करता है शम्सुल?"

"पता नहीं गाय-बैल लेकर जाता है।" वर्धा वाली ने फुसफुसा कर कहा—"हमको तो लगता है, कसाई है।"

"बिना जाने-बूझे किसी पर कोई इल्जाम नहीं लगाना चाहिए।" वहिणी ने कहा—"मोहन दादा, नाना, इस सबका दोस्त ठहरा वो।"

सदा नाना के पीछे पड़ गया—"मेरी बात नहीं सुनी तुमने?"

"सुनी, अगले साल से तुम शेती छोड़ रहे हो और कुछ भी करोगे। यह बताने के लिए तुम दो-दो बीड़ियाँ तोड़ चुके, माने इरादा पक्का है।"

"तुम लोगों को मजाक क्यों लग रहा है?"

"इसलिए कि एक जज कलम की निब तोड़ने गये, कमजोर थे मेरी तरह। नहीं तोड़ पाये निब। सौ में चालीस शेतकरी ऐसे हैं जो कहते हैं कि इसी दम किसानी छोड़ दें बशर्ते उनके सामने कोई और उपाय हो और बाकी रहा तू तो तू पहली बार यह धमकी नहीं दे रहा।"

सदा को अपनी भीष्म प्रतिज्ञा की ऐसी किरकिरी, अच्छी नहीं लगी।

"क्या करेगा तू शेती छोड़कर?"

"कुछ भी।"

"यह जवाब भी हम सौवीं बार सुन रहे हैं, मगर कभी बताया नहीं कि 'कुछ भी' का मतलब क्या है।"

"कुछ भी का मतलब और चाहे जो हो सुइसाइड नहीं हो। बस यही प्रार्थना है।" किसी ने कहा।

"कोई करने की ठान ले तो तुम उसे कब तक रोक लोगे?"

सबने चौंककर देखा, उनके पीछे मोहन दादा खड़ा था अपने भाई के साथ।

5

आखिर ठेल-ठालकर मोहनदास इगतदास बाघमारे को कृषि दफ्तर पहुँचा ही दिया गाँव वालों ने। बड़ी मुश्किल से मोहन की पनीली आँखों पर तरस खाकर प्यून का पत्थर दिल पसीजा और उसने उसे अफसर के पास जाने दिया। सरपंच ने पड़ोसी जाधव को भी साथ जाने की हिदायत दी थी—''ये तो ठहरा एक नम्बर का गूँगा। तुम साथ नहीं जाओगे तो इसकी बात कहेगा कौन? जो भी कहना है, सिलसिलेवार, टू दी पॉइंट और जल्दी। मूड-मूड की बात है और उसके पास तुम्हारे जैसे सैकड़ों लोग अपनी समस्या लेकर जाते हैं।''

मोहन ने कुछ कहना चाहा तो जाधव ने बात की लगाम अपने हाथ में ले ली—''सर, इसका नाम मोहन है, मोहनदास इगतदास बाघमारे। शेतकरी आन्दोलन में घायल होकर रह गया। पाँच एकड़ शेत थे। बेटे-बेटियों की पढ़ाई-लिखाई, बेटी की शादी में बिक गये। अब डेढ़ एकड़ बचे हैं। असिंचित! किसी की नौकरी नहीं हुई। दो बैल थे—एक सर्प दंश से मर गया, एक है वो भी....। न उसके पास खाने के लिए कुछ है, न इसके!''

अफसर की त्यौरियाँ चढ़ गयीं—''तुम अपनी बात कह रहे हो या इसकी.....?''

''इसकी। मैं पड़ोसी हूँ। साई राम माधव राव जाधव।''

''इसके मुँह में जुबान नहीं है क्या कि तुम इसके वकील बनकर आये हो....?''

''यह बहुत कम बोलता है सर, इसलिए.....। इसका लड़का एम.ए. पीएच.डी. है, एक फिल्म में गया है, लेकिन ये दाने-दाने का मोहताज है।''

''वो रामायण सुनकर मैं क्या करूँगा। बैंक जाओ लोन लो।''

''हम लोग सभी जगह गये थे, कहीं से लोन-वोन नहीं मिला। बोले, हीरो होंडा लेना है तो बोलो। खेती के लिए कितना लोन मिलेगा?''

''ठीक ही तो बोला।''

''नहीं सर कुछ तो मदद हो जाती....।''

''तो मैं क्या यहाँ खजाना खोले बैठा हूँ। अपनी सारी सम्पत्ति लड़कों पर लुटा दी तो लड़कों से माँगो।''

''लड़कों की नौकरी नहीं लगी सर।''

अफसर खफा हो गया। इस पूरी बातचीत के दौरान मोहन ने सिर्फ एक बात कही–

"क्या मेरा लड़कों को पढ़ाना अपराध हो गया या कि मेरा आन्दोलन में भाग लेना या दुर्भाग्य की फरियाद लेकर अपने कृषि अधिकारी के पास आना.....?"

चिहुँक गया कृषि अधिकारी–"अरे बाप! ये तो जहरीला नाग है, नाग?" निकालो-निकालो इसको, किसने आने दिया अन्दर इसे?" प्यून ने उसको खींच दफ्तर के बाहर कर दिया। वह पीछे के बल गिरते-गिरते दीवार पर भहरा गया। जाधव ने किसी तरह सँभालकर उसे घर पहुँचाया।

गाँव में पूरी चाँव-चाँव मची थी। सारी औरतें गाली दे रही थीं कृषि अधिकारी को–"भड़ुआ! मुफ्त का सरकारी पैसा खाकर साँड़ की तरह डकर रहा है। अबकी बार आया तो उसे हम लोग मारेंगे, हम जनानी लोग।"

मोहन जिधर से भी जाता, लोग उसे दया की नजरों में देखते। लेकिन वह किसी से कुछ न बोलता। अजनबी होता चला गया वह अपने ही गाँव में।

पानी बरसा नहीं। पुलिया के नीचे की रही-सही हरी घास भी सूख गयी। इस तरह तो मर जाएगा भाई।

दूर कापूस के खेतों में जहाँ-तहाँ सूखते पौधों की कलंगी पर उजले कापूस पड़े रह गये हैं–सूखे की प्रतीति को बढ़ाते हुए...। दूर-दूर तक सूखे–फटे खेत। मोहन इधर गहरी उधेड़बुन में था–"अगर भाई को बचाना है तो उसे यहाँ से हटाना ही पड़ेगा। जब मैं उसे खिला नहीं सकता तो उसे रखने का मुझे क्या अधिकार! शेती छोड़कर मेरे पास करने को कुछ नहीं और बैल छोड़कर बेचने को कुछ भी नहीं।"

गाँव की औरतें आ रही थीं सान्त्वना देने। मोहन खाट से चुपचाप उठा, फिर किसलिए उठा था, भूल गया। पत्नी की एक मुँह बोली सहेली माला ने पूछा–"कहाँ जा रहे थे?"

"पता नहीं।"

"कहीं भी जाना, भाई को लेकर उस भाउजी पर मत जाना।"

"अरे याद आया, वहीं तो जा रहा था।"

मामी ने मीठे-मीठे मजाक किया–"बैलों के साथ बैल बन गया तेरा मरद और तू रह गयी निरी गाय की गाय। वो पेड़ की छाँव और वो निगोड़ी भाउजी।[1] अरे मैं कहती हूँ भाउजी से हिलो तो सही एक बार। जड़ निकल आयी है क्या? एक बार बेटों की खोज-खबर ले लेते, सो नहीं।"

---

1. भाउजी = पुलिया

इस बार पति के बचाव में आ गयी पत्नी—"बेटों को इतनी फिक्र होती तो कोई खोज-खबर भी नहीं लेते कि हम जिन्दा हैं या मर गये, जिन्दा हैं भी तो किस हाल में? आखिर कौन-सा गुनाह हो गया हमसे? नौ महीने मर-जर कर जन्म दिया। गू-मूत उठाया। शेत बेच-बेचकर पढ़ा दिया। पढ़ाई के लिए ही नहीं, नौकरी के लिए भी घूस देने के लिए शेत बेचा। अब नौकरी दिलाना अपने बस की बात न थी तो क्या करते?" वाक्य पूरा होते-होते वह रो पड़ी।

मोहन किंकर्तव्यविमूढ़-सा खड़े-खड़े पत्नी का रोना देखता रहा। फिर वह बिना किसी के चुप कराये चुप हो गयी। होंठ फड़क रहे थे और मुँह लाल हो आया था। जैसे वह आवें से निकलकर आ रही हो।

"अरे मैं कहती हूँ, अपने साथ-साथ भाई की भी जान लोगे क्या? जो सड़क नाना के घर जाती है, वही सड़क दूसरी ओर सुनील काका के घर भी तो जाती है।"

वायको कोसकर चली गयी थी। अब वह था और उसकी आत्मीय तनहाई। मोहनदास इगतदास बाघमारे ने पुलिया से पूछा, पेड़ से पूछा, परिन्दों से पूछा, भाई से पूछा। सबसे हामी भरवायी कि "भाई को बेच देने में ही भलाई है, नहीं तो न वो जिन्दा बचेगा, न तुम।"

बैलों की हाट में अपना 'भाई' लेकर आया है बाघमारे। चन्दनधारी, टोपीधारी, पगड़ीधारी, बूढ़े, प्रौढ़, जवान, किसिम-किसिम के किसान दूर से देखकर चले जाते हैं। दो-एक आकर रुकते हैं तो कहीं ये भी बिदक कर आगे न बढ़ जाये, सो वह भाई की डील, पुट्ठे, कन्धे और पीठ थपथपाते हुए उसकी तारीफ करने लगता है।

"कितने दाँत का हुआ?" ग्राहक का पहला सवाल।

"अभी इसी साल छह दाँत का।"

"लगता तो नहीं है।"

"गिनकर दिखा दें?"

"वो भी देख लेंगे। पहले बताओ, चाल कैसी है।"

"चलते समय पाँव फँसते तो नहीं?"

"एकदम नहीं। अरे श्रीमान्! इसकी डील देखिए, कन्धे देखिए। खँडहर बताते हैं कि इमारत कितनी बुलन्द रही होगी। यह तो खाना-दाना, चारा-पानी के चलते थोड़ा झटक गया है, वरना...ब्रह्मपुरी की पट[1] में फर्स्ट आया था फर्स्ट! जहाँ पेट भरा चारा मिला कि साँड़-सा खड़ा हो जायेगा। इसीलिए कीमत हमने कम रखी है।"

"कितनी?"

---

1. पट = रेस

“पाँच हजार!”

देख-देखकर लोग आगे बढ़ जाते। वह खुद को कोसता—“छी! शर्म नहीं आती, भाई की बिकवाली की दलाली करते हुए?”

देखा, भाई की ओर दलाल दीपक शिन्दे चला आ रहा है—“राम-राम मोहन दादा! देखता हूँ सुबह से एक बैल लेकर खड़े हो। चलो मैं आनन-फानन में बिकवा देता हूँ। फटाफट दाम बोलो।”

“मैंने बैल बेचा नहीं इधर, तुम्हीं बताओ क्या दाम होना चाहिए।”

“इसके...? दो हजार चलेगा?”

“तुम्हें शर्म नहीं लगती पाँच हजार के बैल के दो हजार बताते हुए।”

“पाँच हजार?” शिन्दे जोरों से हँसा—“अच्छा मजाक कर लेते हो। ढाई...?”

“ना।”

“तीन।”

“ना।”

“इससे ज्यादा तो कोई देने से रहा।”

“साढ़े चार तो अभी मिल रहे थे, मैंने दिया नहीं।”

“किसका दिमाग खराब हुआ कि इस मरियल बैल के साढ़े चार दे रहा था?”

बतकही सुनकर और किसान आ जुटे।

“अगर साढ़े चार दे रहा था तो तुमने दे क्यों नहीं दिया?”

“झूठ बोलते हो बाघमारे।” एक अन्य किसान ने कहा।

“झूठ नहीं।”

मोहन ने तो कह दिया लेकिन उसका कलेजा झूठ बोलते समय दहल उठा। उसने जानबूझकर शम्सुल की बतायी गयी कीमत में पाँच सौ बढ़ाकर बताया था।

“किसने कहा था साढ़े चार?” एक दूसरा दलाल चन्दन वानखेड़े भी आ गया।

“और कौन कहेगा, वही शम्सुल होगा।” दीपक ने कहा।

“कौन...? वो कसइया।”

“कसाई नहीं, अपन का दोस्त है।” कहकर उसने झाँव-झाँव से बचने के लिए बाल्टी उठायी और ‘भाई’ के लिए पानी लाने हैंड पम्प पर चला गया।

सरे बाजार हँस रहा था शिन्दे, “अब हिन्दुओं के ये दुर्दिन आ गये कि अपने गाय-बैल बूचड़ों को बेचने लगे। तिस पर गर्व से सीना तानकर कहेंगे, हम भी कहीं न कहीं छत्रपति शिवाजी महाराज के खानदान से सम्बन्ध रखते हैं—उस शिवाजी के, जिसने गौ-ब्राह्मण और हिन्दुत्व की रक्षा के लिए जान की बाजी लगा दी।”

एक पल को शर्मसार हो गया बाघमारे।

बोला तो आवाज की सारी कड़क नरम पड़ चुकी थी—“क्या शिन्दे! अपने

स्वार्थ के लिए दुष्प्रचार कर रहे हो? इसी हाट में मैंने देखा उसे हिन्दुओं से बैल खरीदते और उन्हें बेचते हुए। आज का नहीं, बैलबंडी वाले शेतकरी आन्दोलन के दिनों से मैं उसे जानता हूँ...।''

गर्दीला आसमान तप रहा है। लू चल रही है, चिलचिला रही है।

फरियाद करती-सी आवाज—''वह कसाई नहीं, दोस्त है मेरा, कसाई तो शिन्दे है, जो बैल की वाजिब कीमत नहीं दे रहा है।''

बाद में कई किसान आये-गये। सौदा पटा नहीं। कोई साढ़े तीन से आगे बढ़ ही नहीं रहा था। अन्त में शम्सुल ने साढ़े चार हजार उसके हाथों पर रखा, बोला—''भाई को विदा करो मोहन दादा।'' यह क्या? मोहन की आँखों के आगे यकायक सब शून्य हो गया।

शम्सुल ने उसकी रस्सी पकड़कर अपनी ओर खींचा।

रहीम ने बाँस की पतली कइन से पुट्ठे पर मारा....सटाक! भाई ने हुड़क कर भाई से पूछा—''यह क्या?'' डोर उधर खींच रही थी, आँखें इधर! मोहन उसे जाते हुए देखता रहा, फिर उसने आँखें फेर लीं।

आँखों में कोई कीड़ा घुस गया है क्या! झरी जा रही हैं! नहीं, कीड़ा आँखों में नहीं, मन में घुसा है। सवाल कर रहा है—''तो तुमने पाँच सौ के लिए भाई को कसाई के हाथों बेच दिया?''

''भला मैं अपने भाई को कसाई के हाथों बेच सकता हूँ? मर जाता 'भाई' मेरे यहाँ। ऐसे उसकी जान तो बच जाएगी। ''शम्सुल कसाई नहीं हो सकता। होता तो मुझसे बोलता नहीं? और डेढ़ एकड़ की कापूस और सोयाबीन की बुवाई, बीज, खाद, कीटनाशक, सिंचाई...?

''अरे ना ना, वो मेरी बायको सिन्धु सब इन्तजाम कर लेगी! अरे मैंने ऐसा क्या गलत कर दिया?''

शाम गहराती जा रही है। कोई भी तर्क मन को समझा नहीं पा रहा। हाट उठ गयी है। लोग अपने-अपने मवेशियों के साथ जा चुके अपने-अपने घर। शम्सुल भी। समूची हाट में सिर्फ एक आदमी घुटनों में सिर गड़ाकर रो रहा है।

आधी रात गये घिसटता हुआ घर पहुँचता है बाघमारे। गाँव के दो-चार कुत्ते भौंक उठे। अचकचाकर उठ गयी सिन्धुताई। बिजली नहीं थी। ढिबरी जलाकर ले आयी—''इत्ती रात कर दी! मैं कितनी बार जाकर पूछ आयी लोगों से। खैर, चलो, सही-सलामत लौट तो आये। बिक गया भाई? कितने में?''

बिस्तर पर पैसे बिखेर दिये हैं बाघमारे ने।

थाली में खाना लेकर लौटी है बायको।

''किसको बेचे? शम्सुल को तो नहीं....!''

"और कोई उतनी भी कीमत नहीं दे रहा था।" कहते हुए भाकरी का टुकड़ा तोड़ लिया है उसने। मुँह तक ले ही जा रहा है कि सिन्धुताई ने टोक दिया–

"उस कसाई को बेच दिये?"

रुक गये हैं हाथ।

"पहले बैल को साँप ने डसा था और दूसरे को.....? तुमने!"

पूरे गाँव में अँधेरा है। सिर्फ एक घर में ढिबरी की धुआँती उजास है। पूरे गाँव में सन्नाटा है सिर्फ एक घर से आवाज आ रही है–रोने की आवाज!

मोहन जी दादा जी इगत जी बाघमारे ने फफकते हुए कहा–"मुझ पर थूको सिन्धु, थूको। कल तक मैं बाघमारे था, आज से भाई मारे....!"

6

पहली बरखा के बाद खेत तैयार करने की गहमागहमी! फिर से धूप निकल आयी है। अभी जमीन बरकी हुई है, बाद में ठनक जाएगी, सो अपने-अपने खेतों में हल-बैल लेकर आ गये हैं शेतकरी।

'ही! ही! हे! हे! ट्ट! ट्ट!' की बोलियाँ पुचकार और संकेत—'खायेला भारा भर, आनी कामाला कन भर/खाने में सेर भर काम में कामचोर।'

''अरे...अरे देखो तो....ले गये खड्डा में। बैठ-बैठ के सब भूल गये क्या! और दें खली भूसी.....।''

जाधव ने अपने बैलों को धिक्कारा!

''इस गड़हे को पाट क्यों नहीं देते?'' बगल के शेतकरी ने कहा।

जाधव ने इशारे से बताया कि यह मोहन दादा का गड्ढा है, खेत खरीदा तो गड़हा भी साथ-साथ.....! अब पेट का गड़हा भरे या खेत का! बड़ी साध से पत्थर-पत्थर हटवाकर खेत निकाला था, मोहन ने बस ये गड़हा....। बतकही छोड़कर वह फिर बैलों को सँभालने में लग गया—''अरे ऽ ऽ ऽ!''

''कहाँ है मोहन दादा?''

''वो देखो, शेत बेच दिये, बैल बेच दिये, मुलगे भाग गये।''

''तो बचा क्या?''

''शेत का यह टुकड़ा, मियाँ बीवी की जान....।''

दूर दिखाई दे रहे हैं मोहन दादा। बैल बने खींच रहे हैं अपने बचे हुए खेत में—अकेला बैल! हल की मूठ थाम रखी है सिन्धुताई ने। वहाँ कोई टिटकारी नहीं। कोई फटकार का निर्देश नहीं। सिर्फ एक मौन समझौता है....!

कैसर बार-बार सड़क के दक्षिणी छोर को देख रहा था।

सर्वेश ने टोका—''किसका इन्तजार है?''

''नाना का। अब तक उसे दो गाड़ी खाद लेकर गिरा देनी चाहिए थी, पर यहाँ तो एक भी नहीं।''

''खाद ही मँगानी थी तो कोई कायदे का आदमी ढूँढ़ते। ये क्या नाना.....!'' सर्वेश ने बिचकी मारी।

"क्यों?"

"मच्छरों की एक जात देखी है–पतली-लम्बी टाँगों वाली, कुचले जाने पर सर्कस के पुतलों-सा चलते हैं–वही हुआ अपना नाना। पुलिस ने उसकी वो दुर्गति बनायी, वो...कि सर्कस का पुतला बना डाला। ऐसा ही वह है और ऐसी ही है उसकी बैलबंडी। बायको भाग गयी। गनीमत है कि अकेली मुलगी की शादी कर डाली थी। शेत बंजर। कर्ज लिया तो बैंक मैनेजर से डेली तकरार। शुकर है, पड़ोसन लक्ष्मी मेहरबान है। दोनों टाइम दो रोटी बैलों को और दो कुत्तों को देती है तो दो रोटी उसे भी....। बदले में वो अपनी बैलबंडी पर उसे आर्वी चौक की सैर करा देता है और वक्त जरूरत पर उसके शेतों की जुताई भी....।"

"क्या कहते हो लक्ष्मी के शेतों की जुताई।"

इस पर दोनों हँसने लगे।

"तब तो मजे हैं नाना के....।"

न जाने कैसे उसके दुश्मनों को पता चल गया है कि जिस दिन लक्ष्मी के घर से धुआँ नहीं उठता समझ लो, बाहर गयी है, उस दिन नाना अपनी फूटी पतीली को कणीक[1] से 'ता' कर अपना चूल्हा सुलगाता है।

नाना-विमर्श में नाना की ऐतिहासिक बैलबंडी की खड़खड़ाहट से खलल पड़ा–"बा आदब! वा मुलाहिजा! होशियार...!"

नाना इतना लोकप्रिय है कि उसके आगमन से खुशी की लहर दौड़ जाती है।

अगल-बगल कई शेतकरी हल चला रहे हैं, आपस में हँसी-मजाक, दुख-सुख के संवाद...।

"एक नयी बात जानते हो।" नाना ने अपना चैनल खोला।

"क्या?"

"2005 के सेप्टेम्बर में गौरमिंट का ऑडर हुआ कि पोस्टमार्टम केन्द्र चौबीसों घंटे खुले रखे जायें।"

"अच्छा!"

"क्यों?"

"क्यों?"

"सरकार ने मान लिया है कि शेतकरी तो मरेंगे ही मरेंगे, इन्हें पात्र से अपात्र बनाने के लिए कोई प्रमाण देने वाला तो हो। पोस्टमार्टम में क्या मिलेगा–जहर! न लाचारी निकलेगी, न टेंशन, न कर्ज!"

सभी हँस पड़े सिवा मोहन दादा के।

"मोहन दादा कुछ बोलते नहीं।" नाना ने पूछा।

---

1. कणीक = गूँधा हुआ गेहूँ का आटा

''बैल बेचा कसाई को, क्या बोलेगा!'' सदा ने कहा।

''ऐ सदा, याद आया। मोहन के पास लम्बा मुंड है न।''

''हाँ, है तो।''

''ठहरो आज माँगते हैं।''

गोबिन की बायको ने हल की मूठ ले ली सिन्धुताई से और सदा मोहन दादा को पकड़कर मेंड़ पर ले आया—''रहने दो तुम, हम जोत देंगे। तुम हमें बीड़ी पिला दो।''

मोहन दादा ने कुछ बोलना चाहा तो रोक दिया।

''ना कुछ ना बोलो, सिर्फ बीड़ी पिला दो, कौन-सा बीया कापूस का....?''

''वही बी.टी. माँग-जाँच कर लाया हूँ।''

''मुलगे की कोई खबर मिली क्या?''

बीड़ी को सुलगाते हुए देखते रहे मोहन दादा, बोले कुछ नहीं।

''देखो, इस तरह से तो चलने से रहा।'' गोबिन की बायको ने सिन्धुताई से कहा।

''कल की प्रायश्चित्त के लिए जा रहे हैं वहिण। कोई बैलबंडी मिल जाती तो।''

''अरे तो अपना नाना किस दिन के लिए है।''

नाना ने बैलों को टिटकारी मारी, बैलबंडी कलवर्ट की चढ़ाई चढ़ती हुई नागपुर-हैदराबाद मार्ग पर आ गयी। किंचित आगे सड़क पार करते ही फिर शुरू हो गया नाना—

''तो समझी वहिणी, नाग जोगी ज्योतिषाचार्य से पूछ लिया आज आगे खोबरागड़े से फोन कर फकीरों से भी पुछवा लेंगे। वर्धा-पुणे के पंडितों से भी चाहो तो पुछवा लेंगे, कोई न कोई उपाय निकल ही आएगा प्रायश्चित्त का। पर मेरी मानो तो सब झूठ है। कोई जरूरत नहीं मोहन दादा।''

''नहीं जरूरत तो है।'' सदा ने प्रतिवाद किया—''इधर-उधर भटकने के बजाय समर्थ पंडित निरंजन देव गिरि को ही पकड़ा जाये। बताते हैं कि काशी से आये हुए हैं। पूरी दुनिया में काशी के पंडितों का कोई सानी नहीं। शिवाजी महाराज को भी क्षत्रिय बनाने की किसी की हिम्मत नहीं हुई, उनके सिवा!''

पति-पत्नी की आँखों में चमक भर गयी।

''कहाँ हैं स्वामी जी?''

''नागपुर!''

10 रुपये देखकर निरंजन देव की आँखें सिकुड़ गयीं।

''गो हत्या का प्रायश्चित्त संस्कार, मात्र दस में?''

स्वामी निरंजन देव गिरि ने 10 रुपये के नोट को तितली बनाकर उड़ा दिया। आखिर सौ रुपये की मुड़ी-तुड़ी नोट के आखिरी सम्बल को देखकर उनकी आँखें बेमन से अर्द्धोन्मीलित हुईं। कुछ बोलते नहीं स्वामी, सिर्फ पलकें जुगनुओं-सी झपक रही हैं।

"बहुत भयंकर पाप है गो वध! बहो ऽ ऽ ऽ त!"

"हमें उबार लो स्वामी जी!" भहरा पड़ी हैं सिन्धुताई उनके कदमों पर।

"बैल के गले का फन्दा गले में डालकर एक भिक्षा पात्र लेकर भीख माँगनी पड़ेगी। शुद्धि तक न घर में घुस सकते हैं, न मनुष्य की बोली बोल सकते हैं। बैल की बोली—बाँ...बाँ! या फिर संकेत! क्या समझे?"

सिन्धुताई ने माथे से लगाया—"कब तक महाराज?"

"इस पोला[1] से अगले पोला तक। फिर मैं आकर प्रायश्चित्त और शुद्धि के लिए विधान करूँगा!"

सारा गाँव सिन्धुताई के घर पर। मोहन दादा 'भाई' की खाली नाद के पास खड़े हुए हैं। उनके गले जोगियों-सा एक थैला लटकाकर 'भाई' के गले का फन्दा डालकर, सिन्धुताई भिक्षा का पात्र देकर भीगी नेत्रों से विदा कर रही हैं। पूरा गाँव मर्माहत हो उठा है।

"देखो, कोई लाख पुकारे, आदमी की बोली भूलकर भी न बोलना, सिर्फ बैल की बोली—'बाँ....बाँ' करके इशारे से बात समझाना।" एक टिप्पणी।

"शाम को तो आ ही सकते हैं!" एक दूसरी टिप्पणी।

"शाम क्या, कभी भी आ सकते हैं।" तीसरी टिप्पणी।

लेकिन शाम क्या और सुबह क्या! दिन पर दिन बीतते गये और महीने पर महीने....मोहन दादा किंवदन्ती बन गये, कहानी बन गये, किस्सा बन गये, कोई कहता, वर्धा बस स्टैंड पर उन्हें देखा, कोई कहता सेवाग्राम रेलवे स्टेशन पर, कोई कहता फलाने गाँव में 'बाँ.....बाँ' कहकर भीख माँग रहे थे, कोई कहता फलाने मन्दिर में....।

1. पोला = बैलों का त्योहार, बेंदूर

7

वर्धा जिले के 1387 गाँवों में एक गाँव अमला।

ठाँव-मुकाम ऐसा कि चालीस-एक किलोमीटर दक्षिण पूरब जाओ तो यवतमाल मुख्यालय और उतना ही उत्तर पश्चिम जाओ तो वर्धा। अगर वर्धा और यवतमाल को तार से जोड़ दिया जाता तो एक कुशल नट की तरह अमला यवतमाल और वर्धा के बीच आया-जाया करता। पर इस गाँव की बेचारी आशा को क्या कहा जाए जो न इधर जा पायी, न उधर। 18 साल की दसवीं पास आशा का विवाह 20 वर्ष के 8वीं पास सुरेश वानखेड़े के साथ हुआ। एक-एक कर 17 साल बीत गये। शेतकरी परिवार! शेती कहीं भी गड़बड़ाती दिखती तो आशा खुद को न रोक पाती। नववारी साड़ी का लुगड़ा[1] कसकर पिल पड़ती खेत में। जैसे-जैसे उसका लुगड़ा कसता गया, सुरेश की लाँग ढीली होती गयी। एक तरह से वह आश्रित-सा होता गया अपनी बायको पर। काम-धाम में निखट्टू, ऊपर से दारू की लत आ लगी। पीकर कहीं भी लुढ़क जाता, कभी-कभी तो रास्तों के बीचोबीच लुढ़का पड़ा मिलता। सुरेश के पियक्कड़ साथियों का जमावड़ा, गाँव के पिछवाड़े, आम के बूढ़े पेड़ के नीचे होता है—कोई आड़ा, कोई तिरछा, कोई बहकता हुआ तो कोई गमगीन! नवरा को दारू का नशा लेकिन आशा को कोई नशा नहीं, सिवा इसके नवरा द्वारा उपेक्षित गृहस्थी चलती रहे। माँ काली ने उसे मुलगा नहीं, मुलगी दी। चलो, उसकी मर्जी! दोनों मुलगियाँ पढ़-लिखकर अच्छे घरों में चली जाएँ—इससे बड़ी और क्या कामना हो सकती है माँ-बाप की!

पर अच्छे घरों में जाने के लिए अच्छे पैसे चाहिए थे और पुश्तैनी खेत मात्र ढाई एकड़ थे। इतने से क्या होगा? सो आशा ने पति को कोंच-कोंचकर, बैल-सी जुतकर एक-एक कर 3 एकड़ जमीन खरीद ली। इस बीच बीज, खाद, सिंचाई, हाट-बाजार और परिवार भी सँभालती रहीं, बोले तो, एक-एक कर वे दायित्व अपने कन्धे पर उठाती गयी। शकुन यवतमाल आते हुए मामा के घर रुकी थी, तभी उससे वहीं साड़ी की एक दुकान पर मिली थी आशा। दोनों ही सौभाग्य सूचक हरी साड़ियों का मोल-भाव कर रही थीं। तीन सौ वाली एक ही साड़ी थी जिस पर दोनों के हाथ

1. लुगड़ा = साड़ी का लाँग

एक साथ पड़े। शकुन ने उदारतावश वह साड़ी आशा को ही लेने दी—"मैं फिर ले लूँगी। तुम्हें दूर जाना है।"

बात ही बात में दोनों में ऐसा बहनापा बन गया कि जब वह जाने लगी, शकुन ने रोक लिया—"यहाँ मेरे मामा का घर है। चलो चलते हैं। कल चली जाना। आज भर रुक जाओ मेरे लिए।"

"मुझे मुलगियों को देखना है।" आशा ने अपनी मजबूरी प्रकट की।

"मुझे भी तो....।"

"मेरी दो हैं— अजन्ता, एलोरा।"

"मेरी भी दो— सरस्वती और कलावती।"

"मेरी दोनों जवान होने को आयीं।"

"मेरी भी।"

लजाकर आँखें तिरछी करते हुए हँसने लगी आशा—"मगर इस बार हार जाओगी ताई।" फिर उसने धीरे से फुसफुसाकर एक राज खोला—"मेरा नवरा दारूबाज और निकम्मा है।"

शकुन ने हथियार डाल दिये—"सच्ची, मैं इस बार हार गयी। मेरा नवरा ऐसा नहीं है, मी[1] हार ली।"

शकुन उसे बस पर चढ़ाने आयी तो पूछ बैठी—"तुमने शेत कैसे खरीदे, सो भी एक-एक कर तीन एकड़?"

"माँ काली की कृपा कह लो।"

"तो भी....।"

"तीन-तीन जगह पर कर्ज लेना पड़ा ताई—तीन तीन-तीन जगह। दो एजेंसियों से और एक इलाहाबाद बैंक!"

"ये इलाहाबाद उधरीच हुआ ना?" शकुन ने उत्तर की ओर उँगली उठायी।

"हाँ।"

"तो उत्ती दूर से चले आये सूदखोर-साहूकार?"

"अरे नहीं। इलाहाबाद नहीं, इलाहाबाद बैंक!" पास ही खड़ी छोटी ने शकुन को समझाया।

"ओऽ ऽ ऽ!"

"तुम्हारी ये मुलगी तो बड़ी समझदार है।" आशा ने बस पर चढ़ते-चढ़ते छोटी को आशीर्वाद दिये।

समझदारी का सबूत अगले महीने ही दे दिया छोटी ने। मामी की दी हुई जींस पहनकर मटकती-छटकती डोलने लगी गाँव में। अमला के बड़े-बूढ़े घुँचिआई आँखों

---

1. मी = मैं

से देखते....ये कैसा पहनावा है, न लाज, न लिहाज! मुलगों की तरह पैंट! घर के बाहर ही नहीं, अन्दर भी। पुजारी जी तो आगे-पीछे देखते ही रह जाते। छोटी जानबूझकर हठात् पलटकर ताक देती थी। झट आँखें मूँदकर लाल थैली में जल्दी-जल्दी माला फेरने लगते। कम टीका-टिप्पणियाँ न होतीं। पर छोटी तो छोटी! यूँ सुना और यूँ झाड़ दिया।

गुढ़ी पाड़वा[1] के दिन पहनने के लिए मामी ने नववारी की साड़ी दी थी। शकुन की स्पष्ट चेतावनी थी कि मुलगियाँ नववारी नहीं पहनेंगी तो उन्हें रंगोली नहीं बनाने देंगी। यद्यपि मन ही मन कलावती की इस कला की वह मुरीद हो चुकी थी। गाँव की कितनी ही औरतें थीं जो चाहती थीं कि छोटी उसकी रंगोली सजा दे मगर घर तो घर! यहाँ शकुन की चलती थी। बड़ी हसरत से छोटी ने पूजा की एक-एक सामग्री जोड़ी थी, गुड़, नारियल, अक्षत, तिल....। नीम के फूल तो काफी भटकने के बाद मिले।

गुढ़ी पाड़वा आते-आते इधर के नीम के अधिकांश पेड़ों के फूल झड़ जाया करते थे, सिर्फ एक पेड़ था नाले के पास जहाँ पानी मिलने के कारण देर से पत्ते झरते, देर से फूल आते और देर तक बने रहते।

अब जब सारा सामान जुड़ गया तो आई ही लाठी लेकर खड़ी हो गयी—''पहले नववारी पहन!''

''शहरों में कौन नववारी पहनता है आई?''

''शहर नहीं गाँव है यह, मराठा राज्य का गाँव!''

''कभी कहती है, बौद्ध हूँ, कभी कहती है, मराठा राज्य की प्रजा....। जब ऐसा कहती है न आई तो एकाएक तू मुझे बहुत पुरानी लगने लगती है जैसे तीन हजार वर्ष पहले कुहासों को भेदकर भगवान बुद्ध के पद चिह्नों पर गेरुआ पहने कोई बौद्ध भिक्षुणी चली आ रही हो और जब कहती है मराठा राज्य की प्रजा तो लगता है शिवाजी महाराज को शीश झुका, वीर बाने में ताराबाई-सी तलवार उठाये घोड़े पर चली आ रही है कड़वच-कड़वच! कड़वच-कड़वच!... सच बता, तू है कौन!''

''तेरी बातें अपुन के भेजे में समाने से रहीं। तेरी इन दिनों अशोक से गाढ़ी छन रही है क्या?''

''हाँ आई!'' बड़ी को जैसे मौका मिल गया।

''अशोक हो या कोई और, तू चाहे किसी भी तोप से मुझे दागे, मैं नहीं पहनने वाली नववारी।''

''तो तू भी सुन ले, मैं नहीं रचने दूँगी तुझे रंगोली द्वार पर। बड़ी!'' उसने बड़ी को सुनाकर कहा—''तू तो पहन ले। ये नहीं पहनेगी तो तुझसे बनवाऊँगी रंगोली।''

''मुझसे अच्छी बनेगी?'' बड़ी ने बुझे स्वर में कहा।

---

1. गुढ़ी पाड़वा = महाराष्ट्र के किसानों का त्योहार, नववर्ष

उधर आड़ में छोटी नववारी पहनते हुए बड़बड़ा रही थी—''शहरों में कोई नहीं पहनता अब। और ये मुए उत्तर भारत वाले लुगड़े को ऐसे घूर-घूरकर देखेंगे जैसे नाटक का कोई भागा हुआ पात्र हो। और घरों में पूजा शुरू भी हो गयी, और मेरे घर में सिर्फ झगड़ा....लो तुम्हारी जिद पूरी हो गयी। शकुन, आयमीन, शकुन्तला देवी, महाराज दुष्यन्त को बुलाकर दिखा दो....।'' इतना कहने के साथ वह पलटी तो हँस-हँसकर सब का बुरा हाल था। उसने न सिर्फ नववारी की लाँग मर्दों-सी बाँध रखी थी, बल्कि मूँछें भी लगा ली थीं, पगड़ी भी बाँध ली थी—''लो अब तो खुश हो...? अब बताइए देवी शकुन्तले, कहाँ है दुर्ग द्वार, जहाँ मुझे रंगोली सजानी है।''

''किया तो...! फिर इतना नखड़ा काहे का?'' बड़ी ने बिचकी मारी।

''तू जींस पहन सकती है और नववारी नहीं?'' शकुन ने कहा।

''पहना न मलका-ए-मंसूर!''

''सिर्फ आज ही नहीं, हर गुढ़ी पाड़वा पर।''

''ओके माय डीयर मॉम, योर एक्सीलेंसी, शकुन्तला देवी!''

शकुन ने आगे बढ़कर उसकी मूँछें उतार दीं।

8

शकुन के बौद्ध हो जाने से शकुन के प्रति उपजी शुभा की नाराजगी धुल गयी है और यह कमाल किया अशोक के उस ऐतिहासिक इतिहास-पाठ ने। अशोक ने अपनी आई को इतिहास का आईना दिखाया कि सम्राट अशोक, जिसके नाम पर उन्होंने उसका नाम प्यार से अशोक रखा है, स्वयं बौद्ध थे। यह भी कि बौद्ध धर्म एक क्षत्रिय, माने गौतम बुद्ध का चलाया हुआ था और वे यानी शुभा का परिवार मराठा। मराठा माने क्षत्रिय! सो शकुन का बौद्ध बन जाना कहीं से भी बेजा नहीं हुआ, बल्कि उनके और करीब आना हुआ।

माँ का सारा बवंडरी आक्रोश बेटे के इस इतिहास-पाठ के जलेबी पेंच की भूल-भुलैया में उलझकर रह गया। हालाँकि बीच-बीच में उन्हें शक होता है—''मुझे बुद्धू तो नहीं बना रहा है? कहीं यह सारा उपक्रम खुद को कलावती के करीब आने को सही सिद्ध करने के लिए तो नहीं है?''

अगले महीने बैंक का 25 हजार का कर्ज अदा करना है। आज गुढ़ी पाड़वा है—मराठी नववर्ष। शिबू का पूरा परिवार डिनर पर बैठा है। चावल, चावल का माड़, भुना हुआ महुआ और कलमी के साग के साथ काँदा (प्याज)।

''फर्स्ट क्लास डिनर है आई।'' छोटी समझाती है, डिनर की गुणवत्ता का रहस्य—''ये जो भात है न आई, इसमें स्टार्च है, इसका माड़ न फेंको तो चावल की सारी ताकत बची रहती है, फिर मावा! मेवा है मेवा! ताकत ही ताकत! मजबूती ही मजबूती!'' बाँहों की मछलियों पर थाप देखकर आगे बताती है कला—''इसके सामने नासिक का किसमिश फेल, रत्नगिरी का हापुस फेल और कलमी के साग में आयरन ही आयरन। और स्वाद? मत पूछो प्याज और चटनी में स्वाद!''

शुभा सामने आकर खड़ी हो गयीं तो झेंप गया पूरा परिवार! शुभा ने तरस खाती जुबान से कहा—''आज नववर्ष है। आज तो कुछ कायदे की चीज बना लेती! चलो मैं देती पूरण पोली!''

''नहीं वहिणी कोई तो दिन आएगा, हम भी पूरण पोली और ढेर सारा पकवान बनाएँगे। आज रहने दो।''

''मगर क्यों?''

"वो सुनील काका ने कहा है न कि जब तक कर्ज न उतार लो....।"

"समझी। अरे तुम मियाँ-बीवी! तुम्हें तपस्या करनी हो, शौक से करो, मगर मुलगियों को तो बख्श दो।"

"सुनील कहते थे कि जब तक जिद नहीं पकड़ोगे, पार नहीं पाओगे, राणा प्रताप ने जिद पकड़ी कि जब तक मेवाड़ वापस नहीं ले लेंगे, सोने-चाँदी के बर्तनों में नहीं खाएँगे, घास की रोटी खायी लेकिन परण नहीं तोड़ा, अकेले नहीं पूरा परिवार! घास की रोटी भी बिल्ली लेकर भाग गयी थी...।"

"सुनील का सिर!"

शुभा भाभी चली गयी। इस तरह सरेआम नंगे हो जाने से शकुन का चेहरा शर्म से लाल हो गया लेकिन शुभा भाभी के लौटकर आने तक उसने अपनी कमजोरी पर काबू पा ली थी और प्याज को कचर-कचर चबाये जा रही थी, जैसे वह प्याज नहीं, छप्पन भोग हो।

"कोई काम था वहिणी?" शिबू ने पूछा।

"लो, मैं तो भूल ही गयी। तुम कल शहर जाओगे तो मिलते जाना, कुछ सामान मँगाने को कह रहे थे।"

"क्या?"

"वही तो, कुछ ज्यादा ही चढ़ा रखी है न। अभी कैसे पूछूँ? तुम मर्दों का क्या! कुत्ते की दुम! अरे हाँ, तुम लोगों ने दारू भी छोड़ दी?"

"जी!"

"सुनील ने कहा होगा?"

"जी।"

"तो फिर ये क्या है? ये महुआ, ये गुड़—इसी से तो बनती है कलमुँही—चोर चोरी से जाए, हेराफेरी से न जाए।" वह हँसने लगी।

"कमाल तो ये कि भोग भी लगाया है इसी का किसका भोग है?" उनका इशारा पलाश के पत्ते पर महुए के चढ़ावे का था।

"लालू का।"

माहौल गम्भीर हो गया। उसे हल्का करने की नीयत से शकुन ने कहा—"वहिणी! दारू नहीं, पूरण पोली भी इसी महुए, गुड़ और घी का बनती थी।"

गम्भीर विमर्श चल रहा है घर में—"इस बार जितना सोयाबीन, जितना कापूस हुआ, सब को बेचने पर मिले ग्यारह हजार नौ सौ। सात हजार पिछले साल का, कुल अठारह हजार दो सौ।" शिबू ने कहा।

"बची तूअर—मरी-सी तूअर कितना देगी, हद से हद एक हजार।" शकुन ने कहा।

''पाँच सौ की मूँग.... ।''

''हाँ पाँच सौ की मूँग और तुम्हारा बाँस.....?''

''वो अभी फैसला नहीं हो सका ग्राम पंचायत का।''

''मतलब कुल मिलाकर सत्ताइस भी न छू सकी।''

''इसी में साल भर का खेवा-खर्चा, अगली फसल का खाद-बीज.... ।''

''अच्छा मुलगियाँ इतनी जल्दी-जल्दी बड़ी क्यों हो जाती हैं?''

''वाकई....बड़ा गूढ़ सवाल है। इतनी जल्दी बड़ी क्यों हो जाती हैं मुलगियाँ?'' सहसा शिबू की नजर बायको की हँसुली पर जा चिपकी, चिपकी सो चिपकी ही रह गयी।

''इन दिनों तुम्हारी नजर कुछ ज्यादा ही बेईमान होती जा रही है।''

''तेरी हँसुली आज से नहीं, शुरू से चुभती रही।''

''आँखों में?''

''नहीं....गले में! खासकर जब तू गले लगती है मेरे! बनजारन कहीं की!''

''धत् बेशरम! आई की निशानी है।''

कुल सत्ताईस हजार लेकर चल पड़े बैंक का कर्ज लौटाने शिबू और शकुन। साथ में थे शुभा के पति अमर। बैंक मैनेजर ने एक बाबू की ओर इशारा किया। रजिस्टर खुले, कम्प्यूटर खुले। टप-टप की ताल पर दिल धड़का—''उनत्तीस हजार नौ सौ साठ!'' क्लर्क ने निर्लिप्त भाव से कहा।

''क्या कहा सर...उनत्तीस हजार...?'' शिबू को करंट-सा लगा।

''उनत्तीस हजार नौ सौ साठ।''

''लेकिन सर, मैंने तो सिर्फ पच्चीस हजार ही लिये थे।''

''इतने दिनों का सूद और मूल मिलाकर हुए....!''

शिबू ने पैसे ले लिये बाबू से। पाँव मन-मन भर के हो रहे थे।

''क्या हुआ?'' बायको ने पूछा।

''उनत्तीस हजार नौ सौ साठ। अपने पास हैं सिर्फ सत्ताईस।''

शकुन का हाथ अपनी हँसुली पर गया—''सोचा था कभी मुलगियों के काम आएगी.....तुम्हारी आँख की किरकिरी...... ।''

वह दोनों हाथों से बेदर्दी से हँसुली को फैलाने लगी। फैल क्यों नहीं रही? हाथ कमजोर हैं, कि मन? शिबू जड़ हो गया है।

शकुन ने शुभा के पति को पुकारा—''जरा इसे निकाल दें तो।''

''ये पाप मुझसे मत करवाओ। हाथ जोड़ता हूँ। आज लौट चलो। कल बाकी वापस करेंगे। कल तक इन्तजार नहीं कर सकते।''

''नहीं....आज ही...! राणा प्रताप की जिद!''

पति-पत्नी सन्निपात ग्रस्त रोगी की तरह बुद-बुदा रहे थे। हँसुली पर हाथ ऐसे जुटे थे जैसे शकुन का गला दबाया जा रहा हो। चेहरा लाल हो गया था। लोगों को भी यही वहम हुआ। बैंक परिसर में अफरा-तफरी मच गयी। तब तक शकुन ने हँसुली निकालकर पति के हाथों में दे दी।

उसकी आँखें मुँद गयीं और वह बेंच पर ही लुढ़क गयी। उसे फैन के नीचे लाया गया। पंखा फुल स्पीड! पानी के छींटे दिये जाने लगे।

"मेरी चिन्ता छोड़ो, जल्दी से इसे बेचकर पैसे ले आओ।" वह जैसे किसी दूसरे लोक से बोल रही थी।

बैंक मैनेजर ने एक आदमी शिबू के साथ कर दिया। हँसुली बिकी साढ़े तीन हजार में।

"लो साहब ऋण से मुक्ति दो। शिबू ने सारे रुपये उलट दिये बैंक मैनेजर की टेबुल पर। जल्दी-जल्दी कार्रवाई पूरी हुई।

बाकी पैसे शकुन को दे दिये गये। शकुन ने उसमें से तीन सौ निकालकर पति की हथेलियों पर रख दिये—दो किलो लड्डू पूरे गाँव में बँटवाने के लिए—"तुम अपने लिए क्या लोगे—दारू?" शकुन ने पूछा।

"दारू आज मेरी तरफ से।" अमर ने कहा।

समाहार में बुद्ध पूजा, साथ ही हिन्दू विधि से मत्था टेका पति-पत्नी ने।

सरस्वती और कलावती ने पूड़ी बनायी थी। आज दोनों शुभा के मुलगे के साथ पूरे गाँव में लड्डू बाँट रही हैं घूम-घूम कर।

शिबू के कदम तनिक बहके-बहके, स्वर तनिक सहमा-सहमा। गाँव की गलियों में फेरा लगा रहा है शिबू। उसे लगा, उसे कुछ गाना चाहिए। पर उसने पूरी जिन्दगी में कोई गीत गाया हो तब तो! उसकी जगह गाया छोटी ने—"आज मैं ऊपर, आसमाँ नीचे.... ।"

लो आसमाँ नीचे आ गया। बिजली की कड़क और झमाझम बारिश!

ऐसी भयंकर बारिश में मुलगियाँ कहाँ रह गयीं?

लड्डू बाँटने गयी थीं। गुड्डू भी साथ था। पानी रुके तो पता करो। घंटे भर बाद पानी में भीगती सरस्वती प्रकट हुई। पीछे-पीछे कला भी। अकेली-अकेली? ना!

शिबू ने बूँदों की झालर के बीच अशोक को भी देख लिया है।

"कहाँ फँस गयी थी?" पूछा वडील ने।

"वो लड्डू देने गये थे, बीच में बारिश!"

"तेरे साथ कौन था? बड़ी तो पहले ही आ गयी थी?"

"कहाँ, कोई तो नहीं।"

शिबू से पहली बार कला झूठ बोली। वडील से झूठ बोला उसकी मुलगी ने।

"वन विभाग से निपटने की रणनीति पर विचार करने के लिए कल सुनील काका के यहाँ जाना है, तो लौटते हुए भंडारा के लड़कों की टोह भी लेते आएँगे।" शिबू ने तय किया।

शकुन से पूछा तो उसने कहा—"इतनी जल्दबाजी क्या है। फिर लड़का भी तो हमें ऐसा चाहिए, जो घर जमाई हो।"

"और ऐसा लड़का न मिला तो?"

"थोड़ा इन्तजार कर लेंगे।"

बैठ गया शिबू, प्यार से उसने हँसुली वाले गले के स्थान को सहलाया—"दर्द हो रहा है?"

"नहीं! उलटे हल्का लग रहा है। एक फाँस गले से निकल गयी।"

"मुझे तो वह दृश्य भूलता नहीं....। उफ! गले से हँसुली के निकलते समय तमतमाया ऐंठा चेहरा, फूटकर बाहर छिटक जाने को बेताब आँखें, जैसे हँसुली नहीं कोई प्राण खींचे आ रहा हो। मैं तो डर ही गया था।"

'कर्ज अदा! अब दो एकड़ खेतों के सहारे मुलगियाँ पार हो जाएँ बस!"

"सुनो, मुलगियों को मैंने फिर से स्कूल में डाल दिया, अब तुम्हें भी भगवान बुद्ध की शरण में डाल दूँ तो छुट्टी मिले।"

"नहीं, बेटियों के ब्याहने के बाद।"

"तुमने वचन दिया था न, कर्ज दे लेने के बाद दीक्षा ले लोगे!"

"ले लेंगे भाई, ले लेंगे, न भगवान कहीं भागा जा रहा है, न भक्त! चल रोटी सेंक।"

"इसकी जरूरत नहीं, मुलगियों ने दोपहर को ही पो-पाथकर रख दिया है। हमी न आ सके, सो जरूरत नहीं है। हाँ, हल्या को थोड़ा भूसा-पानी देना पड़ेगा।"

"मैंने देखा, कला के साथ कोई था, पूछने पर इनकार कर गयी।"

"तुम्हें तो नाहक ही वहम होता रहता है। हमारी मुलगियाँ इतनी समझदार तो हुई हैं कि गलत कदम नहीं उठाएँगी।"

9

सुनील के रहते कोई भी अँधेरा अँधेरा नहीं लगता। मझोले कद के 52 वर्षीय गन्दुमी रंग के मामूली-से दिखने वाले इस आदमी के बारे में कोई सोच सकता है कि इसका इतना बड़ा जिगरा है! ललाट हर पल सिकुड़ा, आँखें हर पल चौकन्नी, आवाज में इतना गहरा आत्मविश्वास कि सुनकर एक पल को मुर्दा भी ताक दे। आसपास के गाँव अगर बचे हुए हैं तो सुनील के चलते ही। दूर देवभूमि के किसानों ने सरकार के आगे समर्पण कर दिया—''हम बिकाऊ हैं। हमारा सब कुछ बिकाऊ है। हमें खरीद लो। मार डालो या काट डालो। सिर्फ पेट भर भोजन और इनसान की जिन्दगी दे दो हमें।''

सुनील ने कहा—''रोटी और इज्जत भीख माँगने से नहीं मिलती।'' फिर वह हिन्दुस्तानी का एक फिकरा सुनाता—''हिम्मते मर्दां मदते खुदा।'' गाँव में कुएँ उसने खुदवाये। मंडी में सबको लेकर गया। लेकिन करता क्या, जब आसमान ही नाराज हो। पिछले साल फसल मारी गयी थी, उसके पिछले साल भी। सच पूछा जाए तो कायदे से फसल पिछले चार-पाँच सालों में हुई ही नहीं। इस साल बहुत मुश्किल से कर्ज मिले।

शेतकरी लोगों की गुहार सुनकर प्रधानमन्त्री मनमोहन सिंह और राहुल गाँधी आये थे। 1997 से 2006 तक यहाँ 15 हजार किसान आत्महत्या कर चुके थे। समूचे देश में यह संख्या ढाई लाख तक पहुँच गयी थी। विदर्भ के ग्यारह जिलों में ही तीस हजार। दिल्ली, मुम्बई और पता नहीं कहाँ-कहाँ से लोग आये। समितियाँ बनीं। जाँच पड़ताल हुई। सभी का कहना था कि विदर्भ कृषि का ज्वालामुखी है। सुप्त ज्वालामुखी। कर्ज उतारना तो दूर, किसानों की आमदनी ही इतनो कम है कि खेती में बने रहना मुमकिन नहीं।

दिल्ली लौटकर प्रधानमन्त्री ने कहा कि कापूस उत्पादक किसान को बचाना है तो उसे राहत पैकेज देना पड़ेगा। ठीक 2009 के चुनाव से पहले 72 हजार करोड़ रुपये की कर्ज माफी की घोषणा हुई। यानी जो कर्ज लिये थे, वो माफ। लेकिन कुछ गाँव वालों का मुँह लटक गया। सरकार के हिसाब से क़र्ज वही था जो सरकारी बैंकों से लिया गया था। उनको तो लाभ मिला लेकिन बाकियों को? ज्यादातर लोगों ने तो

गाँव के सूदखोरों से कर्ज लिया है। उनका खून साहूकार चूसता रहे और 72 हजार करोड़ का आँकड़ा सरकारी दान के रूप में छापकर सरकार अपनी पीठ थपथपाती रहे। बाद में एक पैकेज और आया कि विदर्भ किसानों को गाय दी जाए—दुधारू गाय। इस हाईब्रीड गाय के चारे का चार आना किसानों को भरना था बाकी सरकार के जिम्मे। माने गाय की कीमत बीस हजार है तो पाँच हजार ही किसान को देना पड़ेगा। सुनील ने देखा कि पहली योजना का लाभ किसानों को नहीं मिला लेकिन गाय तो ली ही जा सकती है। जरूरतमन्द किसान को दो-दो गायें और जिस दिन गायें आयीं...उस दिन!

''क्या मस्त चाल है!'' तुकाराम बोला—मोटी-ताजी चितकबरी गायें, आधी जर्सी, आधी हाईब्रीड! हर लाभार्थी को नौ हजार देने पड़े दो-दो गायों के लिए। पूरा गाँव बाहर आ गया है इन गायों को देखने के लिए—तुकाराम के दोनों बेटे, पत्नी और बूढ़ी माँ भी।

''ये कैसी गाय है? ऐसी गाय तो कभी देखी नहीं।'' बूढ़ी माँ ने आँखों पर हथेलियों का ओट लगाकर परखने की कोशिश की पर नाकाम रही।

''अरे यह मनमोहनी गाय है अम्मा! प्रधानमन्त्री मनमोहन सिंह ने दिया, सो मनमोहनी गाय। बीस-बीस सेर दूध देने वाली। कायदे से खिलाओ तो एक मन।'' गाय उछल रही थी, गाय से ज्यादा तुकाराम और तुकाराम से ज्यादा तुकाराम के बच्चे।

मन्दिर के पुजारी सदाशिव कुलकर्णी ने कहा—''बहुत उछलने की जरूरत नहीं है तुका। बीटी भी चार गुनी फलन दे रहा था।''

तुकाराम को लगा, पुजारी जी को गाय नहीं मिली सो जल रहे हैं। जले तो थोड़ा और जलाया जाए। पूरा ड्रामा उतार लिया—''अरे जब मेरी पुकार हुई तुकाराम मंगाराम हाजिर हो तो मुझे विश्वास ही नहीं हुआ कि मेरी ही पुकार हो रही है। फिर जब मैं गाय लेकर चला तो भी मुझे विश्वास नहीं हुआ कि मेरी ही गाय है।''

पंडित जी ने मुँह बिचकाया और दूसरे बनगाँव से गाय देखने के निमित्त अपने घर के आये बच्चों को डाँटा—''कभी गाय नहीं देखी क्या?''

वाकई ऐसी गाय नहीं देखी थी। गाय देखने के लिए आस-पास के लोग अक्सर आते रहते तो कभी दूध दुहते देख जाते। तुकाराम शान से छोटी-छोटी मटकियों में दूध दूहता। एक मटकी दूध के फेन से बहने लगती तो कहता—''दूसरी।'' फिर कहता—''तीसरी, चौथी, पाँचवीं भी तैयार रखो।''

''साक्षात् कामधेनु हैं, है न?'' पड़ोसी फुसफुसाते।

''सब आप लोगों की और भगवान की कृपा है, वरना मुझ गरीब के नसीब में ऐसी गाय कहाँ।'' तुकाराम बोलता।

पूरा परिवार गाय की सेवा में जुटा रहता है। मिलिटरी की पोशाकों की तरह चितकबरी-चितकबरी गायें। हरा चारा कहाँ मिलेगा, हरा चारा....? जर्सी गायों का चारा कहाँ मिलेगा, जर्सी गायों का.....? रालेगाँव जाना पड़ेगा, कि यवतमाल या कहीं और? दुकान पर दूध की दरियाफ्त—"दूध लगेगा सेठ?"

"नहीं।"

"कम से कम पाँच किलो ले लो साहब। एकदम खाँटी। एक बूँद पानी नहीं।"

"न बाबा, तुम्हारा दूध पीने पर पेट खराब हो गया।"

"सेठ! बोला था न, खाँटी दूध है! थोड़ा पानी मिला लेने को।"

दूध लेकर तुकाराम कहाँ-कहाँ नहीं भटका! रेट काफी कम। लेकिन दूध का कोई खरीददार नहीं। या शायद ये नये दुग्ध विक्रेता थे, जिन्हें बाजार के तौर-तरीके नहीं मालूम। कमोबेश यही हाल बाकी मनमोहनी गायों का था। जिस दूध के लिए कभी बच्चे तरसते थे, कभी सपने में भी नहीं सोचा था कि दूध में डुबकी लगाने के भी दिन आएँगे। लेकिन डुबकी भी ऐसी लगी कि दम फूलने लगा। गाय न हुई, जी का जंजाल हो गयी। इतने दूध का क्या करें? कोई लेता-वेता तो है नहीं, खपाये कहाँ। फिर खिलाएँ कैसे, पैसा तो निकलता नहीं।

पुजारी जी पहुँचे तुकाराम के पास—"देखता हूँ अकेले गाय तुमसे सँभल नहीं रही है। मैं कुछ सहायता करूँ?"

तुकाराम ने अबूझ भाव से ताका।

"देख-देख, तू समझेगा लालच कर रहा है। गौ कसम जो लालच किया हो, सिर्फ तुम्हारी सहायता करना चाहता हूँ! मैं कोई मदद करूँ...? लोग तो वैसे ही मन्दिरों-ब्राह्मणों को गोदान करते हैं।"

इस पर भी कुछ बोलता नहीं तुकाराम, मनसा भाँपता है—"कितना दोगे गाय का?"

"हें हें!" मूड आज ठीक है, चतुराई कंठ से होठों पर आती है—"तीन ले लो।"

"ना! पचास हजार दोगे!" तुकाराम तोप-सा दगता है।

'पचास हजार! तुम्हारे बाबा और आजोबा[1] ने देखा है पचास हजार?" पिनक गये पुजारी जी।

सुनील ने अभी भी हिम्मत नहीं हारी थी—"जो भी जमीन बची है उसमें 'वरसीम' बोओ।"

"ये क्या चीज है—सिंगदाना?"

"सिंगदाना नहीं, एक घास, गाय को मजबूत करने वाली घास!"

योजनाकारों ने सोचा था कि दूध का धन्धा रोज पैसा लाएगा। सैद्धान्तिकी

---

1. आजोबा = दादा

के इस पक्ष पर उन्होंने कभी गौर ही नहीं किया कि विदर्भ की सूखी धरती पर मवेशियों को खिलायेंगे क्या और दूध बेचेंगे कहाँ। कोई इन्फ्रास्ट्रक्चर भी तो बनाना था। अखबार में आये दिन नुक्ताचीनी होने लगी कि नौ-नौ हजार जुटाकर, दो-दो मनमोहनी गाय लेकर यहाँ के किसानों का क्या लाभ हुआ? लाभ कहीं हुआ तो बिचौलियों को।

शुरू-शुरू में सुनील तो हीरो बन गये। बच्चे, बूढ़े और जवान सब दूध, दही, घी में डूबे रहते। गाँव वालों ने इतना दूध देखा ही नहीं था, पीने को कौन कहे!

वहाँ से बहुत दूर बनगाँव की शकुन ने होठों पर जीभ फेरी—''अपने सुनील भाई से कहो न, एक मनमोहनी गाय हमें भी दिलवा दें।''

शिबू ने हँसकर कहा—''पगली कहीं की। अभी-अभी तो पहले के फाँस से उबरे हैं। फिर कर्ज! दो-दो बेटियों की शादी अलग से, उधर वन विभाग का केस और तुझे गाय की पड़ी है। जानती है एक गाय का एक दिन का खर्च कितना है?''

''कितना?''

'सौ रुपये डेली। शायद उससे भी ज्यादा। तू एक हथेली पर रुपये रख और मैं दूसरी हथेली पर मनमोहनी गाय न रख दूँ तो अपने बाप का पैदा नहीं।''

डरकर सिहर गयी शकुन—''ना बाबा, हम ऐसे ही भले।''

कितनों को धन्य कर दिया गो माता ने। पहले तो खरीददारों को हरियाणा से 10-15 हजार की गाय का पच्चीस हजार दिखाया, दस हजार वहीं! फिर खिलाने-पिलाने से लेकर रख-रखाव तक जहाँ भी स्कोप मिला, कोई कोर-कसर नहीं छोड़ा भाई लोगों ने। महीने भर में ही शिकारी सेठों ने सूँघ लिया, ये आदिवासी और दूसरे दरिद्र गाय को सँभाल नहीं पा रहे हैं, मुक्त होना चाहते हैं, 30 हजार की गाय मोल-तोल कर चार-पाँच हजार में खरीद लाये। निर्धन किसानों की गायें सेठों के खूँटे बँध गयीं।

कहाँ गलत हो गया? सिर्फ नागपुर शहर में ही 20-25 लाख लीटर दूध की माँग है। बाकी तमाम शहर, कस्बे और बाजार हैं। योजना तो गलत नहीं थी। गलत हुआ इसका स्थानीय नियोजन। जहाँ फसल के लिए पानी नहीं, जहाँ किसान कर्ज में डूबे हुए हैं, जहाँ दूध को ग्राहक तक पहुँचाने का उपाय न हो, वहाँ गाय का धन्धा एक बोझ के सिवा और क्या है! काश, हम जैसे किसानों से पूछते। सबका उद्धार करती हैं गो माता। लेकिन यहाँ तो सब गलत ही गलत है, इसलिए कि कोई भी चीज अपनी माटी-पानी की नहीं। विदेशी बीज, विदेशी कर्ज, विदेशी गाय, विदेशी नीति और यहाँ का सूखा किसान और सूखी धरती। बेचना भी आसान नहीं। पैसा हो तब तो किसी के पास। खाने को कुछ पैदा होता नहीं। एक फसलिया खेत। जोआरी बोते नहीं, क्या है तो कापूस, अब कापूस खाकर, मनमोहनी गाय का दूध पीकर जिन्दा रहना है। जहाँ भी दो-चार जन मिलते, यही बातें होने लगतीं—''हाय

हम तो सस्ते के चक्कर में मारे गये। मनमोहन सिंह की गाय बहुत महँगी पड़ी।''

''हमारा दामन ही छोटा था, सँभाल नहीं पाये।''

''अरे दुग्ध विकास मन्त्री यहीं विदर्भ के थे। पहले अनीस अहमद और अब नितिन राऊत।''

''आधी से ज्यादा गायें तो गर्मी से ही मर जाएँगी।''

तुकाराम ने गाय की कीमत घटाकर बीस कर दी। पुजारी जी ने कहा—''अभी भी कह देता हूँ दान कर दो। पुण्य मिलेगा।''

• हर जगह कोई न कोई समस्या। सुनील ने देखा कि गाय की चिन्ता करना बेकार है। वह बेवकूफी भरा लाइलाज मर्ज है। इससे अच्छा तो यह है कि पहले खुद की सोचे। पच्चीस एकड़ की जमीन के साथ पच्चीस एकड़ अतिरिक्त जमीन लेकर खेती की जाए। पाटिल कह भी रहे थे। अगर भगवान ने साथ दिया तो आसपास सबके कर्ज उतार देंगे। विजयेन्द्र के अमेरिका जाने का पैसा भी हाथों में आ जाएगा। कापूस, सोयाबीन और तूअर की खेती। नाले पर सन्तरा, अनार, नीबू, आम, आँवले के बाग लगा लिये। मधुमक्खी पालन भी। ट्रैक्टर भी ले आएँगे। हालाँकि मन में कहीं एक चोर-काँटा है, हमी ने कर्ज लेने से सबको रोका, हमीं कर्ज लें! लेकिन दूसरे पल ही इस कमजोरी को झटक दिया—''ऊँह! एक ही बार खेल लें जुआ। क्या पता....? नो रिस्क, नो गेन!'' शोर हो गया, ट्रैक्टर आ रहा है। दूसरे किसान पूछते—हमें भी दोगे न? मेरा ट्रैक्टर मेरा अकेले का थोड़े न होगा! सबने बढ़-चढ़ कर खेती की थी।

जीते जी मिथ बनते गये थे सुनील। आज सुनील काका अमरावती जा रहे हैं, आज यवतमाल, आज भंडारा, आज चन्द्रपुर....। शिबू अपनी पत्नी शकुन और दोनों बेटियों के साथ नागपुर जाते समय दो-दो बार रुका था वहाँ और क्या गजब कि दोनों बार सवारी क्या मिली—नाना की बैलगाड़ी। छोटी को नाले वाली जगह खास पसन्द थी अगल-बगल नीम और दूसरे पेड़, तरह-तरह के पौधे, लताएँ, फूल और बेशुमार तितलियाँ—ज्यादातर पीली। तितलियों के बीच तितली बनकर बाँहों के पंख फैलाए उड़ा करती।....एक बार उसने एक तितली पकड़ी भी तो पंख के पीले पराग हाथ से जा चिपके। घबराकर उसने उसे छोड़ दिया।

सपने अँखुआए ही थे कि वह भयंकर सूखा! पूरा गाँव क्या, पूरा क्षेत्र धू-धूकर, धधक उठा। क्या दिन, क्या रात, घर में एक दाना भी आने की सम्भावना नहीं। मान लो, कुछ दिन बाद बारिश हो भी गयी तो फिर से बोआई करनी पड़ेगी। झुलसता विदर्भ। गलत योजना! गलत सोच!

उधर फसल मर रही थी, इधर गायें। विद्रूप यह कि 'कोबला' आदिवासी तो गम मनाने के उलटे खुश थे। बाँध से पानी पिलाकर ला रहे थे कि एक गाय गिर

पड़ी। खींच-खाँचकर एक पेड़ के तले ले आये। शाम तक गाय कट-पिट कर पूरे गाँव में बँट चुकी थी। फिर वे हाथ जोड़कर बोले—"हमें क्षमा करना गौ माता। तुम्हें भरसक बचाने की कोशिश हमने की लेकिन नहीं कर पाये।"

दारू की बोतलें खुलीं और आपस में वे इस तरह बहकने लगे जैसे शहंशाह हों—"एकदम बुद्धू है सरकार। गाय तो बड़े-बड़े सेठ को देना चाहिए जो उसे खिला सकें, पिला सकें, जिला सकें। हमारे लिए तो बकरी ही भली जो खुद चर के चली आती।"

"बकरी नहीं रही होगी सरकार के पास।"

"बकरी नहीं थी तो सुअर देती।"

"ठीक कहते हो एकदम बुद्धू है गवरमिंट।"

जगह-जगह बतकही होती—"तुमने एक बात पर गौर किया?"

"किस बात पर?"

"सुसाइड करने वाले ज्यादातर कुनबी हैं—मराठा।"

"हूँ।"

"शिवाजी से शाहूजी सभी मराठा, सबसे ज्यादा आबादी इन्हीं की, सबसे ज्यादा आगे बढ़े हुए भी यही।"

"हाँ।"

"फिर भी आत्महत्या?"

"इनका प्राचीन गौरव, महानता का बोझ! दूसरी ओर इन्हीं की जाति के कुछ नौकरी वालों का मोटरसाइकिल, रंगीन टीवी, फ्रिज। यह हकीकत—जितनी बड़ी खेती, उतना ज्यादा लॉस। दोनों ठेलकर इन्हें ले जाते हैं आत्महत्या तक। रिजर्वेशन की डिमांड भी है।"

"और तुमने किसी आदिवासी को आत्महत्या करते देखा?"

"नहीं।"

"क्यों?"

"क्योंकि उन पर महानता का बोझ नहीं। किसी भी हालत में छोड़ दो, जी लेंगे।"

"और एक बात है।"

"क्या?"

"धान की फसल वाले अंचल का गीला अकाल उतना ज्यादा मारक नहीं, जितना कि सूखा अकाल!"

"ठीक! और कुछ हो न हो, समय पर पानी मिल जाए, बस।"

ये खबरें बेचैन करतीं सुनील को।

बुत बनता गया सुनील—इन सबका दोषी मैं हूँ, सबको हिम्मत बँधाने वाला खुद ही हिम्मत हार बैठा। हवा में फिकरे उड़ रहे थे—'कभी कर्ज, कभी मर्ज, कभी सूखा, कभी डूब।' दूसरा फिकरा—'अगर भूत से शादी करोगे तो अपना घर चिता पर ही बनाना पड़ेगा।' सो, सुनील आज भूत बन चुका था। खुद भी डूबा औरों को भी लेकर डूबा। बेचारी गायें!

आखिर-आखिर तक उसमें एक ही बात का मलाल रहा—दिल्ली में ही बैठकर क्यों बना ली सरकारों ने हमारे गाँवों के कायाकल्प की योजना? क्यों जगाये सपने—बीटी बीज की तरह बाँझ सपने? मर गये लोग। हमसे पूछते, हम बताते—बड़े नहीं, छोटे-छोटे सपने चाहिए हमारे गाँव को। हवाई नहीं, धरती के! गाय नहीं, बकरी। फिर सबसे ऊपर दान नहीं। पानी! दान वापस ले लो। हमें सिर्फ सिंचाई के लिए थोड़ा-सा पानी दे दो।

वाकई सरकार की 'दरियादिली' का फायदा नहीं मिला इस गाँव को। बहत्तर हजार करोड़ की कर्ज माफी में इस गाँव में लेनदार मात्र 20 आदमी।

सुनील कहता था, एक भी आदमी ने अगर मेरे रहते आत्महत्या की तो मेरे जीवन को धिक्कार है और उसी सुनील ने सबसे पहले आत्महत्या की। दो ही साल में पस्त और परास्त।

सौ-सौ धिक्कार बरस रहे थे अनुतापदग्ध सुनील पर।

नाले की नीम की यह घनेरी छाँव। आज एक भी परिन्दा नहीं है पेड़ पर! नीचे गिरा छटपटाता आखिरी परिन्दा भी उड़ जाना चाहता है। आसपास न कोई आदमी, न कोई जानवर। सिर्फ है—एण्डो सल्फान पीकर प्रायश्चित्त करता-सा सुनील। अब क्या सोचना और क्या समझना! लो, असर शुरू हो गया। बेधने लगा जहर। पेट में भीषण मरोड़.....जबर्दस्त ऐंठन, खिंचे चले आ रहे हैं प्राण। मुँह से झाग। खिंचे चले आ रहे हैं स्नायु! काठ के बेंच से नीचे लुढ़क गया जैसे आदमी नहीं वह भी काठ का कुन्दा हो। आखिरी बार फिर से अपने फैले खेत नाले उड़ती पीली तितलियों और मेंड़ के पेड़-पल्लवों को देखने की कोशिश! 'विदा मेरी बायको, विदा मेरे होनहार बेटे विजयेन्द्र, विदा मेरी बेटियो, विदा मेरे बैलो, विदा मेरे गाँव के लोगो, पाटिल जी, दोस्तो, शेतकरी परिवारो, मेरे अपने, मेरे सपने.....।'

"सुनील दादा, सुनील दादा, सुनी....!"

आवाजें!....कौन? कानों में धम-धम की आवाजें! आँखों में झपसा है। उसने आखिरी बार किसी तरह सिर उठाकर देखने की कोशिश की....मगर न। नहीं।

सुनील के गिरते ही अँधेरा छा गया, सिर्फ नागौरा में नहीं, आसपास के दसियों गाँवों में फैल गयी मृत्यु गन्ध!

अपना काम बीच में छोड़कर लौट आया है विजयेन्द्र। पिता के सीने पर सिर

रखकर सिसक रहा है। आई अलग मूर्च्छित पड़ी है। बेटियाँ अलग....। खबर का वृत्त अलग-अलग फैल रहा है—मित्रों, रिश्तेदारों में, गाँवों में, जिलों में....।

पाटिल ने विजयेन्द्र से कहा—"बेटा मेरे 50 एकड़ खेतों की फिक्र न करो, मैं सूदखोर महाजन नहीं हूँ। जब हो, लौटा देना....। न हो, मत लौटाना।"

लाश को पोस्टमार्टम के लिए ले गये, फिर ले आये।

धू-धू करती जल रही है चिता, झुलस रहे हैं आसपास के पेड़-पल्लव। झुलस गया बहुत कुछ!

सबके चले जाने के बाद नाना आया है, मोहन आया है, दादा जी खोबरागड़े आये हैं। चिता को प्रणाम करते हैं सब। घरवालों के सामने कुछ एक मिनट खड़े रहते हैं फिर विजयेन्द्र की पीठ थपथपाकर बिना कुछ बोले निःशब्द लौट जाते हैं।

नाना को श्मशान वैराग्य हो गया है, पत्नी गयी, शरीर गया, गृहस्थी गयी, कर्ज लद गया, सुनील भी गया। इस वैराग्य को भरने के लिए जीवन की ओर फिर से लौटने के लिए अब लक्ष्मी भी नाकाम। जाने क्या ढूँढ़ता रहता है नाना और कुछ नहीं मिलता तो सदा, मोहन दादा के बैठक में बैठकर बीड़ी सूटता रहता है।

शेत क्यों बंजर हो जाता है और क्यों बंजर हो जाता है आदमी का मन? इस मरण के खिलाफ उठकर खड़े होने की कोशिश में बार-बार लड़खड़ा कर क्यों गिरता है आदमी?

पाटिल काका ने नासिक की फैक्टरी से वी.आर.एस. ले लिया और नागौरा आकर पूर्णकालिक शेतकरी बन गये। बिज्जू को साथ लेकर खेतों का जायजा लेने गये तो चकित रह गये। 25 एकड़ अपने और 25 एकड़ सुनील यानी बिज्जू के कुल—पचास एकड़ किनारे एक नाला पड़ता था जो भूजल स्तर के नीचे चले जाने के कारण सूख गया था। उसके किनारे-किनारे सन्तरे के बगीचे लगा लिये, साथ ही अनार के पचास-एक पेड़, आम-अमरूद दस पेड़। पपीते, आमले के। एक खेत में अपनी छाजन पर सूखी लता पर अंगूर भी दिख रहा था। बाकी खेत में खरीफ की फसलें थीं, रबी के मौसम में नाले के किनारे-किनारे गेहूँ, चना, मटर भी। एक छोटी-सी झोंपड़ी देखकर रुके तो वहाँ मधुमक्खी पालन के इन्तजामात थे। दो कुएँ थे, एक में पम्प भी लगा था मगर पानी न था।

"कितना बड़ा योजनाकार था सुनील।" पाटिल ने लम्बी साँस छोड़ी।

दूसरे दिन खेतों में ट्रैक्टर लेकर बिज्जू गया तो देखा पाटिल काका पहले से हाजिर हैं। फाल नीचे करके उसने खेत जोतना अभी शुरू ही किया था कि ट्रैफिक पुलिस की तरह हाथ फैलाकर रोक दिया उन्होंने—"एक बात पूछूँ, जरा सेंटिमेंटल है?"

"पूछिए।"

''सुनील ने जहाँ सुइसाइड किया था, मुझे वहाँ ले चलोगे?''

उतर आया बिज्जू। आगे बढ़कर वह नाले के बगल नीम के उस पेड़ के नीचे जाकर खड़ा हो गया।

पाटिल ने वहाँ की माटी को माथे से लगाया, कुछ क्षण भावुक बना खड़ा रहा फिर बोला—''कभी देखा है वडील को ट्रैक्टर चलाते?''

''नहीं।''

''तभी।''

''क्यों क्या हुआ काका?''

''तुम्हारा फाल ज्यादा धँस रहा है बेटा, छह इंच से नीचे की मिट्टी में उर्वरता नहीं होती।''

सुनील ने फाल को ऊपर उठाया तो ज्यादा उठ गया, नीचे किया तो ज्यादा धँस गया।

''कलम से खेत नहीं जोते जाते बिज्जू। छोड़ो। तुम्हारे बस का रोग नहीं है ये। अब तक तुम्हारे वडील ने मेरी शेती सँभाली—अब मैं दायित्व लेता हूँ—तुम्हारी और अपनी शेती का। सारे बीज डाल गया है तुम्हारा बाबा! बीज अँखुआ गये, पौधे हो गये, बस फल आने की देरी थी कि...। मैं उसके अधूरे कामों को पूरा करूँगा। सोने की कुदाल खेत गोड़ने के लिए नहीं बनी है। अपना प्रोजेक्ट पूरा करो। यह ट्रैक्टर मुझे दे दो, कल्टिवेटर, थ्रेशर, हॉपर और दीगर मशीनें जो भी हों, बाकी मुझ पर छोड़ दो। तुम और तुम्हारी आई सिर्फ आया-जाया करें।''

पहला काम उन्होंने यह किया कि 'पडरा'[1] लोगों को बुलाकर पुराने दोनों कुओं को गहरा किया, एक नया कुआँ खुदवाया, नाले के बगल, अपना डीजल चालित पम्प बैठाया। ट्रैक्टर के अलावा चार बैल भी। सुनील की एक मनमोहनी गाय भी खरीद ली।

दो लीटर दूध लेकर खुद आये बिज्जी के घर—''वहिणी।''

बिज्जू की आई अपने नववारी सहेजते हुए बोली—''आयी!''

''इसे रख। मैं रोज-रोज नहीं आ सकूँगा, तुम बिज्जू को भेजकर मँगवा लेना।''

''मगर यह है क्या?''

''दिखता नहीं, दूध है! सारे बीज बिज्जू का बाप बो गया था। हम सिर्फ फसल काट रहे हैं।''

''समझी नहीं।''

''अरे वो तुकाराम था न—यवतमाल के बनगाँव का। गरीबों को गाय दिलायी थी सुनील ने मनमोहनी गाय—आधा मन दूध वाली। न खिला सके, न सँभाल सके,

1. पडरा = कुएँ खोदने वाला विशेषज्ञ

न दूध बिका। तुकाराम भी उन्हीं अभागों में से एक था। कोई पुजारी डोरे डाल रहा था, दान कर दे मन्दिर को पुण्य होगा। सस्ते में हड़प लेने को। मैं उसे बीस हजार देकर ले आया।''

''पर यह अच्छा नहीं किया आपने आजोबा!'' बिज्जू घर के अन्दर से शर्ट पहनते हुए निकला।

''क्या अच्छा नहीं किया जरा सुनूँ तो.....? गरीब तुकाराम से सस्ते में पुजारी को हड़प लेने देता, वह ठीक होगा। मैंने तो पूरा दाम चुकाया, गाय भी बचा ली, तुकाराम को भी। नहीं तो तुकाराम मर जाता या गाय या दोनों ही।''

जो भी हुआ, अच्छा हुआ। बिज्जू जैसे अनाड़ी के हाथ पड़ी होती तो हो चुकी होती खेती। पाटिल ने धीरे-धीरे दोनों हलवाहों को ट्रैक्टर, कल्टिवेटर, पम्प और दूसरे यन्त्रों को बरतना सिखा दिया। अब वे सिर्फ निगरानी रखते। बीच-बीच में शेतकरी की समस्याओं के लिए मीटिंग भी करते। विजयेन्द्र की आई प्रायः रोज ही खेतों में जाती पर विजयेन्द्र कभी-कभी ही।

10

साँकल की ठक-ठक! आई ने दरवाजा खोलकर देखा तो सिन्धुताई! बिज्जू चौंका—''मावसी आप? पैदल ही चलकर आयी न? मुझे खबर भिजवा दिया होता, मैं आपको लेने खुद चला आता।''

''किससे खबर भिजवाती?''

''क्यों, काका जी से!''

''तुम्हें मौसा जी के बारे में कुछ भी नहीं मालूम?''

''अभी तो वडील के मरने पर घर आये थे, दाढ़ी बढ़ी हुई थी—फकीराना लिबास। पर उस दिन कोई बात न हो पायी थी, चले भी गये।''

एक-एक कर घर की औरतें आ-आकर जुटने लगीं। एक बार सुनील की आत्महत्या की याद कर स्यापा करने लगीं। सिन्धुताई भी। विजयेन्द्र ने किसी तरह उन्हें चुप कराया और सुनील की चर्चा स्थगित हुई तो सिन्धुताई ने विजयेन्द्र से पूछा—''क्या तुम्हें सचमुच अपने मौसा जी के बारे में कुछ नहीं मालूम?''

''नहीं।''

धीरे-धीरे सिन्धुताई ने अपने दुर्भाग्य की कहानी कह सुनायी।

''कहाँ गये मौसा जी?''

''मौसा ही नहीं पूछो कहाँ गये मेरे बड़कू, छोटकू, चन्द्रपुर में ब्याही मेरी मुलगी उमा मैं ऐसी अभागिन कि मुझे किसी की कोई खबर नहीं। एक बैल था, वो भी।''

''हूँ।''

थोड़ी देर तक गमगीन बैठा रहा बिज्जू। फिर उसने आई से कहा—''मावसी को अन्दर ले जाओ। नहा-धोकर खाना-वाना खा लें। तीन बजे मैं अपनी मोटरसाइकिल से इन्हें गाँव छोड़ दूँगा।''

''वो तो मैं यूँ भी चली जाऊँगी, तुम बेटा सिर्फ इतना करो कि अपने भाइयों, बहन या काका—इनमें से एक की भी खबर ला सको तो मन को शान्ति मिले, वरना तुम्हारे बाबा की तरह मैं भी...।'' वाक्य आँसुओं की घूँट में समा गया।

थोड़ी देर तक वह उस बेबस चेहरे को देखता रहा फिर बोला—''आश्वस्त रहो मावसी, इस जाड़े के बीतते न बीतते, जहाँ भी होंगे, चारों, नहीं तो एक दो को तुम्हारे सामने जरूर ही ला खड़ा करूँगा।''

सिन्धुताई की बेटी की खोज-खबर लेना तो एक अनुषंग था। विजयेन्द्र का असली उद्देश्य तो अपने प्रोजेक्ट के लिए गड़चिरोली और चन्द्रपुर के किसानों की माली हालत का सर्वेक्षण करना था वर्धा से रेल द्वारा चन्द्रपुर फिर एक मित्र की मोटरसाइकिल। साथ में नाना भी लग गया था, कारण उसके अनुसार कहीं दूर जाओ तो एक समझदार अधेड़ को अपने साथ कर लो—वक्त-बेवक्त हारे-गाढ़े काम आता है और नाना से बढ़कर कोई समझदार अधेड़ भला दीया लेकर ढूँढ़ने से भी कहाँ मिलने वाला था!

समझदारी का पहला सबूत था 'डांस हंगामा'। नाम से ही बिदक रहा था विजयेन्द्र—''आप क्या समझते हो, सौ किलोमीटर दूर से तुम्हें भोंडा नाच दिखाने आया हूँ?''

''तुम तो बात-बात पर उखड़ जाते हो, काम तो हम वही करेंगे जिसके लिए आये हैं लेकिन तुम्हारे लिए यह भी जानना जरूरी नहीं कि इस अभागी धरती के ये तुम्हारे किसान-मजदूर सूरमा रहते कैसे हैं, खाते क्या हैं? उनका टेस्ट क्या है, संस्कृति क्या है, कितने रंग हैं इस संस्कृति के। तभी तो तुम उनको सही-सही रिपोर्ट कर पाओगे।''

विजयेन्द्र को नाना का तर्क कुछ-कुछ वजनी लगा, फिर भी नये बछड़े की तरह अभी भी वह खूँटा तुड़ाने से बाज नहीं आ रहा था—''कोई चालाकी तो नहीं?''

''अरे नहीं बाबा। चलो पहले उमा के घर ही चलते हैं।''

ट्रेन से चन्द्रपुर। फिर चन्द्रपुर से एक दोस्त की मोटरसाइकिल।

''कहाँ चलूँ? मैंने तो देखा नहीं है घर।'' विज्जी ने पूछा।

''यह तुम्हारा नाना किस मर्ज की दवा है।''

तीन बजे अपराह्न को वे उमा के घर पहुँचे।

नजदीक आने पर एक किलो मिठाई, एक किलो सन्तरा ले लिया गया। हर औरत की तरह उमा भी, अपने मायके वालों को देखकर खुश हो गयी, फिर लगी रोने—''दो साल हो गये ब्याह को, जो कहिए मुड़कर ताका हो आई, बाबा, भाई ने। अखाड़ी पर भी नहीं। सोचा, बोझ है, उतर गया...।'' उमा के पचास शिकवे थे और सभी के सभी जायज। विजयेन्द्र हैरान था, इस समय जबकि मामूली चाय, पान-बीड़ी का धन्धा करने वालों के पास भी मोबाइल आ गया है, दो सालों से उमा मायके वालों से मिलने तो दूर, बात तक न कर सकी। भाई फिल्म के सपने देख रहा है। बहन की यह हालत।

जावई[1] सपाट आदमी था। नाना ने विचार किया कि उमा के घर को केन्द्र बनाकर दोनों अपना-अपना काम करेंगे। नाना कोयले की खरीद-फरोख्त की तजबीज करेगा और विजयेन्द्र अपने प्रोजेक्ट का काम। लौटने तक अगर उमा चलने को

---

1. जावई = जमाई

तैयार हुई तो लिवाते जाएँगे।

चन्द्रपुर से गड़चिरोली तक का आदिवासी क्षेत्र जंगलों से भरा पड़ा था लेकिन यहाँ कई लोग और संस्थान लोगों की बेहतरी के लिए काम कर रहे थे। उसने ठाकुर दास द्वारा शुरू किये गये कार्यों को देखा। अभय बंग से मिला और वह बाबा आमटे द्वारा स्थापित आनन्दवन भी गया।

''कुछ हाथ लगा?'' नाना ने पूछा।

''धनकटनी के बाद के दिन हैं ये—रात-रात भर चलने वाले 'झाड़ी पट्टी' की उत्सवधर्मिता के दिन। 'भदन्त' और 'निराकर' के धम्म सम्मेलन अलग-अलग। अगस्त से फरवरी, मार्च तक किसानों का धान-वान खत्म हो जाता है तो इस समय चलने वाले 'डांस-हंगामा' या अन्य नाच-लावणी के लिए फिर से कर्ज लेते हैं, अब कर्जदार पीछे पड़ जाता है, कर्ज न चुका पाने के कारण अप्रैल से जून तक आत्महत्याएँ।''

सातवाँ दिन। कल लौट जाना था। उमा नहीं जाएगी। अच्छा ही रहा। दोनों दुखी। कौन किसे सँभालता! तय यह हुआ कि विजयेन्द्र अपने मोबाइल से सिन्धुताई से उमा की बात करा देगा। अब एक ही काम रह गया था। नाना की साध पूरी करना—डांस हंगामा।

विशाल शामियाना! इतना बड़ा शामियाना विज्जी ने इससे पहले नहीं देखा था। 100-100 रुपये के पीछे की कुर्सियों का टिकट लेकर घुसते ही एनाउंसिंग की फुफकार—''वोन्ली फॉर एडल्ट्स! सज्जनो, छत्तीसगढ़ के कलाकारों द्वारा प्रस्तुत यह हंगामा डांस सिर्फ वयस्कों के लिए है, सो इसके पहले कि उन्हें हम निकालें, अठारह साल से कम उम्र के मुलगे-मुलगियाँ मेहरबानी करके बाहर चले जाएँ, काउंटर पर उन्हें टिकट दिखाने पर पैसे वापस मिल जाएँगे। इस डांस हंगामा में कुछ डांस...।''

विजयेन्द्र एनाउंसर की उद्घोषणा अभी सुन ही रहा था कि नाना ने उसके हाथ में धीरे से कोई चीज सरका दी!

''क्या है?'' फुसफुसाकर पूछा विजयेन्द्र ने।

''पूछो मत, मूड़ी गाड़कर नाक में लगा लो। नकली मूँछें हैं, नहीं तो निकाल देंगे। इतने बड़े हो गये अभी भी चेहरा बच्चों का लटका रखा है।''

विजयेन्द्र पहले तो झिझका, फिर नाना के बार-बार दबाव डालने पर उसने नाक में नकली मूँछें लगा लीं, फिर उसने सिर ऊपर उठाया तो कैसा तो विचित्र प्राणी-सा लगने लगा।

''ठीक है, कोई उम्र पूछे तो कहना अट्ठाईस साल!'' नाना ने चेताया।

''मुझे छींक आ रही है।''

''मुझे मरवाएगा क्या मेरे बाप! छींक को रोक नहीं सकते? खैर, छींक लो लेकिन मूँछें नहीं गिरनी चाहिए।''

एनाउंसर की आवाज—''पहला डांस—तू चीज बड़ी है मस्त-मस्त! पेश कर रहे

हैं....।''

कोई मस्त टिप्पणी—''स्साला ई जनाना है कि पटाखा! एकदम हीरोइन का माफिक!'' चमकते मोर पंखी नीले ब्लाउज पर तारे ही तारे? एक बटन खोला, दूसरा बटन खोलने का न्योता दे रही है।

''अरे गा कौन रहा है? ई बौनवाँ।'' चेहरा चाक से गढ़कर उतारा हुआ नहीं, हथौड़े से पीट-पीटकर बनाया हुआ। एक परी, एक बनमानुस!

परी डांस एकदम से उत्तेजना भर रहा है। बामन देव उसे कामुक नजरों से निवेदन कर रहे हैं—तू चीज बड़ी है मस्त!

''लाइट्स ऑफ! कृपया स्टेज पर टॉर्च से रोशनी न फेंकें!'' एनाउंसर की घोषणा के साथ लाइट्स ऑफ हो जाती हैं, सिर्फ बदलती हुई रंगीन रोशनी में नृत्य चल रहा होता है।

नाना ने विजयेन्द्र की टेढ़ी हो आयी मूँछ ठीक कीं, फिर कान में कहा—''हमारे आगे जो दो आदमी बैठे हुए हैं, बाप-बेटे हैं। कल कोयले के डिपो पर मिले थे।''

अगला डांस शुरू हो गया था। इस बार एक नहीं, मस्त कर देने वाली दो-दो सुन्दरियाँ—

''ओ मुँगड़ा[1] मुँगड़ा-आ मुँगड़ा-आ।
मँगता है तो आ जा रसिया।
नाहीं तो मैं ये चली....।''

उत्तेजित आवाजें, सीटियों और कामार्त सिसकारियों के बीच नोट न्यौछावर किये जा रहे थे। झुक-झुककर अभिवादन भी और चोली के बीच के उरोज खुलते हुए...।

झूम रही हैं लड़कियाँ! झूमते-झूमते ही 'लाइट्स ऑफ!' की घोषणा के साथ बीम की बदलती रोशनी में उन्होंने अपने बालों की वेणी खोलकर दर्शक दीर्घा में उछाल दी। लूट मच गयी। जिसे नुचा-चुथाँ एक भी फूल मिला, कृतार्थ हो गया। अब रोशनी के परछाई नाच में क्रम-क्रम से घाघरा, चोली, ब्रा और अन्तःवस्त्र केंचुल की तरह झर रहे थे और देह अनावृत्त होती जा रही थी। उत्तेजना में नाना और दूसरे लोग कई बार उठकर खड़े हो गये, फिर घुड़के जाने पर बैठे।

रात के दो बज रहे थे। आधे घंटे की अगली प्रस्तुति—एक अन्य लावणी! नाना ने विजयेन्द्र को बाहर चलने का इशारा किया, फिर एक विशेषज्ञ की तरह बताया—''डांस हंगामा की यही खासियत है कि जैसे-जैसे रात गहराती जाती है, डांस और जवान होने लगता है।'' नाना ने बीड़ी सुलगाकर एक गहरा कश लिया। धुआँ उगलने के साथ उसने विजयेन्द्र के चेहरे को देखा तो चेहरा कैसा तो अपरिचित-सा

---

1. मुँगड़ा = चींटा

लगा। कहीं वह दूसरे किसी को तो नहीं ले आया, पुकारा—''विजयेन्द्र!''

''जी नाना जी!''

''तुम्हारी तबियत तो ठीक है?''

''जी!''

''तुम्हें डांस अच्छा नहीं लगा क्या? दरअसल, ये अपने-अपने टेस्ट की बात भी है, हमारे सामने ही बाप-बेटे साथ-साथ देख रहे थे, दोनों को मैंने काँटे पर देखा था—लेकिन तुम्हें....।''

''मुझे उस बाप-बेटे को देखकर वो दृश्य याद आ गया जब एक ही पेड़ की एक डाल से बाप झूल रहा था, दूसरी डाल से बेटा! साथ-साथ आत्महत्या की थी दोनों ने, फिर मेरा अपना बाप याद आ रहा था। मरता बाप खेत में घिसटते हुए।''

उसने अपनी मूँछें निकाल ली थीं और अब वह रो रहा था।

''लावणी नहीं देखनी?''

विजयेन्द्र ने इंकार में मूँड़ी हिलायी।

अन्दर लावणी पूरे शबाब पर थी और बाहर मातम में डूबी दो मूर्तियाँ।

रात विजयेन्द्र ने अपनी रिपोर्ट में डांस का विवरण दर्ज करते हुए लिखा—''आश्चर्य है, आम्बेडकरवादियों के गढ़ में, बगल में गड़चिरोली में माओवादियों की उपस्थिति के बावजूद, कृषक आत्महत्याओं के गहरे मातम के साये में भी कैसे चल रहा है यह सब?''

अगली रात मोटरसाइकिल से वे लौट रहे थे।

''रात मुझसे बड़ा भारी पाप हो गया।'' नाना स्वगत से बर्राया। पर विजयेन्द्र ने उसके आत्मालाप को कोई महत्त्व न दिया।

''अभी तक तुमने माफ नहीं किया? मैंने सोचा था सुनील का सदमा डांस देखकर कुछ फीका हो जाएगा। कितना गलत था मैं! कोई माओवादी अभी मुझे गोली मार दे तो तर जाऊँ।''

''मैं समझा नहीं।''

''मैं डांस-हंगामा के पाप का प्रायश्चित्त करना चाहता हूँ। लौटते समय दादाजी राम जी खोबरागड़े से मिलकर चलेंगे। तुम्हें कोई ऐतराज तो नहीं।''

''कौन खोबरागड़े?''

''सचमुच नहीं जानते दादा जी खोबरागड़े के बारे में?''

''न!''

11

मोटरसाइकिल ऊपर-नीचे हो रही थी और आवाज भी। फिर भी नाना के उत्साह में कोई कमी न थी—"सत्तर साल के दादा जी अगर दलित न होते, गरीब न होते, सिर्फ तीसरी तक ही पढ़े-लिखे न होते या उनकी तरफ से कोई लड़ने वाला होता, तो उनके द्वारा विकसित एचएमटी सोना धान के लिए उन्हें सरकार देश का अग्रणी आविष्कारक मानती, अन्नदाता घोषित करती, नाम, यश, पैसा—क्या नहीं....लेकिन नहीं। तुमको मालूम है, जो चावल तुम खाते हो, वह कौन-सा चावल है?"

विजयेन्द्र ने कहा—"न।"

"पूरे मध्य भारत में इसी धान की खेती होती है—एचएमटी। दादा जी के धान की खेती? लेकिन विश्वविद्यालय ने कहा कि ना, ये तो हमारा धान है और वह खुद इसे दुगुने दाम पर बेचने लगा, नाम बदलकर।"

"क्यों बेचने लगा?"

"सिन्धेवाही बीज केन्द्र पर मँगवाया पाँच किलो यह धान। उसी को अपने ढंग से डेवलप करके अपने दाम पर बेचना शुरू किया।"

"ये तो जबर्दस्ती है।"

"जबर्दस्ती तो है ही, मगर है कोई इसका प्रतिवाद करने वाला?"

नहर के पार से रास्ता बायीं तरफ मुड़ गया था।

"यहाँ से कितनी दूर होगा नांदेड़ गाँव?"

"मेरा खयाल है ढाई किलोमीटर।"

"अच्छा!"

"उनको चौरासी अवार्ड मिल चुके हैं। प्रेसिडेंट कलाम साहब के द्वारा भी जो खुद एक बड़े साइंटिस्ट हैं और जिन्दगी की जंग जीतकर आये हैं। तुम देखोगे, इस फकीरी टोला में। उसे श्रेय मिलना तो दूर पेटेंट तक नहीं किया गया। उसे ठीक-ठाक मालूम भी नहीं कि पेटेंट है किस चिड़िया का नाम।"

नाना भीगे पलीते-सा रुक-रुककर चिरचिरा रहा था—"अब देखो कि विट्ठल साहूकार है। चील को तो ऊपर से दिखाई देता है कि चूहा कहाँ है। वैसे साहूकार

को दूर वर्धा से दिख जाता है कि पैसा कहाँ है। मैं साला भँड़वा, उसकी गुलामी करने आया। विट्ठल के लिए अपुन चन्द्रपुर की कोयला खदानों से कोयला सप्लाई करेगा उधर और उधर से मजदूर लेकर सप्लाई करेगा इधर। छिः....थू....!''

कोई आवाज आयी—''अरे नाना, कहाँ थूक रहे हो।''

दोनों ने चौंककर देखा....।

गोल टोपी और लुंगी पहने एक पचास साल का फकीर उन्हें सलाम कर रहा था।

नाना ने कहा—''लो आ गये फकीरी टोला....गलती से आगे भी बढ़ गये...चलो लौटो....यही है खोबरागड़े जी का गाँव नांदेड़!''

नांदेड़ गाँव में नाना ऐसे घूम रहा है जैसे यहाँ का सरपंच या नेता हो। किसी को वो सलाम कर रहा है तो कोई उसे सलाम कर रहा है।

बड़बड़ाहट जारी है—''आ कि सोचो बिज्जू, ये हिन्दुओं के जोगी लोग और मुसलमानों के फकीर....भला भिखमंगों की भी कोई जात होती है? लेकिन है एक हिन्दू, दूसरा मुसलमान! क्या कर लोगे!''

उसे इतने जोरों से हँसी आयी कि विजयेन्द्र को मोटरसाइकिल रोक देनी पड़ी।

''लेकिन एक बात अच्छी है।'' शायद नाना ने खुद को सँभाल लिया था। हमने यहाँ किसी को भी भीख माँगते नहीं देखा। खेत में काम करते हैं सभी—क्या आदिवासी गोंड या गैर आदिवासी। इन आदिवासी मुलगियों का हेल्थ देखा? देखो घास-पात खाकर के...माँड पी करके...ये ऐसी हैं...जंगल से लकड़ी ला रही हैं। किसी से कोई शिकायत नहीं। न अपनी तकदीर से, न जमाने से और आत्महत्या! वह तो जैसे जानते ही नहीं किस चिड़िया का नाम है।''

''बहोत दिन बाद लौटे नाना!'' कोई पूछ रहा था।

''हाँ, साल भर तो हो ही गया होगा।''

''तुम तो डांस हंगामा देखने ही नहीं आते।''

नाना ने दोनों हाथ आसमान में उठा दिये—''अल्लाह और भगवान की जैसी मर्जी!''

अब कुछ गोल टोपी-लुंगी का मुसलमानी बाना धारण किये कुछ लोग दिखे। रास्ता दाहिने तरफ मुड़ रहा था। आगे गली थी जो क्रमशः सँकरी होती जा रही थी...और दादा जी सामने थे। धोती, टोपी, सूखा हुआ चीमड़ चेहरा। विजयेन्द्र ने मोटरसाइकिल रोक दी। दोनों ने उतरकर पाँव छूकर प्रणाम किया। खोबरागड़े जी के घर में उनको बेटे, पुत्रवधू और बायको तीनों ने घेर लिया नाना और विजयेन्द्र को। जैसे वे उन्हीं के परिवार के बिछड़े सदस्य हों।

अपनी फितरत से लाचार नाना बड़बड़ाये जा रहा था—''और दादाजी, ये अपने सुनील का मुलगा अपना भतीजा विजयेन्द्र है—भौत-भौत पढ़ा-लिखा, अमेरिका जा

रहा है। नज़र मत लगाना। तुमको भी ले जायेगा जहाँ गोरी-गोरी मेमें तुम्हारी आरती उतारेंगी। ये स्साली गवर्नमेंट और मीडिया खाली झूठा प्रचार करता कि शेतकरी सिर्फ दारू पीता और सुसाइड करता। उनको और जो-जो शेतरी आत्महत्या करने वाले हैं, सबको दादा जी के सामने लाकर खड़ा कर दो—पूछो कि दादा जी ने सुसाइड किया? लोग ऐसा माफिक सोचते होंगे कि चौरासी पुरस्कार पाने वाला राम जी, पता नहीं, कैसे महल में रहता होगा। देख लो—एक कमरे का अपना और एक कमरे का राजीव गाँधी योजना का—उसी में धान का टाल लगा है, कापूस का भी, कुत्ता भी, बिल्ली भी, चूहा भी, चिलचट्टा भी और दादा जी भी।'' दीवार पर करीने से फोटो लगाये गये हैं। उन्हें दिखाते हुए नाना ने विजयेन्द्र को कहा—''देख-देख ये अपना प्रेसीडेंट साहब हैं, खुद आकर दादा जी को सम्मानित किया।''

इन सबसे निरपेक्ष दादा अपने धोती-कुर्ते और चश्मे में बीतरागी इनसान की तरह हाथ में पोहा और चहा ला रहे हैं।

सुनील के बारे में, माँ के बारे में और शेष परिवार के बारे में प्रश्नों की झड़ी लग गयी। धीरे से कहा विजयेन्द्र ने—''वह सब बहुत कारुणिक और मन को हीन बनाने वाला है। भला बताइए जो आदमी दूसरों को आत्महत्या करने से रोकता रहा, वही आत्महत्या कर ले तो बचता क्या है?''

खोबरागड़े जी चुपचाप ताकते रहे चश्मे के भीतर से।

थोड़ी देर तक पूरा परिवार सन्नाटा खींचे रहा। फिर अँधेरे में विजयेन्द्र की आवाज आयी—''मैं हीनता की इस कब्र से उठना चाहता हूँ दादा जी! कहीं भी जाता हूँ, कुछ भी करता हूँ, पानी में डूबे हुए मुर्दे की तरह यह एहसास टकराता रहता है मेरी चेतना से।''

खोबरागड़े जी चुपचाप चश्मे के पार से झाँकते रहे। माहौल भारी हो गया। उससे उबरने के लिए नाना ने बात को खोबरागड़ेजी के धान की ओर मोड़ दिया—''वो देखो, यही लॉम्ब[1] है। कुछ लग ही रही है खास?''

विजयेन्द्र ने धान की उस झूमती सुपुष्ट सुनहरी बाली को हाथ में लेकर कहा—''प्रत्यक्ष देखने पर, हैं तो दादा जी भी औरों की तरह एक शेतकरी ही, मगर नहीं, कुछ है ऐसा जरूर जो इनको औरों से अलग करता है। वह क्या है जो इनमें है, औरों में नहीं है—हम देखना चाहते हैं।''

''चलो शेत में चलते हैं।'' दादा जी ने धीरे से कहा।

बारी-बारी से मोटरसाइकिल से विजयेन्द्र ने नाना और दादा जी को खेत तक पहुँचाया।

कच्ची सड़क थी और सड़क के दोनों किनारों पर हरे-भरे अर्जुन, नीम, कीकर

---

1. लॉम्ब = बाली

आदि के पेड़। तकरीबन एक किलोमीटर आगे जाकर सड़क की बायीं तरफ एक छोटा-सा प्लाट था। यह धनहर क्षेत्र था। नम! नहीं दूर पहाड़ियों की शृंखला की घाटी-सा। पानी रिस-रिसकर नम बना रहा था धरती को। शुकर था, यहाँ कोई नहर नहीं थी जिसके कटाव से फसल के सूख जाने का अन्देशा हो। दादा जी ने पुरस्कारों के पैसे जोड़कर एक कुआँ खुदवाकर पम्प बैठा लिया था। कुएँ से आगे प्रायः 30 फीट की दूरी पर धान के पुआल यूँ ही छोड़ दिये गये थे सड़कर खाद बनने के लिए। पेड़ों की छाया से दूर, नमी, खाद और दीगर जरूरतों से सम्पन्न—पता नहीं क्या था इस माटी में...दादा जी ने वह जगह दिखायी जहाँ 1983 में पहली बार वह धान पनपा था।

धान तो मामूली ही था, वही पटेल-3, मगर पानी और प्रकृति का करिश्मा! एक पौधा कुछ अलग ही नजर आने लगा। वो कहावत सुनी है न, 'होनहार बिरवान के होत चीकने पात।' और बालियाँ...? जैसे स्वर्ग से सीधे कुबेर ने सोने की बालियाँ भेजी हों—लम्बी-नुकीली! सुखवाकर प्लास्टिक की थैली में रख लीं। 1984 में इसे औरों से अलग बोया—स्थान वही मगर बाड़ से घेरकर।

''ऐसा करते रहे साल-दर-साल। फिर आसपास के लोगों को दिया बोने को कि पता तो चले खाद, मिट्टी, पानी और हाथ के बदलाव से क्या फरक पड़ा।''

''कोई फरक पड़ा?''

''कोच्छ नहीं, दही फलन।''

धान नहीं, सोना बरस रहा था। क्रान्ति! हाँ वाकई, क्रान्ति ही तो थी यह।

''नाम?'' पहली बार बाजार ले गये 'तलोधी कृषि उत्पन्न बाजार समिति' तो एक व्यापारी भीमराव सेध ने इस धान का नाम जानना चाहा।

''नाम भी जरूरी है क्या?'' झंझट में पड़े दादाजी।

''हाँऽ ऽ! जैसे हमारा नाम, तुम्हारा नाम, वैसे इसका...?''

''कुछ भी रख लो।''

''क्या कुछ भी?''

''ये तुम्हारे हाथ में कौन-सी घड़ी है?''

''एच.एम.टी.!''

''यही रख दो।''

''कमाल का घोंघा शेतकरी है।''

वह तारीख थी 16 अप्रैल, 1990 की जब धान का नामकरण हुआ, अपने नाम यश की कोई फिकर नहीं, घड़ी की भारतीय कम्पनी का नाम दे दिया धान को।

''वाह दादा जी!''

''सुन रहे हो विजयेन्द्र?''

नहीं, विजयेन्द्र सुन नहीं रहा था, देख रहा था, कहानी को अपने सामने घटित होते हुए। रील कट-कट जा रही थी, फिर भी...।

तीसरी पास दादा जी मजदूरी के लिए भटक रहे हैं, हिमाचल प्रदेश, बोकारो, जबलपुर...रामजी घर लौटकर फिर से मजदूर से किसान बन गये हैं।

भाइयों में बँटवारा होता है। दादा जी के खेत और सिकुड़ते हैं। एक मात्र लड़का बीमार पड़ता है, पिता लोगों के आहार के अनुसन्धान में मुब्तिला था, जबकि बेटा निराहार हो एनीमिया का शिकार! डेढ़ एकड़ खेत बेच देने पड़ते हैं। नाम, यश फैलने लगता है लेकिन आर्थिक हैसियत वही ढाक के तीन पात!

नागपुर से गड़चिरोली तक जय...जय!

वह आर्किमीडिज को याद करने लगा—''तुम मुझे खड़े होने के लिए एक जगह दो, मैं दुनिया को खिसका दूँगा। राम जी दादा जी को इतनी भी जगह मिली क्या?''

कहानी की कमान नाना ने अपने हाथों में फिर से ले ली थी—''उस बार साथ में तुम्हारे पिता सुनील भी थे। लड़का फिर बीमार पड़ा था। भाई अलग हो चुके थे। डेढ़ एकड़ खेत बेच चुके थे, पैसा एक नहीं। तभी अचानक कुछ चमका, क्या था—यह? सोना! हाँ, सोने का मेडल! दादा जी ने 50 ग्राम सोने के मेडल को उठाया और सोनार के पास गये। सोनार ने देखा और दादा जी का मुँह ताकने लगा—'दादा जी, इसके मुश्किल से 150 रुपये मिलेंगे।' आसमान से गिरते हैं दादा जी—'तो क्या यह सोना नहीं है?'''

''नहीं। सोने का पानी है!''

''उस रात हम दोनों ने दादा जी का चेहरा देखा, वह और भी काला पड़ चुका था। आँखें सफेद, जैसे जान न हो। तुलसी का काढ़ा ही काम आया। उस रात मैंने और सुनील ने एक सपना देखा। ऐसा अमूमन नहीं हुआ करता लेकिन उस रात वह हुआ—वही दृश्य—सोनार हँसकर कह रहा था—यह तो नकली है। दादा जी दोराहे पर, एक रास्ता आत्महत्या की ओर जाता था, दूसरा आत्महत्या के विरुद्ध। दादा जी ने दूसरा चुना। फकीरी मस्जिद से जोरों की अजान—'अल्लाह हो अकबर, अल्लाह हो!' हम दोनों ने चिहुँककर देखा तो दादा जी इत्मीनान से बगल में लेटे हुए हैं? दूसरे दिन चले आये।''

विजयेन्द्र सोचने लगा—''जिस विदर्भ और जिस भारत में अपने लाभ-लोभ के लिए लोग आत्महत्याएँ करते आ रहे हैं, हताशा के उन स्याह अँधेरों में दादा जी एक मशाल की तरह जल रहे हैं। सरकार इनाम, इकराम क्या देगी? विद्या के केन्द्र इन्हें चिह्नित क्यों करने लगे? उल्टे उन्होंने हड़प लिया उनके अवदान को। न सिर्फ हड़पा बल्कि दुगुने दाम पर अपना लेबल लगाकर बेच रहे हैं।'' सोचते-सोचते विजयेन्द्र की नसें तड़कने लगीं।

संयुक्त राज्य अमेरिका का वाकया याद आया, वाशिंगटन कार्वर की कहानी। काले कार्बर-ब्लैक! काले होने के नाते कृषि संयन्त्रों पर अनुसन्धान के बावजूद अमेरिका में उनके साथ भेदभाव किया था। वहीं पहले दलित, बाद में बौद्ध होने के नाते एचएमटी के आविष्कारक को वह सम्मान व पहचान नहीं मिली। ठीक ही कहता है नाना—दादा जी राम जी खोबरागड़े, अगर दलित न होते...गरीब न होते... मात्र तीसरी तक पढ़े न होते...। उसने मन ही मन संकल्प लिया। वह दादा जी को उनका सम्मान दिलाकर रहेगा।

12

बनगाँव!

ग्राम पंचायतों की महापंचायत खत्म हो चुकी थी, मगर ढलते सूरज की नरमाती धूप में लौटते किसानों की चर्चा नरम नहीं पड़ी थी—इनमें से अधिसंख्य दलित और गरीब पिछड़े थे। ब्राह्मण या सम्पन्न मराठों में कोई नहीं। मन्दिर के पुजारी सदाशिव भागवत महाराज ने लेटे-लेटे ही आलस भाव से करवट बदलकर पलक बदली और दोबारा निरस्त हो गया। उसे एक दूसरी चीज़ का इन्तजार था और जैसे ही स्कूल से लौटती हुई कला समेत दूसरी मुलगियों को खिलखिलाहट की खुशबू कानों में पड़ी, वह कुत्ते की तरह कनमना कर उठ बैठा। देह तोड़ी, चश्मा चढ़ा लिया। अब वह अपने टेलिस्कोपिक गन से लैस था—मुलगियों के नयनसुख के लिए हर तरह से तैयार। सन्तरे के बाग में फूल आये हैं। गन्ध प्लावित है बनगाँव की पूरी घाटी। खुशबू में तैरती आ रही है 'छोटी'—पका फोड़ा! विजयेन्द्र का दिया हुआ नाम कभी सुन लिया था। सार्थक लगता है, एकदम श्वेत अंगूर-सा टह-टह होता है फोड़ा, अंगूर मीठा होता है, फोड़े में टीस होती है! इस मुलगी को जब तक वह अपने अंक में भरकर कलेजे में उतार नहीं लेता, कुछ टीसता रहेगा अन्दर ही अन्दर। पुजारी ने खुशबू को नथुनों से खींचकर प्राणों में भर लेना चाहा और मुलगियों को भी...!

उसके इस करतब की दो ने खास नोटिस ली—एक छोटी के वडील शिबू ने और दूसरा भागवत के बेटे चन्द्रेश ने। और दोनों ही कुढ़कर रह गये।

शिबू ने पहली बार, हर बार की तरह, उसे प्रणाम नहीं किया और चन्द्रेश ने चौकी पर ही उपेक्षा से अपने थैले में लायी हुई सामग्री को फैला दिया—''बाबा, यह रहा चन्दन, घी, अक्षत, रोली, सूत्र, कुश, मिश्री...पिछली बार का खाँटी आधा किलो घी चींटियाँ खा गयी थीं न!'' वह थोड़ा कसैला पड़ा—''ज्यादा घी खाने से मना किया है डॉक्टर ने चींटियों को। हार्ट अटैक हो सकता है और अब आप बूढ़े हो चुके हैं। समझते क्यों नहीं कि घी खाने से भी जवानी लौटकर आने वाली नहीं।''

पास से गुजर रही शरारती छोटी ने इस दुर्लभ संवाद पर ध्यान खींचने के लिए भगवान में ध्यान लगाये, पंजे दबाये कदम-कदम तोलती 'बड़ी' के कूल्हे पर चिकोटी

काटी तो 'उईऽ ऽ ऽ!' कहकर पहले वह उछली, फिर खदेड़ लिया उसे।

ऐसे में जैसा कि अमूमन होता आया था, वही हुआ। भागवत महाराज ने आँखें बन्द कर लाल थैले के रुद्राक्ष में डुबकी लगा ली।

घर आयी तो अशोक की लाली गाय और बछड़े को देखकर जी जुड़ा गया। अपनी तो गाय रखने की कोई हैसियत नहीं। आई की लालसा कभी पूरी नहीं हुई। शुभा काकू कहीं घर छोड़कर बाहर जाती है तो अपने गाय, बैल और मवेशी बाँध जाती है देखने के लिए। फिर शकुन का परिवार भी गाय वाला हो जाता है।

इधर बड़बड़ाये जा रहा था चन्द्रेश—"यह क्या मन्दिर में गन्दगी फैला रखी है? जब भी आता हूँ, एक-सा दृश्य—पूरे गाँव का मुआयना करके द्वार पर बैठे दो कुत्ते और अन्दर चार निठल्ले। अब कोई भक्त या भक्तिन साफ करने नहीं आते। वो उस तरफ के कच्चे भाग से माटी झरकर फैल गयी है। तभी तो कहें मन्दिर में चढ़ावा कम क्यों आने लगा? पहले शिबू की लुगाई शकुन आती थी न!"

"अब कम लोग आते हैं, आधा गाँव तो बौद्ध हो रहा है, शिबू भी...।" खम्भे के पीछे से किसी ने कहा।

चन्द्रेश ने देखा चार जन गाँजा पीने में मस्त थे। दो ब्राह्मण, एक कुनबी और एक नया मुलगा—टेनिया! चारों टन्न!

वह वहाँ आकर खड़ा हुआ—"क्यों काका, गाँव के सारे लोग पंचायत में गये थे और तुम लोग यहाँ...? शेत छोड़कर गाँजे की शरण पकड़ ली...? और इस नेक काम के लिए मन्दिर ही मिला है क्या?"

'काका' भन्नाया-सा बैठा रहा। जोशी वापस जाने लगा तो बोला—"छोटी जातियों की तरह जंगल जा नहीं सकता, मजदूरी कर नहीं सकता, बाग सूख गया। लाख की फसल में दस हजार भी निकाल पाऊँ तो बहुत! एक दिन सुनोगे कि तुम्हारे इस काका ने आत्महत्या कर ली।"

"अब तक तो यहाँ किसी भी ब्राह्मण को आत्महत्या करते नहीं सुना। अगर वैसा हुआ तो तुम पहले ब्राह्मण शेतकरी होगे जिसने आत्महत्या की। यहाँ के शेतकरी पहाड़ी की ढलान में पड़ने वाले अपने शेतों को मेंड़ बाँधकर या बाँध से पानी लाकर अपनी शेती बचाने का जतन कर रहे हैं और तुम भगवान के पास टेसू बहाने आ गये...। दारू भी चलती है या अभी गाँजे तक ही...खैर हाथ जोड़ता हूँ, मन्दिर को अपवित्र न करो।"

"बाबा से पूछ लो, जो कभी...।" उसने कान पकड़ लिए।

"ठीक है, बाबा का ख़याल रखना...।"

चला गया चन्द्रेश। कुत्ते थोड़ी दूर तक उसे पहुँचाकर लौट आये और पंजों में मुँह दबाये फिर पहले की तरह बैठ गये।

घर तक आते-आते शिबू का अवसाद बहुत कुछ झर चुका था और रात का चावल चुनती शकुन से पंचायत का हाल सुना रहा था—''जंगल पर गाँव वालों को सीमित अधिकार मिल गये हैं.....कि जंगल में पैदा होने वाले फल, लकड़ी, पत्ते, दवाई आदि.... ।''

कला ने बाप के सामने लायी काली चाय रखते हुए मुँह बिचकाया—''मेंडालेखा में कुछ लोगों ने लगातार आन्दोलन किये, तब जाकर उन्हें ये अधिकार मिल पाया और बनगाँव जैसे गाँव—सेंत-मेंत में इन्हें मिल जाएगा?''

''अब तक तो वह भी नहीं हासिल था, देखा नहीं, क्या-क्या हो गया। अब यह तो हुआ कि कोई सिपाही आँख नहीं दिखलाएगा। ग्राम पंचायतें तय करेंगी।''

''और पंचायतें आपस में लड़-झगड़ बैठें तो?''

''आपस में नहीं लड़ेंगी—अभी इसी बात पर फैसला हो सका है। एक ही बैठक में सारे विवाद कैसे हल हो जाते—किसका हक कहाँ तक बनता है, किसका हक कहाँ तक.....? यह बँटवारा सामूहिक होगा या अलग-अलग?''

मुलगियाँ जैसे ही अन्दर गयीं, शिबू इधर-उधर देखकर फुसफुसाया—''इस साल मुलगियों को पार घाट लगा देना है, जानती हो, वो स्साला पुजारी.... ।''

''तो तुम पंचायत में नहीं, मुर्गा पकड़ने गये थे?''

शकुन के स्वर के उपेक्षा भरे ठंडेपन ने उसके सारे उत्साह पर पानी डाल दिया।

''कोई मिला?'' शकुन ने पूछा।

''नहीं। वैसे तीन जगहों पर बात तो चलायी है....देखो.... ।''

''एक बात तुम्हारी समझ में नहीं आ रही है, जवान होती मुलगियाँ हैं, आज पुजारी की निगाह है, कल को किसी और की होगी। सारी जिन्दगी तो रखवाली नहीं कर सकते तुम? न ही बुर्का पहनाकर रख सकते हो।''

''नहीं, तुम मुलगियों को रोकती भी तो नहीं?''

''रोकती तो हूँ, अब क्या उनका गला दबाकर मार डालूँ?''

''इसलिए तो शादी....। अगर लाख-लाख रुपयों की डिमांड न होती। कहाँ से लाऊँ? अब इस शेती में और बरक्कत तो होने से रही।''

''हर बार यही होगा, जाओगे और मुँह लटकाकर आओगे।''

''तो क्या करूँ?'' शिबू ने सिर झुका लिया।

शकुन ने लालटेन की चिमनी को निकाला और तय करने लगी कि चिमनी का काँच ज्यादा स्याह है या पति का चेहरा। बोली—''हमने लाख समझाया, बौद्ध हो जाओ, बौद्ध हो जाओ। महार सारे ही बौद्ध हो गये, बाकी हमारे जैसे ही मुक्त नहीं हो पाये अभी तक उस मोह से—जाएँ, न जाएँ। एक कीच भरे गड्ढे से बड़े तालाब में आ जाने जैसा-जैसा चाहो मुलगा पाओ, जैसी चाहो मुलगी....। मैं पूछती

हूँ, तुम इन हिन्दुओं के पास जाते ही क्यों हो?''

''नहीं।''

''नहीं....? झूठ न बोलो। तुम चुन-चुनकर हिन्दुओं के पास ही जाते हो। हिन्दू ठहरे न! तुम्हारा जाति मोह तो तुम्हें खींचेगा ही। तुम कैसे भूल जाते हो कि हमारे पुरखे कभी पीछे झाड़ू बाँधकर और हाथ में डब्बा लेकर चलते, ताकि पीछे की अपनी छुई जमीन अपवित्र न हो जाए। बाबा साहब के लाख बुलाने पर भी जो न आ पाये, उन्हें तुम आदमी कहते हो? केंचुए हैं, केंचुए! बड़ी जात के हिन्दुओं की संक्रामक दहेज की बीमारी से बीमार....अपने बगल के गाँव में नीलू और चन्दा के बाप को किसने मारा, फसल की बर्बादी ने? नहीं....इन्हीं हिन्दुओं की इसी संक्रामक बीमारी ने!'' वह रह-रहकर काँच को भीगे कपड़े से रगड़कर साफ करने की कोशिश कर रही थी मगर शीशा था कि जस का तस! ''मैंने कितनी बार समझाया दीक्षा ले लो, दीक्षा ले लो, मगर तुम....? आज भी उसी मन्दिर में मत्था टेकने जाते हो, जिसका पुजारी पहले बाग के सन्तरों की लालच दे-देकर मुझे पटाने की कोशिश करता था। और अब बगुला भगत की तरह मन्दिर के ऊँचे चबूतरे पर बैठकर नहाती औरतों और स्कूल जाती मुलगियों को घूरता रहता है। मैंने तो दीक्षा लेते ही मन्दिर की सफाई का काम छोड़ दिया, तुम अभी भी....उस पुजारी को प्रणाम करते थे, जो तुम्हारी मुलगियों को...।'' आगे वह बोल न पायी।

तीन दिन तक शीतयुद्ध चलता रहा।

तीन दिन बाद शिबू ने कच्ची भीत से कुछ माटी झारी जिसे उठाकर कलश पर अपना फैसला चस्पाँ कर दिया—''आज से मैंने भी मन्दिर को छोड़ दिया।''

तीन दिन बाद शकुन का मान गला। सन्धि पत्र पर हस्ताक्षर हुए।

थोड़ी रियायत भी बख्शी—''चाहो तो दो हिन्दू मुलगे और देख लो। मगर उसके बाद सिर्फ और सिर्फ बौद्ध मुलगे—न दहेज, न कर्ज! न जल्दी।''

उस वक्त सूरज उग रहा था, लाल टह-टह।

उस वक्त मुलगियाँ लाली गाय दुहने जा रही थीं।

दुहते हुए छोटी ने एक हवाई चुम्बन उछाला आई-बाबा के नाम!

बड़ी ने बासुर के साथ छलाँग लगायी तो उसके साधु कंठों पर स्कूल की प्रार्थना थी—

'ऐसी शक्ति हमें देना दाता, मन का विश्वास कम हो कभी ना....!'

13

''वहीं मत तय कर लेना, आगे बढ़ जाना। तीनों घर देखकर आना। मुलगा-मुलगी की उमर, पढ़ाई-लिखाई, शेती, नौकरी-चाकरी, परिवार में कितने आदमी हैं, स्वभाव, चाल-चलन.....। घर-गाँव कैसी जगह है, पानी कैसा है, कितने गहरे, कितनी दूर। पड़ोस में कौन है, बस, रेल की दूरी—सब देख-समझकर आना। फिर हम यवतमाल जाएँगे मामा के यहाँ। कुछ और मुलगे देखेंगे तब जाकर ठंडे दिमाग से आपस में मिल-बैठकर तय करेंगे कि किसको कहाँ करना है, किसको कहाँ। दो ही साल की जो छोटी-बड़ी ठहरीं।''

शकुन हिदायत देती जा रही थी और पति के जेब में दस-दस के नोट ठूँसती जा रही थी—''आते समय किसी सरकारी बीया भंडार से बीया लेते आना।''

पति को विदा करते-करते हिदायतों का अम्बार लगा दिया शकुन ने। सहसा उसे याद आया—''अरे छाता और पानी का बोतल तो रह ही गये।''

वह दौड़ गयी ले आने।

''छाते की कमानी टूट गयी है, रस्सी से बाँध दी है। सँभालकर खोलना। आते समय चूहा मारने की दवा लेते आना, कहीं मिले तो।'' पति को विदा करने के बाद शकुन—बेटियों के साथ महुए के बीजों को लेकर बैठ गयी—कोइना! गहरे लाल कत्थई कोइना को फोड़-फोड़कर गूदा निकाल रही थी—''देख, मुलगी का बाप होना कितनी बड़ी तपस्या है।''

छोटी ने प्रतिवाद किया—''मुलगियों के सिर पर ही इज्जत का सारा बोझ क्यों आई?''

''समाज का चलन है। अब तुम लोग तो अपने बाबा को जानती हो; पत्ता खड़का नहीं कि उछलकर खड़ा हो जायेगा। बड़े नरम कलेजा का है।'' उसे डरपोक कहने से खुद को रोक लिया—''और दूसरी तरफ तुम लोग हो। आगे देखोगी, न पीछे, लड़कों के सामने बेवजह, ठीं-ठीं, करने लगोगी। अब यही देखो अशोक के साथ कोई जरूरी है गप्पें हाँकना! मालूम नहीं कि वो शुभा का बेटा है मराठा और मराठा और माँग-मेश्राम का क्या संग साथ?''

बड़ी ने छोटी को कनखियों से देखा। वह मूँड़ी गड़ाये कोइना फोड़ती रही।

शैतान का नाम लिया और शैतान हाजिर। अशोक आया और एक पत्थर लेकर कोइना फोड़ने में हाथ बँटाने लगा।

"रहने दो अशोक बेटा, बैठो, हम कर लेंगे।" शकुन ने आदर के साथ मना किया। अशोक गया नहीं।

"कोई काम है?" टरकाना चाहा।

"अवतार के पास जाना है किताब लेने।"

"तो जाओ न!"

"छोटी भी जायेगी।"

शकुन ने छोटी को कनखियों से देखा। वह घाघ की तरह डुबकी मारे पूर्ववत कोइना फोड़ रही थी—"न बेटा, छोटी को मत ले जाओ। घर में कितना काम पड़ा है।"

"बस दो मिनट काकी।"

"दो मिनट क्या, जिन्दगी भर के लिए ले जाओ।" शकुन ने ताने कसे—"अपनी आई से पूछ लो, छोटी को बहू स्वीकार करेंगी।"

बहुत सहज-सी दिखने वाली हँसी में लपेटकर शकुन ने यह चुनौती हवा में उछाली थी लेकिन उसके झोंके से सामने से आ रही शुभा डगमगा गयी। इसी शिला से टकराकर छोटी और अशोक की प्रेम कहानी हमेशा ही सिर धुनने लगती थी।

"कहाँ चल दिये अरे दोनों?" शुभा ने पूछना चाहा, पर मन मसोसकर रह गयी शकुन ने उसकी बेरुखी पढ़ ली।

शकुन ने पीछे से पीठ पर हिदायत साट दी—"जल्दी आना।"

"हम यूँ गये और यूँ आये।" अशोक ने आश्वस्त किया।

शकुन ने बड़ी को दोपहर के भोजन-पानी के इन्तजाम के बहाने अन्दर भेजा। बच्चे चले गये तो अकेलेपन का लाभ उठाकर उसने इस प्रसंग को फिर उठाकर शुभा का मलाल धो देना चाहा।

लेकिन शुभा ने शिरडी का प्रसंग उठाकर उसे मौका ही नहीं दिया—"एक बार शिरडी के दर्शन कर आओ, सारे दुःख दलिद्दर समाप्त।" लेकिन असली मुद्दे पर आने में उन्हें देर न लगी—"मुलगियों के लिए वर न मिले तो कहना। तुम्हारी दुविधा समझती हूँ, यही न कि तुम बौद्ध हो गयी हो, पर तुम्हारा नवरा तो हिन्दू ठहरा! फिर साईं बाबा के दरबार में तो सभी आते—क्या हिन्दू, क्या मुसलमान, क्या बौद्ध, क्या ईसाई। ज्यादा नहीं तीन सौ का प्रबन्ध करना होगा, न होगा तो मैं दे दूँगी। धीरे-धीरे देती रहना।"

शकुन ने वहीं से हाथ जोड़कर साईं बाबा को प्रणाम करते हुए बात को अपनी ओर फिर से मोड़ दिया—"साईं बाबा से कुछ छिपा है!"

"छिपा तो कुछ नहीं फिर भी बताना पड़ता है, फरियाद करनी पड़ती है। बच्चा रोता है, तभी आई दूध पिलाती है। मुझे देख, कौन-कौन-सा तीर्थ-व्रत, पूजा-अर्चना नहीं करती....अरर मैं तो भूल ही गयी। अभी भूमि पूजन के लिए पूरब के टोले के पुरोहित, वो जोशी, को बुलाया था, भाव खाता है। नहीं आया। अब मुझे क्या छूना चाहिए। क्या नहीं—कौन बताएगा? ये ब्राह्मण लोग भी न!"

"दूसरा ब्राह्मण नहीं है?"

"है पर...तुम इन ब्राह्मणों को नहीं जानतीं। बहुत भेद मानते हैं। अब देखो कि इतने प्रतापी अपने छत्रपति शिवाजी महाराज, क्षत्री थे लेकिन उनको क्षत्री माना ही नहीं। बोले तो क्या, वे शूद्र हैं।"

"एक बात कहूँ ताई, तुम मेरी तरह बौद्ध क्यों नहीं हो जातीं?"

"अरे बाप रे!" शुभा ने कान में उँगलियाँ डाल लीं।

दक्षिण का कोना काला पड़ता जा रहा है। काले के बीच में कुछ-कुछ धूसर उजास भरे बादल। रंगोली रचती श्वेत बगुलों की पाँतें। सिर्फ बारिश नहीं, आँधी भी लगती है। समय भी तो हो गया है। आर्द्रा नक्षत्र है। अब नहीं बरसा तो कब बरसेगा पानी! सूखी लकड़ियाँ और सामान भीतर कर रहे हैं लोग। तरह-तरह की दुश्चिन्ताओं से घिर रहा है शकुन का मन। मुलगियों का बाप कहाँ रह गया? उसी के पास खरीद के बीये हैं, उसी के पास सुकून देने वाली खबरें।

पता नहीं, कहाँ भटक रहा होगा मुलगियों का बाबा!

देख पाती तो क्या देखती...एक प्रहसन, जिसके दृश्य और संवाद कुछ इस तरह होते...।

जीर्ण टप्परों वाला, दाँत निकले ईंटों का दो कमरे का घर। अगल-बगल गृहस्थी का अल्लम-गल्लम। बगल में एक मझोले कद का बैल और एक बिसुकी गाय। ईंटों की बिखरे ढेर पर कोई फैलती लता। पेड़ की छाया में घर के सामने एक चौकी, चौकी पर बिछी दरी। दरी पर अनखाये बिस्कुट, चाय की खाली प्यालियाँ, गुजरते गाँव की स्त्री-पुरुष, कुछ बूढ़े, ढेर सारे बच्चे और कभी-कभार टूटी सड़क पर खड़खड़ाती गुजरती कोई बैलगाड़ी। कुर्सी पर दो प्रौढ़, दूर बैठा एक मुलगा। अब शुरू होता है संवाद—

शिबू—"घर तो आपका मस्त ठहरा, सर्र...। पर क्या है कि अब रिपेयर माँगता।" खुद ही होशियारी पर यकीन नहीं था। सो बातचीत करने के लिए तुकाराम शिबू को साथ ले गया था।

तुकाराम—"मुलगा पढ़ाई पूरी करेगा फिर घूस-पाती का सवाल आयेगा। उसके बिना तो मिलने से रही आजकल नौकरी!... गाँव में पानी का भी प्रॉब्लम है। ऊँची

जात के कुएँ, सरकारी हैंडपम्प जो बिगड़ा तो फिर बना ही नहीं। ये अकेला बैल बताता है कि शेती नहीं है। गाय भी जंगली लगती है। कितना दूध देती है?''

मुलगे का पिता—''पिछले महीने बिसुकी है। एक सेर देती थी। (तनिक रुककर) कमाया हमने बहोत बिरादर, पर वो क्या है न कि शेत में साँप-चूहे की बिल हो तो लाख सींचो पानी उसी बिल में समाता जाए।''

शिबू—यहाँ बिल क्या है सर्र?

मुलगे का पिता—मुलगे की पढ़ाई। एक बार नौकरी लगी नहीं कि सारा कुछ ठीक हो जायेगा।

तुकाराम—डिमाण्ड?

मुलगे का पिता—अपनी तो कोई डिमाण्ड नहीं लेकिन आपका इतना देखना तो फर्ज बनता है कि आपकी मुलगी जहाँ जाए, सुखी रहे। रेट तो सबको मालूम है—एक हीरो होण्डा, एक लाख नगद।

बाकी दो मुलगों में एक नॉन मैट्रिक, घूस पाती देकर प्यून बनने का इन्तजार कर रहा था और दूसरा किसी परांजपे साहब की दुकान में नौकर। पैसे जोड़कर अपना धन्धा शुरू करेगा और यह पैसा देगा कौन—मुलगी का बाबा। एक हीरो होण डा, एक लाख नगद।

''मेरे पास शेत है, नकद तो...?'' शिबू हकलाया।

''शेत लेकर क्या करना है—सुसाइड! जाकर देख आओ—आज उनकी विधवाओं का परेड है।''

शिबू ने अपनी मुलगियों के लिए किसी सुन्दर सुकुमार रईसजादे, राजकुमार या फिल्मी हीरो के सपने नहीं सँजोये कभी, मगर कुछ भी कायदे का तो होता। कायदा सिर्फ एक था—वे सभी हिन्दू थे। मुलगे तो थे—एक से बढ़कर एक थे मगर वे ऊँची जाति और ऊँची हैसियत के थे, उन तक उसकी पहुँच नहीं और जिन तक पहुँच थी, वे किसी काम के नहीं। काश! यह जाति व्यवस्था न होती तो समाधान इतना मुश्किल न होता। वह कौन-सी गाँठ है, जो ऊपर से दिखती नहीं मगर अन्दर ही अन्दर बनी रहती है, गलती नहीं कभी। मुलगियों को ऐसी नजर से देखेंगे कि पा जाएँ तो खा जाएँ। मगर बहू स्वीकारते हुए नानी मरती है स्सालों की। अमर और पुजारी को ही देखो। क्या वह बौद्ध बन जाए? पता नहीं क्या हो रहा होगा बनगाँव में...?

और बनगाँव में..!

''आई ऽ ऽ! आई ऽ ऽ!'' छोटी की पुकार।

''क्या गुल खिलाया?'' शकुन चीखी।

''बाल्टी गिरी कुएँ में।'' छोटी ने चीखकर बताया।

पलटकर देखा तो कुएँ में अशोक और छोटी झुके हुए थे। झुँझला पड़ी शकुन। एक यही तो साबुत बाल्टी थी। इसे भी... उसके आने के पहले तक निकाल लेना है इसे। शकुन ने डाँटकर अशोक और छोटी को भगाया और उसके हाथ गल[1] ले ली। कुएँ में डाली गयी गल खींचने में भारी लगती है। अपने साथ कुछ ला रही है। यह शुभ संकेत है। मन ने एक सट्टा खेला—अगर बाल्टी फँस गयी तो समझो, मुलगा मिल गया, नहीं तो नहीं। भारी लग रही है। मन हुलसित हो रहा है। गल में मुलगे के साथ कुछ और भी फँसा चला आ रहा है। कुछ अप्रिय-सा....कहीं अशोक तो नहीं...? ये अशोक और छोटी कोई न कोई बहाना ढूँढ़ते रहते हैं साथ मिलने का। यहाँ भी ढूँढ़ ही लिया। बेटा है कि लपका रहता है और आई है कि पुट्ठे पर हाथ तक नहीं रखने देती—"मुलगे की माँ है न, मुलगी की माँ होती तो जानती।"

उसने इस आशंका को पीछे धकेला और बहुत ही सतर्क भाव से निकालने लगी बाल्टी।

लो बाल्टी तो निकल आयी और आँधी-पानी के साथ पति भी। बाल्टी और नवरा को लेकर अन्दर गयी शकुन, बाल्टी तो भरी थी और नवरा..?

"कोई खुशखबरी सुना दो कि कलेजा जुड़ा जाए।"

ओसारे में आ गये पति-पत्नी। हल्या के साथ सबसे अच्छी बात यह है कि पानी में भीग सकते हैं सो उन्हें भीगने दिया गया। शकुन ने पति के चेहरे को पढ़ने की कोशिश की।

"एक हीरो होण्डा और एक लाख। चार देखे, चारों की एक ही डिमांड।"

"लड़के कैसे थे?"

"थे। जैसे कि होते हैं....बासुर[2] एक जरा बैल! हमने कहा, खेत लिखवा लो। वे बोले, खेत लेकर क्या करेंगे, आत्महत्या! नौकरी चाहिए, नौकरी! दिला दो तो कोई दहेज नहीं।"

शब्द उड़े जा रहे हैं आँधी में। आँख, नाक, कान में धूल भर गयी है। पूरा-परिवार देख रहा है पानी को बरसते हुए गुमसुम। पानी पर बरस रहा है पानी। बुदबुदों के बताशे बन-बनकर बहे जा रहे हैं, साथ में बहुत कुछ। मन भी। इस भटकाव का अन्त कहाँ है!

आसमान साफ होते ही चटक धूप निकल आयी। सही नहीं जाती धूप की तुर्सी। जुताई शुरू हो गयी है। न बैलों को फुर्सत है, न शेतकरी को। लोहार से फाल पिटवा लाया है शिबू। जुताई शुरू है। दो दिन बाद फिर बारिश।

शकुन ने पति का सिर प्यार से सहलाते हुए पूछा। रोज की तरह ओसारे में

---

1. गल = कँटिया
2. बासुर = बछड़ा

सोया है परिवार। इस उमस भरी गर्मी में नींद नहीं आ रही। सोने से पहले सुख-दुःख की बातें—“सो गये?”

“नहीं।”

“रात-दिन क्या सोचते रहते हो? अरे जैसे सबका पार-घाट लगता है, अपना भी लगेगा।”

फिर जुताई! फिर बोआई! फिर वही सारा कुछ! दस दिनों में किसी तरह बोआई सम्पन्न हो पायी। ऊँचास वाले खेत में आधा एकड़ कापूस, आधा एकड़ सोयाबीन और बीच-बीच में तुअर और मूँग भी। शकुन और शिबू ने बीच-बीच में आस-पास की मजूरी भी करने की ठानी। शर्त यह कि मजूरी नकद लेंगे। डेढ़-डेढ़ सौ, तीन सौ और बेटियों को कोई काम मिल गया तो वह अलग से। पर मजूरी मिले तो पहले।

मन्दिर में कीर्तन चल रहा है। हवा के झकोरों से आवाज कभी तेज़ होती है, कभी मद्धम। उदासी और खीज की ताना-भरनी! इनका क्या है, न सूखे का डर, न बाढ़ का। अपन तो सोच भी नहीं पा रहे कि फिर पानी बरसा और बीया नष्ट हुआ तो इस बार नया बीया कहाँ से लाएँगे! गाँव में मजूरी भी नहीं मिलने वाली। और गाँव में मुलगियों को छोड़कर बाहर जाएँ कैसे!

14

महीने के बीतते न बीतते घनघोर वर्षा। धार-धार पानी। बादल फटे हैं क्या? नहीं, आसमान टूटा है! बोयी गयी कापूस की फसल बह-बिला गयी। अब सवाल बीज का था। शेतकरी एक-एक कर बैंक के गिर्द जमा होने लगे। अभी दस बजने में देर है। लोग बार-बार उस सड़क की ओर ताक रहे थे जिधर से बैंक मैनेजर की कार को आना था। एक बार भी नहीं दिखी, वो हल्की आसमानी गाड़ी। किसान बेचैन है जैसे गाड़ी के आते ही मैनेजर उतरेगा और बैंक का चेक थमाने लगेगा।

मक्खियों-सी भिनभिनाती भीड़ में खसरा-खतौनी और नकलदुरुस्ती के कागजात प्लास्टिक में लपेटे ठेलमठेल मची थी।

''सर!''

''साहब!''

''साहब!''

''वेट! वेट रुको, मुझे कुछ बोलने दो।'' बैंक मैनेजर ने मक्खियों को उड़ाया।

''ऐ चोप! कोई शोर नहीं करेगा।'' एक किसान ने खैरख्वाही जतायी।

''अखबार में क्या है, मालूम?''

''नहीं।''

''तो सुन लो!'' और उसने मुड़े-तुड़े अखबार को खोलकर पढ़ना शुरू किया—''बीस हजार हेक्टेयर की फसल तबाह हो गयी। बैंक किसानों को पहले ही ऋण दे चुका है, दोबारा देना सम्भव नहीं। सुना तुम सबने?'' शब्द-शब्द पर जोर देते हुए उसने दुहराया—''दोबारा देना सम्भव नहीं है।''

''तो हम बीया के लिए पैसे माँगने किसके पास जाएँ?'' एक आवाज।

''हम लोगों को तो आज ही के लिए आने को कहा था आपने?'' दूसरी आवाज।

''हाँ, कहा था मगर उनको....जिनकी फसल नष्ट हुई है। सरपंच, ग्रामसेवक वगैरह से सर्टिफिकेट और खसरा-खतौनी तथा दूसरे कागजात लेकर जो उस दिन नहीं आये थे। इसलिए जो लेकर आये हैं, वो उधर जाकर खड़े हो जाएँ। जो नहीं ले आये, घर चले जाएँ। उन्हें लोन मिलेगा। लोन उनको भी नहीं मिलेगा जो मुलगा-मुलगी

के ब्याह, उसकी शिक्षा, घर रिपेयर या दूसरे कामों के लिए लेना चाहते हैं।''

''और जिन्हें मिलेगा, वे ऋण लेकर ऐसे कामों में खर्च कर दें तो?''

बैंक मैनेजर बोलने वाले को तिरछी निगाह से ताकता है—''वो आप जिलाधीश, एस.डी.एम., मंडल अधिकारी से पूछो....।'' फिर उसने सुरक्षा प्रहरियों को ऐसे लोगों को बाहर निकाल देने को कहा।

कोलैप्सेवुल गेट बन्द हो गया।

''कोलैप्सेवुल कोलेप्स्ड! अब....?'' किसी ने कहा।

''पैसा तो पैसा है, फसल के लिए लगे या घर-परिवार के उद्धार के लिए। ब्याज तो उतना ही लगता दोनों में। वो खर्च नहीं है?''

''तो हम बीया के लिए किस बैंक के पास जाएँ?''

भीड़ अब देसी साहूकार नारायण के बरामदे की ओर लपक रही है। नारायण का हिसाब-किताब साफ है, ''फसल के लिए पैसा चाहिए या मुलगी की शादी के लिए, घर के मरम्मती के लिए या किसी और कार्य के लिए—हम जानकर क्या करेगा—जमीन का कागज जमा करो, टीप दो और ले जाओ। हाँ, रेट टेन परसेंट है।''

''दस महीने में सूद मूल मिलकर दोगुना!''

''जोंक है, जोंक।''

''ए कौन बोला? बोले तो....।''

''तो मत लो। कोई हम बुलाने गये हैं क्या?'' नारायण का लड़का गुड्डू बोलता है।

''नहीं, उसको बोलने दो। हमें तो चाहिए।''

जहाँ-तहाँ देसी महाजनों से पैसा कर्ज पर लेकर किसानों ने दूसरी बार भी बोया और बोने के साथ फिर बारिश—सर मुड़ाते ही ओले पड़े।

बोयी जा सकने वाली जमीनों पर सलाह-मशविरा चल रहा है। आशंकित है मन—''सोयाबीन का कुछ बीया है अपने पास, बो दें क्या?''

''सोच तो रहे हैं। सुनील ने बताया था कि फूल आने के समय बिल्कुल बारिश न हो। इसके बाद बरसो जितना बरसना है।''

''नहीं, पकने के समय भी न बरसे।''

''सोयाबीन की बीन बजाना बन्द करो। सोचो कि इतने ही गुणों की खान होता तो विदेशों में उगाना बन्द क्यों कर दिया लोगों ने?''

''अरे यह जमीन की सुपीक[1] को एकदम से सोख लेता है। पिछले साल सूखे और कीड़ों ने फसल बर्बाद कर दी। इस साल लोग हिचक रहे हैं।''

''पिछली बार ऐसा सूखा पड़ा था कि कुओं तक में पानी डालना पड़ा था सगुन

1.सुपीक = उर्वरा

के लिए और अकेले इस बार इतना बरसा कि बह गये कुएँ। जिधर देखो पानी ही पानी, मानो समन्दर हो। रेल के पटरियों के नीचे की माटी तक बह गयी।''

इस दफा पहली बार बादल बरसे थे तो कितनी खुशियाली थी। शिबू ने घर में और खेत में दोनों जगह पूजा के नारियल फोड़े। पर बीज बोते ही बरसात हो गयी, इतनी जोरदार कि बीजों का पता ही न चला। तीन दिन बाद आसमान खुला, सात दिन में फिर धरती जोतने लायक हुई तो फिर से बारिश होने लगी। लगातार दो दिन...। ये बीज भी गये। अब यह तीसरा उपक्रम है। कर्ज-उधार लेकर जैसे भी बने, बोना तो है ही। धरती माँ की गोद भराई तो करनी ही पड़ेगी, ऐसे कैसे छोड़ा जा सकता
है! काली माटी! काली माँ! कुछ न कुछ तो देंगी ही।

इस बार पूजा करते समय सिर को माटी से कई बार लगाया था शिबू ने। बल्कि सगुन के लिए शकुन के गालों पर भी ढिठौने-सा जड़ दिया, कुलदेवी से मिन्नतें करते समय कंठ भारी हो गये—''अब इम्तहान मत लेना देवी! मर जाएँगे हम। शकुन के कान की बाली बेचकर बीया खरीदा है।''

नारियल फोड़ा, जैकारा हुआ और कापूस का बीज लेकर उतर गये घर के चारों सदस्य—पहले शिबू, फिर बड़ी, फिर छोटी और अन्त में शकुन।

यह तीसरी बुआई है। चुभ रही है बदरकट्टू धूप। चुनचुना रही है पूरी देह। हाथ में लेकर बीजों को धमका रही है छोटी—''दो-दो बार धोखा हो चुका है। इस बार बहना नहीं, बिलाना नहीं, सड़ना नहीं, सूखना नहीं, दगा मत देना। बरोबर जम सिल। समझाला?* बहोत मारूँगी, हाँ!'' इस मीठी धमकी के बाद उसने बीजों को फिर चूमा और रोप दिया काली माटी में।

शकुन ने पुकारा—''ये मुलगी खुद भी पागल होगी और दूसरों को भी पागल बना देगी। अरी ओ मन्तरों वाली, सब की पाँत पूरी हो गयी और तू वहीं खड़ी मन्तर पढ़ रही है।''

और छोटी के हाथ तेजी से चलने लगे।

---

* ठीक से जम जाना।
नहीं तो बहुत मारूँगी।

15

और अब एक नया करिश्मा!

शिबू ने पत्नी को पुकारा—"शकुन!"

"क्या है?"

"जरा बाहर तो निकल आओ। देखो तो सही, क्या गुल खिलाया है तुम्हारी लाड़ली ने।"

पति-पत्नी ने देखा, छोटी गोद में एक शिशु लिये आ रही थी, 'बड़ी' बकरी के दो बच्चे। पीछे-पीछे वत्सला बकरी थी 'में-में' करती हुई। इन सबके साथ था अशोक और दूसरे लोग।

शिबू-शकुन ने देखा, अमर-शुभा ने भी देखा, पुजारी महाराज ने भी और गाँव के दूसरे लोगों ने भी...।

शिबू ने रुष्ट होकर पूछा—"यह सब क्या है?"

छोटी ने बच्चे को शकुन की गोद में डाल दिया और उत्साहपूर्वक बताने लगी, अतिरेक में उसके शब्द फँस रहे थे—"बाबा, आपको याद है, मेरे स्कूल के बगल में एक शेतकरी ने फाँसी लगा ली थी। उसी का बेटा!"

"तो यहाँ क्यों?"

"इसलिए कि जन्म देने के बाद इसकी आई भी...माने इसका कोई नहीं अब। कोई रखने को तैयार नहीं। सोचा, ऐसे बच्चे को पालना पुण्य का काम है, फिर अपना कोई भाई भी न था—ये भैया हुआ मेरा।" उसने बच्चे का गाल थपथपा दिया प्यार से—"मैंने इसका नाम क्या रखा है मालूम? जीवन, लाइफ! जो मौत को मात दे, वो जीवन! मेरा भैया!"

सिर पीट लिया शिबू ने—"अरे ओ मेरी आजी![1] ये क्या किया तूने यहाँ तो अपना ही ठिकाना नहीं और तू...।"

"एक बकरी भी साथ ले आयी न, इसके पीने भर का दूध दे दिया करेगी। सरपंच ने दी। सादे कागज पर हम लिखकर आये हैं सरपंच को। लफड़े का कोई चांस नहीं।"

---

1. आजी = दादी

पीछे लौटने पर धीरे-धीरे जुड़ती हैं बैकुंठपुर की कड़ियाँ...

बैलगाड़ी में दर्द से तड़पती बायको को लेकर गया था बिट्ठल। फूला पेट ढोल सा बेडौल हो रहा था। बाहर टिपिर-टिपिर पानी पड़ रहा था। एक बोरा बिट्ठल ने ओढ़ रखा था, एक चादर बायको को ओढ़ा रखा था, पर दोनों ही उघरे जा रहे थे। रात का समय था—यही कोई आठ-नौ का।

"डॉक्टर साहब! डॉक्टर साहब! मेरी बायको को बचा लो डॉक्टर साहब!"

डॉक्टर शिन्दे ने अपनी बाल्कोनी से जरा-सा चेहरा बाहर निकाला और बरस पड़े, "क्या हुआ? टाइम-बेटाइम का खयाल नहीं है?"

"दर्द से बेहाल है मेरी बायको।"

"नवजीवन में ले जाओ।"

"वो अस्पताल भी तो आपका ही है। डॉक्टर साहब, थोड़ा कष्ट होगा, देख लें।"

"कहा न, वहीं ले जाओ।"

बैलगाड़ी फिर मुड़ी। यवतमाल को जाने वाली सड़क के किनारे 'नवजीवन स्वास्थ्य केन्द्र।'

रात जैसे-तैसे 'नवजीवन' के बरामदे में बीती। सुबह नौ बजे शिन्दे अन्य दो डॉक्टरों के साथ आये और बिट्ठल पर झाड़ पड़ने लगी, "अक्कल नहीं! हार्ट की पेशेन्ट है और तुमसे खुद को रोका न गया। कौन-सा महीना चल रहा है?"

"आठवाँ।" बिट्ठल ने लजाते-लजाते बताया।

"लो! अब माँ को बचायें या बेटे को...? सब तुम्हारी बेवकूफी का नतीजा है, सब! जाहिल गँवार!"

बिट्ठल पर सौ-सौ घड़े पानी पड़ गये। जमीन में धँसा जा रहा था बिट्ठल। दूसरे डॉक्टरों से बात करने पर डॉक्टर शिन्दे बिट्ठल के पास आये। हाथ फैला दिया। बिट्ठल ने समझा, अभयदान दे रहे हैं जबकि फैले हुए पंजे का मतलब था पाँच लाख!

गर्भवती बायको को वापस ग्राम प्रधान के ओसारे में रख कर गाँव भर में पागलों की तरह भटकता रहा बिट्ठल। उधर डॉ. शिन्दे का कम्पाउण्डर 'आड़े' अड़ा हुआ था, "जल्दी करो, जल्दी।"

"लेकिन मैं कहाँ से ले आऊँ पाँच लाख?"

"हार्ट के वाल्व को बदलने का मामला है। लीक कर रहा है। वह भी गर्भवती औरत का। जहाँ से भी लाओ, जैसे भी लाओ, नहीं तो..."

"पर...!"

"अगर बायको और बच्चा बचे रहे तो कितने शेत ले लोगे? और वही नहीं बचे तो यह सब किस काम के?"

बिट्ठल की जान साँसत में "लेकिन इतनी जल्दी शेत लेगा कौन?"

"मैं बताता न! महाजन महादेव।"

"उन्हीं से पचास हजार लेकर पहले डॉक्टर को दिये थे।"

"शेत देकर बाकी पैसे भी उसी से ले लो। टैम नहीं है। क्यों सरपंच जी मैं गलत बोल रहा हूँ।" सरपंच क्या बोलते! आड़े की तलवार सिर पर लटक रही थी।

इस बीच पत्नी का प्रसव हो गया। इतनी भागदौड़ में यह तो होना ही था।

पत्नी के इलाज के नाम पर डॉ. शिन्दे को पैसे दे आने के बाद दूसरे दिन उसके घर एक दाना भी नहीं था। स्कूल के बगल उसके एक खेत में कापूस अपने उजले फूलों के साथ खड़ा था। पाँच किलो भी निकल आये तो अभी के लिए काम चल जायेगा। एक ही किलो कापूस उसने नोचे होंगे कि महादेव महाजन का आदमी डंडा लेकर आ खड़ा हुआ, "रख दे कापूस! रख दे! भूल गया कि तूने शेत बेच दिये हैं सेठ को!"

"शेत बेचे हैं? फसल नहीं।"

"अरे वही हुआ। शेत और शेत का सब कुछ।"

तो अब उसका कुछ भी न रहा? क्या लेकर जायेगा वह बायको के पास, दो दिन के बच्चे के पास? सारे पैसे तो डॉ. शिन्दे ले गया। इलाज अभी बाकी है। खुद के होने पर लाख लाख धिक्कार बरस रहे थे। प्राण इस कदर अकुलाये कि अँधेरे में कुछ सूझा नहीं और जिस रस्सी से कापूस के बोरे के मुँह को बाँधना था, उसी को गले का फन्दा बना कर झूल गया खेत के पेड़ से।

पोस्टमॉर्टम के बाद बिट्ठल की लाश को जैसे-तैसे जला कर लौट गये लोग। मुखाग्नि और घटश्राद्ध बिट्ठल के उसी बेटे ने, जो महज चार दिन पहले इस दुनिया में आया था, किया। किया तो माँ ने, उसे बस छुलाए भर रही। सरपंच ने पहले विरोध किया था, मगर विकल्प नहीं था धर्म और समाज के पास। शायद इसी भूमिका को निबाहने वक्त से पहले आ गया था मुलगा।

एक-एककर सब लौट गये। सब! धुँधुआती चिता के पास अकेले-अकेले रो रही थी बिट्ठल बायको।' समझ-समझ कर एक घुटी-घुटी रुलाई! शिशु गोद में था। अपने दुर्भाग्य से अनजान। अपने अस्तित्व से अनजान। घट के फूटने की आवाज पर चिहुँका तक नहीं।

डॉक्टर शिन्दे पुरानी खटारा की जगह नयी होण्डा सिटी पर थे। तनिक रुके, दुखी हुए। चिता को हाथ जोड़ कर प्रणाम किया। बोले, "सब ईश्वर की लीला है! भगवान पर भरोसा रखो।"

थोड़ी देर बाद महादेव और कुछ दूसरे लोग भी आये और गये। सबके अन्त में सरपंच आये और अपनी बैलगाड़ी पर उन्हें अपने घर लिवा गये।

बिट्ठल की मौत के दो महीने बाद उसकी पत्नी भी चल बसी। मुलगा पूरी तरह अनाथ हो गया। अनाथ और मनहूस। कोई भी इस मनहूस को अपने घर में रखने को तैयार नहीं। पैदा होते ही बाबा-आई को खा गया, शेत भी...

ऐसे ही दुर्दिन में अपना रिजल्ट देखने के निमित्त 'छोटी', 'बड़ी' और अशोक आये तो सिर्फ उसका हाल जानने के लिए सरपंच के घर गये और सारा वाकया सुनकर अवाक् रह गये। "बड़े होकर यह मुला कभी याद करना चाहे तो इसे अपने किस बाबा, किस आई का चेहरा याद आयेगा, जिनका उसने जन्मते ही श्राद्ध और घट श्राद्ध किया था, जिनको इसने मुखाग्नि दी थी—है काई जवाब डॉ. शिन्दे, आड़े और महादेव महाजन के पास?" सरपंच कह रहे थे।

"उन्हीं से नहीं, जवाब हम सबसे माँगा जायेगा। उन तीनों ने जो किया, किया, आप सब क्या कर रहे थे?" अशोक के स्वर में किशोरोचित आक्रोश था, "जब-जब यह किसी को चिता जलाते, घट श्राद्ध करते देखेगा, खुद को वहाँ पायेगा।"

"इसे हमें दे दें, हम पालेंगे।" छोटी ने निर्णयात्मक स्वर में कहा।

शिबू ने शकुन की ओर देखा, शकुन ने शिबू की ओर फिर दोनों ने चुप्पी साधे बड़ी की ओर।

''मैं कुछ नहीं जानती। मुझसे मत पूछो। जो कुछ किया छोटी ने किया, अपने मन से। कहा बाबा-आई को मैं मना लूँगी।'' बड़ी हकलाने लगी।

''लेकिन तुम लोग तो गये थे स्कूल रिजल्ट लाने?'' शकुन ने पूछा।

''हम सभी पास हैं, बल्कि कलावती तो फर्स्ट डिवीजन भी...''अशोक ने कहा।

अमर ने बेटे को डाँटा—''तू चल तो घर।'' शुभा बाँह पकड़कर ले गयी बेटे को।

देखते ही देखते 'जीवन' ने शिबू के परिवार में अपनी पैठ बना ली। न सिर्फ शकुन के परिवार में बल्कि पूरे बनगाँव में। आत्महत्या ग्रस्त शेतकरी का बच्चा, जिसके बाप ही नहीं, माँ भी नहीं है, पूरे गाँव में आकर्षण का केन्द्र बन गया। देखने वालों का क्रम बना रहता, एक आता, एक जाता। कभी शकुन उसे तेल से मालिश कर रही होती, कभी बड़ी उसे बकरी का दूध पिला रही होती। छोटी कभी बकरी शावकों के साथ खेल रही होती, कभी जीवन से। बच्चे उसके दूध के दो दाँतों की किलकारी सुनने के लिए उसे छेड़ते रहते। औरतें उसके लिए ईश्वर की दुआएँ माँगतीं या उसके अनाथ होने की नियति पर टेसुएँ बहातीं। बाहर से जो भी आता, बच्चे को गोद में उठा लेता। छोटी तो दीवानी हो गयी थी उसकी। घुटने पर लेकर झूला झुलाती, हवा में उछालती। घुटनों के बल भागता तो वह भी घुटनों के बल चलकर खदेड़ती—''आज तुझे छोड़ूँगी नहीं। अरे धर रे धर!''

एक ही व्यक्ति था जिसके लिए यह बच्चा, बच्चा नहीं दुश्मन था, वह था शिबू। उसने सरपंच कैलू के जरिये बैकुंठपुर के सरपंच से बात भी की। छोटी की बतायी गयी बातें राई-रत्ती सही थीं फिर भी एक अजाना सर्पिल फन उसके सिर पर कढ़ा रहता।

इसके बावजूद ये दिन शिबू के परिवार के सबसे अच्छे दिन थे।

इस सौभाग्य पर सबसे पहले नजर लगी पुजारी महाराज की। आरती-पूजन के लिए जुड़ते गँजेड़ियों के दल में उन्होंने इसका रहस्योद्घाटन किया—"सभी भरम में हैं, सभी! किसी ने जानने की कोशिश नहीं की कि नाटक के पीछे नेपथ्य में क्या है।"

"क्या है महाराज?"

"अरे वह बच्चा कला और अशोक का है। इतने दिन बाहर रखा ताकि पता न चले।"

"हमें भी सन्देह हुआ था महाराज।" एक ने पूछा—"याद है, छोटी और अशोक का उस दिन बच्चे को लेकर आना—जैसे नवरा बायको आ रहे हैं।"

नैन मटक्के हुए। चुटकियाँ ली गयीं। ठहाके दगे।

धुआँ उठा। धुआँ फैलने लगा। हालाँकि सरपंच से लेकर सबको मालूम था कि सच्चाई क्या है, मगर शक का इलाज तो हकीम लुकमान के पास भी नहीं होता!

"कापूस की कली चटखी है जैसे नन्हे बच्चे के पहली बार दूध के दाँत झलके हों।" छोटी ने कहा।

बड़ी ने उसकी आँखों में झाँका, छोटी का चेहरा निर्मल दीप्ति से भर उठा था।

ये छोटी भी अजीब है, किसी से भी बात करने लग जाती है—पेड़ से, रूख से, ठूँठ से, पशु से, पंछी से, आसमान से, बादलों से, बीज से अब कापूस के कोशा से भी...कुछ सोचकर हँसी—"तेरा तो कोई बच्चा हुआ नहीं अभी, तूने कैसे जानी दूध के पहले दाँतों की बात!"

"अपना होगा तब होगा, तब तक क्या मैं बिन बच्चे की रहती? ये सा...आ...आ...रे बच्चे मेरे ही तो हैं। और तू हुई इनकी मावसी!"

बड़ी ने इस शरारत के लिए उसे खदेड़ लिया।

मुगलियों की यह चुहुल चुगली कर गयी बाप को।

जवान बेटियों को देखकर देश के ज्यादातर बापों की तरह शिबू पर भी परस्पर दो विरोधी प्रतिक्रियाएँ हो सकती थीं—प्रसन्न होने की और डर जाने की। मगर शिबू पर सिर्फ एक ही प्रतिक्रिया हुई—डर जाने की।

यह डर तब भी पैदा हुआ था, जब बेटियों ने बोर्ड की परीक्षा पास की थी, कलावती की प्रथम श्रेणी में पास होने पर तो और भी। दूसरे बाप खुश होते हैं, शिबू उदास हो गया।

कुएँ के लिए सरकारी बैंक से कर्ज लिया था। उसी कर्ज ने उसके जीवन की सारी खुशी सोख ली। खेती में कुछ हासिल न हुआ, जो हुआ, कर्ज की भेंट चढ़ गया। जब भी पुजारी महाराज या अन्य कोई उसकी बेटियों को ताकता या कुछ

बोलता है, कलेजा सुलगने लगता है। याद नहीं आता वर्षों से कभी कोई खुशी पसीजी हो उसके चेहरे से, कभी कोई पकवान बना हो घर में, कभी किसी को खाने पर बुलाया हो घर में, शकुन जैसी पत्नी, सरस्वती और कलावती जैसी बेटियाँ और चाहिए क्या उसे! राजपाठ! न! उसी कर्ज ने, मानाकि उसे अदा कर दिया, पर उसी कर्ज ने उसकी आत्मा को बंजर बना डाला है।

मन्दिर के पास से गुजर रहे थे अशोक और छोटी कि ठहाके दगे। ऐसा कई बार कई जगहों पर हुआ। जिन्हें सुनना था, उन्होंने सुन लिया और जिन्हें नहीं सुनना था, उन्होंने सुनकर भी नहीं सुना।

शिबू ने शकुन से पूछा—"कुछ सुना तुमने?"

"नहीं तो।" शकुन का जवाब था।

'यह कैसा समाज है? उन्हें अच्छी तरह मालूम है कि जीवन कौन है कहाँ से आया, किसका बेटा है। कइयों ने तो उसके बाप को पेड़ से लटका हुआ भी देखा है। बैकुंठपुर के लोग और खुद सरपंच अभी जिन्दा हैं सच्चाई बताने के लिए। पहली बार भी बच्चे को छोटी ले आयीं तो पूरे गाँव ने उस आई-वडील के बच्चे को सहानुभूति दी, छोटी को इस नेक काम के लिए आशीर्वाद दिया। आज वे ही सारे उस पर कलंक लगा रहे हैं। या तो वह सच है या यह। एक साथ दोनों कैसे सच हो सकते हैं? हम सच्चे होकर भी हार जाते हैं, वे झूठे होकर भी जीत जाते हैं। इन अफवाह फैलाने वालों में वे भी शामिल हैं जो बौद्ध हैं। भगवान बुद्ध भी नहीं धो सके उनकी बर्बरता।'

लगभग ऐसा ही सोच रहे थे शकुन, छोटी, बड़ी, अशोक और शुभा मगर इस नाजुक प्रसंग को छेड़ने से बच रहे थे और उनकी चुप्पी और उदासीनता शिबू को अकेला और निहत्था बना रही थी। वह अकेले किस-किस से लड़ता फिरे? अफसोस, इस लड़ाई में न पत्नी साथ है, न बेटियाँ, न यार-दोस्त। लड़की का बाप होना दुनिया का सबसे बड़ा अभिशाप है। जिस दिन से यह बच्चा घर में आया, उसी दिन उसे किसी अनहोनी की आशंका हो गयी थी। न! अब और नहीं।

जैसे भी हो दोनों बेटियों को पार-घाट लगा देना है—एक साथ, जितनी जल्दी सम्भव हो।

शिबू ने दृढ़ निश्चय के साथ पटरे पर रखे प्लास्टिक के जूते को पटक कर झाड़ा। गर्द का एक गुबार उठा और हवा में तैरने लगा।

पत्नी ने टोका नहीं। टोकना अपशकुन माना जाता है। अलबत्ता, जिज्ञासा में ताकती रही। मन में आया कि उसे अफवाह वाली बात बता दे। पर वह जब्त कर गया, सिर्फ इतना कहा—"यवतमाल जा रहा हूँ मामा के पास। एक लड़के की खबर मिली है। देर करने से हाथ से निकल जाएगा।"

शकुन ने कहा—"थोड़े और पैसे हो जाते तो अपुन भी मोबाइल ले लेते।"

दिन पर दिन बीत रहे थे। हर खोज एक मरीचिका थी और इस मरीचिका में कब दुर्गापूजा पार हुई और जाड़े के दिन आ गये, उन्हें होश न था। अब कपास की पहली चुनाई का मौसम था।

अशोक और छोटी कपास चुन रहे हैं। बड़ी, शकुन और शिबू दूसरे खेत के काम करने गये हैं। अशोक कपास चुन-चुनकर छोटी के दुपट्टे में डालता जा रहा है। दोनों में चुहल चल रही है। उजली-उजली हँसी कपास के रेश-रेशे पर मचल रही है।

बेटे को ढूँढ़ने के चक्कर में शुभा आई तो दूर से इस नजारे को देखा और बस जाकर बुला लायी शकुन को।

शकुन ने पुकारा—"छोटी-ई-ई-ई!"

सकपका गये छोटी और अशोक।

अब अशोक से कैफियत माँगने की बारी थी।

"क्यों बेटे, पढ़ाई-लिखाई, घर-द्वार छोड़कर क्यों पीछे पड़े हो मेरी आबरू के? गाँव में देखते ही हो, क्या-क्या कहा जा रहा है। हाथ जोड़ती हूँ। हम बहुत गरीब आदमी हैं। बौद्ध हैं—तुम्हारे लिए अछूत।"

उस दिन राउत की बीवी ने शुभा से पहली बार पूछा—"बहुत दिनों से एक बात पूछना चाह रही थी ताई!"

"पूछो।"

"यह बच्चा जो शकुन के घर आया है, क्या अशोक और छोटी का बेटा है?"

चौंक गयी शुभा—"क्या कहती हो?"

"मैं ही क्यों, पूरा गाँव कहता है।"

शुभा ने यह बात शकुन को बतायी इसको लेकर रात शुभा और शुकुन में बाता-बाती हुई जो बढ़ते-बढ़ते भयंकर झगड़े का रूप ले बैठी।

शुभा ने कहा—"तुम अपनी बेटी को क्यों नहीं रोकती? मेरे बेटे पर मक्खी की तरह मँडराती रहती है। शादी नहीं करेगी तो गरमाई बछिया की तरह...। कोई कब तक लोगों का मुँह रोकेगा?"

सन्न रह गयी शकुन! क्या यह वही शुभा भाभी है—"उल्टा बोल रही हो भाभी। कौन मँडरा रहा है मक्खी की तरह, मेरी मुलगी या तुम्हारा मुलगा! खेत तो मेरा ही ठहरा न! मेरे खेत में तुम्हारा मुलगा क्यों आया? मैंने तो कितनी बार कहा—बेटा ले जाओ ब्याह कर। कहीं कुछ उल्टा-पुल्टा हो गया तो मुँह दिखाने लायक नहीं रह जाऊँगी। ले गया?"

"ब्याह और तुमसे, कहाँ हम मराठे कहाँ तुम...? और अब तो हम हिन्दू, तुम बौद्ध!"

"तो तुम बाँधकर रखो अपने साँड़ को।"

"तुम बाँधकर रखो अपनी बछड़ी को।"

"तुम!"

"तुम!"

"तुम!"

"तुम!"

पारिवारिक मित्रों के बीच का झगड़ा! पूरा गाँव जुट आया था मजे लेने के लिए।

सुबह कुएँ पर पानी लेने गयी थी बड़ी कि चीख मारकर भागी—"आईऽऽ!"

"क्या है?"

"लाश...!"

"कहाँ?"

"कुएँ में।"

"क्या?"

बदहवास दौड़ पड़ी। गाँव जुटता गया।

गल[1] कपड़े में फँसाकर छः-सात लोगों ने खींचकर निकाला शिबू की लाश को।

नब्ज टटोली। पेट से पानी निकाला। तरह-तरह के उपचार, पर लाश भला कहाँ जीवित होनी थी, बिलख रही है शकुन, बिलख रही हैं बेटियाँ।

"मुझसे पूछ लिया होता।"

पोस्टमार्टम, पंचनामा...घूस की डिमांड—"पैसे दे दो तो इन्हें 'पात्र' बना दें, वरना।"

पात्र नहीं बनाया जा सकता इस आत्महत्या को।

"क्यों?" पूछता है विजयेन्द्र।

"इसके ऊपर बैंक का कोई कर्ज नहीं था।"

"लेकिन बैंक का पहले का ऋण अदा करने में ही तो तबाह हुआ यह परिवार।" शुभा बोली—"पड़ोसी होने के नाते मैं जानती हूँ इस परिवार को। इसी कुएँ से सरकारी कर्ज के चलते तीन साल से इस परिवार ने त्योहार के दिन भी कभी पूड़ी-पकवान नहीं बनते देखा। पूड़ी-पकवान तो दूर, भर पेट कभी दोनों जून जेवण भी नसीब नहीं हुआ हो—मुझे तो सन्देह है।"

"सही कहती हैं, मेरे खेत से गेहूँ सूत कर ले गयी थी कभी, हमारा झगड़ा भी

1. गल = काँटिया

हुआ था।'' एक ब्राह्मणी ने कहा। शकुन ने आहत नजरों से देखा इस झूठ को।

''कमाल करते हैं आप, साफ-साफ घरगुती[1] का मामला है और कहते हैं कि...।''

शिबू की नियति पर अकेले-अकेले बैठकर रोता है, विजयेन्द्र। उसे सबसे ज्यादा पीड़ा शकुन और मुलगियों को लेकर होती है।

और शकुन....?

रह-रहकर याद आती हैं पति की बातें, कहता था—''रानी, ये कर्ज गले की फाँस है निकाल फेंको और जिस दिन मैंने निकाल फेंका, वह जैसे निहाल हो गया, गाँव भर में लड्डू बँटे, गीत गाते हुए बरसात में भीगते हुए नाचता रहा। रह-रहकर गले को देखता, चूमता—उस दिन देखा था तेरा रूप—गले में हँसुली निकाल रही थी तू, तमतमाया चेहरा, फटकर बाहर निकल पड़ने को बेताब आँखें...जैस हँसुली नहीं परान खींचे चले आ रहे थे, मगर तूने छोड़ा नहीं। फाँस को गले से निकाल ही फेंका। घर आये। पानी बरस रहा था, वह उसी गले से लिपट गया—अब तक इस फाँस ने मुझे मुझसे दूर रखा... आज अब और नहीं।'' याद कर-कर के रात भर रोती रही शकुन!

''अन्तिम संस्कार किस विधि से होगा—हिन्दू या बौद्ध?'' पूछ रहे हैं मामा।

कुछ बोलती नहीं शकुन। कुछ भी नहीं।

''खुद को सँभालो शकुन, अन्तिम संस्कार तो करना ही होगा।''

''जो होना था, हो गया। न हिन्दू! न बौद्ध! इसे अपने बनजारी वाले शेत में गाड़ दो। जहाँ लालू को गाड़ा था, उसके बगल।''

बड़ी के कन्धे पर सिर रखकर रो रही थी छोटी—निःशब्द विलाप!

न तू जमीं के लिए है न आसमाँ के लिए,
तेरा वजूद है अब सिर्फ दास्ताँ के लिए।

---

1. घरगुती = गृह कलह

16

शिबू की मृत्यु पर पुजारी महाराज की पहली प्रतिक्रिया थी—''यह बच्चा अपशकुनी है। 'जीवन' नहीं मृत्यु! गर्भ में ही था कि बाप को खा गया, गर्भ से निकला तो माँ को, शिबू के घर आया तो शिबू को।''

आश्चर्य था, गाँव में अधिसंख्य दलितों के बौद्ध हो जाने के बाद भी संस्कार मन्दिर के ही चलते थे। सबने इसे सच मान लिया।

शकुन का मन किया कि पूछे—''मेरे पति के हत्यारे! तुम्हारा मुँह है या गाँड़? बच्चे पर पहले दया पोंकी, फिर कहा छोटी-अशोक का बेटा, अब कहते हो मनहूस! मेरी छोटी मुलगी तब तुम्हारे लिए देवी थी, अब बाप को खा जाने वाली डायन! थू!''

बड़ी तो सन्न थी। पहले भी कम ही बोलती। छोटी जवाब दे सकती थी, उसमें आग थी। पर उसकी सारी आग पर अपना खून उँड़ेल गया उसका बाप! सरपंच जी एन.जी.ओ वालों के साथ बच्चे को ले जाने आये तो सुनती रही चुपचाप।

''ये संस्था वाले गोद ले रहे हैं ऐसे बच्चों को। वे उसे पढ़ाएँगे-लिखाएँगे, आदमी बनाएँगे, प्रॉपर्टी दिलवाएँगे...और तुम मुगलियाँ शादी करके अपने-अपने घर चली जाओगी, आई कब तक देखेंगी, फिर यहाँ इसका भविष्य क्या है?''

एक तरह से वे उसकी गोद से छीन कर ले गये। वह बिसूरती रह गयी। दूर खड़ा अशोक फटी आँखों से ताक रहा था।

और उधर विजयेन्द्र...! उसे लगता, जैसे विशाल श्मशान भूमि में वर्षों से चला जा रहा है वह! कहाँ होगा इसका अन्त?

आखिर आत्महत्या की साइकी क्या है? क्यों खत्म कर देना चाहता है एक आदमी ईश्वर द्वारा प्रदत्त अपने अमूल्य जीवन को?

यह क्या असम के जोराथांगा क्षेत्र के परिन्दों के ज्वाला में कूदकर सामूहिक आत्महत्या किये जाने जैसा कोई आवेग है? काश, परिन्दों के मन का हाल जानने जैसा कोई उपाय होता? तब भी हम क्या जान पाते मनुष्य के मन की बात? परिन्दे परिन्दे हैं, आदमी आदमी। मनुष्य तो एक विकसित मस्तिष्क का प्राणी है।

रिपोर्ट तैयार करते-करते विजयेन्द्र होठों में कलम दबाकर सोचने लगा। आई

की चाय रखे-रखे ठंडी हो गयी थी। शुकर था, ढककर रख गयी थी आई, वरना दो-एक मक्खियाँ तो गिरकर आत्महत्या कर ही चुकी होतीं। 'पात्र' मानी जातीं कि 'अपात्र'! यह अलग बात थी।

"तुम्हारा नाश्ता चूल्हे पर ढककर रखा हुआ है। ले लेना। किवाड़ में साँकल लगा लेना। है न! लिखने के बाद शेत में चले आना, मैं जा रही हूँ।" आई की आवाज क्रमशः दूर होती गयी।

वह आगे लिखता गया—"एमिल दुर्खिम की पुस्तक में लिखा है—आत्महत्या के प्रति प्रत्येक समाज का एक सामाजिक झुकाव होता है। यह झुकाव व्यक्ति से परे और उसकी इच्छाओं से ज्यादा बलवान होता है। आत्महत्या के मूल तत्त्व कहीं न कहीं सामाजिक संरचना में मौजूद रहते हैं, खासकर उन समाजों में, जहाँ व्यक्ति समाज के अधीन होता है, वहाँ यह माना जाता है कि आत्महत्या उनके अनुशासन की अपरिहार्य क्रियाविधि है, खासकर सामूहिक आत्महत्या के मामलों में उसके बीजों को देखा जा सकता है।

"कृषक समाजों का अपना अनुशासन होता है जिन पर उनके समुदाय के दबाव होते हैं। वे अपने जीवन का मूल्य ही कम आँकते हैं। जैसे ही किसान अपना मूल्य कम आँकने लगते हैं, उसके लिए कोई भी चीज इस जीवन को त्यागने का बहाना बन जाती है।

"कुछ समाजशास्त्रियों का मानना है कि अत्यधिक वैयक्तिकरण आत्महत्या की ओर ले जाता है। आत्महत्या इसलिए की जाती है कि समाज व्यक्तियों को अपने से पलायन करने देता है क्योंकि कुछ मामलों में वह अधिक सम्पूर्ण होता है, समाज व्यक्ति को अत्यधिक संरक्षण में जकड़े रहता है।"

वह सोचने लगा—"सवाल यह है कि भारतीय किसान अकेला पड़ा कैसे! आम शेतकरी की बात करें तो कर्ज में रहना उसकी नियति है, कर्ज में पैदा होना, कर्ज में ही मर जाना।

"धर्म के मूल्य उसे मरने से पहले ऋण उतार देने की ओर ठेलते हैं, जब तक ऐसा नहीं होता, आत्मा पर बोझ बना रहता है। प्रलोभन और जिम्मेवारियाँ उसे एक ओर खींचती हैं, अभाव दूसरी ओर। धीरे-धीरे सहमते-सहमते अँधेरे में हाथ उठाये वह कर्ज के मकड़जाल में फँसता जाता है।

"आत्महत्या तो 'टिप ऑफ द आइसवर्ग' मात्र है, पूरी समस्या इससे कहीं ज्यादा भयंकर है।

"महँगे बीजों, खादों और कीटनाशकों की वजह से ज्यादातर किसानों को कर्ज लेना पड़ता है। सरकारी बैंकों में खसरा-खतौनी, नकल दुरुस्ती समेत कई लफड़े कर्ज की राशि भी कम। फलतः ज्यादातर किसान वहाँ जाने से ही घबराते हैं और

उन्हें ऋण एजेंसियों और गाँव के साहूकारों से कर्ज लेना ही आसान लगता है। जो होता तो 10 प्रतिशत प्रतिमाह या उससे भी ज्यादा, पर वे यह नहीं पूछते थे कि किसलिए ले रहे हो, उनसे रिश्ता अंत तक आत्मीय बना रहता है। एक किसान को सिर्फ खेती, सिर्फ बीज, खाद कीटनाशक, सिंचाई नहीं जीवन और परिवार की अन्य जरूरतें भी होती हैं जैसे बच्चे की शिक्षा, स्वास्थ्य, बेटी की शादी, खुशी, गमी जैसी चीजों के कर्ज सरकार से नहीं मिलते। ऐसे हालात तक ले ही आये हैं क्यों हमारे हुक्मरान हमें यहाँ? सारे राजनेता, सारी पार्टियों के राजनेता लगता है, दलाल हैं उन्हीं के।

"उदारीकरण के चलते सरकार का रवैया ही कारपोरेट वाला हो चुका है—बिल्कुल ठुस्स यान्त्रिक। कारपोरेट कल्चर या बहुराष्ट्रीय कम्पनियाँ जाहिर तौर पर किसी बड़ी पूँजी की प्रसूत होती हैं, बड़ी पूँजी बाजार में लाभ कमाने के उद्देश्य से आती हैं। उसकी सामाजिक जिम्मेवारी सिर्फ इतनी होती है कि ग्राहक या उपभोक्ता जिन्दा रहे। इन्हें और इनके प्रतिनिधि नेताओं को जमीन की गुणवत्ता, सिंचाई की प्रकृति और पैदावार से कोई मतलब नहीं। कई नेता तो जानते भी नहीं कि आलू ऊपर फलता है या नीचे, खेती धान की होती है, चावल की नहीं कि सरपत और गन्ने के पौधे में क्या फर्क है!

"इब्तदा ही गलत थी कि हत्यारे समय में बीटी बीज के बीज पड़े हैं। बाजार के बाहरी दबाव ने इसकी इस पारम्परिक कुशलता का तो दमन किया ही, साथ ही किसानों को पराश्रित, विकल्पहीन बना दिया। पहले हाथ काटे, पेट काटे। आत्महत्या तो बाद में की किसानों ने।

"हम जो कुछ पढ़ते-देखते और सुनते हैं वह सिर्फ एक आभासीय चेहरा है। असल राजनीति और उसका अर्थशास्त्र तो समाज के कुछ खास वर्गों के हाथ में है जो तय करते हैं कि रस्सी कब गले की टाई होगी, कब माला और कब फाँसी का फन्दा। यह सरासर लोकतान्त्रिक मूल्यों में कमी और बाजार के सामाजिक व्यवहार में बढ़ते हस्तक्षेप के कारण हुई है। इससे निपटने के लिए किसान और किसानी को केन्द्र में रखकर योजनाएँ बनानी होंगी या किसानों को आगे बढ़कर बाजार और तन्त्र को अपने नियन्त्रण में ले लेना होगा। भारत जैसे कृषि प्रधान देश में गाँव, किसान और किसानी की अवस्था लगातार एक उपनिवेश के अन्तर्गत रहने वाली जनता की हो गयी तो आखिर क्यों?"

विजयेन्द्र रिपोर्ट जोर-जोर से पढ़ रहा था, पलटकर देखा तो जाने कहाँ से एक अनाहूत श्रोता की तरह मुँह बाये नाना सुन रहा था। उसके सामने के दो दाँत टूटे हुए थे जिससे लगता था कि वह न सिर्फ भक्ति भाव से रिपोर्ट को सुन रहा था बल्कि पान कर रहा था। वह चकराते हुए उठा। उसने 'दुर्खिम', 'बहुराष्ट्रीय कम्पनी',

'उपनिवेश', 'अर्थशास्त्र' का अर्थ पूछा और रिपोर्ट को चूम लिया।

"शाबाश! तुम पढ़ रहे थे और मैं आत्महत्या कर रहे एक-एक शेतकरी को प्रत्यक्ष देख रहा था, सुनील से शिबू तक...। किसने बनाया उन्हें बेबस, किसने छोड़ दिया उन्हें अकेला? यह तुमने अपने दिमाग से लिखा है?"

"नहीं।"

रिसर्च वाले लड़के गुंजेश, पराग, नीलेश और राजदीप और दुनिया भर के विद्वानों की सहायता से। नाना ने फिर चूमना चाहा, पर उसने रोक दिया।

"ऐ नाना, गन्दा मत करो। रिपोर्ट अमेरिका जाएगी।"

जाते-जाते रुक गया नाना। फिर लौट आया—"बिज्जू, कोई तुमसे मिलने आया है।"

बिज्जू ने पलटकर देखा तो गॉगल्स लगाये एक मॉड लड़की और एक युवक!

"आप...?" अप्रस्तुत-सा उठ पड़ा।

"नहीं पहचाना? तुम्हारी क्लासफेलो हुआ करती थी कभी—वन्दना!"

"अरे! एक सुखद इत्तिफाक की तरह तुम...?"

दोनों में हाय-हेलो का आदान-प्रदान हुआ।

वन्दना ने बताया—"वो यहाँ गाँधी जी के नाम पर एक यूनिवर्सिटी है न, उसी के एक सेमिनार में आयी थी। तुम्हारे जिले का नाम याद था। पूछते-पूछते पता लग गया फिर ये जमाल खान साहब मिल गये, ले आये अपने साथ यहाँ.....!"

"ठहरो, मैं अभी आया।" उन दोनों को वहाँ बैठाकर वह अन्दर गया।

सूजी, चीनी, घी! गैस ऑन की। जल्दी-जल्दी भून-भान कर हलवा, नमकीन, चाय और पानी लेकर नाना के साथ दस-पन्द्रह मिनट में लौट आया। तब तक वन्दना और जमाल पन्नों को पलट चुके थे।

"अरे, तुमने तो हमें पूरा मेहमान ही बना दिया।" वन्दना ने कहा।

"वो क्या है कि मैंने खुद भी नाश्ता नहीं किया अभी तक।"

"दुर्खिम के दुःख, आय मीन, किसानों की आत्महत्या का पोस्टमार्टम करने में लगे होंगे?"

"क्यों? नहीं करना चाहिए क्या?"

"अरे नहीं। मैं तो यूँ ही मजाक कर रही थी। हम पाँच-एक मिनट से यहाँ खड़े थे। हमने देखा, लिखते-लिखते या बातें करते-करते तुम कहीं खो-से जाते थे। सो डीपली इन्वाल्वड!"

"वन्दना!" चाय सिप करते-करते बिज्जी ने पुकारा तो लगा कहीं दूर से पुकारा हो उसने—हत्याओं-आत्महत्याओं के पार से....।

"हूँ ऽ ऽ ऽ!"

"जाने क्यों इतने दिनों बाद मुझे अपने बचपन के कुछ हारे हुए मोमेंट्स याद आ रहे थे।"

"इंटरेस्टिंग!"

"तुम लोग बोर तो नहीं हो रहे हो?"

"अरे ना!" जमाल ने कहा।

"सातवीं कक्षा थी। 'गो एज यू लाइक'—यानी 'जैसा चाहो, वैसा बनो' का एक कम्पिटीशन था स्कूल में। पार्टिसिपेंट स्टूडेंट्स को किसी मनचाहे प्रोफेशनल का भेष बनाकर आना था। उस प्रतियोगिता में वह छात्र किसान बनकर गया था—कपड़े के नाम पर एक कटा हुआ फतुहा! ए-वर्न आउट मिनी शर्ट, मटमैली धोती, सिर पर तुड़ी-मुड़ी पगड़ी-टरबन, कन्धे पर एक छोटा-सा हल-प्लाउ और कुदाल—स्पेड, पाँव नंगे। उसके आई/वडील और ताइयों ने कोई कोर-कसर नहीं उठा रखी थी उसे किसान का रूप देने में। यहाँ तक कि सिर पर भी कच्चे-पक्के छोटे-छोटे बाल, कच्ची-पक्की अनसेव्ड दाढ़ी...। इस शेतकरी, आय मीन किसान को देखते ही पब्लिक स्कूल की अंग्रेजीदाँ मिस्ट्रेस की आँखें सिकुड़ गयीं। हिकारत से—'ह्वाट्स दिस?'

पार्टिसिपेंट ने मराठी में कहा—"एक भारतीय किसान!"

"आर यू ए पार्टिसिपेंट?"

"जी!"

"बट दैट इज नॉट ए प्रोफेशन?"

"क्यों?"

"टॉक इन इंग्लिश वन्ली ऐज पर रूल...!"

"लेकिन एक भारतीय किसान अंग्रेजी नहीं जानता। हिन्दी, तमिल, बेंगाली कोई भारतीय भाषा बोलूँ....थोड़ा-थोड़ा-सा जानता हूँ?"

"माय गॉड!" टीचर झुँझला पड़ी। फिर उनकी निगाह किसान के ललाट पर गयी, जहाँ माटी का तिलक टँका था—ऐंड ह्वाट इज दिस—द डर्टी सॉयल...एंड नो शूज-बेयर फूटेड!"

"मैं तो एक शेतकरी हूँ मेम साब...मेरे पास—।"

'मेम साब' का पारा सातवें आसमान पर—"हू एलाउड यू टू इंटर एंड पॉल्यूट दिस कारपेट?"

"उस छात्र को प्रतियोगिता में शामिल नहीं होने दिया गया। वह चुपचाप मूकदर्शक बना उस खेल को ताकता रहा—एक भारतीय किसान की तरह—उपहास का केन्द्र, अपमानित, लांछित!"

विजयेन्द्र तनिक रुका, फिर बोला—"वह छात्र मैं था। इस घटना या दुर्घटना के कई वर्ष बाद...।" बिज्जू जैसे फिर कहीं खो गया—"वन्दना! तुम्हें याद है, एक

बार यूनिवर्सिटी में अपने प्रेसिडेंट साहब आये थे!''

''ओ यस! बट आय मिस्टड हिम। मैं उन दिनों आयी ही नहीं। बीमार थी।''

वे स्टूडेंट्स को एड्रेस कर रहे थे—''देयर इज नो सब्स्टीच्यूट आफ हार्ड वर्क!... कड़ी मेहनत करके तुम्हें डॉक्टर बनना है, इंजीनियर, साइंटिस्ट, इकोनोमिस्ट, इण्डस्ट्रियलिस्ट बनना है...!''

एक स्टूडेंट धीरे से उठा—''एंड ह्वाई नॉट ए फारमर, एन एग्रिकल्चरिस्ट सर?'' दयालु, ममतालु और विद्वान प्रेसीडेंट! हतप्रभ रह गये।

''यू सी...!'' अपनी सफाई में काफी लम्बा बोल गये लेकिन नहीं ही कन्विंस कर सके उस छात्र को। मासूम का मासूम सवाल था। वह घटना भी इंगित करती कि खेती और किसान के प्रति हमारे विकास पुरुषों और महाजनों की क्या राय है। स्टूडेंट था मैं।''

''हाय रे!'' वन्दना ने अपना कपाल ठोंका—''इस रेयर मोमेंट से मैं वंचित ही रह गयी। तुम्हारे पापा...?''

''किसान थे। ये सामने अपनी खेती थी। इस इलाके के किसानों के केन्द्र थे, इन्स्पिरेशन! लेकिन उनसे भी वही भूल दोहरायी गयी। कर्ज लिया, न दे पाये और...!''

''बस, बस!'' वन्दना और जमाल दोनों ने रोक दिया उसे।

''तुमसे न मिले होते तो न तुम्हें समझ पाते, न तुम्हारे मिशन को।'' वन्दना ने कहा—''ऑलदो मैं भी विदेश जा रही हूँ पापा के साथ, बट जहाँ भी रहूँ, जब भी तुम्हें मेरी जरूरत पड़े, मुझे नॉक करना, आय विल बी ऑलवेज ऐट योर बेक एंड कॉल! सॉरी! मैं तो भूल ही गयी थी कि मैं एक भारतीय किसान से बात कर रही हूँ जिससे मुझे इंग्लिश में बात नहीं करनी चाहिए।''

हँसते-हँसते विदा हुए वन्दना और जमाल!

17

सरकार स्यापा कर रही है—''ये कृषक आत्महत्याएँ भावुकतावश हो रही हैं। इस भावुकता का इलाज क्या है?''

इलाज की हर कोशिश नाकाम रही। हर थिरैपी फेल। अब सिर्फ एक थिरैपी बची है—अध्यात्म थैरेपी। हारे को हरिनाम! विदर्भ में जगह-जगह बाबाओं को बैठा दिया गया। जगह-जगह चोंगे बँध गये। प्रवचन और उपदेश। जगह-जगह भजन कीर्तन—

वैष्णव जन तो तेणे कहिए जो पीर पराई जाणे रे,
पर दुःखे उपकार करे तो ये मन अभिमान न माने रे...।

बिना पिये ही बहक रहा है नाना—''खुद से रोआँ भी न उखड़े तो हाँक दो शेतकरी को भगवान के पास।''

उसके ठीक उलट सदानन्द की जमात है जो दिन-रात, सोते-जागते, उठते-बैठते भजन में मगन रहती है और राह चलते किसी भी पशु-पंछी, पेड़-रूख, नदी-पहाड़ को प्रणाम करने से नहीं चूकती—क्या पता, किसमें किस देवता का वास हो जो हमें बचा ले।

शेती में उसे अब कोई उम्मीद नहीं बची। नाना चुटकियाँ लेता रहता है—''दिन को भगवान का यह भगत आँखें मूँदकर भजन करता है और रात को...?''

''क्या करता है रात को?'' कुछ जमूरे जुट ही जाते।

''रात को आँखें खोलकर गड़े खजाने की खोज।''

अन्दर ही अन्दर खीजते हुए भी सदा कोई प्रतिवाद नहीं कर पाता। रात को सचमुच वह नाग जोगियों के द्वारा चलाये जा रहे खजाने की खोज के गुप्त अभियान में शरीक रहता है। भाग्य और भगवान के भरोसे ही तो चलता है सारा देश!

''इधर नाग जोगियों की व्यस्तता बढ़ गयी है, उधर फकीरों की। खुद के कंगाल ईश्वर और अल्लाह के ये बन्दे 'सदा' जैसे लोगों को भरोसा देते कि कितने राज्य उजड़े, कितने राजा, महाराजा, चोर, डकैत अपना धन, सोना-चाँदी जमीन में गाड़ कर मर गये, फिर लेने नहीं आये। कितने ऐसे खजानों पर तो यक्षों और जिन्नों का पहरा है। ढंग से अनुष्ठान किया जाए तो मजाल है खजाना न मिले।''

''अभी तक तो नहीं मिला।'' सदा की निराशा टपकती।

''अनुष्ठान में कोई त्रुटि रह गयी होगी या मन में कोई अविश्वास।'' वह और भी सच्चे मन से अनुष्ठान में जुट जाता।

इस बार अमावस्या को श्मशान काली का अनुष्ठान करना है। हल्की-हल्की ठंड है आश्विन की आधी रात में। वोर नदी! पत्थर-पत्थर पर पाँव पड़ रहे हैं। पत्थर-पत्थर पानी। कल-कल छल-छल के बीच बीस-एक लोग हाथ जोड़कर श्मशान में बैठे हैं।

''उइं ऋं शृं क्लिं कालिके
क्लिं शृं हं उईं!''

तान्त्रिक के पीछे-पीछे बाकी लोग श्मशान काली के इस मन्त्र को दुहराते हुए झूम रहे हैं। सामने धूप, दीप, नैवेद्य, दूब, केले के फल, नारिकेल, बेलपत्र और रक्त जावा के फूल पड़े हैं।

''आठ बार या पाँच बार?'' सदा पूछता है।

''विघ्न न डालो। चुपचाप मेरा अनुसरण करो।'' तांत्रिक ने डाँटा। पुलिया पर गश्त दे रही पुलिस हैरान है कि आखिर हो क्या रहा है इस श्मशान भूमि में?

पूजा के बाद फूल लेकर चल पड़ता है नाग जोगी—''देखो, जहाँ यह फूल गिरे, समझना माँ संकेत दे रही है।'' वह कह ही रहा था कि उसे ठेस लगी और एक फूल गिर पड़ा।

''जोगी जी मिल गया माता का संकेत?''

गड़बड़ा गया तान्त्रिक—''ठीक है, चलो खोदो।''

जल उठी कन्दीलें। खट्ट-खट्ट कर गैंते-फावड़े की आवाजें। ठंडी रात में भी पसीने-पसीने हो रहे हैं खोदने वाले। दिल बल्लियों उछल रहे हैं—''एक बार खजाना मिल जाए। बस एक बार।''

अचानक टॉर्च के फ्लैश में जल उठे चेहरे—''कौन?''

''ह-ह-हम हैं।'' सदा की घिग्गी बँध गयी है।

''इतनी रात को क्या कर रहे हो तुम लोग यहाँ?'' पुलिस के सीनियर हवलदार शिन्दे ने कड़कते हुए पूछा।

खोजी दल को काटो तो खून नहीं।

सब को हाँककर सड़क पर लाया जाता है। पीट-पाट कर सारा भेद उगलवा चुके हैं सीनियर हवलदार शिन्दे।

''तुम लोग यहाँ लाइन से नील डाउन हो जाओ।''

नील डाउन! यानी कि मुर्गा! हाय री तकदीर यह दिन भी देखना बदा था! गाँधी जी के बन्दरों की तरह खोजी दल के सदस्य उदास और सहमे हुए थे। शिन्दे गब्बरी

अन्दाज में कमर से बेल्ट निकालकर लहराते हुए गुर्राता है—"तो मोहनजोदड़ो-हड़प्पा के खोजियों, राखालदास बैनर्जी और नाती-पोतों, चेले-चपाटियों—कितना—क्या कुछ हाथ लगा अब तक इस खुदाई में?"

नाग जोगी गिड़गिड़ाकर कहता है—"कुछ नहीं सर, सिर्फ दो-तीन जंग खायी सरिया-वरिया के...।"

"शिन्दे को चूतिया समझते हो? जल्लाद है, खाँटी जल्लाद! आँत से भी चीजें निकलवा सकता है।"

"कसम ले लो सर।"

रात भर रस्साकशी चलती रही। सुबह तक पुलिस बल और खजाने के खोजी दल में इस बात पर समझौता हुआ कि जो भी खजाना या माल मिलेगा, उसका आधा पुलिस को देना पड़ेगा।

जान बची! राम-राम जपता खोजी दल वापस जा रहा था कि पीछे से टोक दिया गया—"अबे सुन!"

"यह क्या? ये कौन पीछे-पीछे आ रहा है? हाय आई! अब कौन-सी दुर्गति होनी बाकी है? भागो।"

"ऐ भागो नहीं, रुको।"

रुक जाता दल। पीछा कर रहा सिपाही नाग जोगी से खुसुर-फुसर करता है—"मेरी शादी को दस साल हुए, सन्तान नहीं।"

"मैं करेगा अनुष्ठान, मैं। नो फिकर। नो चिन्ता साब।"

"कहाँ मिलेगा?"

"मैं आता न साब खुद। मइ, मैं!"

अध्यात्म थिरैपी भी फेल! अब...?

साँईपुर गाँव के लोगों ने सरकार से लिखित रूप से अनुमति माँगी है कि वे आत्महत्या करना चाहते हैं, सरकार उन्हें इसकी इजाजत दे।

विजयेन्द्र ने उसी गाँव में एक समानान्तर सभा का आयोजन किया। गाँव वालों ने चोंगा बाँधते देखकर समझा कोई लावणी नाच या रामलीला होने वाली है लेकिन जल्द ही मालूम पड़ गया यह तो कोई और ही चीज है।

नाना अपने टेढ़े-मेढ़े ढाँचे के साथ माइक पकड़े हुए था—"गाँव वालों को नाना का प्रणाम! हमने सुना, आप लोगों ने सरकार से लिखकर आत्महत्या करने की इजाजत माँगी है! वाह, क्या शिष्टाचार है! एइ मैं सदके जावाँ! हमारा कहना है, मरना है तो मर जाओ, ये परमिशन की नौटंकी क्यों? सोचते हो, तुम्हारे दुःखों से दुःखी और द्रवित हो जाएगी सरकार! दान, दया की बरसात करेगी। है न? कीड़े-मकोड़े

की तरह मरजाने वाले डरपोको!'' अचानक नाना का स्वर बदल गया—''तुम क्या समझते हो, तुम्हारे आत्महत्या कर लेने से शासन बदल जाएगा? प्रशासन बदल जाएगा? सिस्टम बदल जाएगा?...कोच्छ नहीं बदलेगा! तुम समझते हो, तुम्हारे नेता लोगों का पत्थर दिल पसीज जाएगा। कभी नहीं। मइ[1] देख के आता चन्द्रपुर में, उधिर तुम मर रहे थे, इधिर सब नंगा नाच देख रहे थे।''

युवा पत्रकार पराग देशपाण्डे ने एक मार्मिक कविता पढ़ी—''मैं उस सुइसाइडल बेल्ट का किसान हूँ/जो नहीं सिद्ध कर पाये अपने आत्महत्या करने के प्रमाण/शायद कुछ कमी रह गयी उनकी आत्महत्या में/या नहीं समझ पाये कि कैसे और कब करनी होती है आत्महत्या/जहाँ धानों के खेत आज भी राह देख रहे हैं उन हाथों की बाट/जिन्होंने उन्हें रोपा/उन्हें सींचा/अपने खून-पसीने से/आज भी राह देख रहे हैं वे।''

कविता के साथ उसने एक रिपोर्ट पेश की—''मैं भंडारा जिले की हकीकत बता रहा हूँ—जिस सरकार से आपने आत्महत्या करने का परमिशन माँगा है, उसी के अधिकारी हवाई जहाज से ऊपर ही मुआयना कर नाप गये—कितना पानी। 300रु. अनुदान मिले हैं मकान बनाने को। खुद के टायलेट तक के लिए लाखों और शेतकरी को पूरे मकान के लिए 300! चूहे की बिल भी ना बने! वाह रे तुम्हारा शेतकरी प्रेम! कितनी मेहरबान है सरकार! भर दिया दामन वादों से! वादे! वादे! वादे!''

एक दूसरे किसान ने कहा—''हरित क्रान्ति के लिए बाँध बन रहे थे। हमने विस्थापन के बाद पुनर्वासन के लिए पैसे माँगे, नौकरियाँ माँगीं। जवाब में ठीक गाँधी जयन्ती के दिन पुलिस ने हमें पीटा।'' वह कमीज उलटकर पीठ दिखाने लगा, जिस पर लम्बे-लम्बे गोहटें उभरे हुए थे। लाखादुर तहसील के पुधार गाँव के सोन्दरकार जी की फसल अचानक आयी बारिश से बर्बाद हो गयी। देखकर खड़े-खड़े गिरे, मर गये। ऐसे बीसियों सोन्दरकार जी को मइ ही जानता हूँ। उनकी मौत आत्महत्या नहीं मानी गयी। वह क्या है? बाप के नाम जमीन, मरा बेटा! आत्महत्या अपात्र! कारण, जमीन तो उसके नाम थी ही नहीं। यहाँ शिबू काका की आत्महत्या को 'पात्र' नहीं माना गया। कारण, जमीन पर कर्ज तो कोई था ही नहीं? सरकारी कर्ज उतारने के लिए ही रोज-रोज मरते रहे। उनके और उसकी पत्नी, बाल-बच्चों को कभी सुस्वादु भोजन, ढंग का कपड़ा और सुरक्षा नहीं मिली, वह मौत कोई मौत नहीं?

''सरकार कृपया हम किसानों को यह बताये कि आत्महत्या करते वक्त किन-किन बातों का खयाल रखा जाए—कब और कैसे की जाती है आत्महत्या? किस पंडित से पूछकर....? यह भी सिखाया जाए कि कैसे लिखी जाती है सुइसाइडल नोट!'' उत्तेजना

1. मइ = मैं

में उसके मुँह से फिचकुर निकलने लगी तो विजयेन्द्र ने माइक ले लिया—"एक बड़े समूह के लिए जिन्दगी मात्र एक दुःस्वप्न बन जाये और मौत एक मात्र विकल्प! मौत मौत होती है—आत्महत्या में पात्र-अपात्र का फर्क करना सरकार या अधिकारियों की बेईमानी और बदनीयती बताती है।"

सामने के किसान आपस में बात करते हैं—वह जो दिल्ली में पिलर-पिलर सजाकर मुकुट बनकर बैठी है खपड़ोई (खोपड़ी) पर, जिसे पार्लियामेंट कहते हैं, वहीं राजा रहते हैं, रानी रहती हैं, वही फैसला करते हैं कि यह बीज बोओगे कि वह बीज, हत्या है कि आत्महत्या, पात्र है कि अपात्र!

18

'अत्तदीपो भव!' भगवान बुद्ध का पालि भाषा का अमर सन्देश गेट पर फेस्टुन में लहरा रहा था—अपना दीपक आप बनो!

वडील चला गया, 'जीवन' को भी छीन लिया गया, कल वे दोनों बहनें भी अपनी-अपनी ससुराल चल देंगी।

वडील का चेहरा हर कहीं लटका हुआ था—पेड़ों पर, पत्तों पर, झाड़ियों पर, छप्परों पर, अन्दर भी, बाहर भी! अन्दर-बाहर दौड़ती हुई आई थक-थका कर मामा के बगल बैठ गयी थी जैसे उसकी नहीं, किसी और की मुलगियों का ब्याह हो। थकती क्यों ना, उसके दोनों पंख तो उसकी दोनों मुलगियाँ ही थीं जिनसे दुःख और अभाव भरी जिन्दगी की तमाम जहालतों में भी उड़ान भरती, आकाश-पाताल थहाया करती। आज दोनों विवाह-वेदी पर बैठी हैं सफेद साड़ियों में...। परायी-परायी अजनबी-अजनबी-सी लग रही हैं। शुकर है, मामा है, अभिभावकत्व का सारा बोझ अपने कन्धों पर उठा रखा है वरना आई तो बस आई ठहरी। उस बेचारी को कहाँ पता था कि कहाँ भन्ते मिलेंगे, कहाँ चीवर, कहाँ क्या लगता है, कहाँ क्या....कब-कब, कौन-कौन-से अनुष्ठान होंगे। दूसरा सहारा बनी थी शुभा, बड़ी जाति की होने के बावजूद रसोई-पानी और बरातियों के ठहरने, सेवा-सत्कार का सारा बिगड़ा-बना देख रहा था उनका परिवार। गाँव भर में शुभा की इस तत्परता पर दबी जबान कटाक्ष किया जा रहा है—छोटी से मुक्ति मिली, मन में हुलास क्यों न हो, आठ-दस बौद्ध परिवारों के अलावा प्रायः सभी ने तो इस विवाह का बहिष्कार ही कर रखा है। पुजारी जी और अन्य बड़ी जातियों के लिए पहले वह दलित थी, अब महादलित बन गयी। कुछ एक पड़ोसी आये भी तो महज रस्म अदायगी करने या तमाशबीन बनकर! बनगाँव का यह पहला बौद्ध विवाह तमाशा ही तो था।

घर के ऐन सामने जामुन के पेड़ के नीचे दस फीट लम्बी, बारह फीट चौड़ी एक चौकोर पीठिका। शकुन ने खुद अपने हाथ से शुभा की लाल गाय के गोबर से झाड़ू—गोबर से लीपकर नया कर दिया है। इस पर बैंगनी आधार देकर श्वेत कुमकुम और हरे रंग की रंगोली रच दी है मुलगियों की सखियों ने। पीठिका के बीचोबीच शुभा के घर से लाये टेबुल पर भगवान बुद्ध की एक छोटी-सी प्रतिमा।

बगल में एक औंधी खँचिया पर चीवर की आसनी बिछाकर बाबा साहब का फ्रेम किया हुआ घर वाला चित्र!

पीतल का लोटा यहाँ कलश की भूमिका में था जिसमें चावल भरकर पीपल के पत्ते तोड़-तोड़कर आम के पल्लव की तरह सजा दिये गये थे। उसके ऊपर एक स्टील की तश्तरी। तश्तरी पर एक मोमबत्ती जलाकर खड़ी कर दी गयी थी। भगवान बुद्ध की ओर मुँह किये श्वेत वस्त्रों में बैठे थे दोनों जोड़े सरस्वती और उसका नवरा, कलावती और उसका नवरा। दोनों ने हाथ जोड़ रखे थे। ध्यान मुद्रा में पद्मासन पर बैठे तथागत के दाहिने हाथ के अँगूठे और तर्जनी के बीच लिपटा हुआ सूत—अपने ही शेत का कापूस, अपने ही वडील का काता हुआ सूत। यह सूत आगे बढ़कर प्रत्येक लोटे को लपेटता हुआ दोनों जोड़ों के हाथों में लिपट रहा था। वडील शिबू कहीं न था, वडील हर जगह था। श्वेत परिधान में नवरा-नवरी, गेरुए में भन्ते आचार्य नागार्जुन। पीठिका के सामने नीचे बिछी दरी पर बैठी थी शकुन, बैठे थे मामा और अन्य लोग। अन्य लोग में बच्चे भी थे जो ऊधम मचा रहे थे। कोई गौतम की नकल कर रहा था, कोई नवरा-नवरी की।

बड़ी ने आँख उठाकर देखा, भैंसों और बकरी को छोटी ने दूर बाँध दिया था और दोनों मेमनों को खाँची से तोप दिया था, जहाँ से वे उसकी बिद्ध आत्मा की तरह 'म-अ-अ! म-अ-अ!' कर रहे हैं। उधर इस कोने पर अशोक के वडील अमरजीत विवाह की रसोई की देख-रेख कर रहे हैं—ज्यादा कुछ नहीं, सिर्फ निरामिष पूड़ी, बैंगन आलू की भाजी,[1] चटनी और बुन्दिया। सब कुछ चाक-चौबन्द है। गड़बड़ी की आशंका है तो सिर्फ बादलों से। धूसर मेघ खण्ड पूरब से छेड़ रहे हैं पूर्वाह्न के ग्यारह बजे के सूरज को जैसे भेड़िए जब-तब घेर लेते हैं बासरू और मेमनों को। बड़ी से अलग छोटी सिर्फ एक बात सोच रही है—कल को यह सब सुनसान हो जाएगा। सभी अपने-अपने में व्यस्त हैं सिवा अशोक के। उसकी समझ में कुछ नहीं आ रहा है कि यह सब हो क्या रहा है। आखिर इतनी रुचि क्यों ले रहे हैं बाबा-आई इस शादी में....और ये यमदूत-से टहलते भन्ते, आचार्य चक्रपाणि और आचार्य नागार्जुन, यह उत्सवी भीड़—क्या वाकई ये सारे मिल-जुलकर उसे छोटी से अलग करने की साजिश रच रहे हैं!

लो, विवाह शुरू हो गया। दोनों जोड़े घुटनों पर बैठ गये। भन्तों ने त्रिशरण आरम्भ किया—"नमो तस्स भगवतो अर्हतो सम्मा सम्बुद्धस्स!"

पहले भन्ते उच्चारण करते, फिर दोनों जोड़े, कुछ अन्य भी शामिल हैं। तीन बार मन्त्र पाठ। हर पाठ के साथ-साथ घुटने टेककर बुद्ध को प्रणाम!

त्रिशरण के बाद पंचशील.....।

---

1. भाजी = सब्जी

भन्ते चक्रपाणि पहले पालि में बोलते, फिर उसे दोनों वैवाहिक जोड़े दुहराते और भन्ते नागार्जुन उसका मराठी तथा हिन्दी में अर्थ बताते जाते।

दूर खड़े मन्दिर के पुजारी जी उझक-उझक कर उलझन में कहीं गहरे धँसते जाते....मन्त्र तो लगता है, संस्कृत के हैं, पर अशुद्ध हैं, आखिर 'ओम' लगाने में इन ससुरों का क्या जाता है!

भन्ते चक्रपाणि ने पहला शील उच्चरित किया—"पानाति पाता वेरमणि सिक्खा पदम् समाधियामि!"

दोनों जोड़ों ने दुहराया। आचार्य नागार्जुन ने अर्थ बताये—"मी अशी शपथ....मैं शपथ लेता हूँ कि मैं प्राणीमात्र की हिंसा नहीं करूँगा, उनका लालन-पालन करूँगा।"

दूसरा शील गुरु हुआ—"अदन्नि दाना वेरमणि....मी अशी....शपथ लेता हूँ कि मैं चोरी नहीं करूँगा।"

तीसरा शील—"कामेसुमिथ्या चारा वेरमणि...मी अशी...शपथ लेता हूँ कि मैं कामवासना व अनैतिक काम-सम्बन्ध से दूर रहूँगा।"

चतुर्थ शील झूठ न बोलने और पाँचवाँ मादक द्रव्य से दूर रहने के शपथ थे जिनके सम्पन्न होते ही बुद्ध पूजा—इच बुद्ध अतिताच, इच बुद्धा अनागता, धम्म पूजा, इच धम्मा अतिताच और अन्त में संघ पूजा, एच्छ संघ पूजा अतिताच का दौर आया। फिर भन्ते चक्रपाणि और भन्ते नागार्जुन ने नवरा-नवरी के लिए जय और मंगल की कामना की—जय मंगल अष्ट गाथा....! पुजारी जी को फिर भ्रम हुआ—"अरे यह कोई संस्कृत मन्त्र है क्या!"

बाहू रहस्य निमिने साहुदन्तं गिरि में खल उदित भोर ससेज मारंगा।

वर-वधू खड़े हुए। भन्ते नागार्जुन ने लगे हाथों वे बाईस प्रतिज्ञाएँ भी दुहरा डालीं। जिन्हें बाबा साहब ने बौद्ध धर्म स्वीकार करते समय की थीं। वैवाहिक जोड़े और अन्य लोग उनके पीछे-पीछे दोहरा रहे थे—

"मी ब्रह्मा, विष्णु, महेशे यां देव मानणार नाहीं।"

पुजारी जी चौंके—"अरे ये तो हमारे त्रिवेदों का नाम ले रहा है....।" अगले ही पल कुढ़ गये।

"मैं ब्रह्मा, विष्णु, महेश को भगवान नहीं मानूँगा, न ही उनकी पूजा करूँगा।"

"मैं पाखण्डवाद का विरोध करूँगा।"

"मैं ब्राह्मण के हाथ से कोई भी कर्मकाण्ड नहीं करूँगा।"

".............।" तमतमा उठे पुजारी जी।

"अब दोनों जोड़े एक-दूसरे के गले में पुष्पहार पहनाएँगे मुलगा-मुलगी के, मुलगी-मुलगे के गले में।" तालियों के साथ यह क्रिया सम्पन्न हुई तो सिन्दूरदान

की घोषणा हुई।

शुभा कुरमुरायी—''यह तो हिन्दुओं जैसा ही हुआ, फिर काहे का बौद्ध, काहे का हिन्दू!''

भन्ते नागार्जुन ने घोषणा की—''मेरे मन्त्र-उच्चारण के साथ मुलगा-मुलगी के दायें हाथ में श्वेत सूत बाँधेगा।''

यन्त्रवत् सम्पन्न हो रही हैं सारी क्रियाएँ...।

''अब एक आवश्यक वचनबद्धता, पहले नवरा शपथ लेगा। फिर नवरी....मी अशी शपथ घेनो... मैं शपथ लेता हूँ कि 'पति' होने का वचन देता हूँ। तुम्हारे साथ मेरा व्यवहार मनुष्यता पूर्ण रहेगा....।''

मुलगों ने भन्ते के साथ-साथ वचन दुहराये। अब मुलगियों की बारी थी—''मी अशी घेते...मैं बायको होने के नाते अपने संसार-परिवार, खा़नदान के मान-सम्मान की रक्षा करूँगी।''

भन्तों ने 'जय मंगलम्' शुरू किया और इसके साथ ही वर-वधू के दोनों जोड़ों पर शेवन्ती (गुल मेंहदी) की पुष्प वर्षा शुरू हो गयी। शकुन की आँखें फूल फेंकते हुए पहली बार नम हुईं, उसका मन किया, वह भागकर कुएँ के पास बैठकर भोंकार मारकर रोये, रोती रहे....।

अब तक काफी भीड़ इकट्ठा हो गयी थी, जिससे उत्साहित भन्ते नागार्जुन ने बुद्ध धर्म की कई विशेषताएँ बता डालीं—''देखिए, हम हिन्दुओं की तरह चावल, गेहूँ या दूसरे अन्न बर्बाद नहीं करते जबकि इसी क्रिया में हिन्दू घरों में पाँच-पाँच किलो तक अन्न नष्ट कर देते हैं।''

कहीं दूर कोने में बादलों की गड़गड़ाहट उभरी।

''जल्दी करो।'' मामा की हिदायत!

वैवाहिक जोड़ों ने गुरुजनों को प्रणाम किया और अन्दर जाकर श्वेत वस्त्र त्याग कर रंगीन कपड़े पहने। मामा और शकुन ने भन्तों के लिए चीवर और अंग वस्त्रम् प्रदान किये। दोनों जोड़े बुद्ध प्रतिमा के सामने रखी टेबुल पर आमने-सामने बैठकर रिश्तेदारों, मित्रों से उपहार स्वीकार कर रहे थे और उधर उसके ठीक सामने दो कतारों में भोज की पाँत बैठ गयी थी।

और अशोक!

उखड़ा-उखड़ा, उड़ा-उड़ा मन! काश! बादलों की पूरी फौज आ जाती। ऐसी बरसात होती, जैसी कभी न हुई हो। सब कुछ बह-बिला जाता। बच जाते सिर्फ वे दोनों, वह और छोटी। छोटी और वह! तू गंगा की मौज मैं जमना का धारा हो रहेगा मिलन या वह अभी इसी वक्त उन्हीं कपड़ों में अनारकली की तरह भागकर उसके

सीने से चिपक जाती और वडील पृथ्वीराज कपूर की तरह छटपटाकर रह जाते।

भोज तक जैसे-तैसे मेघों ने मुहलत दी और इसके बाद जो बारिश हुई कि अफरा-तफरी मच गयी।

अपराह्न में होने वाली विदाई सुबह तक के लिए स्थगित कर दी।

19

रात की नमी अभी तक बनी हुई है। पेड़ों के पत्तों पर से पानी अभी-भी टपक जाता है रह-रहकर। उदास-उदास-सी चिपचिपी भोर। लाइट रात से ही नहीं है।

कुछ भी हो, विदाई अभी नहीं हुई तो देर हो जाएगी।

झोंपड़ी में दिये के ललछौंह उजास में दोनों बहनें सरस्वती और कलावती। विदा की वेला है। भोर का समय, मगर अड़ोस-पड़ोस से भी कोई नहीं आया इनकी मदद के लिए। बाप की हत्यारिणी के घर भला कौन आता! इधर कलावती के रात से ही आँसू जो टपकने शुरू हुए, सुबह विदा की वेला तक भी बन्द नहीं हुए। उसने चेहरे पर पाउडर पफ किया, आँखों में काजल लगाया। पर बूँद-बूँद टपकते आँसुओं से बदरंग धब्बेदार हो गये गाल। नन्ही-सी दर्पणी में गुलाबी लिपिस्टिक लगाती हुई नम आँखें खुद को देखकर डर गयीं—''यह किसका चेहरा है?''

इस समय कमरे में सिवा इन दो बहनों के कोई न था। बाहर अलबत्ता अशोक अपने मोबाइल के फिल्मी गीतों के साथ मँडरा रहा था—

'तेरी दुनिया से दूर चले होके मजबूर हमें याद रखना....।' गीत...शेष हो गया था। उसे याद आया, इतने हल्के टेस्ट की तो है नहीं छोटी, ढूँढ़कर उसने 'लेकिन' का लता का वह गीत चुना। जिसे महुए के पेड़ के नीचे सुना करते थे वे....।

'याराँ सीलीं सीलीं बिरहा की रात का जलना....

मौला सीलीं सीलीं....ये भी कोई जीना है, ये भी कोई मरना....पिछली गली में जाने क्या छोड़ आयी मैं....मेरे संग जाए न मेरी परछाईं रे...।' चल रहा था। एकदम से बहरी-अन्धी और गूँगी हो गयी क्या छोटी! छोटी-सी रूमाल से गाल के धब्बे को मिटाने की नाकाम कोशिश करते मुड़ी—''ताई!''

''चोप! तेरे होठों पर बाबा का खून लगा है।'' ताई की तनी उँगली साँप-सी काँप रही थी।

दोनों हाथों ने जकड़ लिया दोनों हाथों को। एक बूँद आँसू टपक पड़ा बड़ी के हाथों पर, बोल पड़ी छोटी—''सुन ताई! तू ऐसे झटककर नहीं जा सकती मुझे। सुनना ही पड़ेगा तुझे आज। आज मैंने हर तरफ से कान बन्द कर लिये हैं, क्या

गरीब की बेटी जवान नहीं होती? मैंने ऐसा क्या कर दिया ताई? मेरी जो भूख थी, एक आग-सी जलती रहती मन में, जानने की भूख, जिज्ञासा की भूख जो हर पल धधकती रहती है। इस समूची दुनिया को आत्मसात कर लेने की भूख, ऐक्चुअली, मैं उसे डिफाइन भी नहीं कर पा रही ठीक-ठीक। देह से ज्यादा दिमाग की! रूहानी! मैं दुनिया की हर बात को जान लेना चाहती थी, वह थोड़ी-बहुत अशोक से पूरी होती थी। स्कूल से नहीं। आई-बाबा से भी नहीं। तुझसे नहीं। पड़ोसियों से नहीं। अशोक से होती। गाँव वालों ने शक का बीज डाल दिया वडील के दिमाग में, मैं निकाल न पायी। अब तो आई भी शायद ही मुझे बुलाएँ, मगर तुम आती रहना, प्यारी बहना। आई को सँभालती रहना। मेरा बाबा कायर था, आई नहीं....।''

बोलते-बोलते अचानक झुक गयी ताई के पैरों पर जकड़ लिया कदमों को। ताई के आँसू उसे भिगो रहे थे और उसके आँसू ताई के पैरों को। ताई ने सहसा कन्धे पकड़कर उठा लिया उसे और कलेजे से लगा लिया और उसके बदरंग चेहरे को पागलों की तरह चूमती चली गयी।

उसी सुबह आगे-पीछे विदा हो गयी बड़ी, छोटी।

शादी में नहीं पहुँच पाया विजयेन्द्र। अलबत्ता उसने एक-एक सेल फोन भिजवा दिया दोनों बहनों को। मुख्य सड़क से दोनों के काफिले अलग हुए। एक जीप से वर्धा के इंजला गाँव बड़ी की ससुराल, दूसरी बस से बाँसोड़ा गड़चिरोली—छोटी की ससुराल।

मन है कि किसी तरह बहलता नहीं। वह बाप की हत्यारिणी है? उसने अशोक से बेवफाई की? उसने उस बच्चे 'जीवन' से किनारा कर लिया? हाँ! नहीं! हाँ....। अजीब साँसत में है जान। उसने लाख कान बन्द किये मगर उस टेर ने पीछा करना नहीं छोड़ा। पिछली गली में जाने क्या छोड़ आयी मैं...मेरे साथ जाए ना मेरी परछाईं रे....!

हाय मेरे मीत, मेरी आई, मेरी ताई! मेरे बाबा....! गाँव-गिराँव, यादें—बहुत कुछ छूटेगा, बहुत कुछ टूटेगा, जाने क्या जुड़ेगा! मन को डायवर्ट करना ही करना है। ऐसे तो वह पागल हो जाएगी।

बस गड़चिरोली में दाखिल हो रही थी। बाँसोड़ा माने गड़चिरोली और गड़चिरोली माने मेंडालेखा। मेंडालेखा माने मंजुला। मंजुला, जिसे वह कूर्माघर में बन्द कर आयी थी। मंजुला की याद आते ही अवसाद का रंग धूमिल पड़ता गया। उसे लगा, वह अभी तक उसी बन्दीखाने में चुकी-मुकी मारकर बैठी होगी। ऊपर बल्व जल रहा होगा....और वह जाकर सबसे पहले बन्दीगृह के बन्द कपाट खोलेगी। अचकचाई-सी उठेगी मंजुला—'अरे मेरी सखी।' और दौड़कर गले से लिपट जाएगी। फिर दोनों सखियाँ नाचते-गाते पंचायत घर चल देंगी या घोटुल! पंचायत घर? नहीं घोटुल! नहीं

पंचायत घर! चारों तरफ बिजली की रोशनी चहचहा रही होगी और नवरी के रूप में उसका सामूहिक स्वागत करने पूरा गाँव जुट जाएगा। पता नहीं बाँसोड़ा मेंडालेखा से कितनी दूर है, मंजुला की शादी हो गयी या नहीं होगी, और उसका नवरा क्या करता है। गोद में दो एक बच्चे-वच्चे भी....नहीं! उसने बच्चों को मंजुला के पेट की पिटारी में वापस पहुँचाया और मंजुला को बाँह पकड़कर कूर्माघर से निकाल लायी।

बस चन्द्रपुर गड़चिरोली सड़क पर वैन गंगा को पार कर रही थी। बाप रे! इतनी चौड़ी नदी! बाजार हाट, जंगल नींद की नदी में, धीरे-धीरे सब जमने लगा। हलचल पर नींद टूटी। बस गड़चिरोली के बस स्टॉप आ लगी है—"यहाँ उतरना होगा। आगे बैलगाड़ी से जाना है।" उसके नवरा ने कन्धा पकड़कर उसे उतरने में सहायता की। पुरुष स्पर्श से सिहर उठता है बदन—उसने सुन रखा था। कहाँ...? यहाँ तो कोई भी नयापन नहीं!

बैलबंडी के दोनों ओर झुके-झुके पेड़ उसका स्वागत कर रहे थे। ऐसा लगता कि हरियाली की किसी सुरंग में प्रवेश कर रहे थे वे—वह और उसका नवरा सुभाष। घंटे भर बाद आया बाँसोड़ा गाँव। आदिवासी मिश्रित गाँव। मेश्राम तीन घर थे। तीनों ही बौद्ध। जंगल काट-काटकर बनाये गये शेत। शेत में कहीं-कहीं मेंड़ पर कोई पुराना पेड़! शाल के होंगे!

धान के खेत। दूर कहीं पहाड़ दिख रहा था....। सोचा कोई फैन फुल स्पीड कर दे तो जी को करार आये। अब क्या तो फैन और क्या तो फोन! बाँसोड़ा में तो बिजली भी नहीं है। एक क्षण को तो वह भूल ही गयी कि वह कौन है और कहाँ चली जा रही है। ऐसा लगा, जैसे कोई तेज आँधी उसे उड़ाये लिये जा रही हो।

वधू देखने के लिए गाँव की औरतों का शाम तक जमावड़ा रहा। दो जातीं, चार आतीं। रात को पति सुभाष ने खपड़ैल घर की सुहाग सेज पर जब उसका हाथ पकड़ा तो वह सिमट गयी—"क्यों, क्या हुआ?" सुभाष ने पूछा।

पहला ही संवाद था—"मेरी एक शर्त मानोगे?" कोहबर की पहली शर्त!

सुभाष किंचित अप्रतिभ हुआ—"शर्त...?"

"हम दोनों ने एक दूजे का हर सुख-दुख में साथ निभाने की शपथ ली है।"

"बोलो।"

"मुझे पढ़ने और बढ़ने से रोकोगे नहीं।"

"................।"

"मंजूर है तो तुम मेरे, मैं तुम्हारी!"

"मंजूर!" शायद वह एक कामातुर जल्दबाज पति की प्रतिश्रुति थी। यह जानते हुए भी वह उसकी बाँहों में समा गयी। खुद को छलने का कितना दुनियादार बहाना

था! नहीं, वह बहाना नहीं, वह एक पनाह थी, पीछे हाँव-हाँव करते अनेक कुत्तों से बचने की। दूसरा दिन....कुलदेवता के पूजा में बीता। कुछ पूजा-अर्चना बौद्ध पद्धति से भी हुई।

बेटियों को विदा करके घर को लौटी तो रास्ते में ही उसी महुए के पेड़ के पास रुक गयी शकुन। उसका सिर चकरा रहा था। दोबारा उठी तो सूरज सिर पर था। चारों तरफ उजाला और घर में अँधेरा। सन्नाटा भी एक अँधेरा होता है। कच्चा घर-आँगन मुँडेर पर एक कौवे के सिवा कोई नहीं। बेटियों के जाते ही जैसे सारे काम चुक गये, जिन्दा रहने का उद्देश्य भी....। ये हल्या, ये बकरी, ये मेमने, ये घर-गृहस्थी, किसके हैं ये सब....? मामा न होते तो 'बाँ-बाँ' करते रहते सब। वह तो जाते ही औंधी पड़कर सो गयी।

शाम को घर के लाइट का स्विच ऑन किया तो उजाला और भी अजनबी लगा। नहीं-नहीं इतनी कमजोर तो नहीं होना चाहिए उसे। किसी के मोबाइल से पता करे कि बेटियाँ अपनी-अपनी ससुराल पहुँचीं कि नहीं।

20

साल भर बाद बनगाँव आया विजयेन्द्र तो शकुन के घर के बदली हुलिया पर हैरान होकर रह गया—''यहाँ एक कुआँ हुआ करता था न काकी?''

''मैंने पाट दिया।''

''भला क्यों?''

''वह कुआँ रोज-रोज मुझे चिढ़ाता था।'' तिरछे ताकती हुई वह रुक-रुक कर धीमे विस्फोटों-सी दग रही थी—''मेरा आदमी ईमानदार था, धर्मनिष्ठ था, पुरुषार्थी था...। सब कुछ था। मगर कापुरुष था। भगेडू था। सारा बोझ मेरे कन्धे में डालकर चला गया।''

''वह सब कैसे किया तुमने?''

''अपने लिए चार डिस्मिल रखकर सारे शेत बेच डाले—ताम-झाम भी। अब अपने ही खेतों में मजूरी करती मैं और जोआरी की दो रोटी खाकर आँख मूँदकर सो जाती।''

''हाथी पार हो गया और दुम अटक गयी। माने शेतकरी से पल्ला झाड़ते-झाड़ते भी शेतकरी नहीं छूट पायी।''

''मतलब?''

''मतलब चार डिस्मिल....!''

हँस पड़े दोनों।

''खेत किसको दिये?''

''शुभा को।.....उसी ने कहा चार डिस्मिल रख लो निशानी के लिए कि तुम कभी इस गाँव की शेतकरी थी।''

अपने ही खेत में मजूरन बनकर कपास चुन रही है शकुन्तला। असिंचित भूमि के खेत सूखकर ठन-ठन बजने लगे हैं। दरारें दिखने लगी हैं। कपास तैयार है पर मजूर मिलें तब न! असिंचित भूमि के कपास हल्के होते हैं। देरी का मतलब है घाटे का बढ़ता जाना। 8 रुपये प्रति किलो यानी 120 रुपये पड़ रही है मजदूरी सिंचित कापूस

की और 6 रुपये प्रति किलो का भाव असिंचित का। शकुन्तला जैसी मजूरनें एक दिन में तीन-तीन मन चुन लेती हैं। यानी 360 रुपये की कमाई। जब तक मौका है, कमा लो। अखरता है किसानों को। मालिक से तो मजूर भले!

अब बी.टी. कापूस बीज के 1200 से ऊपर चल रहे हैं भाव और कापूस बिक रहा है 3200 रुपये प्रति क्विंटल। चोखी मजूरी सोख ले जाती है ऊपर से। क्या फायदा है कापूस की खेती से?

विजयेन्द्र बताता है कि अमेरिका में कापूस के भाव 1994 से भी कम हैं पर वहाँ कोई किसान आत्महत्या नहीं करता। कारण, वहाँ कापूस उपजाने वाले शेतकरी लोगों को सरकार 22 हजार करोड़ रुपयों की सब्सिडी देती है।

मचान पर बैठी शकुन। छोटा-सा टुकड़ा माँगकर उसने रोप दी है फसल और उसमें बाँध लिया है मचान ताकि खेत की रखवाली कर सके। लोग तंज कसते हैं—"विदर्भ के सबसे बड़े किसान का नाम जानते हो? शकुन्तला देवी!"

ये नील गाय फुनगियाँ चुन लेती हैं और सुअर जड़ों का गिंजन कर डालते हैं। इन शैतानों को क्या पता कितनी दूर से लाना पड़ता है पानी बनजारी शेत में। रात के नौ बजे होंगे। नींद नहीं आ रही। एक कान गाँव की ओर है एक खेत की ओर। एक इधर, एक उधर। किसी आहट की टोह में। पानी का फुरेरा देकर चले गये हैं बादल। अँधेरे में पर्दे पर कितने चित्र उभरते हैं। छोटी बेटी, बड़ी बेटी, उदास बैठा पति, छोटा बच्चा जीवन। धीरे-धीरे दृश्य फेड होते हैं। नींद की खुमारी में बगल में रखी लाठी टटोलती है और आँखें बन्द होने लगती हैं।

रात का कोई पहर होगा। शायद तीसरा। अचानक बिजली कड़की और आँख खुलते ही हल्के उजाले में जो पहला दृश्य दिखा, वह था सामने के पेड़ पर दो जलती आँखें...।

नील गाय की आँखें इतनी चमकीली नहीं होतीं। फिर नील गाय पेड़ पर क्या करेगा? तो क्या तेंदुआ या बाघ है? यह अहसास आते ही उसके बदन के रोंगटे खड़े हो गये—"अरे बाप रे!" हाथ लाठी को टटोलते हैं और लाठी नीचे जा गिरती है। याद आया गुलेल भी है। भला लाठी और गुलेल से बाघ का मुकाबला किया जाएगा और कोई होता तो उसकी नादानी पर खिलखिला उठती, अपनी नादानी को क्या कहे! क्या मजाक है! उसने एक-एक कर सभी देवी-देवताओं को याद किया। उन्हें भी, जिनकी तस्वीरें बौद्ध बनते समय फेंक चुकी थी—भगवान बुद्ध, राम, कृष्ण, शिव, हनुमान और हाँ, माँ काली और दुर्गा भी। पति और लालू को भी याद किया—"भूल-चूक माफ करना!" वह सन्न-मन्न मारे चुपचाप लेटी रही—"सबको तो खा गये भगवान, अब मैं ही बची हूँ, आ खा ले। इस गाँव में अपनी निशानी ही खत्म हो जाए।" पल-पल गुजर रहे थे। जैसे युग बीत रहे थे। अचानक फिर

बिजली कड़की और बाघ झपाक से कूदा मगर उसकी तरफ नहीं, दूसरी तरफ। शायद कुछ सुअर उसे दिये गये थे। थर-थर काँपने लगी, साक्षात् धारीदार मौत थी। पानी बरसने लगा था। कभी वह सामने पेड़ पर देखती, कभी दूसरी ओर। कभी लगता वह मचान के ठीक नीचे बैठकर उसे देख रहा है।

थोड़ी देर में पौ फटी। थोड़ी देर में कोहराम मचा। थोड़ी देर में पूरा गाँव उसे घेर कर खड़ा हो गया जैसे यमलोक से जीवित लौटकर आयी हो।

"बाघ ने तुझे छुआ तो नहीं?" एक ने पूछा।

अन्दर से डरते हुए, ऊपर बहादुर बनते हुए कहा—"अरे नहीं।" डर को बाहर-बाहर झाड़ दिया...हालाँकि अन्दर कहीं चिपका हुआ था वह—"छुआ होता तो मैं मरने वाले किसानों की तरह बताने आती।"

पुजारी जी ने बाघ से बच जाने का कारण उसकी कभी की की हुई मन्दिर-सेवा को बताया।

चुहल का माहौल बन गया।

गुर्र-गुर्र करती मोटरसाइकिल पर विजयेन्द्र आया और नाटकीय अन्दाज में बोला—"मैंने ही पाल रखे हैं दो-चार बाघ। इधर नील गाय और सुअरों का उत्पात काफी बढ़ गया है। उनकी रखवाली के लिए ताकि आपको कोई तकलीफ न हो!"

"कुछ ज्यादा नहीं हाँक गये।" शकुन ने तिरछे तरेरते हुए उसके आश्वासन को झाड़ा।

"ज्यादा हो गया?"

"तुम्हें मालूम है, कौन था बाघ के वेश में?"

"कौन?"

"छोटी का वडील।"

"तुमने पहचान लिया?"

उसने जैसे सुना नहीं। वह कहीं दूर देखती रही थी—"जीते जी बाघ नहीं बन सका सो मरने पर...मुझे जलाने! बाघ बनकर आया था! मेरी रखवाली के लिए।"

थोड़ी देर तक सन्नाटा पसरा रहा।

फिर शुभा ने आते ही झट उसका हाथ अपने सिर पर रख लिया—"खा कसम, आज से तू मचान पर नहीं जाएगी रात को।"

"नहीं ताई। इतने सस्ते जीवन क्या खोना...।"

"पर तुम काका से आज भी इतनी चिढ़ती क्यों हो?" विजयेन्द्र ने पूछा।

"वह मर क्यों गया? कापुरुष कहीं का! कभी तो मजबूती से कोई फैसला लेता। कभी तो! मुलगियों की बात पर छुई-मुई बन जाता। बौद्ध धर्म स्वीकार करने को कहा तो आज-कल करता रहा। वह हिन्दू ही मरा। मुझे भिक्षुणी के लिए इत्ती

भर भीख न थी उसकी झोली में।''

बात इतनी भारी थी कि उससे उसे निकालने के लिए बिज्जू को बात बदलनी पड़ी—''मुलगियों का कोई फोन-वोन आया था?''

''मुझे तो नहीं। तुम्हें?''

''मुझे भी नहीं....काकी...।''

''हूँ ऽ ऽ!''

''एक बात समझ में नहीं आ रही है, जब खेत तुम्हारे रहे नहीं तो क्या करने गयी थी मचान पर? किसके खेत की रखवाली के लिए? यह भी क्या आत्महत्या करने का कोई नया तरीका है?''

''न....न....न... मैं आत्महत्या करने वाली नहीं। एक छोटा-सा टुकड़ा शुभा दीदी से माँगकर लिया था अपना खेत। वैसे तो धनहर है पर अभी तुअर है उसमें, नील गाय खा जाती हैं, सो उसी की रखवाली के लिए।''

''अपने खेत अभी तक तू उन्हें भूली नहीं न! सच पक्की शेतकरी ठहरी। बेच देने के बाद भी पराया नहीं मान पाते हैं शेतकरी खेती को—टिपिकल किसान मेंटलिटी!''

''ऐ, क्या-क्या?''

''अरे एक खास तरह का किसानीपन।''

झेंप गयी शकुन—''अपनी ही खेत पर खेती करती हूँ तो लगता है अपने ही खेत हैं।''

''अरे अब तो मोह छोड़ दो। यह तो बन्दरिया वाला प्रेम हुआ, मरे हुए बच्चे को भी नहीं छोड़ती वो।''

जरा देर के लिए शकुन अन्दर गयी तो शुभा ने एकान्त पाकर विजयेन्द्र से फुसफुसाकर कहा—''मैं सब सुन रही थी, वह शेत के उस टुकड़े को कैसे छोड़ सकती है? उससे उसके सासरे[1] और पति की यादें जुड़ी हुई हैं। लालू बैल और खुद शिबू को वहीं....!''

''समझ गया।'' बिज्जू ने कहा। समझ गया और भावुक हो गया, मगर जाहिर न होने दिया।

''तो आखिर मैं करूँ क्या? मुझ जैसे छोटे सिपाही के लिए कोई जगह बन सकती है तुम्हारी पलटन में?'' लौट आयी थी शकुन।

''उठाओ यह लाठी जिसे बाघ हाँकने के लिए रख छोड़ी है तुमने और मार दो दारू के मटके पर। भट्ठी भंजिका!''

---

1. सासरे = ससुर

21

तीसरे दिन बाँसोड़ा के सरपंच मेंड़-दर-मेंड़ लाठी टेकते हुए आ खड़े हुए।

''आइए! आइए!'' छोटी के ससुर हड़बड़ाकर अभिवादन करते हुए स्वागत की तैयारी करने लगे।

''अरे मैं जा रहा था उधर जंगल में तो सोचा तुम्हारी पतोहू का हाल-चाल लेता चलूँ। इत्ती पढ़ी-लिखी बहू पहली बार आयी है बाँसोड़ा में।'' सत्तर साल के सरपंच ने बाँस के फट्टे पर बैठते हुए कहा।

''अहो भाग हमारे।'' श्वसुर ने कहा फिर अपने छोटे बेटे बदरी को पुकारा—''जरा आई को बोलो बहू को ले आये, सरपंच जी आये हैं।''

छोटी ने ट्रे में चाय-बिस्कुट लाकर रखकर आँचल ओढ़कर सरपंच के पाँव छूकर प्रणाम किया तो प्रसन्न हो गये—''अच्छे संस्कार हैं। और नवरी, यहाँ तुम्हें कोई तकलीफ तो नहीं है?''

''सब आपके आशीर्वाद हैं वडील।'' आँचल धीरे-धीरे सरकता गया पर छोटी ने उसे सहेजने की कोशिश न की। सास-ससुर ने इशारे से उसे सचेत भी किया, मगर उसने कोई ध्यान न दिया, उल्टे मुँह खोलकर अपनी निर्लज्जता का ही परिचय दिया—''एक बात पूछूँ वडील!''

''पूछो।''

''इस गाँव में बिजली क्यों नहीं है?''

हँस पड़े सरपंच, सोंटे से खूँदते रहे धरती को, बोले—''सत्तर साल की इस बीहड़ जिन्दगी में पहली बार किसी ने किया है यह बीहड़ सवाल। सच कहूँ तो हमने कभी सोचा ही नहीं। नहीं है तो नहीं है।''

''मैं यह सवाल बाँसोड़ा के सरपंच से कर रही हूँ।''

''अब ऐसा है नवरी, बगल अन्तोरा गाँव तक बिजली है, हियाँ नहीं।''

''क्यों?''

''सात साल से ठीकेदार और खम्भा गाड़ने वाले मजूरों के बीच विवाद है। खम्भे नहीं गड़े, सो तार नहीं बिछे, तार नहीं बिछे सो बिजली नहीं आयी।''

“बस इतनी-सी बात?”

“हाँ।”

“तो क्यों न एक दरख्वास्त दी जाए कि...।”

“दरखास...? कौन लिखेगा?”

“ये लीजिए।” कागज कलम साथ लायी थी, उनके सामने लिखकर थमा दी—“इस पर कइयों के हस्ताक्षर और अँगूठे की टीप लगानी पड़ेगी। सबसे ऊपर आपके लिए जगह छोड़ी हुई है।”

इतनी जल्दी और इतनी सहजता से इतने कठिन काम की शुरुआत पर दंग थे सरपंच—“क्या लिख मारी?” उन्होंने दरख्वास्त को उलटा पकड़ रखा था।

बदरी ने पढ़ा—“लिखा है कि अधोहस्ताक्षरित बाँसोड़ा ग्राम के हम आदिवासी और दलित बहुल लोग आपसे निवेदन करते हैं कि आजादी के 65 साल बाद भी हमारा ग्राम विद्युतीकरण की सुविधा से वंचित है। हमारे और आपके बीच अब तक के पत्राचारों की प्रति संलग्न है। यदि सात दिनों के अन्दर विद्युत की व्यवस्था हमारे गाँव को न हुई तो हम कोई भी कदम उठाने को बाध्य होंगे।”

“जो काम इतने साल में न हो सका, वह सात दिन में हो जाएगा?”

“आप अप्लिकेशन दे तो आइए।”

“अच्छा।”

“अच्छा नहीं काका, जंगल जाना बहुत जरूरी न हो तो अभी जाइए और सुनिये, इसका पाँच-पाँच फोटोस्टेट करवा लें, आदिवासी कल्याण में, बिजली विभाग और दूसरी जगहों पर डाक से भेजना है।”

सात दिन बीत गये और कहीं कुछ न हुआ तो छोटी गाँव के नौजवान लड़कों को लेकर खुद गयी।

.ठेकेदार कोई ‘जोग’ साहब थे। हलचल सुनकर आये—“हम तो आज बिजली ला दें, मजदूर खम्भे ही नहीं....।

मनोहर ने कहा—“खम्भे हम गाड़ देंगे—बिना किसी पैसे के।”

“कैसे?”

“श्रमदान से।” और युद्ध स्तर पर काम शुरू हो गया।

ग्राम पंचायत घर में मेन स्विच का बड़ा-सा पैनल बोर्ड बैठा। दूर-दूर तक तार फैलाये गये। जगह-जगह बिजली के बल्ब लटकाये गये और सरपंच के द्वारा शाम छह बजे स्विच ऑन करते ही जैसे ही बिजली के लट्टू जले, बाँसोड़ा के बच्चों के शोर से आसमान गुंजायमान हो उठा। पेड़ों के परिन्दों ने जुगलबन्दी करते हुए आकाश की परिक्रमा की। माटी के दीयों से बिजली के जलते लट्टुओं की आरती उतारी गयी। ज्योति से ज्योति की नीराजना! परम्परा ने आधुनिकता की नव वधू

का स्वागत किया। थाल में दीये लेकर नीराजना करती नाच रही थी छोटी गाँव की लड़कियों के साथ! 65 साल की लम्बी दुर्गम काली सुरंग के तिमिर पथ को पार कर आ पहुँची है ज्योति और अतीत की सारी काराएँ रोशन हो उठी हैं।

नवयुवतियों को नाचते देख दूसरे भी खुद को न रोक सके। क्या युवक, क्या युवतियाँ, क्या प्रौढ़—सभी। सरपंच ने अपने फटे गले से एक गीत उठाया—"मला जाऊ द्या न घरी, आता वाजले की बारा।"

मुझे घर जाने दो, रात के बारह बज गये।

तो सबने कान में उँगली डाल ली—"अरे तो जाओ न घर, तुम्हें रोका किसने है।"

"तुम्हारी समझ में नहीं आयेगी—निर्गुण है निर्गुण!" किसी ने दुलत्ती झाड़ी।

वैसे समझ में तो बहुतों को बहुत सारी बातें नहीं आ रही थीं मगर रोशनी को कलपती बाँसोड़ा की धरती ने पहली बार ज्योति का स्वाद चखा था। खम्भों के कन्धों पर सवार ज्योति पेड़ों पर जुगनू-सी आँखें मटका रही थी। चहले-चुहले पानी में ज्योति परिन्दों-सी नहा रही थी जैसे वर्षों गुजर चुके पुरखों की आत्माएँ उन्हें आशीर्वाद देने को आविर्भूत हो गयी हों। गाँव का गूँगा जगुआ जिस-तिस को उन्हें दिखा-दिखाकर पूछ रहा था—यह सब क्या है? देर तक चलता रहा यह नाच-गान। छोटी अपने घर आयी तो वहाँ भी लट्टू जल रहे थे। लट्टुओं की रोशनी में उसने देखा कि सास-ससुर, ननद, जेठानी सब के चेहरे बुझे हुए हैं। उसने अपनी सफलता को पारिवारिक उत्सव में ढालने के लिए सब को आँचल पसारकर प्रणाम किया और हल्का घूँघट देकर तिरछे खड़ी हो गयी।

"भर गया पेट?" सासू ने डंक मारा।

"जी?" वह चौंकी।

"बहुत हो गयी नेतागिरी। यह सब अच्छा नहीं लगता।"

"क्या?"

"नवरी हो, नवरी की तरह रहो। तुम तो लोक-लाज को ही एकदम से धोकर पिये जा रही हो।" ननद ने कहा।

"मेरी समझ में नहीं आया कि मैंने लोक-लाज कहाँ गँवा दी?"

"इसी करतब पर बाप को आत्महत्या करनी पड़ी। वडील को खाया और अब अपने पति को खाने का इरादा है क्या?"

सन्न रह गयी छोटी। वह तो भूल ही गयी थी कि वह इस घर की बहू है, बेटी नहीं। पुराने स्कूल से सटे खेत में झूलते किसान की लाश अचानक फिर से उस दिन घूमकर उसके सामने आ गयी थी। वहाँ उसका जिन्दा होना एक भ्रम था, यहाँ इनका जिन्दा होना.....!

आज उसने तय किया कि वह शादी के बाद में पड़े मोबाइल को सन्दूक से निकालेगी, बैटरी चार्ज करेगी और बात करेगी आई से, ताई से, विजयेन्द्र से, अशोक से, और मंजुला से। पर उसने किसी को फोन नहीं किया, किया तो सिर्फ एक व्यक्ति को, सुभाष को, उसका पति जो तब स्कूल में था–

"तुमसे वायदा था कि तुम मुझे नहीं टोकोगे आगे पढ़ने और बढ़ने से और मैं नहीं लगने दूँगी कोई कलंक.....लेकिन।" और उसने संक्षेप में रात की वारदात बताते हुए पूछा–"अब भी पूछती हूँ, तुम मेरे साथ खड़े हो या अपने शेष परिवार के साथ।"

"मेरे आने तक तुम कोई स्टेप मत उठाना।" सुभाष ने कहा।

"ठीक। पर जल्दी आना।"

"अरे चन्द्रपुर की महारानी उठी हों तो उन्हें लेकर चावल ही साफ कर लो।" सासू ने ननद को ननद ने शब्दशः यह फरमान भाभी को थमा दिया–"सुना तुमने?" छोटी ने कोई जवाब न दिया। उठी तो अंग-अंग में हरारत थी। कल कुछ ज्यादा ही थक गयी। माँ से सीधे बात तो हो नहीं सकती, अशोक को फोन लगाती हूँ, उससे उसका और अपने घर का–दोनों का हाल मिल जाएगा। बक्से से फोन वाली डायरी निकाली।

नम्बर मिलाया तो लगा नहीं। क्या बात है? अब? ताई को लगाते हैं। लग गया। ताई ने उलाहना दिया–"आज सुधि आयी इतने दिन बाद।" उसी से मालूम पड़ा कि आई भट्टी भंजक दल की सरदारनी बन गयी है। एक दिन बाघ से भी लड़ आयी। खदेड़कर मानी। उसके जाने के बाद अशोक को मुम्बई भेज दिया उसके घर वालों ने। वह सदा-सदा के लिए बनगाँव छोड़ गया। बड़ी ने कहा–"माँ ने मजूरी कर-कर के एक मोबाइल ले लिया है। नम्बर लिख ले, डायरेक्ट बात हो जाएगी। जिस पेड़ पर तूने सुइसाइड देखा, वहीं पिछले महीने फिर....।"

और कनेक्शन कट गया, फिर नहीं लगा।

सासू अलग हॉर्न पर हॉर्न मारे जा रही थी। उसे उठना पड़ा।

छोटी को विजयेन्द्र अच्छा लगता है, अशोक अच्छा लगता है। मगर अच्छा लगने से क्या होता है, बँगले का फूल भी तो अच्छा लगता है। दुनिया में ऐसी तमाम चीजें हैं, जो अच्छी लगती हैं। लगा करें। जो नसीब में है, वही तो मिलता है। हालाँकि मन विद्रोह करता रहता है–नसीब में वही क्यों है? वह नसीब को नहीं मानती। नहीं मानती। कोई लाख टोके, टोको। जीवन तो एक ही बार मिलता है। मन बहुत कुछ करना चाहता है, लेकिन जिधर भी दौड़कर जाती है, उधर ही बैरिकेड लगे हैं। कोई साथ नहीं देता। कोई समझता नहीं।

जिस बात के लिए पूरे बाँसोड़ा में उसकी जय-जय हो रही थी, उसी बात के

लिए परिवार में थू-थू! कोई सासू जी या ननद के सामने उसकी प्रशंसा करता तो मुँह बिचका देतीं। एक देवर बदरी को छोड़कर कोई उससे सीधे मुँह बात नहीं करता।

पति आया तो सारा कुछ सुनकर 'हाँ-हूँ' करके रह गया। रात सेज पर उसने छोटी की कलाई पकड़ी तो उसने धीरे से छुड़ा ली—''मैंने तुमसे क्या कहा था?''

''क्या?''

''भूल गये...? खैर! फिर से याद दिलाती हूँ—हम दोनों ने विवाह के समय पर एक दूजे के मान-सम्मान के लिए भगवान बुद्ध के सामने शपथ ली थी, हाथ तभी छूने दूँगी जब उन्हें मानोगे। मुझे आगे पढ़ने और बढ़ने से रोकोगे नहीं।''

''तुमने भी तो वचन दिया था कि तुम घर की मर्यादा तोड़ोगी नहीं।''

''जी नहीं, वचन यह था कि तुम्हारा कहीं सिर न झुकने दूँगी।''

''एक ही बात है।''

''एक ही बात नहीं है, मुझे मालूम नहीं कि तुम्हारे घर की मर्यादा कहाँ टूटती है।''

''ये सरे आम नाचना, बेहया बनकर....।''

''बेहया? बोलते क्या हो....? तुम मेरा एडमिशन किसी कॉलेज में करा दो।'' चुप रहा पति।

''और नहीं तो देवर के ही कॉलेज में।''

''उस दिन एक सेज पर एक दूसरे की ओर पीठ किये लेटे रहे वे।

ताई ने फोन पर हिदायत दी—''अगर घर-परिवार-रिश्ते में शान्ति चाहती हो तो उनकी बात मान लो छोटी। बहुत पढ़ लिया, बहुत जान लिया। अब वही तुम्हारी दुनिया है।''

''तुम क्या चाहती हो ताई, मैं जीते जी अपना गला घोंट लूँ किसानों की तरह?''

''वडील को खाया अब क्या नवरा को भी खायेगी महारानी?'' सासू ने दूसरी बार ताने मारे थे—''कायदे से रहना है तो रहो वरना निकल जाओ इस घर से।''

22

अमला!

पहली ही बारिश में आशा के उत्साह पर पानी पड़ गया। ऊपर कापूस की फसलें पानी बिना सूख रही थीं और नीचे धान की फसलें पानी के फैल जाने से सड़ गयीं। कापूस के बाद सोयाबीन पर उम्मीद बची थी। वैसे ऊपर-ऊपर की तुअर (अरहर) भी अगर बच जाती तो देकर ही जाती कुछ न कुछ। लेकिन बुरा हो रोही (नील गाय) का। चर गयीं।

आखिर ये हो क्या रहा है? वह अपने नये खेत में डूबती फसलों के उद्धार के बारे में सोचने लगी। नीचे होने के कारण दूसरे खेतों का पानी भी उन्हीं खेतों में आ रहा था। एक ही उपाय शेष रह गया था—खेत की मेंड़ को काटकर पानी को नहर में उतार देना। स्कूल से लौटती हुई दोनों मुलगियों ने आई को देखा तो ठिठक गयीं। अजन्ता ने पूछा—"तुम्हें अभी देर है लौटने में?"

"यहाँ आ जा दोनों, साथ ही चलेंगे।" आशा ने कहा।

मेंड़ पर रख दिया बस्ता दोनों ने।

तीनों ने मिलकर मेंड़ को काटकर पानी को नहर में उतारना चाहा लेकिन कहाँ...? नहर के पानी का तल और खेत के पानी का तल, एक हो रहा था। सीमेंट-सा जम गया था पानी। सूरज डूब चुका था। प्रतिपल गहराते संझलौके की द्राभा में झींगुर और दूसरे कीड़ों का चीं-ई-ई-ई-सीं-ई-ई-ई का शोर हलाल किये जाते। पशु की चीत्कारों की तरह कलेजे को चीर रहा था। वह रुआँसी-सी अपनी दोनों मुलगियों के साथ अपने खेत की मेंड़ पर खड़ी थी। उसकी समझ में नहीं आ रहा था कि वह क्या करें। उनकी ऐन आँखों के सामने उनकी फसल डूबते आदमी की तरह डूब रही थी और वह निरुपाय थी। तभी नहर के उस पार अपनी बैलबंडी खड़खड़ाता और बैलों को टिटकारता हुआ, अब्बास गुजरा। एक सियार जो खड़ा होकर उसकी ओर मुँह कर ताक रहा था, इस खड़खड़ाहट पर उछलकर भागा।

"क्या हुआ वहिणी, घर नहीं जाना?"

"अब्बास भाई, मेरे शेत का पानी कैसे निकलेगा? धान तो सड़ ही गये बोले तो।"

"ये तो यहाँ का पुराना रोना है। इसीलिए ज्यादातर शेतकरी यहाँ से बेच-बाचकर

भाग खड़े होते हैं।''

आशा को लगा, वाकई सस्ते के चक्कर में इस नीची जमीन पर शेत खरीदना महँगा पड़ा। मुलगियों ने आई का चेहरा देखा तो डर गयीं। बस्ता-कुदाली उठाकर लौट पड़ीं घर को। पैरों में जैसे जान ही नहीं। कोई कुछ नहीं बोल रहा था। जैसे बोलने को कुछ बचा ही नहीं था।

पहला साल गुजरा....दूसरा आया।

कर्ज चालीस हजार से बढ़कर 1 लाख हुआ और साल-दर-साल बढ़ता रहा बाढ़ के पानी की तरह। मुलगियाँ जवान हो रही थीं, कोई मुलगा अभी तक देखा नहीं। नवरा को तो दारू को छोड़कर कुछ दिखाई पड़े तब न। पर इन दिनों न नवरा, न मुलगी, न शादी, वह निरन्तर खेत और कर्ज के बारे में ही सोचती रहती थी।

पेड़ों की छाया अलग मर्ज थी, पानी अलग मर्ज। खरीफ तो मारी गयी। पिछले दो साल तो पानी सूखते ही कर्ज-उधार लेकर रबी बो दी थी, गेहूँ और चना। बहुत अच्छा तो न था, पर 'ना' से 'हाँ' भला। लेकिन इस साल थम ही गया पानी। खेत में घुसा तो निकला ही नहीं। खेत की उर्वरता भी न बची। दूसरे साल उस पर दया करके अमला के साहूकार-महाजन आनन्द ने 10 हजार दिये थे। फिर बीया! फिर कीटनाशक! फिर खाद...! कर्ज बढ़ते-बढ़ते जा पहुँचा दो लाख के स्तर पर और अब यह तीसरा साल। इस साल भी वही किस्सा। फिर से नहर का पानी डुबो गया फसल को।

आशा और सुरेश ने मुआवजे के लिए पटवारी, ग्राम सेवक, बी.डी.ओ., डी.एम. कहाँ नहीं शिजदा किये। डी.एम के सुरक्षा गार्डों ने उन्हें भिखारियों की तरह खदेड़ बाहर किया। तब निरुपाय आशा ने डी.एम. के बँगले के बाहर बरगद के पेड़ के चबूतरे पर अनशन पर बैठा दिया पति को। जाते-जाते स्पष्ट हिदायत देती गयी—''ये पेड़ की छाँव छोड़कर जाना नहीं कहीं। अनशन पर बैठे हो, याद रहे। कुछ खा मत लेना। सिर्फ पानी! याद रहे। पानी छोड़कर कुछ पीना नहीं। मैं मुलगियों को लेकर आ जाऊँगी पहली बस से।''

अपने बरामदे में नाक पर चश्मा चढ़ाये बैठे थे महाजन कुर्सी पर और वह भिखारिन-सी रिरिया रही थी। घर के अन्दर से औरतें किसी न किसी बहाने ताक लिया करतीं—''यहाँ तो अक्सर मर्द ही आते हैं, फिर यह औरत कैसे.....?'' और शर्म से गड़ी जा रही थी आशा।

''दो साल हो गये। पहले का कर्ज ही सूद-मूल मिलकर एक लाख के करीब जा पहुँचा है। अब तुम कहती हो कि तुम्हें और पैसे चाहिए...। पहले पुराने लौटाओ फिर नया ले जाओ, नहीं तो सूद-दर-सूद इतना बढ़ जाएगा कि कभी उतार नहीं पाओगी, फिर शेत ही लिख देना पड़ेगा मेरे को। समझी वहिणी।''

"लौटाने की कूबत होती तो, माँगने ही क्यों आती?"

"वो मैं नहीं जानता।"

"अगले साल सूद मूल सब लौटा देंगे....। थोड़ा उपकार.....।"

"यहाँ कोई दान-खाता खोलकर बैठे नहीं। अपने नवरा को कहो न, कुछ काम-धाम करे....।"

"कहा, नहीं करता न सेठ!"

"बैठे-बैठे खाने को मिल जाए, शाम को दारू मिल जाए फिर कौन साला काम करना चाहेगा!"

आशा को इतना बुरा लग रहा था कि क्या न कर डाले इस तन का.....।

गौर वर्ण, भरे-भरे गोल चेहरे और लम्बे कद की वह एक शानदार औरत थी। देखो तो मन प्रसन्न हो जाए, मगर पिछले साल से मुरझाती, सूखती गयी, अब आँखों के नीचे हड्डियाँ उभर आयीं। वह अब ज्यादा बोलती नहीं किसी से। खुद में ही बड़बड़ाती रहती है। जैसे किसी गहरी उधेड़बुन में हो। लौटकर नवरा से कहा—"सुबह आ जाऊँगी। साहब पूछे तो बता देना लगातार 3 साल से फसल बर्बाद होती रही, हम कैसे जिन्दा रहे।"

सुरेश ने मूड़ी हिलायी। एक-एक कर चार दिन गुजर गये किसी के कान पर जूँ न रेंगी। खाली पेट गुड़-गुड़ कर रहा था ऊपर से। सुरेश के लिए बहुत ही कठिन दिन थे।

रोटी न सही, दारू तो पानी ठहरा। लेकिन नहीं, वो भी नहीं, हद हो गयी।

अब वहाँ भीड़ भी जुटने लगी थी। चौथे दिन कलेक्टर के दफ्तर से एक अधिकारी आया, बोला—"यहाँ जान देने से कोई फायदा है क्या? ज्यादा से ज्यादा ये होगा कि पुलिस तुम्हें जेल में डाल देगी, है न? अरे घर जाओ बाबा, घर। मुआवजा तो मिलेगा ही मिलेगा।"

"कब मिलेगा साहब?" सुरेश ने अधीर होकर पूछा।

"बस मेरा खयाल है, इस हफ्ते। तुम लोग घर जाओ, तुम लोगों की परेशानी हम लोगों से देखी नहीं जाती।"

तुक में तुक मिलाने वाले कई लोग आ गये।

"हाँ-हाँ, साहब ठीक कह रहे हैं। अखबारों में रपट भी आ गयी है। फोटो भी। तुम्हें जो करना था कर चुके। अब साहब पर भरोसा करके घर जाओ।"

किसी सज्जन ने दुकान से आम-रस की छोटी बॉटली लाकर दी। पीकर सुरेश ने अनशन तोड़ा और विजयी भाव से फूल माला पहनकर बायको और मुलगियों के साथ घर प्रस्थान किया। पूरे अमला में स्वागत हुआ। लेकिन मुआवजा....? न मिलना था, न मिला।

एक-एक कर छले हुए तीन बरस! जैसे-जैसे मन को समझ लिया। तबीयत ठीक नहीं लग रही थी। डेढ़ क्विंटल कापूस, आधा क्विंटल सोयाबीन। कौन लेकर जाए मंडी में? न! इस बार खुद नहीं जाएगी। सुरेश को भेजेगी। एक मिनी ट्रक जा रहा है....उसी के साथ। सोयाबीन और कापूस लदवा देते हैं। आगे खुद सँभाले वह। कल को उसका कुछ हो-हवा गया तो....? नरम-गरम उसे भी तो आना चाहिए।

घंटे भर में किसी तरह पहुँच ही गया सुरेश मंडी। अपना सामान एक शेड में उतार कर बाजार की टोह लेने निकल पड़ा। आत्महत्याओं के लिए बदनाम यवतमाल जिले के बाजार की मंडी है यह—कूड़े-कचरे और गन्दे पानी से भरी हुई। पर इधर नये शेड बनाये गये हैं—सोयाबीन के नयी आवक के लिए। दो दिनों से बैलगाड़ियाँ और मिनी ट्रक खड़े हैं।

नयी-नयी गाड़ियाँ आती जा रही हैं। जगह-जगह ढेर पड़े हैं सोयाबीन के। सोयाबीन बेचकर दीपोत्सव की तैयारी करनी है। पर सरकार ने सोयाबीन के समर्थन मूल्य अभी घोषित नहीं किये हैं। किसान आपस में बतकही करते हैं—"पहला दिन तो घर के लिए रोटी-पकवान पर बीता, दूसरा दिन होटलबाजी में। पता नहीं, क्या कर रही है सरकार। ऐसा न हो गुड़ का मुनाफा मुँगड़े[1] ही ले जाएँ।"

"देख नहीं रहे हो बाजार के बनिये टहलने लगे हैं। भाव गिरा कर 3200-3400 रु. प्रति क्विंटल पर ले आये। इस कीमत पर देना है तो इन्हें तौलवाकर घर जाओ, वरना मक्खी मारो।"

"मैं तो यार घर से ओढ़ने के लिए भी नहीं लाया कुछ। रात कुकड़ाता रहा ठंड से। बारह के बाद ठंड सही नहीं जाती। धोती खोलकर ओढ़ी मगर कहाँ....? ऐसा ही रहा तो मैं तो बनियों को बेचकर चला जाऊँगा। जब देश का हर फैसला देसी-विदेशी बनियों को ही करना है तो सरकार क्यों हमें चूतिया बना रही है!"

"दो-दो बार बुआई के साथ मौसम और पशुओं से भी दो-दो हाथ करने पड़े। बन्दरों से जूझते रहे। सोयाबीन की कलियाँ उनके मूँ लग गयी। फलियाँ भी और कलियाँ भी.....!"

"कहाँ से आ रहे हो?" एक व्यक्ति दूसरे से पूछता है।

"मंडी समिति की ओर से।"

"खुल गयी?" पूछने वाला तनिक उत्तेजित होता है।

"हाँ, खुल गयी लेकिन रेट वही।"

"जा स्साला!"

शेड में जगह नहीं है। कुछ लोग नीचे प्लास्टिक बिछाकर उसी पर ढेर लगा रहे हैं। ओस से भीगी सर्द रातों में खुले आसमान के नीचे बैठकर करो अपने माल की

---

1. मुँगड़े = चींटे

रखवाली। पता नहीं, उसके गाँव वाले कहाँ चले गये?

कृषि दफ्तर के रजिस्टरों, फाइलों और कम्प्यूटरों पर आँकड़े आँख पिटपिटा रहे हैं—यवतमाल में 2 लाख हेक्टेयर क्षेत्र में कपास और ढाई लाख हेक्टेयर में सोयाबीन। पिछले सप्ताह से 10 से 12 हजार क्विंटल सोयाबीन की प्रतिदिन आवक।

''यार अब तो रेट बढ़ जाना चाहिए।'' कोई फरियाद करती-सी टिप्पणी।

यही हालत कापूस की है। समर्थन मूल्य घोषित नहीं है और कपास निकाले जाने लगे हैं। घर-घर में इस उजले मेहमान के लिए जगह बनायी जा रही है। कॉटन फेडरेशन तथा सी.सी.आई. के कपास क्रय केन्द्र के खुलने में भी देर है। जिन्हें जल्दी है, वो निजी व्यापारियों या जीनिंग फैक्टरियों को बेचें। धामण गाँव मार्ग तथा दरग्वाहा मार्ग पर जीनिंग फैक्टरियों में कपास की निजी खरीददारी शुरू हो गयी है, जब कि रोगाँव, महागाँव, पुसद, उमरखेड़ तहसीलों के कपास केन्द्रों में कपास की पहली चुनाई की फसल बेचने की होड़ लगी है। सरकार ने अभी सिर्फ चार बिक्री केन्द्र खोले हैं। औने-पौने दाम में बेचने को विवश हैं किसान। ''जैसे दो दिन रुके, एक-आध दिन और सही। दाम शायद बढ़ ही जाए।'' एक झिलमिलाती आस।

''क्या चढ़ जाएगा? दो दिन का खर्चा जोड़ो। अपना भी, बैलों का भी। नहीं-नहीं तो तीन सौ तो ठुक ही जाएँगे। दो दिन और रुक जाऊँ तो कुबेर का खजाना नहीं खुल जाएगा। मैं तो बिट्ठल सेठ को सौंपकर जो भी दो-चार पैसे मिलेगा लेकर लौट आऊँगा।'' एक टिप्पणी।

''ठंड रख बेटा ठंड।'' जवाब में एक अनुभवी किसान बोलता है।

''ये ठंड क्या बला है?''

''पंजाब गया है?''

''मुम्बई ही नहीं गया और तुम पूछते हो पंजाब....?''

''तब क्या खाक समझोगे। ये पंजाबी भाषा है, मतलब धीरज रखो, शान्त रहो।''

''अरे दुत तेरे धीरज की ऐसी की तैसी!''

''सुना है, वे अपने सुनील का लड़का विजयेन्द्र अमेरिका जाएगा।''

''तुम कौन हो भाई? नये लगते हो।'' एक किसान ने सुरेश को दो दिनों से अकेले-अकेले भटकते देखकर पूछा।

''मैं अमला गाँव का हूँ। गाँव के दो आदमी और हैं उधर। मेरा नाम सुरेश वानखेड़े है।''

''लेकिन अमला तो वर्धा में पड़ता है शायद?''

''हाँ! यहाँ के लिए एक गाड़ी आ रही थी, सो....।''

''समझ गया, समझ गया। कितना सोयाबीन है?''

"आधा क्विंटल होगा।"

"बस? कापूस भी है?"

"हाँ, वो भी लगभग डेढ़ क्विंटल होगा।"

"क्या रंग-ढंग बूझ रहे हो?"

सुरेश पर घर से चुराकर लायी दारू का नशा तेज होने लगा है।

"लूट है भाई लूट! मैं तो इतने कम दाम पर बेचने से रहा।"

गाँव के दोनों बिछुड़े आदमी न जाने कहाँ से उतर आये थे। एक ने पूछा—"क्या बात है सुरेश, तुम लौटाकर ले जा रहे हो?"

"और तुम लोगों ने उतने कम दाम पर बेच दिये?"

"क्या करते? फिर आओ मंडी, फिर खरच करो।"

"लेकिन यहाँ तो सरासर लूट है।"

"पहली बार आये हो न, कौन नहीं लूटता हमें!"

सुरेश का मन हुआ, उसी रेट पर वह भी बेचकर इस झंझट से मुक्ति पा ले। पूछा—"तो क्या मैं भी बेचकर ही चलूँ?"

"रात के दस बज रहे हैं। बेचना हो तो कल तक रुकना पड़ेगा।"

"कल?"

सुरेश को कल तक रुकना झंझटों का पहाड़-सा लगा।

"नहीं, मैं दूसरी मंडी में जाऊँगा कल। आज घर चलते हैं।"

मिनी ट्रक चल पड़ा। उन दोनों ने दीपावली के लिए मोमबत्तियाँ, खिलौने, मिठाइयाँ-जैसी कुछ खरीददारी की थी। हर उत्साह उसे उदास कर रहा था। उसे लगता, वह परले दर्जे का बेवकूफ है। यह अहसास जब और गाढ़ा हो गया, जब वे एक लाइन होटल में रुके—"आओ सुरेश। बायको से कभी-कभी तो मुक्ति मिलती है यार।"

"नहीं यार। तुम लोग मस्ती करो।"

"ठीक है एक-एक टाँग हम दे देंगे, दारू भी। तुम्हें पैसे नहीं देने पड़ेंगे। अरे तुम्हारी तो मौज हो जाएगी—दो-दो टाँगें...।"

दारू के नाम पर सुरेश का तप भंग हुआ। वे दोनों हँस-हँसकर आपस में बतिया रहे थे और सुरेश भिखारी-सा उनकी दी हुई मुर्गे की टाँगें चूस रहा था।

आधी रात को गाड़ी अमला पहुँची तो पूरे अमला गाँव के कुत्तों ने उनका स्वागत किया। सामान दरवाजे पर गिराकर चला गया गाड़ी वाला—"पैसा कल रेडी रखना—भाड़ा!"

जगी हुई थी आशा। नवरा के मुँह से दारू की गन्ध पाकर खुश हुई, लगता है, बेचकर आ रहा है।

''क्या भाव चल रहे हैं मंडी में?''

''साफ लूट रहे हैं।'' सुरेश ने संक्षेप में अपनी असफलता की कहानी को यथा शक्ति अपनी समझदारी और स्वाभिमान की चासनी में डुबोकर पेश किया—''मैंने इतने कम रेट पर खून-पसीने की कमाई नहीं बेची।''

''क्या? सामान कहाँ है?''

''दरवाजे पर।''

''अरे बाबा। रात में पानी बरसा तो?''

आशा का सवाल अनसुना रह गया।

सुरेश खर्राटे भरने लगा था।

बेहद कमजोरी में किसी तरह उठकर बाहर गयी। आकाश में तारे झपक रहे थे। बादल न थे, पर दूर पूर्वी कोना रह-रहकर चमक रहा था। मुलगियों को जगाकर सामान अन्दर कर दे? छोड़ो, इस मौसम में पानी शायद ही बरसे।

वह अन्दर बाहर कर रही थी। मन आगे-पीछे हो रहा था—नवरा का ही सारा कसूर नहीं है। ये ठग लोग शेतकरी की सारी कमाई मुफ्त में हड़प लेना चाहते हैं। लेकिन घर में एक पैसा नहीं है और गाड़ी वाले का भाड़ा भी देना है। मन असहायता में अकुला रहा है। अब लगता है, जो भी कम-बेशी दाम मिल रहा था, बेच देने में बुद्धिमानी थी। कुछ नगदी तो घर में आ जाती। सामने कापूस खुला पड़ा था। उसे याद आया पहली बार दोनों मुलगियाँ इसी कापूस का उजला भूत बनकर आयी थीं। तो उसने डाँटा था—''तुम दोनों को मजाक सूझ रहा है। ठहर!'' उसके डाँटते ही दोनों मुलगियाँ परियों की तरह खिलखिलाती हुई भाग खड़ी हुईं। एक वो दिन था। एक यह दिन है।

अरे बाप! पानी बरसने लगा। एक साथ इतने जोर से। मुलगियों को नहीं जगाया। खुद ही उठा-उठाकर रखने लगी अन्दर। न सामान बचा पायी, न खुद को। फिसलकर गिर पड़ी। चुब्ब-चुब्ब पानी पीता रहा कापूस। चुब्ब-चुब्ब पानी में डूबता रहा मन। अवसाद और हताशा की एक फीकी-फीकी-सी तासीर गाढ़ी होती गयी—यह सब मेरे कारण हुआ। ताराबाई की तरह लड़ी पर जीत न पायी। अधपेट या भूखी रहकर खून-पसीने से एक-एक इंच कर जोड़े खेत! सोचा था, भगवान एक बार भी सुन लेगा तो ठीक-ठाक घरों में पार-घाट लग जाएँगी मुलगियाँ। लेकिन यह शेती मेरे जी का जंजाल हो गयी और यह जिन्दगी भी। धत् तेरी जिन्दगी की!

बोरे से ढककर रखा था कीटनाशक सल्फास—फसल के कीड़े मारने के लिए आया था। जरूरत ही न पड़ी। आज जरूरत है, इसी की जरूरत!

उठाते हुए हाथ काँपे। क्या कर रही है आशा? जानती है, तू क्या करने जा रही है? क्या इसीलिए तिनका-तिनका जोड़कर, खुद को होम कर तूने घोंसला बनाया

था...इन मुलगियों का क्या कसूर....? रख दिया। लेकिन तुरन्त ही आवेग का दूसरा ज्वार आया, अतीत के सारे हारे हुए क्षण घेर कर उसकी खिल्लियाँ उड़ाने लगे—और क्या बचा इस बेगैरत जिन्दगी में? उसने सल्फास को फिर उठा लिया। शादी, पति का शराबी होना, पानी में चुब्ब-चुब्ब डूबती फसलें, कापूस में चुब्ब-चुब्ब जज्ब होता पानी और कलक्टर के ऑफिस के सामने भिखारियों की तरह दया की भीख माँगता उसका परिवार! वह! माँ काली, तुम्हीं ने पैदा किया है, तुम्हें ही सोचना है अब। मुझे क्षमा करना, मैं तो चली।

सुबह-सुबह घर से निकली चीख ने अमला गाँव को जगा दिया। आँगन में करवट पड़ी थी आशा, मुँह से झाग। दोनों मुलगियाँ दोनों ओर से औंधी पड़ी थीं। उसकी लाश पर! पाँव की ओर बैठा हिचकी ले-लेकर रो रहा था सुरेश। धीरे-धीरे सब आये—पुलिस, पटवारी, सरपंच और जाने कौन-कौन! वह दिसम्बर का सर्द सवेरा था। दोपहर तक पुलिस ले गयी लाश को पोस्टमार्टम के लिए और दूसरे दिन एक बैलगाड़ी पर चीर-फाड़कर, सी-साकर भिजवा दिया। दरवाजे पर बैलगाड़ी खड़ी हुई तो मक्खियों ने घेर लिया लाश को... सुरेश की आँखों के आगे घूम गये सारे चेहरे एक-एक कर, कलक्टर से लेकर चपरासी तक। उसके मुँह से एक गहरी सिसकी के साथ निकला—हत्यारो! अड़ोस-पड़ोस के लोग जुटे आ रहे थे।

"अरे दाह का प्रबन्ध करो दाह का!" कोई कह रहा था।

"ऐसे थोड़े न होगा दाह। अरे सुहागिन थी, सुहागिन।"

"लाश को ज्यादा डिस्टर्ब नहीं कर सकते हैं, गंगाजल छिड़क दो। गंगाजल कहाँ है? अरे बैन गंगा ही हमारी गंगा है उसी का जल...! सिन्दूर, आलता तो लगा ही दो। और हाँ, ताटी[1] कहाँ है? हरे बाँस कहाँ हैं, हरे बाँस? लो बनी बनाई ताटी लेकर आ रहे हैं लोग। लाश को ताटी पर रखने के पहले और बाद में कफन चाहिए। अरे ताटी पर तो इलौरा ने कापूस, वही भीगा कापूस बिछा दिया।" इतनी कच-कच मची कि सुनना मुहाल हो गया—"ऐ, रुको-रुको! गाँव के सबसे बुजुर्ग राघव बेन्द्रे ने कहा—"बेचारी मुलगियाँ क्या जानें! कापूस नहीं कफन चाहिए, कफन!"

"यही है कफन!" अजन्ता ने कहा तो एक साथ सारी आवाजें मर गयीं। सन्नाटा छा गया।

"यही कापूस कफन बन गया हमारे लिए।" थोड़ी देर बाद एक औरत ने कहा—"चलो मान लिया, यही कफन है। इसके ऊपर लाश तो रखो अब। ऐ, सावधानी से।" आशा की लाश रख दी गयी। पेट से पिलपिला कर बह निकला खून। फिर से खून पीने लगा कापूस। लाल होने लगा।

"अब ऊपर का कफन। कम से कम एक कपड़े से ढक तो दो लाश को।

1. ताटी = तिकठी

कफन होता तो...!"

"अरे हाँ, वे उसकी साड़ियाँ किस दिन काम आएँगी?" अजन्ता ने बहन से कहा।

वह अन्दर से एक हरी साड़ी ले आयी। याद आया, यवतमाल से शकुन मावसी ने कभी दिलवायी थी आई को, कहा था—सौभाग्यसूचक है।

"अरे-अरे! क्या कर रही है एलोरा? पगला गयी क्या? हरी साड़ी तो शुभ मानी जाती है।" एक सयानी औरत ने कहा—"अपनी अमरावती वाली राष्ट्रपति जी को नहीं देखा, क्या तो, हाँ, प्रतिभा सिंह पाटिल। हर जलसे या शुभ मौकों पर हरी साड़ी ही पहनकर आती थीं।"

"उनका शुभ-शुभ हुआ होगा, आई का शुभ-शुभ सबके सामने है।"

आशा की लाश फूँककर घर आया सुरेश तो घर उसे एकाएक इतना सूना लगने लगा कि मुलगियों की उपस्थिति भी उस सूनेपन को न भर पायी। वह फटी-फटी नम आँखों से देखे जा रहा था—आम का पेड़, घर, लोग-बाग, बैल, मुलगियाँ सब कुछ था, मगर वह कहाँ छूट गयी थी?

वह दोपहर का समय था। बड़ी बेटी अजन्ता ने खबर दी—"बाबा बाहर कुछ लोग आये हैं।"

"कौन हैं?"

"पुलिस वाले भी हैं, लगता है, कलक्टर के ऑफिस के लोग हैं।"

हिलते-काँपते बाहर निकलता है सुरेश। अधिकारी कइयों के साथ खड़ा है। उसे देखकर सुरेश को अनशन तुड़वाने के उसके आश्वासन याद आये, 'मुआवजा मिलेगा ही मिलेगा। तुम लोग घर जाओ। हमसे तुम्हारी तकलीफ और देखी नहीं जाती। कब मिलेगी साब?—इसी हफ्ते?'

अधिकारी पूछता है—"तुम दोनों के बीच कोई झगड़ा तो नहीं हुआ था?"

"कैसा झगड़ा साहब?"

"किसी भी किस्म का? आखिर उसने जहर क्यों पिया?"

दूसरे व्यक्ति ने पूछा—"तुम दारू पीते हो?"

"नहीं साहब।"

पुलिस के सिपाही ने खाली पड़ी दारू की बोतल को बूट से ठोकर मारी—"ये क्या है?"

बगल के पड़ोसी से पूछा—"ये दारू पीता था या नहीं?"

"वो तो कभी-कभी...मगर रोज-रोज नहीं।" पड़ोसी ने झूठ बोलकर यथासम्भव बचाव किया। उनमें आपस में गिचिर-पिचिर होती रही।

फिर पहले वाले अफसर ने पूछा—"तुम्हारे या तुम्हारी बायको के किसी गैर से सम्बन्ध थे?"

पहली बार सुरेश का मर्द तनकर खड़ा हुआ—"देखो साहब, तुम उसकी मौत को 'पात्र' घोषित करो या 'अपात्र', तुम्हारी मर्जी, मगर तुम्हें कोई हक नहीं कि मेरी बायको को लांछित करो। वो मुझसे ज्यादा पढ़ी-लिखी, सच्ची किसान थी। निखट्टू मैं था, शराबी मैं था...वो देवी थी, देवी।" आँसू, करुणा और आक्रोश में खौलते शब्द थे। छौंक देते शब्द!

मगर नहीं हुआ। महिला शेतकरी आशा वानखेड़े की मौत 'अपात्र' करार दे दी गयी—लिखा गया—'शराबी पति आये दिन के घरगुती के झगड़े से आजिज आकर उसने जहर पी लिया।'

उनके चले जाने के बाद एक छोटी-मोटी भीड़ जुट आयी है।

"अधिकारी ऐसे नहीं सुनते। उन्हें भेंट चढ़ाओ तो अभी 'अपात्र' से 'पात्र' बन जाए।"

"भला बताओ, यह कहाँ का न्याय है तीन-तीन साल से बेचारी की नहर के किनारे वाली फसल मारी जा रही थी।"

"अनशन किया, मगर कोई फल नहीं पर आत्महत्या का ये कारण नहीं दिखाई पड़ा अफसरों को—दिखाई पड़ी तो ये दारू का बोतल, जिसको यही मामा लोग बिकवाते!"

"किसी बड़े नेता को पकड़ो सुरेश तो बिगड़ा काम अभी भी बन सकता है।"

"हुँह बड़े नेता।" एक छात्र ने बिचकी मारी—"एक बड़े नेता हैं, कहते हैं कापूस छोड़कर ऊस[1] की खेती करो ताकि उनकी चीनी की मिलें चलती रहें। दूसरे हैं दिल्ली के कृषि मन्त्री, बड़े दुखी रहते हैं किसानों के लिए। जब ज्यादा दुखी होते हैं तो क्रिकेट के धन्धों में मन लगाने लगते हैं।"

"विदर्भ को मिलने वाला सारा पैसा, वो क्या तो, हाँ 'हब', अपने इलाके में ले गये।" सुरेश के एक पियक्कड़ मित्र ने पते की बात कही।

"तुम एक काम क्यों नहीं करते?"

"क्या?"

"कोर्ट में क्यों नहीं चले जाते?"

"उसके लिए पैसा चाहिए, पैसे के लिए कर्ज, फिर कर्ज कौन देगा...?"

दोनों मुलगियाँ रोते हुए अपने बाबा से लिपट गयीं। सुरेश उन्हें साहस देकर घर के अन्दर ले गया। पर उसकी समझ में न आया कि इसके आगे वह उनसे क्या कहे।

---

1. ऊस = ईख

घबराकर घर के बाहर निकल आया। उसने एक बार घर के बाहर खुली दुनिया को देखा, सब कुछ सूना-सूना और खाली-खाली लगा। पूरी गृहस्थी तो आशा ही देखती आयी थी। घर से बाहर तक। कहाँ क्या लगता है, कहाँ क्या मिलता है—उसे कुछ पता नहीं। शाम घिरने लगी थी। इतनी भी अकेली शाम होती है क्या? वह अपनी इकलौती पनाहगाह-खोढ़राये बूढ़े आम के पेड़ के तले आकर बैठ गया। सहानुभूति में आ-आकर उसके पियक्कड़ दोस्त जुटने लगे। शाम को अक्सर वहीं बैठकर एक साथ देसी पीते थे। आज भी बोतल ले आये थे। बोतलें खुलीं। 'ना-ना' करते सुरेश भी...।

कुछ-एक घूँटें अन्दर जाते ही तत्त्व बोध जागा—"मर्द थी मर्द!" एक ने अपनी बात वजनी बनाने के लिए अपना सीना ठोंका।

"मर्द वो थी, तू काँय कू फालतू में सीना ठोक रएला है?" दूसरे ने टोका।

"तू बात की पूँछ कायकूँ पकड़ता...?"

"अच्छा बोल।"

"मी बोलूँ, मर्द औरत थी सो उसका 'श्रद्धांजलि' कायदे से होना चाहिए।" वह श्राद्ध और श्रद्धांजलि को मिलाकर बोल रहा था—श्रद्धांजलि!

"ठीक बोलता।" तीसरे ने कहा।

"पइसा...?"

"सारा पइसा तो उसी का कमाया हुआ है, शेत उसी का खरीदा हुआ, सो बेच दे, दो-तीन एकड़। लेकिन श्रद्धांजलि कायदे से होना चाहिए, आसपास वाले भी जान लें कि कोई ऐसी-वैसी औरत नहीं, एक मर्द औरत मरी है।"

पियक्कड़ों की पंचायत में पास हो गया—"ऐसी औरत का श्राद्ध शानदार ढंग से होना चाहिए।" कइयों ने बोतल को तलवार की तरह तान दिया तो कइयों ने बोतल लेकर नाचकर इस निर्णय का स्वागत किया।

"बाबा!" सामने घर से अजन्ता ने पुकारा है।

"क्या है?" नशे में स्वर ऐंठे जा रहे हैं।

"वो साहू जी आये हैं।"

"साहू जी...। कौन साहू जी?"

"जिनसे आपने कर्ज लिए थे।"

"कर्ज? मैंने, कोई कर्ज-वर्ज नहीं लिया।"

"आई ने लिया होगा। आप यहाँ तो आइए।"

लड़खड़ाते हुए घर की ओर रुख करता है, मिचमिचाती आँखों से देखता है देशमुख को।

"अभी तुम नशे में हो। कल हम फिर आएँगे नशा उतरने दो।" चला जा रहा है देशमुख साहूकार!

पियक्कड़ दोस्तों की सभा उखड़ गयी है।

"कितना कर्ज होगा?" एक ने जानना चाहा।

"ये-ई दो-तीन लाख...!"

"दो-तीन ला-आ-आख...? अरे बाबा!" लाख सुनते ही कलेजा बैठने लगा। श्राद्ध तो कायदे से होगा ही, नहीं तो हम बिरादरी और दोस्तों में मूँ कैसे दिखाएगा?"

"एकदम सवा सोलह आने बात!"

एक दीया जलाकर रखा है मुलगियों ने। अन्दर लालटेन भी जला दी है, मगर घर अँधेरा-अँधेरा लगता है! बाहर भी, अन्दर भी।

बीज से बिस्तर और बाहर से भीतर तक सारा कुछ तो वही देखती आयी थी। उससे अलग सुरेश ने कभी कोई निर्णय लिया ही नहीं। इन पियक्कड़ों के अलावा उसका कोई मित्र है भी नहीं और ये...किसी काम के नहीं। किससे पूछे कि श्राद्ध में किस-किस को निमन्त्रित करे, क्या बनवाये, कैसे...? किससे पूछे...?

घूम-फिर कर लौट आता है आशा के ही पास, माने आशा से ही आशा के श्राद्ध का सलाह-मशविरा–

"अमला में तो सबको न्योतना पड़ेगा? घर पीछे एक आदमी भी जोड़ो तो डेढ़ सौ हुए।...बगल वाले गाँव को भी ले लें? उसमें कितने आदमी हैं ठीक-ठीक नहीं पता। और पारधी लोग...?"

"बीस-पच्चीस होंगे। जब बगल के गाँव को बुला ही रहे हैं तो इन बेचारों को क्यों छोड़ दें...? सोच लो।"

"और मेनू क्या रहेगा? पूड़ी, बटाटा[1], गोभी। बाँगी[2] तो रहना ही रहना है। अ-र-र-र...टमाटर भी होना माँगता न!...आठवन आली (याद आया) तुम्हें तो टमाटर की चटनी भौत-ई पसन्द थी। चलो, एक आइटम वो भी...देखो एक बात तो भूलती-ई जा रई है...कुछ दान-दक्षिणा देनी पड़ती है न–वैसे तो सुना है तेरह ब्राह्मण...अरे ई तेरह आएँगे कहाँ से...पूरे विधि-विधान से करना है, नहीं तो मूँ क्या दिखाएँगे समाज को! तू मुझसे ज्यादा पढ़ी-लिखी होशियार है तू तो कुछ बोलती-ई नहीं। अरे बोल ना रे।"

दोनों किवाड़ों से सटी, अजन्ता-एलोरा के भित्ति-चित्रों-सी दोनों बेटियाँ, गाय-सी सहमी टुकुर-टुकुर देख रही हैं पिता को। निकल आयीं दोनों अन्दर से बाहर। आकर खड़ी हो गयीं वडील के दोनों तरफ।

"बाबा!" एलोरा ने कहा।

"हाँ।"

---

1. बटाटा = आलू
2. बाँगी = बैंगन

“किससे बात कर रहे हो बाबा?”

“तेरी आई से।”

“आई जी को आज ही जलाकर आये न?” अजन्ता ने बताया।

“आँऽ ऽ ऽ!”

स्वर्ग से नीचे सीधे मुँह के बल गिरता है सुरेश।

और विजयेन्द्र की सूची में एक और संख्या आ जुड़ी। वह उस समय शकुन के घर आया था और शुभा उसके लिए स्पेशल चाय बनाकर लायी थी। ऊँट की तरह गर्दन उठाकर देखा शुभा ने—“इक्यासी? कैसी संख्या है यह, कैसा आँकड़ा...?”

“महिला किसानों की आत्महत्या की संख्या पहले अस्सी थी। अभी-अभी एक और महिला शेतकरी की आत्महत्या की सूचना आयी तो इक्यासी हो गयी।”

“क्या महिलाएँ भी किसान होती हैं?”

“अरेऽ ऽ ऽ! महिलाएँ क्या नहीं कर सकतीं, बल्कि महिला किसान तो शेती के साथ ही साथ बाकी जिम्मेदारियाँ भी सँभालती हैं—परिवार, रसोई, बच्चों की भी और मर्द की सारी जिम्मेवारियाँ भी। आज रसोई में क्या बनेगा से लेकर किस खेत में बीया पड़ेगा, सब्जी में कौन-सा मसाला पड़ेगा से लेकर किस फसल में कौन-री खाद पड़ेगी, बच्चे पैदा करने से लेकर सन्तानों तक के लिए सारे खर्चे जुटाने तक...।”

“यह मेरे लिए एक दूसरी दुनिया है, जिस पर अब तक मेरा ध्यान न गया था।”

“इसीलिए जब भी मैं महिला किसानों की बात सोचता हूँ मेरा सिर श्रद्धा से झुक जाता है।”

“आत्महत्या का कारण...?”

“जन्मने और मरने के अलग-अलग कारण नहीं हुआ करते। वही फसल का नष्ट होना, वही ऋण, वही भावुकता...।”

“किसने आत्महत्या की, बिज्जू...?” शकुन ने पूछा।

“वर्धा जिले के अमला गाँव की आशा वानखेड़े ने।”

“अरे!” शकुन का मुँह खुला-सा रह गया। थोड़ी देर बाद बुदबुदाई—“तो आखिर तूने भी...? तुझे तो मैं बहादुर समझती थी।” एकदम मुँह बिदुर गया। कपड़े ठूँसकर रुलाई को रोकने की जबरन कोशिश भी नाकाम रही।

शुभा अवाक् होकर देखती रह गयी उसे।

23

चित्त से एक छिन भी नहीं उतरता है सहेली का वह शानदार चेहरा। क्या मस्त औरत थी आशा! उसकी आत्महत्या ने शकुन के दारू-विरोध के इरादे को और भी पुख्ता कर दिया। इसके लिए उसे दारू की गंगोत्री तक भी जाना पड़ा तो वह जाएगी। पहले सेलू...कहाँ है सेलू?

उधर नागपुर से आओ या इधर वर्धा से, राह में सेलू से टकराना ही टकराना है। बोर नदी वहाँ सड़क को बीचोबीच काटती हुई सेलू रेलवे स्टेशन की ओर चली जाती है। गाँधी और विनोबा की आँख पर पट्टी, कान में कापूस और नाक पर रूमाल बाँधकर वहाँ चुलाते-बेचते हैं दारू पारिधी लोग और पुलिस गाँधी जी के बन्दरों-सी मुँह बन्द किये बैठी रहती है।

करे भी क्या? बीच-बीच में ताव, दबाव या कर्त्तव्यबोध जब ज्वार मारता था, चेकिंग के लिए गश्त करते थे तो एक बार पारधी परिवारों ने उन्हें घेरकर इतना पीटा, इतना पीटा कि सन्धि करने पर मजबूर हुए—''न तुम हमें छेड़ो, न हम तुम्हें।'' अब दारू का ऐसा है कि चुलाओ, लाओ, बेचो। लेकिन करोगे क्या? है तो यह वर्धा! गाँधी जी का वर्धा! दारू प्रतिबन्धित जिला! सो, जो भी करना है, कायदे से करना है। भगवान ने बुद्धि किसलिए दी है, बोले तो! प्रतिबन्धित वर्धा है, नागपुर तो नहीं न? नागपुर नदी के रास्ते में पार कर लो। थोड़ा जोखिम का काम जरूर है रात को नदी पार करना। लेकिन रिस्क तो हर जगह है, पापी पेट का सवाल है, है न? नदी पार कर लिए कि वर्धा में आ गये। किला फतह!

जिस काम को न पुलिस रोक पायी, न प्रशासन, उसे रोकेगा शकुन का भट्ठी भंजक दल! प्रशासन ने पीठ ठोंकी है—''बहनो, आप आगे बढ़ो, हम तुम्हारे साथ हैं।''

नागपुर की ओर दाहिनी ओर से जो सड़क नाग जोगियों के गाँव होते हुए स्टेशन तक चली गयी है, उसी सड़क पर आगे बढ़ते ही दोनों बाँहें फैलाये आपको मिलेंगी पारधी लोगों की झुग्गियाँ—जरा मेरा नशा भी चख्ख ले आया जो मेरी गली! झुग्गियों के सामने जहाँ-तहाँ मोटरसाइकिलें इस बात की गवाह हैं कि कमाई अच्छी है। पुलिस बल के साथ बीस-एक महिलाओं को देखते ही झुग्गियों से निकल आये

स्त्री-पुरुष, बच्चे-बच्चियाँ।

"आप लोग....?"

वे आधा मराठी, आधा स्थानीय बोली और बीच-बीच में हिन्दी में बोल रहे थे।

"देखो काकू[1], आई लोग, ताई लोग।" शकुन ने हाथ जोड़कर अभिवादन करते हुए निवेदन किया—"तुमको मालूम है कि अब तक डेढ़ लाख शेतकरी आत्महत्या कर चुके हैं?"

"ओह!" सरदारनी-सी दिख रही एक प्रौढ़ा ने अफसोस जाहिर किया।

"और इसकी एक वजह है दारू!"

"दारू...?"

"हाँ, दारू पीते ही होश जाता रहता है, एक अलग ढंग का भाव घेर लेता है।" महिला मंडल की एक दूसरी महिला ने कहा।

"तो...?"

"हम आपसे मदद माँगने आये हैं।"

"बोलो, कितना चन्दा माँगता?"

"पैसा नहीं, सिर्फ यह मदद कि बन्द कर दो दारू चुलाना, दारू बेचना।"

कुछ देर तक सन्नाटा छाया रहा फिर एक बूढ़े ने कहा—"पहले चोरी करने में हमारा नाम बदनाम किया, हम चोरी-चकारी छोड़कर दारू का धन्धा शुरू किया, अब बोलते दारू का धन्धा बन्द करो। हमको दूसरा धन्धा दिला दो, हम दारू बन्द कर देगा।"

"कितने लोग हैं समाज में, कितने तरह के धन्धे करके पेट पालते हैं?"

"उसी समाज में कुछ लोग दारू का धन्धा भी करते।" सरदारनी ने कहा। हर तर्क के लिए उसके पास प्रतितर्क थे।

शकुन का सब्र जवाब देने लगा—"इनमें से आई, आधी विधवाएँ हैं—मालूम?"

"मरना-जीना उसके हाथ, उससे पूछो।" उसकी उँगली आसमान को छेद रही थी।

"हम तुमसे पूछते, तुम लोगों को जहर बेचने के सिवा और कोई धन्धा नहीं सूझा?"

"कीटनाशक पीकर मरते और भी कितने-कितने तरह से मरते? जहर तो वो है। पहले उन सब को बन्द कराओ।"

"बहाने न बनाओ आई। दारू का धन्धा बन्द कर दो। हाथ जोड़ते हैं।"

"कहा तो, कोई और इज्जत का धन्धा दिलवा दो। बन्द कर देंगे।"

"नहीं मानोगी तो पुलिस जबर्दस्ती करेगी, फिर न कहना।"

---

1. काकू = चाची

"एह! बड़ी आयी पुलिस की धमकी देने वाली।" अचानक ही तल्ख हो गयी सरदारनी—"निकाल तो रे लाठी, डंडा, भाला, तमंचा.... ।" उस औरत का इतना कहना था कि पारधियों ने टपरों से लाठी-डंडा निकालकर खदेड़ लिया उन्हें। पुलिस-बल भरभरा कर भागा। महिला मंडल के सदस्यों में किसी को कन्धे पर चोट लगी, किसी को पीठ पर। शकुन की भौंहों पर चोट लगी। खून टपकने लगा। बच गयी आँख, नहीं तो....!

बहुत दिनों तक जगह-जगह पट्टी बाँधे कराहते रहे महिला भट्टी भंजक दल के घायल योद्धा। शकुन ने उन्हें जोश दिलाने के लिए तरह-तरह से कोशिशें कीं, मगर दोबारा कोई खतरा उठाने की उनकी हिम्मत न जगी।

फोन पर विजयेन्द्र ने कहा—"अभी बहुत-सी पिटाइयाँ बाकी हैं।"

"तुम्हें मजाक सूझ रहा है, कानी हो गयी होती तो...!"

"तब तुम्हारी शहीद हुई आँख की पूजा करते हम। आगे क्या करने का इरादा है?"

"मैं समझती हूँ, न सिर्फ पारधी लोगों को बल्कि परिवार में स्त्री-पुरुष दोनों को आमने-सामने करके बात करना ज्यादा अच्छा होगा।"

"छोटी से बात कर लेना।" सन्दर्भ से कटा हुआ पैबन्द।

"नहीं।" कहकर फोन काट दिया शकुन ने।

तो इस बार महिला मंडल के सामने पेश हुए दारू पीने वाले परिवार और बिना किसी लाग-लपेट के शकुन ने बात रख दी—"आपको मालूम है कि इस दारू ने कितने घर उजाड़े हैं और कितने किसानों की जानें ली हैं। इसलिए प्रार्थना करते हैं कि दारू पीना बन्द कर दें।"

कोई कुछ नहीं बोला। सन्नाटा टूटा एक शेखचिल्ली टाइप के लड़के की चीख से—"इनको क्या बोलते, उधिरिच दारू का कैन उतर रहा है नारायण सेठ का दुकान पर, उसको जाके रोको पहले।"

"अरे वही साहूकार जो किसानों को सूद पर ऋण देता। उसी की दारू की दुकान भी है।" उसने स्पष्ट किया।

औरतें हड़बड़ाकर उठीं और देखते न देखते जाकर घेर लिया दुकान को। शकुन ने सेल फोन पर पुलिस को सूचना दी। दस-एक मिनट में आ गयी पुलिसिया जीप, आबकारी विभाग वाले और सरपंच। दारू के कैन और नारायण को जीप में बिठाकर ले गयी थाने। पीछे-पीछे महिला मंडल भी आ गया।

वे विजयी सेना-सी उत्साह से भरी बढ़-चढ़ कर बोली बोल रही थीं। रास्ते से भी कुछ उत्साह में और कुछ तमाशबीन महिलाएँ, बच्चे उनके साथ जुड़ते गये।

थानेदार अपना बेल्ट ऊपर खिसकाते हुए बाहर आये। शालीनता से हाथ जोड़कर

नमस्कार किया—"इसे कहते हैं नारी शक्ति! शाबाश! मैं तो कहता हूँ आप लोगों ने एक मिसाल कायम की है। देश के एक चौथाई लोग भी आप जैसे जागरूक हो जाएँ तो दारू तो दारू, हर तरह का नशा और करप्शन छू मन्तर हो जाए। गाँधी जी के रास्ते काम हुआ—यह और बड़ी बात है, वरना उस दिन तो....। आपने अपना काम कर दिया है, अब हमें अपना करने दें।"

कुरकुरे बँटे और प्लास्टिक के नन्हे गिलास में मीरांडा। खा-पीकर डकार लेती हुई लौटीं तो उल्लास इतना था कि आज ही इसी दम दुनिया की सारी दुकानें बन्द करवा कर लौटेंगी।

मगर हाय, यह क्या! जिस नारायण सेठ को उन्होंने थाने के लॉक-अप में बन्द करवाया था, वह तो अपनी दुकान पर खड़ा दारू के कैन अन्दर रखवा रहा था। उन्हें देखते ही हाथ जोड़कर खड़ा हो गया—"आओ बाई! थक गयी होंगी। पानी-वानी पीते जाओ।" फिर उसने बगल वाली मिठाई की दुकान को कहा—"अरे देना तो एक-एक प्लेट जलेबियाँ बाई लोगों को।"

उफ्! उसकी हँसी! जहर से भी मारक थी उसकी हँसी! वह उनसे ऐसे पेश आ रहा था जैसे वे उनके सामने भुनगे हों।

जब सारे ही पी रहे हों तो अकेले गाँधी, विनोबा और शकुन बाई के रोकने से दारू बन्द हो जाएगी क्या? इसी दारू से कितने तरह के धन्धे चलते मालूम, 'दारू बन्द कराने का धन्धा' भी...!

उसने बिज्जू को फोन लगाया—"उस दिन की चोट तो बर्दाश्त कर गयी, लेकिन यह चोट नहीं बर्दाश्त हो पायेगी बिज्जू!"

24

"अपुन का देश भी क्या कमाल का देश ठहरा! ठीक ही कहता है नाना, थार की धूल अमेरिका में गिरती है और विदर्भ की आत्महत्या की खबर पूरी दुनिया में! विदर्भ ही क्यों, पंजाब, गुजरात, आन्ध्र, छत्तीसगढ़, मध्य प्रदेश, बुन्देलखंड की भी। रूहों की तरह लावारिस उड़ते हैं कापूस के रेशे और अब तो हर खबर और हर निर्णय सवार रहता है इन रेशों पर। किसानों के नाम पर अरबों रुपये लूटना है तो कृषक आत्महत्या, अपनी चीनी मिल लगाने का बहाना ढूँढ़ना है तो कृषक आत्महत्या, विरोधी पार्टी को दागना है तो कृषक आत्महत्या—बहुत कारगर है कृषक आत्महत्या की तोप! पूर्व मुख्यमन्त्री विलास राव देशमुख के धमकाने से शुरू हुआ था यह सिलसिला—"आत्महत्या अपराध है। थानों में कहाँ दर्ज है?" उनका वश चलता तो मरे किसानों को फिर से फाँसी पर लटका देते और काशी तथा गया में पिंडदान करा कर शुद्धि कराते। घंटे-घंटे पर ड्रेस बदलने वाले गृहमन्त्री करोड़ों-अरबों में खेलने वाले राजनेता, फिल्मी लोग, दलाल, व्यापारी, क्रिकेट और बिल्डर्स इनके लिए खेल हो गयी है 3 लाख किसानों की आत्महत्या! बर्फ के गोले-सा उठा-उठाकर मारते हैं एक दूजे पर। आरोप छर्र! सफाई छर्र!

एक सुझाव वहीं से छिटका और गिरा अमरावती की महिला किसान रोहिणी के आँचल में।

अमरावती के महिला मंडल की बैठक में रोहिणी ने उसे शकुन की ओर उछाल दिया—"कापूस में क्या है? आत्महत्या! हमने तो ताई कापूस छोड़कर ऊस (इंख) की शेती करने का निर्णय ले लिया है। आप बताओ सबको, सबका भला हो जाए।"

सिर्फ बताया ही नहीं, उत्साह में उसे सरपंच के घर तक लाकर ही दम लिया। सरपंच के यहाँ तीन धोतीधारी, दो पैंट वाले चाय-पानी कर रहे थे। बीस-एक शेतकरी पहले से हाजिर थे। बीच में आदमी ने पूछा—"सब आ गये?"

"बरोबर!"

"हमने यहाँ के शेतकरी समाज के सारे प्रॉब्लम्स सुने। सेठ को बताया तो वो रोने लगा। सुइसाइड! शिव! शिव! उसने कान पकड़े—अउर...आत्महत्या नहीं।...तो सुनिये...आप लोग मौत की शेती भौत कर चुके। माने ये जो माधव...।"

रोहिणी ने शकुन को स्टूल पर बैठे मझोले कद के जवान को दिखाते हुए बताया—"मेरा नवरा...?" वे सज्जन अभी भी बोले जा रहे थे—"माने ये जो माधव मनोहर...और क्या नाम हुआ आपका...?"

"अल्ताफ!"

"हाँ, अल्ताफ भाई जैसे बीसियों शेतकरी हैं, जिनके दस-दस एकड़ शेत हैं... दस एकड़ में बोया क्या कापूस, बोया क्या सोयाबीन, पाया क्या ऋण। बोया क्या धान, मिला क्या ऋण। अभी बोले तो एक-एक के पास 40-50 हजार सरकारी बैंक लोन, लाख-एक एजेन्सियों का इंटरस्टेट जोड़ दो, कितना हुआ? एक-एक शेतकरी के ऊपर दो से तीन लाख। बोलो क्या?"

"बरोबर!"

"दे पाये...?"

जवाब में सन्नाटा छा गया।

"तो...? ईश्वर न करे, अगली आत्महत्या यहाँ से हो। हमारा सेठ रोने लगा। बोले तो कापूस का शेती माने मौत का शेती। हमारा मानो तो ऊस की शेती करके देखो एक बार, कापूस माने मृत्यु, ऊस माने अमृत! दस एकड़ ऊस माने क्या? लागत बाद देकर दस लाख!"

एक पस्त-सी आवाज आयी—"अपुन के पास तो विष खाने भर का भी पइसे नहीं सेठ।"

"विष की बात क्यों करते भाई? मर्द बनो, मर्द! हम देगा पइसा, हम! ये लो पाँच-पाँच हजार...।" उनके साथ के आदमी ने पाँच-पाँच हजार के कई थोक जमा दिये।

"बाकी लगा लेना। सिरिफ एक बार हमारी बात मानकर चलो। नाम लिखो जी किस-किस को दिये।" उन्होंने बगल के आदमी से कहा।

"शेती के कागज तो लाये नहीं सेठ।" एक शेतकरी ने निवेदन किया।

"कोच्छ जरूरत नहीं! हमको सूदखोर महाजन समझ रखा क्या?"

"सिंचाई के अभाव में कापूस की फसल नष्ट हुई।" माधव ने कहा—"ऊस के लिए पानी कहाँ से आयेगा?" एक ने पूछा।

"अरे ये नदी हुई न! क्या नाम हुआ इसका?"

"निर्जला!"

"नि...!" नाम सुनकर गड़बड़ा गये वे—"किस उल्लू के पट्ठे ने नाम रखा इसका।"

"इसमें सिर्फ बरसात के चार महीने पानी रहता है।"

"इसका मतलब समझे?"

"क्या?"

"पानी जमा है नीचे। डीप ट्यूबवेल कर दो, निर्जला सजला हो जाएगी।" वे तनिक रुके, फिर बोले—"बालू का बोझ हम पर छोड़ दो, हम हटा लेंगे।"

रोहिणी ने माधव से शकुन का परिचय कराया मगर यह परिचय बीस लाख की प्राप्ति की चंग पर सवार था, उसने ठीक से सुना नहीं।

शकुन जाने लगी तो रोक बैठी रोहिणी—"रुको न ताई। अभी तो कायदे से तुम्हारा स्वागत भी न कर पायी।"

"आज जाने दो रोहिणी। ऊस हो जाए तो आ जाऊँगी—नोट गिनने...दस लाख भौत होते न! भला करें साईं!" वह मन ही मन हिसाब लगाने लगी—"कितना सेठ के दलाल ने बाँटा और कितने की मुफ्त में बालू लूटेगा।"

25

अखबारों में इन दिनों किसी मल्लेश की चर्चा जोरों से उभर रही है। आई.आई.टी. कानपुर के प्रोडक्ट मल्लेश, जिसे 'नासा' के मंगल ग्रह अभियान में चांस मिला है—आदिलाबाद का गौरव! आन्ध्र का गौरव! भारत का गौरव! इधर डॉ. पीटरसन का ई-मेल फिर आया है कैलिफोर्निया से—विदर्भ के कॉटन किसानों की और कॉटन रिसर्च पर रिपोर्ट भेज देने के लिए। शोध का बहुत बड़ा पैकेज है। अगर उसकी रिपोर्ट स्वीकृत हो जाती है तो वडील का सपना तो पूरा होगा ही, उसका नाम भी मल्लेश की तरह सभी सूचना-सूचियों पर टप्पा खाने लगेगा—'विदर्भ गौरव', 'महाराष्ट्र गौरव', 'भारत गौरव'

और जाने क्या-क्या!

गले में काँटा-सा फँस रहा है कुछ, वडील की आत्महत्या? खेत में तड़पते पिता भूले नहीं हैं। आँखें करुण, रक्तिम! मुँह से गाज! उसे कैलिफोर्निया भेजने का लोभ ही उन्हें उनके उसूलों से हटाकर ट्रैक्टर और पाटिल के कर्ज के जाल में ले आया। उनकी मौत कैलिफोर्निया जाने को संकेतित करती है या उसके विरुद्ध खड़ी करती है? मन दुविधा में है। छोटी की बात याद आयी, कहा करती—मेरा तो हर आदमी से कहना है—कैलिफोर्निया जाओ या चाँद पर, जहाँ कहीं भी संजीवनी मिले, ले आओ। वहाँ भी दुविधा—"शौक खींचे है उधर ईमाँ इधर खींचे है।"

जाना या न जाना तो बाद में। ये दोनों ही उद्देश्य जिस आधार बिन्दु से निकलते हैं वह है विदर्भ के शेतकरी और शेती का अध्ययन...और वही कायदे से नहीं हो पा रहा है। बिखरी-बिखरी, इरैटिक, असम्बद्ध! किस स्ट्रिंग थ्योरी से इन्हें बाँधें...? इसके लिए एकान्त चाहिए...एकान्त के लिए वह विश्वविद्यालय के गेस्ट हाउस आया है। ऊपर का एकान्त कक्ष। सामने नागपुर-मुम्बई राजमार्ग, दूर झलकता झील का पानी...कोई शोर नहीं, कोई डिस्टर्बेंस नहीं। नाना, सदा, विनायक सब उसे ढूँढ़ रहे होंगे। सेल फोन सायलेंस पर है। हजार दृश्य और हजार आवाजें। चुर रही है दिमाग की बटलोई में सब की सब।

चहारदीवारी के पार जा रहे हैं मवेशी। चरवाहे को एक-एक मवेशी के महीने भर के मिलते हैं 100 रुपये। कृषक मजदूर भी 10-20 एकड़ वाले किसानों से सुखी

हैं। जिसे भी नकदी पैसा मिल रहा वह सुखी है। दुखी है तो शेतकरी।

नेता, व्यापारी, बनिये, महाजन, दलाल, सरकारी लोग तो सबसे अच्छे।

कोई फिकर नहीं। हाथ में गोबर लगे न माटी। बिल्डिंग खड़ी करते जाओ।

कापूस चुनाई आखिरी चुनाई नुचाई तक 15 हजार पड़ते हैं एक एकड़ में।

बीज का दाम भी था।

दूसरे खाद का हाल सुनो, जब खाद 700 प्रति 50 बैग था तब भी कापूस का बाजार भाव साढ़े तीन हजार से 4000 प्रति क्विंटल और आज 1500 रुपये हो गया खाद तो भी कापूस का भाव वही।

कीटनाशक अलग से। जोआरी! एक बीज में 100 दाने, किसान से ज्यादा सुखी भला कौन? अब कहीं-कहीं दिखती है। जोआरी की रोटी खानी है जो नागपुर के होटल जाओ।

1970 में मजदूरी भी 2 रुपये पुरुष, एक रुपये स्त्री और आज मर्द को 200 से 250, वहीं औरत को भी...तब स्कूल टीचर को मिलते थे 150 रुपये प्रति माह और आज मिलते हैं 16 हजार से तीस-चालीस हजार, पेंशन अलग से।

सरकारी कर्मचारियों के लिए फिफ्थ और सिक्स्थ पे कमीशन और किसानों के लिए कुछ नहीं!

अमेरिका के कैलिफोर्निया कॉटन उत्पादन में हेवी सब्सिडी है, वहाँ कपास के भाव 1994 के भाव से भी कम हैं, मगर कितने किसान आत्महत्या करते। 22 हजार करोड़ की सब्सिडी है। हमारे लिए नहीं। यहाँ हुई भी तो सिंचित भूमि के लिए है। असिंचित भूमि के लिए नहीं। मेट्रो रेल पर सब्सिडी, सब पर सब्सिडी, कृषि उत्पाद पर नहीं।

कोयला, स्टील का भाव सरकार उत्पादक से पूछकर तय करती है, कापूस से लेकर अन्य कृषक उत्पादों का भाव तय करते समय हमसे नहीं पूछा जाता। जावांदिया जी ने कहा, मूल्य तय करते समय 50 प्रतिशत अतिरिक्त लागत मूल्य पर करे, उन्होंने किया 15 प्रतिशत लागत मूल्य पर। उन्होंने कृषि मूल्य आयोग से कहा, पी.एम. से कहा, पी.एम. ने माना भी मगर इम्पलीमेंट नहीं हुआ। ढपोरशंखी आश्वासन बिजली माफ! कर्ज माफ! ये माफ! वो माफ! कुछ भी माफ नहीं हुआ।

नागपुर और वर्धा के बीच मिहान प्रोजेक्ट बन रहा है—भविष्य का सुपर मेगासिटी। न्यूयार्क सिटी से बड़ा! प्रत्येक किसान परिवार को दो-दो नौकरियाँ देने का आश्वासन देकर ले ली जमीन। न नौकरी दी, न जमीन, न पैसा। आशा-निराशा के बीच कुत्ता बने दौड़ रहे हैं किसान पीछे-पीछे। क्या पता, दिन बदल ही जाएँ! फिर धीरे-धीरे आशा को ढकते निराशा के बादल!

पत्र लिखता गया—

हद हो गयी। हर 8 मिनट पर एक आत्महत्या! राष्ट्रीय मानवाधिकार आयोग ने आत्महत्या करने वाले किसानों का ब्योरा माँगा। सचिव ने नहीं दिया। क्यों नहीं दिया, मत पूछो। तो 24 जनवरी को समन भेजा। सितम्बर 2012 के तीस दिन में सात आत्महत्याएँ। 2006 में इसी लापरवाही के चलते मुख्य सचिव समेत 20 अधिकारियों पर एक-एक हजार जुर्माना। पिता-पुत्र ने एक साथ आत्महत्या कर ली। आयोग ने सरकार को आड़े हाथों लिया। 50-50 हजार का पैकेज घोषित हुआ। हजम कर गये। ढाई लाख किसान चींटियों-से मर गये जैसे यह कोई मृत्यु उत्सव हो।

राव के पास पक्का घर, टी.वी. है, मोटरसाइकिल है, कार भी आ गयी है। खुद भी प्रोफेसर, बीवी भी, छठे पे कमीशन से हालत सुधरी हुई है। बगल के पड़ोसी ललचाई और ईर्ष्या भरी नजर से देखते हैं तब जब देखते हैं एक हीनता का बोध हावी हो जाता है। सो क्विक लाभ के लिए बी.टी. है, क्विक फलन के लिए आक्सीटोसिन?/हार्मोन/है, विदेशी खाद है, क्विक मनी के लिए गाँव का खूदखोर महाजन है, देसी दलाल है, मंडी है, घूस है, क्विक आनन्द के लिए दारू है, डांस हंगामा है...फाँस कसती जाती है, कसती जाती है तो क्विक मुक्ति के लिए आत्महत्या! सारे झंझटों से मुक्ति! कब शुरू हुई, कब अलविदा कह दिया जिन्दगी को।

सारी डिग्निटी खोखली। हास्यास्पद बना छोड़ा इस देश के किसान को। इस प्रसंग में याद आया सदानन्द, अपना सदा! क्या-क्या जतन नहीं किये। उस दिन गाडगे जी का—'गोपाला गोपाला, देवकी नन्दन गोपाला' सुनकर सदा (सदानन्द) भक्तिभाव से कीर्तन में शामिल होकर आँख मूँदकर ताली बजा रहा था लेकिन जैसे ही भजन का अगला चरण—

'सँभाल तुझी लेकरे, पुण्य समझती पापाला।'

आया, वह कन्फ्यूज्ड हो गया। आँख खुल गयी। कान खुल गये गाडगे बाबा कैसे भक्त हैं! नहीं, भक्त नहीं कुछ और ही हैं। जगह-जगह उनकी वाणी लिखी हुई—"ऋण लेकर त्योहार मत मनाइए!"

"स्वच्छ रहिए!" उसने समझा था वारंकरी सम्प्रदाय जैसा कुछ होगा बुलढाणा या पंढरपुर के विट्ठल भक्तों जैसा, लेकिन यह तो दूसरी ही चीज निकली।

मरीचिका! सिर्फ मरीचिका! इस कोशिश में पिछली बार गुरु पूर्णिमा को वह दीक्षा भूमि भी गया था। लोग अपने-अपने गंडे-ताबीज डोरे जला रहे थे। उसने हाथ में कुछ ही दिन पहले कलावा बँधवाया था, एक स्वयंसेवक ने काटकर आग में डाल दिया। उसे लगा, कोई बड़ा पाप हो गया उससे। गाँव में बोली बोलते लोग—"पूँछ कटा आया।" तब से सचेत रहता था लेकिन आज, फिर गुरु पूर्णिमा है। न सही दीक्षा भूमि, आर्वी चौक तो आया ही होगा सदा।

अमेरिका तक चिन्तित है भारत की कृषक हत्याओं पर। यह अमेरिका बी.टी. सप्लाई करने वाले अमेरिका से अलग है। पिकालेंड एवं एमिली जॉन्स की फिल्में बनकर तैयार हैं। लेकिन पता नहीं, वह कौन-सा फिल्म शो था। उधर फिल्म दिखायी जा रही थी, इधर बगल में शेतकरी आत्महत्या करके फाँसी से झूल रहा था। किशोर तिवारी जी से पूछना पड़ेगा।

"चलो चलकर देखते हैं।" बाहर निकलते ही उसे गर्म हवा के एक झकोरे ने झुलसा दिया।

तप रहा है पूरा विदर्भ। बताते हैं ठीक ऊपर से गुजरती है तपती-काँपती हुई कर्क रेखा जैसे करंट वाली बाड़ हो! चौराहे पर मेला लगा हुआ है। कितने तो कार्यक्रम हैं गुरु पूर्णिमा पर—अकेला आदमी कहाँ-कहाँ जाए? शीतल पूजा, लखाजी महाराज, बिट्ठल नाथ! कुछ लोग सन्त गाडगे के अन्धश्रद्धा निर्मूलन वाले में जा रहे हैं।

"कहते तो ठीक हैं गाडगे जी।" विनायक ने कहा।

"अरे विनायक तुम...? बाकी लोग कहाँ हैं?" विजयेन्द्र ने पूछा।

"सब हैं सब—नाना, सदा, पराग, राज, नीलेश—सब।"

"खाक कहते हैं गाडगे जी, देवी-देवता छोड़ दें तो किसका सहारा है? कुछ लोगों ने ठान लिया है कि यहाँ से शिरडी तक पदयात्रा करेंगे। मैं भी जाऊँ?" सदा का मन डोल रहा है।

"और अभी रुको। यह नहीं सुना कि एक सेठ ने साईं बाबा को सौ करोड़ के सोने का मुकुट चढ़ाया। चौबीस कैरेट का असली सोना। उधर नांदेड़ के रामजी दादा जी का 50 ग्राम सोने का मेडल नकली निकला। मन्त्री महोदय ने क्षमा माँगी। इतना सोना कहाँ रखते हैं लोग और करते क्या हैं, सोना ही खाते हैं, सोना ही हगते हैं क्या?" नाना ने कहा।

एक बुजुर्ग ने चश्मे के पार से देखा। गाँव से आते ही अपनी महफिल जमा ली है, बोला—"वो तो छोड़ो, लाते कहाँ से हैं इतना सोना? दोपहर को जरा-सी भी झपकी लगती तो मैंने सपने में देखा कि सौ करोड़ सोने के मुकुट का एक छोटा-सा छल्ला टूटकर ऐन मेरे सामने आ गिरा। मैंने इधर-उधर देखा, कोई देख तो नहीं रहा! उठा तो लिया मगर उसे छुपाएँ कहाँ...? कभी घड़े में, कभी कापूस की ढेर में, कभी तुरी में। कभी लगता लोग पीछे पड़े हैं मेरे।

"यह सपना कई तरह से आता रहा। मुकुट का छल्ला न हो गया, जी का जंजाल हो गया। कभी कहीं छिपाता, कभी कहीं। इसी में गुम हो गया सोना! हाय! यह दिन का सपना था या रात का...?"

सदा ने होठों पर जीभ फेरी—"भुलवा दिया ना! उससे अच्छा होता मुझे ही दे

दिया होता, मैं जमीन में गाड़कर रखता...।"

"सपने में तू मुझे मिला कहाँ?"

"ओह सपने में...!"

सदा पर हँसी की बौछार।

वियजेन्द्र ने कहा—"सब्र करो, अमेरिका में एक ऐसी मशीन खोजी जा रही है जो सपनों का फोटो निकाल सके। खोज लेना।"

"उल्लू बना रहे हो?" सदा ने कहा।

"नहीं सच, तुम्हारी कसम!"

पर हँसने की बात न थी। अमेरिका की मशीन जब फोटो उतारेगी तब उतारेगी, सदा ने सचमुच वह अपना सपना अपने मन में ट्रान्सप्लांट कर लिया।

आज 4 जुलाई है। आज ही विट्ठल शंकर राव ने कर्ज की कुर्की जब्ती से तंग आकर फाँसी लगा ली। इज्जत भय, संशय, लोभ और आकांक्षाओं के ऊपर ही ऊपर झूलती है—उसकी लाश—कर्क रेखा से बँधी हुई—शिरडी जाने वाली राह को अपनी बुझी-बुझी आँखों से चुपचाप देखती हुई।

कहाँ तो बिज्जू सदा के सपने की बात कर रहा था, कहाँ स्वयं आक्रान्त हो गया।

सपने में उसने देखा कि विट्ठल दास नहीं, खुद उसी विजयेन्द्र सुनील वानखेड़े ने फाँसी लगा ली है, कुर्की-जब्ती से घबराकर। उसकी पलकें झँपी-झँपी हैं—लोग अपने आप में व्यस्त हैं। वह चीख-चीखकर कहना चाहता है, अपनी झूलती लाश दिखा-दिखाकर। अरे भाई, कोई देखो। इस देश का एक किसान तप्त कर्क देखा पकड़कर झूल गया है....ऐन तुम्हारे सिर के ऊपर!

खुद ही खुद की लाश को उतारकर जमीन पर लिटाता है। भनभनाती हुई मक्खियों को हड़ाता है।

26

अपने ही जाल में उलझ गया अशोक। छोटी के विदा होते समय पीछे-पीछे एक दूरी बनाते हुए सड़क तक आया, वह बस पर क्या जा चढ़ी, एक आत्मीय दुनिया ओझल हो गयी। एक घायल सिपाही की तरह वह महुए के उस पेड़ तक आया। खड़ा हो गया। यही वह जगह थी जहाँ वे मिलते थे, जहाँ घुटने टेककर उसने अनुनय किया था। तब से जुगनू की तरह जलती-बुझती रही उसकी याद। उतनी दूर से भी जैसे आती रही उसकी आभा, उसकी आँच। शुभा ने बहुत समझाया, बहुत-सी तरकीबें लगायीं मगर कोई भी तरकीब उसके मन के गलाल को धो न पायी। खुद में ही घुलता रहा वह—इस गाँव में क्या, इस पूरे जहान में कोई भी उसके मन को जान सकता था तो वह मैं था। मैं मँडराता रह गया उसके झोंपड़ी के चारों ओर मगर एक बार भी मुड़ कर ताका नहीं उसने और विदा हो गयी...एक कवच था जिसे मैं भेद न सका...क्यों छोटी! सबके गुनाहों की सजा मुझ अकेले को ही क्यों...?

जब तक छोटी समझ पाती कि वाकई अशोक के साथ नाइन्साफी हो गयी, देर हो चुकी थी। पुरुष अहं को ठेस लगी? एक सच्चे प्रेमी को आघात लगा। वह सदा के लिए गाँव छोड़कर जा चुका था। घर से, गाँव से, स्वजनों से, परिजनों से—सबसे सम्बन्ध काटकर। जब वह चला गया तो आज आयी है उसे पूछने...।

धीमे-धीमे चलकर वह घर के सामने आ खड़ी हुई, सूना घर। उजड़ा घर। यह उसका अपना घर हुआ करता था कभी। यहीं जन्मी। यहीं जवान हुई। यहीं प्रेम किया। यहीं बदनाम हुई। उसके चलते यहीं आत्महत्या की वडील ने। घर के बगल से सड़क अभी भी जंगल की ओर जाती है, क्या? अब भी झरते होंगे फूल-फल? अब भी टपकते होंगे मावा? कदम अपने आप उठ गये। चलती गयी। चलती गयी। जंगल के बगल खेत के पास जाकर रुकी। यह उसका बनजारी खेत हुआ करता था कभी। इसी की माटी में समाया हुआ है दादाजी तुल्य उसका बैल लालू और...और पिता का पार्थिव शरीर। अपराधिन की तरह खड़ी है इस मृत्यु-उपत्यका में। सहसा चौंकती है, यह क्या! ये पीले-पीले हजारों फूल। ये धान की बेरन्ह की लहराती हरियाली। इत्ती गर्मी में भी! हजार-हजार आँखों से ताक रहे हैं दोनों, हजार-हजार

बाँहें फैलाये।

"इतनी सुपिक जमीन और कहीं नहीं।" चौंक पड़ी इस आवाज पर। मुड़कर देखा तो शुभा मावसी थीं—"इस टुकड़े को नहीं बेचा तुम्हारी आई ने। यह अभी भी तुम्हारा है—तुम्हारा अपना! मैं ही देख-रेख करती अभी।"

लौटने के लिए मुड़ी। पाँव छूकर प्रणाम किया शुभा मावसी का।

टोक दिया शुभा ने—"रुकोगी नहीं?"

इनकार में सिर हिलाकर रह गयी।

"आई के लिए कुछ कहना है?"

फिर वह मौन इनकार।

"और अशोक के लिए...?" शुभा की आवाज भर्रा गयी।

उसने कुछ नहीं कहा।

मन्दिर के पुजारी ने अपने चबूतरे की चौकी से लेटे-लेटे ही कनमना कर देखा, आज वह क्या देख रहा है इस जेठ के अपराह्न में?

फिर कनमना कर खड़ा हो गया—शकुन की छोटी मुलगी...? अकेली...? इस वक्त? माजरा क्या है? उन्हीं की तरह बनगाँव के और भी कई लोग थे जिनका मन यह जानने के लिए छटपटा रहा था। पर इसके पहले कि वह कुछ जान पाते, इस रहस्य पर रहस्य की दूसरी परत चढ़ाते हुए आधे घंटे में ही वह उसी तरह लौटी जा रही थी।

रहस्य का भेदन करते हुए पुजारी जी ने सबको सुनाते हुए जले पर नमक छिड़का—"रुककर करती भी क्या? जिसके लिए आयी, वह तो गाँव छोड़कर जा चुका है।"

छोटी ने कोई प्रतिवाद न किया। अपनी नियति पर ताने कसने से वह किसी को रोक तो नहीं सकती थी।

पुलिया पर लौट आयी। रुककर करती क्या? सोचते-सोचते रुआँसी हो उठी--"माना कि गलती मेरी ही थी। अपनी झक में नाक की सीध में मैंने आस देखा, न पास, चली आयी। चलती हूँ तो पीछे-पीछे अपने कदमों के निशानों तक को मिटाती चलती हूँ। मगर तुम...? तुम तो मुझे जान लेने का दावा करते थे। क्यों नहीं जान पाये कि मैं कितने फुत्कारों से झुलस रही थी। क्यों नहीं जान पाये? फिर सबसे बड़ी बात, मेरे और तुम्हारे सिवा भी तो दुनिया है। तुमने सोचा होगा, मैं जहाँ भी जाऊँगी, अपने अनुकूल सब कुछ ढाल लूँगी। कितना गलत सोचा था तुमने! अब मैं लौट आयी हूँ और अब जबकि मुझे तुम्हारी सबसे ज्यादा जरूरत है, तुम मंच से जा चुके हो--एक और धिक्कार मुझ पर लादकर!"

महुए के पेड़ तले रुकी।

'करोगे याद तो हर बात याद आयेगी/गुजरते वक्त की हर मौज ठहर जायेगी/ ये चाँद बीते जमानों का आईना होगा/भटकते अभ्र में चेहरा कोई बना होगा।'

मैं तब तक तुम्हारा इन्तजार करूँगी, जब तक तसल्ली न कर लूँ कि तुम हमेशा के लिए मुझे अनाथ कर के जा चुके हो। इन्तजार करूँगी। लेकिन यह भी एक इस्केप है, एक तरह का सुइसाइड, तुम रुक तो सकते थे अशोक। ऐसे इस्केप्स से मुझे नफरत है।

वर्धा के बस स्टैण्ड तक पहुँचते-पहुँचते शाम गहरा गयी।

रात वर्धा के बस स्टैण्ड की सीमेंट की बेंच पर बैठे-बैठे काट दी। उसे लगा, मुसाफिर खाने में फेंकी गयी कागज, प्लास्टिक, थूक-गन्दगी की तरह वह भी एक उत्सर्जित या फेंकी हुई चीज है। कहाँ जाए? क्या करे?

कुत्तों के भौंकने के साथ विजयेन्द्र के दरवाजे पर रात आठ बजे एक दस्तक– ''खट...खट...खट!''

''कौन...?'' विजयेन्द्र की आई ने पूछा।

''मैं छोटी...कलावती!'' परिचित लगा कंठ।

''कौन...बनगाँव वाली छोटी?''

''हाँ।'' किवाड़ चर्र की आवाज करते हुए खुले।

''इत्ती रात? फोन कर दिया होता! कोई लिवा आता तुम्हें।''

''पैसे न थे आई।''

''तो फिर आयी कैसे?''

''कंडक्टर उतार देता तो दूसरी बस में चढ़ जाती। वो भी उतार देता तो पैदल!''

''अरे बाप! एकदम चुड़ैल ही ठहरी न क्या! मगर अकेले? तुम्हारा नवरा कहाँ है?''

''सब बताऊँगी सब, आज इतनी थक गयी हूँ कि...।'' वह लद्द से भहरा पड़ी। आई ने पानी के छींटे दिये। हवा की तब जाकर होश आया।

विजयेन्द्र की माँ ने जल्दी-जल्दी रोटियाँ सेंक दीं। काँदा (प्याज), अचार, गुड़ और दूध दे दिया। छोटी जल्दी-जल्दी खाने लगी। जैसे जनमों की भूखी हो फिर लजा गयी।

''तेरी आई की कोई खबर है छोटी?''

''आई की खबर...? मैं बनगाँव गयी तो पता चला वह कई दिनों से बाहर गयी हुई है। क्या हुआ आई को?'' उसके हाथ कौर उठाते-उठाते रुक गये।

''कुछ खास नहीं, अब तो ठीक है।''

''नहीं, आप कुछ छिपा रही हैं?''

"अरे दारू बन्दी के अभियान पर गयी थी, मामूली-सी चोट आ गयी।"

"मैं मिल सकती हूँ?"

"मिल लेना, लेकिन सुबह, तब तक विजयेन्द्र भी नागपुर से आ जायेगा। अभी जाकर सो जाओ।"

सुबह फटफट फटफटी दगाते विजयेन्द्र घर आया तो सबसे पहले उसकी नजर पड़ी चाँपाकल से पानी निकालती छोटी पर...।

"अरे मेरी पका फोड़ा! कब आयी तू?"

"बरस के बरस बात गये। आज भी मैं तुम्हारे लिए पका फोड़ा ही हूँ। कोई बेहतर उपमा नहीं सूझी?" छोटी ने बनावटी गुस्से से कहा।

"वाकई तू इतनी खिल आयी है सालों से जैसे...जैसे...लार्वा से तितली, जैसे कली से फूल...बट तेरे लिए, इससे लाजवाब उपमा और हो ही नहीं सकती 'पका फोड़ा!' तुझे देखकर सीना टभकने लगता है...सो। अच्छा खैर, बता तू तो ससुराल में थी न? तेरा नवरा कहाँ है, वो फटफटिया वाला? पर वह सब बाद में। पहले एक कप चाय पिला दे। तेरे हाथ की चाय पीने को तरस गये अपुन।"

चाय बनाकर प्याला थमाते हुए आँखों की तितलियाँ फड़काते हुए कहा छोटी ने—"लो, कलंकिनी के हाथ की चाय हाजिर है।" वह तनिक ठमकी, फिर बताने लगी—"तेजाब की बूँद-बूँद बनकर गिरती और गलाती रही मेरे बाप की मौत मुझे। उस फाँस से उबरना था और इस फाँस से भी। मैं चली आयी उन लक्ष्मण रेखाओं का अतिक्रमण कर।" छोटी ने सिर नीचे कर सारी दास्तान बता डाली...। विजयेन्द्र के चेहरे पर रंग आते रहे, जाते रहे, अवाक् होकर सुनता रहा...।

अर्से बाद देख रहा था उसे। वह तो उसे महज एक शरारती, शेखीबाज, मुलगी ही समझता आया था। इतना रूप, इतना लावण्य, इतना तेज, इतनी ताकत भरी थी इसमें! न सिर्फ रूप, बल्कि बातचीत से भी मेच्योर! जो कुछ ससुराल में इसके साथ बीता, उसमें इसका कोई कसूर नहीं फिर भी जलील किया गया इसे। एक नगीना पाकर खो दिया बेवकूफों ने।

वाकई एक पके फोड़े-सी टभक रही है मुलगी। शी मे बी माय पार्टनर! बट, अभी इससे क्या पूछे वह? यह कि "तू ससुराल से भागकर यहीं क्यों आयी...।"

नहीं, आघात लगेगा...तो फिर यह कि क्या वह अपने नवरा से बात करेगी?

नहीं, यह सही वक्त नहीं होगा, इससे कैसे पूछे—"तुम्हें तुम्हारी आई के पास छोड़ दें?" कहीं यह न सोच ले वह इस पर भार है—"तुमने यहीं आने को क्यों सोचा?" फिर वही गलती! नाजुक है, हैंडल विथ केयर!

"तो फिर यह कि आगे क्या इरादा है?" हाँ, यह ठीक रहेगा।

"आपका क्या चल रहा इन दिनों?" छोटी ने सवाल पूछकर उसे भँवर से उबार

लिया।

"मेरा...? अभी मैं कई नावों पर एक साथ सवार हूँ।"

"कई नावों पर?"

"मेनली टू।"

"मसलन?"

"एक किसान, किसानी और आत्महत्या।"

"दूसरा...?"

"दूसरा...।" उसने 'र' को रगड़ते हुए कहा—"मेरे प्रारम्भिक पेपर कैलिफोर्निया के...रिसर्च पर स्वीकृत है, सपोर्टिंग पेपर के लिए महीने भर तक यहाँ एक एक्सपेरिमेंट कर रहा हूँ, रिवाइबल मन्थन। उम्मीद है, उसके बाद मुझे अमेरिका बुला लिया जाए।"

"शाबाश!"

"तुम...?"

"सासर[1] का दरवाजा तो हमेशा के लिए बन्द कर आयी। अब मैं सबसे पहले इन्तजार करूँगी अशोक का, पता नहीं, जिन्दगी कहाँ ले जाए, पर जहाँ भी जाए, सीने में जलता रहेगा। मेरे लिए इस्केप और सुइसाइड एक जैसे हैं जिनसे मुझे बेसाख्ता नफरत है। तब...तक...यहाँ...। आप अमेरिका जा रहे हो?"

'यस।"

उसकी आँख छलछला आयी—"मैं तुमसे बराबर कहती आयी, आज भी कह रही हूँ अमेरिका जाओ, इजिप्ट जाओ, चाँद पर जाओ या कहीं और—जहाँ भी संजीवनी मिले, ढूँढ़कर लाओ। मेरा बाप मरा। तुम्हारा बाप मरा। तीन लाख मर चुके। अब आगे एक भी नहीं। फिर वे कीटनाशक! सारी मिट्टी में, सारे पानी में, जहर घोल दिया। मैं इस अभियान को समर्पित हूँ।"

"अच्छे मौके पर आयी। रिवाइबल का कार्यक्रम शुरू ही करने हैं।"

तीसरे पहर शकुन भी आ गयी। पहले पहचान ही न पायी, उसने नववारी पहन रखी थी—"पक्की मराठिन बन गयी मेरी आई।" वह जाकर उसके सीने से जा चिपकी।

"कैसी है?"

"ठीक।"

"भाग आयी या भगा दी गयी?"

"दोनों। तूने गले की हँसुली को कभी निकाल फेंका था गले से। मैंने भी!"

"मुझे मालूम था, कोई भी आँचल तुझे बाँध नहीं पायेगा। तू आग है आग।

1. सासर = ससुराल

जो बाँधने की कोशिश करेगा, जल जायेगा।''

''तुझे मेरे बारे में मालूम है?''

''सब मालूम है, बड़ी बताती रहती थी, तेरा बिजली लाना, नाचना...सब...!''

''जरा देखूँ तो, कहाँ...कहाँ चोट खायी मेरी आई ने!'' वह उसके कन्धे, गले और बाँहों पर के चोट के निशानों को छू-छूकर देखती रही। कुछ की पपड़ियाँ झड़ गयी थीं। कुछ की झड़ रही थीं।

''अब तू क्या करेगी?''

''तेरे साथ चलूँ?''

''साथ...? नहीं! मैं जो कर रही हूँ, एक बड़े अभियान का अंश है। काम बहुत बड़ा है। पढ़ी-लिखी है। उसी के हाथ बँटा।'' अचानक गुमशुम हो गयी शकुन।

''क्या हुआ आई?''

''अगले माह पोला है न?''

''हाँ, क्यों...?''

''मोहन दादा का गो-वध का प्रायश्चित्त है, जाने कहाँ भटक रहे होंगे मोहन दादा...?''

छोटी के लिए बड़े मजे के दिन आ गये थे। कॉलेज में नाम लिखा लिया था। कॉलेज से लौटती तो खेतों की सैर करती। गाँव-गाँव घूमती। सरस्वती ताई पाँच सौ भेज दिया करतीं। ये आम की मंजरियों और सन्तरे के फूलों की खुशबुओं के दिन थे। गेहूँ, चने पर छिड़काव चल रहा था। तूअर कट-कट कर घर के सामने गँज गयी थी। एक दिन वह अपने बनगाँव की फसलों से नागौर के फसलों की तुलना कर ही रही थी कि उसने देखा सिर से पाँव तक सफेद कपड़े धारण किये पीठ पर कीटनाशक ड्रम लटकाये दो व्यक्ति कीटनाशक स्प्रे कर रहे हैं। दोनों हलवाहे मनीष और गनेश कुएँ से पानी लाकर खाली हो गये ड्रमों में एल्ड्रिन मिलाकर उनके कन्धे पर फिर लाद देते।

''कौन हैं ये? कोई सरकारी आदमी हैं क्या?'' वह कदम-कदम बढ़ती गयी। गेहूँ पर स्प्रे, कापूस पर स्प्रे, आम की मंजरियों और अनार तथा सन्तरे पर स्प्रे! हवा में कीटनाशक की बू घुल रही थी।

जैसे ही वे पलटे, उन्हें पहचानकर खिलखिला पड़ी, पाटिल आजोबा[1] और बिज्जू—''पहले आपके यूनीफार्म देखकर मुझे भ्रम हुआ कि आप लोग एस्ट्रोनॉट्स तो नहीं और कहीं मैं चाँद पर तो नहीं आ गयी...तो आकाशचारियों, कब पदार्पण किया आपने चाँद पर?''

''अरे वो कीटनाशक का छिड़काव था। ये अनपढ़, मनीष, गनेश नहीं जानते

1. आजोबा = दादा

सो हम दोनों ने तय किया कि आज प्रॉपर छिड़काव करके इन्हें सिखा देते हैं।'' पाटिल ने कहा।

''मगर सर, कीटनाशक तो बेहद डैंजरस है।''

''बिज्जू के वडील सुनील जी को जानती हो?''

''यहीं दो बार मिली हूँ। कौन नहीं जानता उन्हें?''

''उन्होंने ऋण का निषेध किया था, कीटनाशक का नहीं।''

''पता नहीं, मुझे बोलना चाहिए या नहीं...।''

पाटिल उसका मुँह ताकने लगे—''बोल न!''

''इतने छिड़काव क्यों?''

''फसलों की रक्षा के लिए।''

''तुम भी रक्षा के इस नेक काम में काका का साथ दे रहे हो।'' इस बार वह बिज्जू की ओर मुखातिब थी।

''बिज्जू ने हाथ खड़े कर दिये। काका के कहने पर।''

''तुम कहना क्या चाहती हो?'' पाटिल ने पूछा।

''यह कि यह तो रक्षा में हत्या हो गयी। मैं यहाँ दो बार पहले भी आ चुकी हूँ। मैंने उस सूखे नाले के पास झुण्ड की झुण्ड तितलियाँ देखी हैं, पीली-पीली और दूसरे रंगों की भी...। इस बार जब से आयी हूँ, गौर कर रही हूँ कि अब उतनी तितलियाँ नही दिखतीं। वहाँ एक मधुमक्खी पालन का छोटा-सा प्रोजेक्ट है। वह भी विषाक्त हो रहा होगा।''

पाटिल ने कुछ सोचकर पूछा—''तूने बात तो बतायी लाख टके की, अब से छिड़काव रेस्ट्रिक्टेड। पर यह तो बता, इतनी छोटी-सी उमर में तूने यह सब जाना कैसे?''

''मेरे स्कूल-कॉलेज के दिनों का एक साथी था अशोक—हम शेती ही नहीं दुनिया भर की बातें शेयर करते। वहीं से...।''

27

सिन्धु ताई! छिन घर में, छिन बाहर! आज तो आ जाना चाहिए। आज भी नहीं आये। रात निहारते-निहारते आँखें थक गयीं। पता नहीं, किस हाल में होंगे! सोचते हुए भी डर लगता है। कैसी अभागन हूँ, मुलगा, मुलगी और पति रहते हुए भी कोई नहीं है मेरे पास।

आज तो कहीं भी हो, आ ही जाना चाहिए। पोला जो है। प्राण तरस गये उस आवाज को सुनने को। अभी वह आवाज 'बाँ...आँ...बाँ' की शक्ल में आएँगी। क्या पहचान पाएगी? पहचान तो लेती पर इतने दिनों में बदल न गयी हो कहीं!

बैल तो बैल, भैंस, भेड़ या बकरी भी मिमियाती है तो अनकने लगती हैं ताई, दबे पाँव ढहते खपरैल से बाहर आती हैं। पुलिया तक आकर चारों ओर ताकती हैं। निराश होकर लौट आती हैं। आज भी निराश होकर पुलिया से लौटी आ रही थीं कि पशुशाला में कोई आहट-सी हुई। नजरें मुड़ीं और जी धक-सा रह गया।

ठीक जहाँ 'भाई' बँधा करता था कभी, वहीं खड़ा था वह। उलझे खिचड़ी दाढ़ी-मूँछ बाल "उमा के बाबा! आखिर आ ही गये। मैं कितने दिन, कितनी बार ताक आयी। ताकते-ताकते आँखें थक गयीं।"

एक क्षण को वह खुशी से फूली नहीं समाती। दूसरे पल वह दुख से कातर हो उठती। पूरे गाँव को चीख-चीखकर बुला लाना चाहती थी—देखो, आ गया मेरा नवरा।

उफ्! यह बारिश भी न! चलो, पोला के दिन तो अक्सर पानी बरसता ही है। फिर सभी अपने-अपने बैलों को नहलाने-धुलाने सजाने-सँवारने में लगे होंगे। अमरावती वाली मामी और सदा तो ले भी जा रहे हैं बैलों को धोने। उसने जल्दी-जल्दी खुद को समेटा और मोहन से कहा—"चलो कुएँ पर चलते हैं...न न कुएँ पर नहीं, लोग पचास तरह की बातें पूछेंगे, तुम यहीं रुको, मैं बाल्टी से पानी लाती हूँ।"

नहलाकर उसे अपने पुरानी साड़ी से पोंछा, तुरन्त चूल्हा जला दिया, झटपट आटा गूँधा, गरम-गरम भाप फेंकती रोटी, काँदा छीलकर रख दिया।

"आ भी जाओ।"

"बाँ...आँ।" मोहन दादा ने इशारे से बताया कि वह घर के अन्दर नहीं आ

सकता। 'भाई' की नाद के पास खड़ा है।

"कोई बात नहीं, वहीं लाती हूँ।"

गाँव के बैल सजा-धजा कर खड़े हैं किसान। अमरावती की मामी ने तो बाकायदा एक कशीदे वाली चादर ही ओढ़ा रखी है। झालर-वालर, मुकुट, घुँघरू, घंटी, ऊपर से सींगें तक मढ़ दी हैं चमचमिया कागज से। खुर तक रंगे हुए! लोगों ने अच्छे-अच्छे कपड़े पहन रखे हैं, छाते भी ले लिये हैं। घंटियाँ घनघनाती कतार सजती जा रही है। सदा ने अपने बैलों को फूलों की माला पहनायी थी, घर से लौटकर देखा, नहीं है। उसके बैल खा गये माला, पर वह जिस-तिस पर शक कर रहा है। सरपंच के बैलों की सजावट सबसे अच्छी थी। अस्सी हजार की जोड़ी थी लेकिन एक बैल पोंक रहा है, पूँछ और पुट्ठ लिथड़े हुए हैं गोबर से। चीखने-चिल्लाने के शोर के बीच सबसे पीछे आकर खड़ी हो जाती है सिन्धु ताई। उनके हाथ में एक पगहा है जिसमें बँधा है कोई दढ़ियल बूढ़ा—बैलों की पाँत में एक विचित्र बैल!

"मोहन दादा!" सदा ने पहचान लिया।

लोग कौतूहल से देखते हैं। तरह-तरह के सवाल पूछते हैं—"कब आये, कहाँ थे इतने दिन?"

"आज पोला के दिन ही तो प्रायश्चित्त शुद्धि है?" कोई कहता है।

"कहाँ है निरंजन देव गिरि?"

"अरबी चौक पर ही मिलेंगे?"

और वर्धा के अरबी चौक पर सजे-धजे बैलों की कतार में सारी नजरें भाई मारे मोहन दादा पर केन्द्रित हैं—गले में फाँस है, सिन्धु ताई रस्सी थामे आगे बढ़ती हैं—"कहाँ हैं निरंजन देव गिरि?"

लो, फिर पानी! सुबह से वर्षा की झड़ी लगी हुई है। जब पानी बरसना था, तब बरसा नहीं। आज पोला के दिन ही बरसना था, जैसे कि उन्हें मालूम ही न हो कि यह किसानों का सबसे बड़ा पर्व है। देश की आजादी होती होगी 15 अगस्त को। अपनी आजादी तो यह पोला है।

दरवाजे-दरवाजे पर रंगोली पूरी गयी है, कहीं-कहीं घाट और चौबारों पर भी। बैलों के पाँव तक में घुँघरू। गाँव-गाँव के बैलों की शोभा यात्रा। पशुओं का चारा बेचने वाला नकचढ़ा दुकानदार हरीश तक आज विनीत भाव से बैलों का खुर पखार रहा है—कीचड़ लगे खुर! मस्तक पर रोली से अभिषेक, आरती और मोहन दादा को इस पाँत में देखकर गड़बड़ा गया है—"क्या करें इनका?"

जैसे-जैसे दिन ढल रहा है, वैसे-वैसे सड़क की कीचड़ पर जन सैलाब उमड़ा आ रहा है। सड़क की दोनों पटरियों पर गुब्बारे, खिलौने, मिठाइयाँ, फल और तरह-तरह की चीजें भीग रही हैं इस रिमझिम बरसात में। नुमाइश में किसका बैल बाजी

मारेगा—कौन जाने? फिर भी अपना बैल अपना है, क्यों पीछे रहे वह दूसरे से?

लो फैसला हो गया। किसका बैल जीता? इस भीड़ में समझ पाना मुश्किल है। घंटियाँ बजाते लौटने लगे बैल....सब लौट भी जाएँ मगर एक बैल नहीं लौट पायेगा। लौट गया तो फिर अगले पोला तक बैल ही बने रहना होगा उसे।

मगर कहाँ रह गये निरंजन देव गिरि?

चौक पर एक दुकान के बरामदे में बैठे-बैठे प्रतीक्षा में बीत रही है रात, सिन्धु ताई ने बगल की दुकान से बासी पड़ी जलेबी, नमकीन, समोसे लाकर पति को खिलाया, पानी पिलाया, खुद भी...। नहीं दिखे निरंजन देव गिरि!

सुबह बारिश बन्द हो चुकी है। आज कान्हा पोला है। काठ के बैल! बच्चों का त्योहार। नाना दिखाई पड़ा। अपनी टाँगों और हाथों को झटकते हुए एक छोटी भीड़ को जाने क्या समझ रहा है।

"क्या हुआ?" पूछा सिन्धु ताई ने।

"अरे वो वसीम था न! ट्रैक्टर के लिए लोन लिया था। किश्त अदा न कर सका, अभी-अभी उसका ट्रैक्टर खींचकर ले गये बैंक वाले।" फिर उसे खयाल आया—"अरे वहिणी! मैं भी न...! तुम्हीं को ढूँढ़ने आया था और...! चलो चलें, घर चलें।"

"वो पंडित जी...?"

"वो बनारसी ठग? उसका अता-पता कहीं नहीं है, वो इधर खड़ी कर रखी है अपुन ने अपनी बैलबंडी।"

सिन्धु ताई ने मोहन दादा के गले का पगहा खींचा—"चलो।"

अड़ गये मोहन दादा—"बाँऽ ऽ ऽ!" माने बिना शुद्धि किये नहीं जाएँगे।

"चलो ना। ठंड लग गयी तो सरपंच के बैल की तरह पोंकते फिरोगे।" नाना ने अपने मित्र को फिर ठुनकियाया।

बैलगाड़ी पर जैसे-तैसे चढ़ाया गया मोहन दादा को। गले की रस्सी अब भी बगल में बैठी सिन्धु ताई के हाथों में थी। चल पड़ी नाना की मरतुकड़ी बैलबंडी—खड़-खड़-खड़-खड़!

"तुम्हें याद है मोहन दादा, ये नहर कब बनी थी—सन् 1992-94 में। अरे...ले गया खाई में!" नाना ने बैलों को डाँटा—"इत्ती-सी चढ़ाई में हग मारे! तीन जने ही तो हैं। दायें-दायें!" नाना ने बैलों को मुख्य सड़क से बायीं ओर मोड़ कर गाँव जाने वाली कच्ची सड़क पर डाल दिया—"सो समझीं सिन्धु ताई, अजीब बात है, अमेरिका के कैलिफोर्निया में भी यही बी.टी.कॉटन बोया जाता है। वहाँ कापूस चुनने वाली मशीन दो मिनट में पूरे दिन का काम निपटा देती है जैसे हार्वेस्टर से गेहूँ, धान की बालियाँ ऊपर-ही-ऊपर काट लेते हैं, वैसे ही कॉटन भी...। पूछो क्यों?

क्योंकि उन्हें भूसा या जलावन नहीं चाहिए, बैल है ही नहीं, गाय भी काट खाते हैं, बछड़े भी, बैल भी...। अपुन ऐसा नहीं कर सकते। अपुन तो पूजा करते, मरेंगे तो मेरे खूँटे पर ही मरेंगे। शिवजी महाराज गो रक्षक...।'' बैलगाड़ी ने एक हिचकोला खाया। वाक्य आधे में टूट गया। नाना ने सड़क के गड्ढों को गाली देते हुए बैलों को सँभलकर चलने का निर्देश जारी किया। अभी उसके दिमाग में एक बहुत उम्दा आइडिया आया, जिसे बताने के लिए उसकी जीभ में खुजली होने लगी—''अपुन का सीधा-सा प्रिंसिपल है, मरना ही है तो यू.पी. में मरो, कुम्भ में मरो तो सरकार पाँच लाख देगी, प्रतापगढ़ में गैंगवार में मरो तो दस लाख। यहाँ क्या मिलेगा—25 हजार और 75 हजार का फिक्स, वो भी पात्र बनने पर।''

दायीं ओर लग रहे थे नाना के खेत वहाँ पेड़ के पास विनायक खड़ा था बोला—''तू कहाँ गया था नाना? इधर तुम सैर कर रहे हो उधर बाला जी, हनुमान जी, तुम्हारी सोयाबीन को भोग लगा रहे हैं।''

नाना ने बैलों को रोका और चौड़े कदमों से झींगुर की तरह दौड़ पड़ा—''ठहरो स्सालो!'' आगे बढ़कर उसने देखा, उसके खेत में दस-एक छोटे-छोटे बन्दर सोयाबीन की नरम-नरम पत्तियों और कलियों को नोच-नोचकर खा रहे थे। नाना ने वहीं से ढेला उठाया। उसने ताक कर उसके लाल चूतड़ का निशाना लिया। कुछ तो भाग चले मगर दो मोटे बन्दर दाँत निकालकर बन्दरघुड़की दिखाने लगे।

''देख बेटा, तू हनुमान जी तो मैं तुम्हारा बाप केसरी! या तो तुम रहोगे या मैं!'' दूसरा ढेला भी निशाने पर लगा और बन्दर भागे। बगल में मूँग की फसल थी, एक उखड़े पौधे को उठाया, पौधा मुरझा चुका था। मन दुखी हो गया।

लौटकर आया तो देखा सिन्धु ताई रो रही हैं, खेतों में काम रही औरतें उन्हें सान्त्वना दे रही हैं।

रात भर जगी सिन्धु ताई बैलबंडी के चलते ही सो गयी थीं, बीच में मोहन दादा उतरकर कहाँ चले गये—कुछ पता नहीं। शायद वहाँ, जहाँ बैलबंडी ने हिचकोले खाये थे, या यहाँ जब वह बन्दर भगाने गया था...! तभी नाना को याद आया, क्या जरूरत थी अमेरिकी बैलों के वध की चर्चा छेड़ने की! एकाएक वह गहरे पश्चात्ताप से भर गया।

28

मोहन दादा से जुड़े प्रसंग का मलाल फीका पड़ा तो नाना ने पहाड़ियों की ओर भर नजर देखा। सहसा ही उसे कविता याद आयी—"धुन्ध में डूबी पहाड़ियों की टूटती जुड़ती मेखलाएँ/रातों को फुसफुसाती हुई बतियाती हैं आपस में/टिकता नहीं पहाड़ पर पानी/रिस-रिस कर जमा होता है नीचे/जैसे शेतकरी का पैसा रिस-रिस कर जमा होता रहता है महाजनों के पास/कई सालों के बाद इस साल फिर बरसा है पानी/बरसों-बरसों की प्यासी धरती ने रोम-रोम में भर लिया है पानी/पंक्ति-पंक्ति नृत्य करते हुए छैल फैल रहे हैं पौधे सोयाबीन के/अँगड़ाई लेकर उठ खड़े हैं कापूस/पीछे-पीछे दौड़ रही है तूअर भी/और इन्हीं के साथ बेपनाह खर-उद्भिज/सब शामिल हैं ऊर्ध्वमुखी इस दौड़ में/नदी, नालों गड़हों के पानी में झाँकता होगा पूरा आकाश। तुम भी चलो, हम भी चलें छू लें आकाश!"

बिज्जू की इस भोंडी कविता की ललकार के झाँसे में मारा गया विजय राव वापट राव नाना। अपने दो एकड़ के खेत में कर्ज लेकर बो दी थी जोआरी[1] और सोयाबीन। सोयाबीन बन्दरों के भोग चढ़ गया। बाकी बची जोआरी तो पैदावार देख कर सिर पर हाथ धरकर बैठ गया—"ये जोआरी के पौधे हैं या सेवैयाँ घास के? चलो कोई बात नहीं, बैलों के चारे के काम आयेगी और बैलों का गोबर लक्ष्मी के खेतों की याद बनेगा।"

बिज्जू ने सुना तो हँस पड़ा—"तुम फिनिक्स हो, फिनिक्स नाना! मरोगे नहीं सहज में। तुम्हें, तुम्हारी बैलबंडी और तुम्हारे बैलों को देखकर सन्देह होता है, क्या पता, कल का दिन देख भी पाएँगे या नहीं। लेकिन दूसरे दिन फिर खड़े हो जाते हो—जस का तस।"

"ये फिनिक्स क्या होता? फिनिश!"

"नहीं फिनिश का उलटा। ऐसा पक्षी जो अपनी राख से फिर जी उठता है।"

"मैं और फिनिक्स! मार रहे हो या मजाक कर रहे हो?" 'मजाक' वाली बात पर नाना को अभी-अभी याद आया कि गाँव का सरपंच भी उससे मजाक करता है

---

1. जोआरी = ज्वार

तभी तो नये पटवारी केलकर को मेरे पास कुएँ के लोन के लिए भेज दिया। गंजे को कंघी से क्या काम? पहले ही लिये गये ऋण को अदा न कर सका, फिर दूसरा ऋण कहाँ से मिलेगा? ये संजय गाँधी, राजीव गाँधी, सोनिया गाँधी, ये गाँधी, वो गाँधी वाली हलकट योजनाएँ! कुआँ पहले खोदो, ऋण बाद में देगी सरकार। कुएँ के निर्माण के लिए सब कुछ बेच डालो—घर-द्वार, चूल्हा-चक्की, गाय-बैल, औरतों के गहने और औरतों को भी...और आखिर-आखिर तक उसी कुएँ में कूदकर खुद भी जान दे दो शिबू की तरह।

छर्रे तो बदल दिया, थोड़ा तेल भी डालना पड़ेगा धुर्रे में...न, तेल नहीं, चर्बी! बहुत चीखती है बीना की आई की तरह—बहोत थकी हूँ सोने दो! नाना ने बैलबंडी की ठोंक-पीट छोड़ सूने रास्ते की ओर देखा। परसों गणेश चतुर्थी है गणपति बप्पा मोरिया...। कहीं पूजा बिता कर तो नहीं लौटेगी लक्ष्मी? कहा, बेटी बीना से भी मिलकर हाल-चाल लेती आऊँगी। दरअसल, पहाड़ियों की ओर ताकने का उद्देश्य भी नाना का कोई प्रकृति प्रेम नहीं, बल्कि लक्ष्मी का सन्धान ही था। वह पहाड़ियाँ नहीं, पहाड़ियों के बीच से फूटने वाली सड़क की ओर देख रहा था।

नाना ने चौथी बार लक्ष्मी की गुमटी की ओर ताका। कोई धुआँ नहीं उठ रहा वहाँ से। माने यह लक्ष्मी अभी तक नहीं लौटी मायके से। माने आज उसे अपने बैलों के साथ-साथ खुद के भूसे-पानी का भी इन्तजाम करना होगा। अब बैलबंडी का रिपेयर तो रोज-राज का धन्धा ठहरा। धूल भरे बर्तनों के कबाड़ से अपनी पतीली निकाली और झाड़ पोंछकर उसने कनस्तर खोलकर आटा निकाला—जाने कब का है, जाने किस चीज का...। जिसका भी हो आग में तपकर पवित्र बन जाएगा। आटा सानकर ताने के लिए पतीली को उठाकर फिर झाँका तो छेद के गोल दायरे में किसी औरत की आकृति थी। लक्ष्मी! मन हरियाला हो गया। जीवन के तपते मरु में एकमात्र नखलिस्तान। दिन नीम पर जा चढ़ा और महारानी अब आ रही हैं। मान ने फन काढ़ा—मैं तुम्हारा लगता कौन हूँ? तुम क्या समझती हो तुम्हारे बिना जी नहीं पाऊँगा! तुम पर अधिकार ही क्या है मेरा? उसने आटे से छेद को बन्द कर पानी डाल कर चूल्हे पर चढ़ा दिया।

लक्ष्मी का पति काफी पहले घर छोड़कर कहीं चला गया था। एक बेटा है महेश। दस साल का हो चुका है। इधर नाना की बायको भी बैलबंडी आन्दोलन में उसका अंग-भंग होने पर ट्रेन से कहीं बाहर मजूरी करने जाने लगी थी। मुँह अँधेरे जाती, देर रात आती। एक दिन नाना ने टोक दिया, हाय! गयी तो फिर लौटकर आयी ही नहीं। शुकर था, मुलगी बीना की शादी कर दी थी। इस तरह से दो परित्यक्त धीरे-धीरे करीब आये। लक्ष्मी ने चाहा और छोटे-मोटे सामानों की दुकान लगा थी। पिछवाड़े आधे एकड़ के करीब खेत है, जिन्हें नाना जोत-बो दिया करता

है। बदले में वह उसे दोनों जून जेवण भिजवा दिया करती है और उसका मुलगा महेश कभी-कभी उसका बदन टीप-टाप दिया करता है।

आदत बिगाड़ दी है लक्ष्मी ने। अब इसे सुधारना होगा धीरे-धीरे। इस दुनिया में जब अपनी अपनी न हुई तो लक्ष्मी तो फिर भी परायी ठहरी। लक्ष्मी लाख बुलाएगी, बोलना नहीं है आज। अब उसे तय करना था कि वह क्या पकाये—खिचड़ी, दाल-बाटी...? खिचड़ी ही सही रहेगी। काँदा तो वह बगल के खेत से उखाड़ लेगा, दो-एक बटाटा कहीं मिल जाते तो...पर असली चीज तो दाल-चावल है, नहीं, ठहरो और भी बहुत कुछ है—नमक, मसाला...। अचानक उसे लगा, एक मनहूस-सी आवाज को वह कब से अनसुनी कर रहा है। क्या है वह! 'छन्न-छन्न' की आवाज। पतीली का छेद खुल गया है, वह टपक-टपक कर छन्न-छन्न बज रहा है। बुझने वाली है आग। तभी सहसा उसे लगा, छन्न-छन्न की आवाज 'छम्म-छम्म' में ढलने लगी है। पलटकर देखा तो लक्ष्मी-महेश। 'छम्म-छम्म!' अन्दर तक बजने लगा। लक्ष्मी ने नयी पायल पहन रखी थी।

उसने आते ही उसे चूल्हे से भगाया—"चलो हटो, यह तुम्हारा काम नहीं है। अरे मैं तो आ ही रही थी न!"

"मैं बना रहा हूँ न। आज मेरे हाथ का खा लो।"

"सी-ई-ई-ई धे सरग जाना पड़ेगा तुम्हारे हाथ का पकाया जेवण खाया तो।" उसने 'सीधे' को दूर तक खींच दिया। बेटे महेश से अपना थैला लेकर एक छोटी बाटली निकाली—"यह तुम्हारे लिए।"

"बिलायती न?" नाना का सारा मलाल जाता रहा। मुलगी बीना का हाल पूछना भी भूल गया।

इसी बिलायती के आरोपित स्पिरिट से गणेश चतुर्थी के पावन दिवस पर एक अपावन गड़बड़ी हो गयी न! अपने पुष्पक विमान से उतरकर गली में मूत्र विसर्जन के लिए उतरकर अभी अपने पैंट की चेन खींची ही थी कि अभागन फँस गयी। यह तो कर्ज में फँसे शेतकरी जैसा हो गया। अब नाना पेशाब करे तो कैसे और बिना पेशाब किये गाड़ी हटाए तो कैसे! शानदार सैन्ट्रो कार और मरतुकड़ी बैलबंडी आमने-सामने। एक के बिना हटे दूसरी जाए कैसे और दोनों के बगैर हटे लोग अटके रहें कब तक?

अथ कार बैलबंडी संवाद (कुछ मूर्त कुछ अमूर्त शैली में)

बैलबंडी : क्या मैं जलेबी खा रहा था?

कार : ....

बैलबंडी : मैं दारू पी रहा था?

कार : ....

बैलबंडी : मैं एक लड़की के साथ टहल रहा था! हम तो तुमसे कभी पूछने नहीं आये कि तुम मुर्गी की टाँग क्यों चबा रहे थे, व्हिस्की क्यों उड़ा रहे थे, लड़की लेकर क्यों मौज कर रहे थे। बोलो, पूछा कभी!

कार : हम कुछ नहीं पूछते मेरे आजोबा। कुच्छ भी नहीं। सिर्फ रास्ते से हटने को बोलते।

बैलबंडी : नहीं, हम तुम्हारे मन की बात जानते हैं। हमेशा पूछते हो। हमेशा इन्सल्ट करते हो। ये साला चेन...! लोन लिया है बैंक से इसलिए न? तुम लोग नहीं लेते।

रास्ता जाम। गाड़ियों के हॉर्न। साइकिलों की घंटियाँ। लोगों की चीख-पुकार...।

''इस गली में कार कौन घुसेड़ रहा है?'' एक व्यक्ति ने पूछा।

''मैं बैंक मैनेजर...मैं ले आया। उधर गणेश चतुर्थी के चलते जाम था।'' अब कार नहीं बैंक मैनेजर बोल रहा था।

''तो हटाओ न इसको।''

''हटाएँ कैसे जबकि नाना का पुष्पक विमान अपने चक्के के डैने फैलाये राह रोके खड़ा हो।'' दूसरे व्यक्ति ने कहा।

''अभी चेन फँसा है, चेन खुलेगा, मूत्र त्याग होगा, तब कहीं...।'' तीसरे ने स्पष्ट किया।

''चेन तो खुल गया लगता है। जल्दी आओ नाना, जल्दी।''

''अरे पेशाब नहीं होता तो डॉक्टर के पास जाओ न! रास्ता कायेला रोके खड़ा है?''

आखिर बैलबंडी को ठेलकर कार के जाने लायक रास्ता बनाया गया।

नाना पेशाब करके लौट तो आया मगर मलाल लेकर—''सेकेंड हैंड पैंट ली थी। अरबी नाके से।'' हड़बड़ी में जोर से चेन खींची, टूट गयी—''जा स्साला!''

''इसके लिए जिम्मेवार कौन है—दारू? मैनेजर? कर्ज?''

''तुम तो नहीं न?''

''छोटी होती तो टहोंका मारे बिना न रहती—वैसे तो तुम्हीं ने मुझे बर्बाद किया है, इलजाम किसी और के सर जाए तो अच्छा।''

29

दक्षिण एक्सप्रेस सेवाग्राम स्टेशन पर रुकी तो कुछ सोचकर उतर गये वेंकट। वहाँ से अखबार दिखा-दिखाकर पता पूछ रहे थे। फिर बस स्टैंड और वहाँ से विजयेन्द्र के घर।

''आप?'' विजयेन्द्र ने पूछा।

''मेरा नाम वेंकट है, आन्ध्रा के वारंगल जिले क़ा माटांगुडी गाँव का किसान हूँ। आपकी ही तरह कॉटन की खेती करता...आज न्यूज पेपर में आपका एक आर्टिकल देखा। हम सोचा, आप कोई एजेड स्कॉलर होगा। आप तो अबी बच्चा है।''

''जी! अभी विदिन थर्टी ही हूँ।'' झेंप गया बिज्जी—''ट्वेन्टी नाइन।''

''आप सबी कॉटन फार्मर्स का प्रॉब्लम लेकर एक सेमिनार करने का बात करते। अमारा भी कुछ प्रॉब्लम है। हम चाहता कि आप अमारा प्रॉब्लम पर भी ध्यान दें।''

अन्दर से बहन निवेदिता ने चाय भिजवा दी थी। चाय थमाते हुए विजयेन्द्र ने कहा—''पहले चाय फिर आपकी प्रॉब्लम!''

''ओ अच्छा!'' चाय सिप करते हुए वेंकट को विजयेन्द्र ने चोर निगाहों से ऊपर से नीचे तक देखा। 50 साल का इनसान, मध्यम कद, वही कोयला भई न राख वाला झुलसा चेहरा, वही कापूस...वही प्रॉब्लम, कपड़े-लत्ते से मध्यम वर्गीय, स्वर में थोड़ा-थोड़ा तमिलियन खिंचाव। प्याला रखकर वेंकट बोले—''हाम रास्ते में देखा सॉयल मोर और लेस सेम है, हामारा-आपका। हमारा जंगल-झाड़ पत्थर निकाल दें तो वही...उधर दिल्ली से आ रहा था तो सोचा आपसे मिलता चलूँ...।''

आई प्याला लेने आयी तो पूछा—''आई...?''

''हाँ।''

वेंकट ने पाँव छूकर प्रणाम किया! श्वेत साड़ी को मार्क किया—''फादर...?''

''सुइसाइड!''

वेंकट ने सिर पर हाथ दे मारा—''सेम प्रॉब्लम विदर्भ और तेलंगाना। कुछ प्रॉब्लम सेम, कुछ लोकल...आपसे रिक्वेस्ट है कि अगर प्रॉब्लम पर विचार करना ही है तो टोटैलिटी में देखना ज्यादा अच्छा होगा।''

"जी!"

"तो आप कॉन्वेशन से पहले एक बार हमारे यहाँ भी देख लें...हमने बोला न विदर्भ और तेलंगाना...ही नहीं, गुजरात, पंजाब, कर्नाटक, मध्यप्रदेश, छत्तीसगढ़, बुन्देलखण्ड, सब कॉटन प्राड्यूसिंग जोन्स का कुछ प्रॉब्लम सेम, कुछ लोकल?"

"क्या सेम और क्या लोकल?"

"माने बी.टी. कॉटन, पेस्टीसाइड, एटसेक्ट्रा-एटसेक्ट्रा सेम। बट गवर्नमेंट डीलिंग डिफरेंट! वो डिफरेंट क्या एण्ड हाउ टू फाइट इट आउट!"

"उसको जानने के लिए लौकेलिटी में जाना होगा। हमारे एक साथी नीलेश और राज ने उधर काम किया है...उन्हें...।"

"उनको बी भेजो, लेकिन आप चलो, आप...।"

विजयेन्द्र दुविधा में पड़ गया...।

"आप क्या सोचने लगा...मल्लेश को तो जरूर जानते होंगे?"

"कौन मल्लेश?"

वेंकट ने बैग से अखबार निकाला—"आन्ध्रा ब्वॉय ज्वाइनिंग 'नासा' इन मार्श प्रोग्राम!" पिछले सप्ताह का अखबार था, बोले—"ये मल्लेश हुआ, हमारा भतीजा...।"

खुद पर झल्लाहट आयी विजयेन्द्र को। अखबार कई दिनों से देखा ही नहीं...।

"ये उधरीच का है, माने तमिल बॉर्डर। हाम भी उदरीच ही रैते थे, इधिर रैते थे हमारे ब्रदर-इन-ला। क्या बोला बहनोई...कॉटन-फार्मर, आठ हेक्टेयर खेत। सुइसाइड कर लिये...कोई गार्जियन नहीं। तब हामको आना पड़ा। अभी मल्लेश वहीं आया हुआ है। उससे भी मुलाकात हो जायेगी और प्रॉब्लम भी देख लेंगे। आप चाहें तो दूसरे दिन चले आना, हाम रोकेगा नहीं।"

विजयेन्द्र ने कुछ सोचा और निर्णय ले लिया—"ठीक है, कल चलेंगे।"

और दूसरे दिन वेंकट के साथ रवाना हो गया विजयेन्द्र।

वही लैटराइट काली माटी, कपास का धवल फेन उगलते खेत। अगर कुछ पत्थर और झाड़ियाँ निकाल दी जाएँ, भाषा बदल दी जाए तो आन्ध्र के इस क्षेत्र और विदर्भ में कोई फर्क नहीं रह जायेगा...अलबत्ता यह नक्सली बेल्ट था। मल्लेश तीस साल का युवक! चश्मे के भीतर से झाँकती तेजस्वी आँखें। बदन गोरा। चेहरा देखकर समझ पाना मुश्किल। बहुत कम बोलता था। वेंकट की विधवा बहन और मल्लेश ने उनकी आवभगत में कोई कोर-कसर उठा नहीं रखी।

खाना खाने के बाद वेंकट उन्हें घुमाने ले गये...।

"प्रॉब्लम भौत है, कुछ कॉमन प्रॉब्लम, इरीगेशन, नरेगा में करप्शन, खेती के

लिए मजदूर नहीं मिलते, नरेगा ने वर्किंग कल्चर खराब कर दी। फिर मंडी जाओ तो रेट नहीं मिलता। कभी-कभी तो इन्तजार करते-करते पानी बरसता, कॉटन भीगकर बर्बाद हो जाता। कोई-कोई किसान तो रूई में आग लगा देता, एल्ड्रिन पी लेता...।''

''आपके बहनोई, आय मीन आपके खेत कहाँ हैं?''

''वो रहे...।''

दूर के खेत में श्वेत दाढ़ी बाल लगाये कपास के सान्ता क्लाज स्वागत में खड़े थे।

''उन्होंने सुइसाइड क्यों किया?''

''सुइसाइड आपकी एरिया की तरह आन्ध्रा में भी होता वो भी लोन न चुका पाने का कारण, तो गवर्मेंट ने सोचा ग्रुप में रहेंगे तो नहीं करेंगे सो माइक्रो फाइनेंस स्कीम लागू किया। माने एक को कर्ज नहीं, कुछ फार्मर लोगों को एक साथ ज्वायंट...।''

''माने को-ऑपरेटिव...?''

''वोई समझ लो, मगर प्रॉब्लम क्या हुआ कि जब कर्ज वसूली का टाइम आता तो कुछ लोग देते, कुछ नहीं दे पाते।''

''माने इस्केप...?''

''ठीक इस्केप नहीं, हेल्पलेसनेस! जैसे हमारा ब्रदर इन-ला...वो एक लाख कर्ज! वे मैंने रिक्वेस्ट किया था मल्लेश के लिए! वे भौत उत्साह में थे कि मल्लेश आई.आई.टी. कानपुर में नाम कर रहा है। हम टोकता तो बोलते, 'कोच्छ फिकर नहीं। हाम दे लेगा...।' लेकिन न! नहीं दे पाये तो दस आदमी का ग्रुप में लोन लिया था, 8 दे दिये बाकी नहीं। तो जो दिये उनका टांटिंग, इन्सल्ट! ऐंड अल्टीमेटली...।

विजयेन्द्र ने पीछे पलटकर देखा मल्लेश पीछे रुककर किसी को फोन कर रहा था।

''क्या मल्लेश को मालूम है यह सब?''

''नो। आप बोलना भी मत, हम सिरिफ आपको प्रॉब्लम बता रहा था।''

आगे एक चाय की दुकान पर रुके वे।

मल्लेश को देखकर कइयों ने उसकी पीठ ठोंकी।

वे सभी रामीनिनी नामक एक किसान की बात कर रहे थे।

''क्या हुआ था?'' वेंकट ने आगे बढ़कर जानना चाहा।

लोगों ने जो बताया उसे सुनकर बिज्जी के होश उड़ गये।

''एक स्कीम है कि जो कृषक मंडल रेवेन्यू ऑफिसर को इनफॉर्म करेगा कि मइ सुइसाइड करने जा रहा है...तो उसको दस हजार देगा। रामीनिनी श्रीनिवासन के पास गया, बोला--'मेरा भौत लॉस हो गया। एकदम से फसल नहीं हुआ। दस हजार देने का कृपा करें।' वे हँसने लगे--'गवर्मेंट ने सदाव्रत नहीं खोल रखा है।' बताओ, जैसे श्रीनिवासन के पाकेट से जा रहा था। नहीं दिया। वो घर आया तो

घर वाले भी अपमान करने लगे बस...।''

अगर वो वीपन उठा लेता तो बोलता नक्सलाइट हो गया नहीं तो सुइसाइड! दूसरा-दूसरा प्रॉब्लम भी विदर्भ जैसा ही, जैसे दारू का मगर उनको ट्रीट करने का तरीका अलग था।''

विजयेन्द्र को शकुन के भट्ठी भंजक दल की बात याद आयी, पूछा—''वो औरतों द्वारा दारू की भट्ठी तोड़ने का कार्यक्रम आपके ही क्षेत्र में शुरू हुआ था न...?''

''वो तो मेरी सिस्टर ने घर पर ही उस दल को बुला रखा था। नक्सलाइट्स के समर्थन से नशा बन्दी का प्रोग्राम लिया था महिला मंडल ने। भौत पहले। ग्रुप में जातीं। तोड़ कर आती। पीछे नक्सल सपोर्ट था। डरती नहीं थीं। पुलिस के पास जाकर रोये भट्ठी वाले। पुलिस की कमाई भी बन्द हो गयी थी। तब पुलिस स्टेशन ने दारू वालों को थाने के बगल दुकान खुलवा दी—पाउच में मिलने लगा।''

वाकई माटांगुड़ी न आया होता तो इस समस्या के कई पक्षों से अनजान ही रहता विजयेन्द्र।

उसने वेंकट से अनुराध किया कि वे अपनी रिपोर्ट मीटिंग में पेश करें और मल्लेश से कहा—''आप इन्स्पिरेशन हैं, आपके आगे आने से सम्भव है एक नया आत्मविश्वास जागे और आत्महत्याएँ रुक जाएँ। सो आपको तो आना ही आना है।''

रात को वह लौट रहा था। कपास के सान्ता क्लाजों का दल उसे विदा कर रहा था। अन्धश्रद्धा उन्मूलन के दाभोलकर साहब को सुबह में गोली मार दी जाती है। मोहन दादा के गले में हत्यारे धर्म की कोई हत्यारी परम्परा गोहत्या के प्रायश्चित्त के लिए पशु बनाकर घर से खदेड़ देती है, निरंजन देव उस बार भी नहीं आया। कोई सेठ महाजन होता तो दुम हिलाता आता।

सिर्फ वही नहीं है अकेला हत्यारा। हत्यारे कई हैं—एक से बढ़कर एक! स्वर्ण मन्दिर में दुख भंजरी पाठ के लिए दस-दस साल से लाइन है...बड़े-बड़े हैं अन्धविश्वास की लाइन में। अमिताभ बच्चन समेत एक लाख तीस हजार। वहाँ कोई बेर का पेड़ है तो शिरडी में नीम का पेड़ और बोधगया में पीपल का, बनारस में...। ये सभी हत्यारे हैं...सभी।

वह प्रेत की तरह तीन बजे रात को स्टेशन पर टहल रहा था। ट्रेन आने में अभी देर थी।

बैग में टटोला तो ज्योतिबा फुले की पुस्तिका 'शेतकरांचा असूड' (किसान का कोड़ा) निकल आयी। एक मुड़े पन्ने पर नजर गयी—''उन दिनों सरकार में नालिश करने का रिवाज नहीं था। जब इच्छा हो, किसानों को पीट दो। उनके ढोर-डाँगर,

बेच दो, सामान लूट लो। उनके रिश्तेदारों को भी मत छोड़ो। उनके सिर या पीठ पर भारी पत्थर रखकर नीचे से मिर्च सुलगा दो, उनके गुप्तांगों में लकड़ी डालकर पीटो...।" कौन करते थे ऐसा—दुष्ट साहूकार और जमींदार! सीने में आग-सी जलने लगी। ये साले पैरासाइट्स! उसका वश चलता तो वह इन जुल्मी जमींदारों, साहूकारों, शराब माफियाओं, भ्रष्ट पुलिस कर्मियों और नेताओं के साथ ठीक यही सलूक करता।

30

ऐन शाम को अचानक बादलों ने धावा बोला था। आँधी ऐसी काली कि चार बजे ही लगा, रात हो गयी। इस काली काल यवनिका के पीछे छिप गयी उम्मीद की सारी उजास। वर्धा ही नहीं, विदर्भ के कई जिलों के किसानों का कलेजा काँप उठा। नागौर के तो बच्चे से लेकर बूढ़े और स्त्री से पुरुष तक अपने-अपने ओसारों में एकत्र हो गये, जैसे सबकी सामूहिक फाँसी होनी हो। तेज आँधी अपने पीछे पानी ले आयी और पानी ले आया ओले। 100 से 400 ग्राम तक के श्वेत धवल ओले। मुलगे-मुलगियाँ दौड़-दौड़कर बीन-बटोर रहे थे, जब बड़ों ने डाँटा तो रुके। आधे घंटे में खेत पर सफेद कफन-सी ओले की चादर बिछ गयी।

छोटी के लिए यह थ्रिल का मौसम था। उसे अपने बनगाँव वाले दिन याद आये जब वह जंगल में महुए चुना करती। चारों ओर महुए बिछे थे, सिर्फ उनके रंग सफेद थे। लेकिन जब वह विजयेन्द्र और उसकी आई के साथ कीचड़ से भरे खेतों में पहुँची तो जी धक-सा रह गया। यह पाटिल काका का चेहरा था या किसी प्रेत का। वे खेत के बीच सिर पर हाथ धरे बैठे थे।

"सब बर्बाद हो गया।" उनका पहला वाक्य था—भर्राया हुआ। बर्बादी की दास्तान जमीन पर बिखरी फसलें कह रही थीं। सोयाबीन अब कटने ही वाली थी पककर...तीन से पाँच लाख तक उम्मीद कर रहा था और अब बीया भर का भी निकल आये तो शुकर मनाओ। कापूस के पौधे नोचे छिनगाये जा चुके हैं। चुभने के लिए अब सिर्फ काँटे बचे हैं।

"हाय काका ये देखो।" विजयेन्द्र ने कहा—"आम, सन्तरे, अनार और नीबू के नन्हे-नन्हे टिकोरों से पटा पड़ा है शेत। जैसे किसी उत्पाती बन्दर ने सबको तोड़-तोड़कर नीचे गिरा दिया है और सपनों, उम्मीदों को उजाड़ दिया हो।

"अँधेरा घिरने लगा है। चलो लौट चलो। ईश्वर को यही मंजूर था।" बिज्जू की आई ने कहा।

"घिरने लगा है? घिर गया कहो, दस-दस लाख से कम का क्या नुकसान होगा।" पाटिल को पकड़कर लाये माँ-बेटे।

अगले दिन डरते-डरते गया बिज्जू आई के साथ पाटिल काका के बैठक में।

''कोच्छ फिकर नहीं।'' पाटिल ने बाँहें उठाकर एक योद्धा की तरह तान दीं—''हम समझते हैं सिर्फ हमारा नुकसान हुआ है, नहीं, दूर-दूर तक ओलों ने फसल बर्बाद कर दी।''

''हाँ काका, नागौर ही नहीं आसपास के सारे गाँव।''

''गाँव ही नहीं, अधिकांश महाराष्ट्र। मराठवाड़ा में तो सुनते हैं सारे अंगूर बिछ गये नासिक के। जो चोट खाये फल बचे होंगे, इनमें कीड़े पड़ जाएँगे। मध्यप्रदेश में सोयाबीन की बम्पर फसल थी सब पीट-पीटकर नाश कर दिये। आम, अनार की पूछो मत!''

''अब क्या किया जाए?''

''मनीष को भेजा है कुछ मजूरों के साथ—जो भी बचा सके, मैं भी चल रहा हूँ। चारों तरफ फोन सम्पर्क कर रहा हूँ। डी.एम. के ऑफिस के सामने प्रदर्शन फिर नागपुर, फिर मुम्बई...।''

और चौथे दिन ही कृषि मन्त्री की घोषणा हुई—''शेतकरी को इस क्षति का मुआवजा मिलेगा।''

पाटिल काका बहादुर आदमी हैं। ओला गिरे या आकाश, गिरने के बाद स्पोर्ट्समैन स्पिरिट से फिर उठ खड़े होते हैं। इस बार जैसे फिर उठकर ललकारा उन्होंने बिज्जू को—''तुम्हारी मैरेठन रिवाइवल का क्या हुआ?''

''मन्थन?''

''हाँ जी वही। तुम जवानों साथ मैं भी हूँ—खरच की फिकर न करना। आय विल मैनेज।''

पेड़ की दो डालों से लटका दिया परदा, नीचे बाँध दी ईंटें। यह भी सुविधा न बन पड़ी तो चने से पुती दीवार को पर्दा बना लिया।

हो गया चलन्त चलचित्र सिनेमा हॉल तैयार। राज इस सिनेमा हॉल को लेकर गाँव-गाँव जाता है और फिल्में दिखाता है। कभी 1924 की फिल्म 'साहूकारी पाश' कभी 'मदर इंडिया' कभी 'बारोमास' तो कभी डॉक्यूमेंटरी कभी और कुछ। सबसे ज्यादा पसन्द की जा रही थी पी. साईंनाथ की डॉक्यूमेंटरी—'नीरोज गेस्ट!'

और सबसे ज्यादा प्रभावकारी हैं उसके ये मार्मिक अंश—

आत्महत्या करने वाली माँ की बेटी कहती है—''सोते-जागते जब भी देखा, माँ को काम ही करते देखा।''

''समाज एक औरत को किसान मानता ही नहीं।''

''सालों के बाद भी हमें यह समझ में नहीं आ रहा कि हम कहाँ जा रहे हैं।

सन् 98 तक पहले हफ्ते में एक-आध आत्महत्याएँ, 2002 के बाद हर दिन एक-दो विदर्भ के हर जिले में।"

"एक ही परिवार में क्रम-क्रम से तीन आत्महत्याएँ। पिता की कमीज पहने बेटा पंक्ति में है। उदास पत्नी। पति के बाद शायद उसकी बारी है।"

तीन बेटियों वाला किसान पिता आत्महत्या करता है। दीवाली की साफ-सफाई के दौरान बड़ी को कुछ कागजात मिलते हैं, मुड़े-तुड़े कागज। खोलकर देखती है—अरे यह तो कविता है, पिता द्वारा लिखी हुई कविता। तो उसका पति कवि भी था?

चुप्पा पिता! कविता है या सुइसाइडल नोट!

"अलग हूँ मैं
इसलिए स्वाभाविक है मेरी जिन्दगी
मेरी मौत चकित कर देगी तुम्हें
बेमौसम बारिश की तरह
कविता का चहेता मेरा अस्तित्व
कापूस की फसल की तरह है
इसकी जड़ों में है मिठास
जैसे मिठास होती है 'ऊस' के तने में
मेरी मौत को कहेंगे ये,
पागल है
कैसे झूल रहा है,
जैसे झूलता है दरवाजे के फ्रेम में कृष्ण...।"

प्रभाव जानने के लिए राज दर्शकों की ओर नजर फेरता। कई चेहरे मायूस दिखते, कुछ की आँखें डबडबायी हुईं। एक फिल्म परदे पर चल रही होती; एक मन के अन्दर!

किसान कवि की आत्महत्या कोई खबर नहीं बन पाती। मीडिया की हजार-हजार आत्महत्याएँ कोई खबर नहीं बन पातीं। खबर बनती है मुम्बई में चल रही लक्मे फैशन वीक की प्रतियोगिता। 512 खबरिया चैनल जुटे हैं उसे कवर करने को। मात्र 512...!

31

गेट पर एक बड़ा-सा फेस्टुन टँगा है। देवनागरी, तेलुगु और अंग्रेजी में लिखा हुआ है—'मन्थन!' विट्ठल वाघ की मराठी कविता—

एक तरफ झूल रही थी 'साहब राव पाटिल'!
"ऐसा क्यों होता है साहेब राव? ऐसा क्यों होता है?
क्यों मेरे ही हाथ मुझे बाघ के पंजे जैसे दिखाई देते हैं?
......
सच कहा जाए तो साहेब राव तुमने आत्महत्या नहीं की
हमने ही तुम्हारा खून किया...तुम्हारा और तुम्हारे बीवी बच्चों का।
......
चौथी कक्षा में तुमने सभी विषय छोड़कर निबन्ध लिखा था—
भारत एक कृषि प्रधान देश है।
खेती तुम्हारे जीवन की एकमात्र खुशी
वन्दे मातरम्! सुजलाम! सुफलाम!! मलयज शीतलाम!!!
....

तुम हमें माफ न करना—कभी माफ न करना...साहेब राव!"

दूसरी तरफ झूल रही है—पी. साईंनाथ द्वारा आत्महत्या करने वाला अज्ञात किसान कवि की आखिरी कविता सुइसाइडल नोट!

"अलग हूँ मैं
इसीलिए अस्वाभाविक है मेरी जिन्दगी
मेरी मौत चकित कर देगी तुम्हें
बेमौसम बारिश की तरह...।"

राज द्वारा पी.साईंनाथ वाली डाक्यूमेंटरी और कुछ एक अन्य फिल्मों ने विचार-विमर्श की पूर्व पीठिका तैयार कर दी थी। प्रवेश-द्वार पर 'सत्यमेव जयते' का फेस्टुन रहेगा या नहीं—पर शंकर राव पाटिल काका से नोक-झोंक हो गयी। अन्त

में छोटी के फेस्टुन की ही जीत हुई—''भारतीय किसान कर्ज में जन्म लेता है, कर्ज में ही बड़ा होता है, कर्ज में ही मर जाता है।''

अपने उद्‌घाटन भाषण में देश के शीर्षस्थ वैज्ञानिक डॉ. व्ही. के. राव ने कहा—''हमारा अस्तित्व विकास के इस मोड़ पर आकर विनाश की गहरी भँवर में फँस गया है। इस भँवर से उबरने के लिए ही रिवाइवल के इस अभियान में एकत्र हो रहे हैं—मन्थन! हमें मालूम है, हमारी ही तरह देश की सैकड़ों संस्थाओं में विचारशील लोग अलग-अलग ढंग से समाधान ढूँढ़ने में प्रयासरत हैं। ऐसे प्रयासशील लोगों को एक मंच पर लाकर सबके सम्मिलित प्रयास से इस समस्या का समाधान खोजना हमारा उद्देश्य है। पुनर्जीवन का मन्थन इसी छटपटाहट की अभिव्यक्ति है। हम चाहते हैं कि ज्यादा से ज्यादा किसान, बुद्धिजीवी, नेता, सामाजिक कार्यकर्ता इसमें आयें और मिल-जुलकर इस भँवर से निकलने की जुगत साधें।''

सबसे पहले नीलेश ने जिलेवार विवरण पेश करते हुए दो तरह की मिट्टियों के नमूने पेश किये।

पारदर्शी डिब्बियाँ खुलीं। एक डिब्बी खोलकर नीलेश ने दिखाया—''ये रही लैटराइट मिट्टी, काली मिट्टी...इसमें सिलिका, एल्यूमिना, चूना, मैग्नीशियम ऑक्साइड मुख्य है, स्थानीय बोली में मोरांड, रैताड़, पांढरी आदि नामों से जानी जाती है। जिलों के अधिसंख्य भाग पर्वतीय हैं, बाकी धीमी ढलान वाली प्रायः समतल पॉजिटिव और निगेटिव हाइड्रोजन आयनों वाली ये मिट्टी खेती के लिए लाभदायक है। पर्वतों के पास रेती, रेगुर, चिकन, कन्हार, रेत, चूना, मोरांड, लाल बजरी...माटी ऐसी कि पानी पड़ा और उसने अपनी सतह में ऐसे पी लिया जैसे पापों को छिपा लेते हैं रिश्तेदार...।''

खूब तालियाँ बजीं!

''अनुभवी बालक है।'' किसी ने टहोका मारा।

नीलेश ने सिर की टोपी उठाकर अभिवादन किया। आगे कहा—''तापमान 45-49 डिग्री सेंटीग्रेड, जून से सितम्बर तक, हंगामे भरी बारिश, हंगामे भरी शेती...फिर हंगामे भरे उत्सव। फिर रबी की फसल। सर्वत्र नहीं, अक्षत की तरह छिड़की हुई-सी सोखती गयी मिट्टी। सोख लिये गये चेहरे। माटी में पानी पकड़कर रखने की क्षमता कम, लोगों में धैर्य कम। ऊँचासों पर कापूस, तूअर, सोयाबीन, निचासों पर गेहूँ, चना, मटर! तो साहब, जैसे माटी वैसे मानुष!''

सभा स्थल के बीच से आपत्तियाँ दर्ज करते हुए किसी ने कहा—''इसी मिट्टी पर शिवाजी, तारा बाई, शाहू जी, विनोबा भी हुए। महात्मा गाँधी ने इसी मिट्टी पर काम किया। इन लोगों ने मानवता को दिशा दी, अभी भी तोपा जी, अन्ना जी, पोपट पवार जी कर रहे हैं।''

बात कहीं की भी करो, घूम-फिरकर किसानों की आत्महत्या पर आ ही जाती, सो यहाँ नीलेश की बात से जो बवंडर उठा, कृषक आत्महत्या के गिर्द नाचने लगा।

एक 50-55 का टोपीधारी किसान तैश में उठकर मंच तक चला गया और बोलने लगा—"आत्महत्या कौन करता है—वे, जिनकी महत्त्वाकांक्षाएँ हैं, मोस्टली ये कुछ लोग या दूसरे ओबीसी जो पड़ोसी के घर नौकरी पेशा या दूसरे किसी तरह से आयी सम्पन्नता को देखते हैं। कलर टी.वी., फ्रीज, वाशिंग मशीन, कार, आये दिन बदलते मोबाइल, मुलगा-मुलगी पूछते—हमारे पास क्यों नहीं। अपमानित महसूस करते हैं। यह महत्त्वाकांक्षा गलत है क्या? शेती छोड़कर उनके पास कुछ भी नहीं। इस शेती में उचित से उचित अधिक उपार्जन करने के लिए, महँगे उन्नत बीज, महँगी खाद, महँगी सिंचाई, महँगे कीटनाशक...पैसे नहीं हैं। कर्ज लो। नहीं मिलता, 10 प्रतिशत ब्याज पर लो। यानी सम्पन्नों की प्रतिस्पर्धा में खड़े होने की लालच में कर्ज के दलदल में डूबते जाते हैं और एक दिन मर जाते हैं।"

"बैठ जाओ! बैठ जाओ!"

टीका-टिप्पणी के बीच, वह किसान थेथर बना बोलता रहा—"इसीलिए डिस्पैरिटी मिटाओ, बीज बदलो, खाद बदलो, पशुधन जोड़ो, कम्पोस्ट लाओ, कीटनाशक बदलो, जो जहर फैला रहा है माटी-पानी-खून में आदमी बदलो, आदमी! बाजार को अपने कब्जे में करो, को-ऑपरेटिव जोड़ो, कर्ज बन्द करो, दारू बन्द करो, फिजूलखर्ची बन्द करो और अगर यह सब नहीं कर सकते तो बन्द करो यह नौटंकी।?"

वह जैसे दनदनाता हुआ आया था वैसे ही दनदनाता हुआ चला गया। हाँ, तालियाँ बटोरकर!

लोगों ने माँगा कि पहले देशव्यापी कृषक आत्महत्याओं की सूची पेश की जाए।

सूची पेश हुई दूसरे दिन...प्रान्तवार, वर्षवार, फिर विदर्भ की जिलेवार, वर्षवार, 1995 से वर्ष-दर-वर्ष जोड़ते हुए 2010 तक पंजाब, गुजरात, कर्नाटक, तमिलनाडु, मध्यप्रदेश, बुन्देलखंड, छत्तीसगढ़ और महाराष्ट्र में कुल जमा 2 लाख, 56 हजार, 913, सर्वाधिक महाराष्ट्र 50 हजार, 481, तीन साल और जोड़ें तो यह संख्या तीन लाख को पार कर जाती है। महत्वाकांक्षा और मजबूरी के लोन, ट्रैक्टर हो या मुलगा-मुलगी या घर की मरम्मत! लोन लेना और अदा न कर पाना।

राज ने बताया कि जिलेवार सूची अन्दर टँगी हुई है।

तीसरे दिन।

वैकल्पिक साधनों में से मधुमक्खी पालन की एक रपट पेश की श्री पालीवाल ने—"दुनिया के सबसे बड़े वैज्ञानिक आइंस्टाइन का कहना था कि यदि किसी कारण से धरती से मधुमक्खियों का जीवन समाप्त होता है तो 4 वर्ष के भीतर ही मानव जीवन समाप्त हो जाएगा। पारम्परिक मधु पालन में धुआँ जलाकर मधुमक्खियों के

पंख झुलस जाते हैं। परागण करने वाला या मधु संचयक ही घायल हो जाए या मर जाए तो फिर मधु संचय करेगा कौन? हमने इसे वैज्ञानिक मोड़ दिया। इसमें कोई भी मक्खी नहीं मरती और अलग-अलग किस्म के मधु अलग-अलग पात्रों में संगृहीत करते हैं। जैसे बहेर्रा का अलग, पीले फूलों का अलग। भँवर, साराँग, झाड़ी मधुमक्खियों का वर्गीकरण गुणवत्ता के आधार पर अलग-अलग।''

उन्होंने डिसप्ले के जरिये पूरी पद्धति को बताया और कहा—''गड़चिरोली, चन्द्रपुर के जंगलों के बीच हमारे प्रशिक्षित आदिवासी भाई इसका लाभ उठा रहे हैं। उन्हें प्रतिमाह 4 से 11 हजार तक की आमदनी होती है।''

''धुएँ के कहर के अलावा खेती के प्रयोग में आने वाले कीटनाशक, मोबाइल टॉवर के रेडिएशन भी मधुमक्खियों और मित्र पक्षियों के संहारक हैं।''

कई लोगों ने उनके द्वारा विकसित अति पौष्टिक रॉयल जेली का स्वाद चखा।

सदा को यह 'रॉयल जेली' नहीं मिली तो नाना ने अपने हिस्से से दी।

इसके बाद बारी आयी रामजी दादा जी खोबरागड़े जी की जिन्होंने अपने एच.एम.टी. धान का प्रदर्शन किया और बताया कि उन्होंने कैसे इस हाईब्रीड धान को विकसित किया। सरकार ने कैसे सोने के मेडल के नाम पर उनके साथ मजाक किया और कृषि विश्वविद्यालय ने कैसे उस एच.एम.टी. को इम्प्रोवाइज और शुद्धि करण के बहाने हथिया लिया। सभागार से—'शेम, शेम, शर्म करो, शर्म करो!' थू, धिक्कार बरसा।

अन्य विकल्पों में मुर्गी पालन, बकरी पालन, पपीता आदि फलों का उत्पादन। हल्दी की खेती और अन्य विकल्पों पर भी चर्चा हुई।

सबसे ज्यादा हंगामाखेज सिद्ध हुआ बीज का सेशन।

एक पत्रकार ने बताया—''वह 2002 का कोई मनहूस दिन था जब सारी मनोकामनाओं की सिद्धि के लिए वरदान बनाकर पेश किया गया, मोंसेंटो कम्पनी के बी.टी. कॉटन को। जगह थी गुजरात। किशोर तिवारी के चार्ट में विस्तार से बताया गया है कि—

2006 में विदर्भ के 20 लाख किसानों में, 16 लाख शेतकरी बैंक डिफाल्टर, 1 लाख गम्भीर बीमारी के शिकार, 4 लाख के पास ब्याहने योग्य मुलगियाँ, 12 लाख शिक्षित बेरोजगार मुलगे, मुलगियाँ, इनमें से 19 लाख परिवार की जमीन सूखाग्रस्त। ट्रास्जेनिक बी.टी. कॉटन धरती की कुल उर्वरता को सोख लेता है। 15 प्रतिशत से ज्यादा खाद देनी पड़ती है—महँगी खाद। ज्यादा सिंचाई, ज्यादा कीटनाशक, अधिक बारिश वाले क्षेत्रों में यह परेशानी और भी ज्यादा। पत्तियाँ लाल रोग से ग्रस्त-सर्वाधिक सिंचाई की जरूरत पड़ती है अक्टूबर महीने में। अब झल्लियाँ नहीं मरतीं।

मिलीबग नामक कीड़ा बी.टी. के आने के पहले भारत में नहीं देखा गया था।

बी.टी. मिलीबग ले आया...वैसे ही जैसे पीएल 480 नाम के अमेरिकन गेहूँ के साथ आया था जहरीला पौधा पर्थेनियम जो अब भारतीय हो गया है, नाम—'गाजर घास।' कुछ वर्षों पहले देसी कापूस मिला करता था 7 रुपये प्रति किलो, बी.टी. कितने में खरीदते थे?''

एक उत्तर—''930 रुपये।''

''लेकिन 2011 में यह बिका कितने में...2700 रुपये प्रति क्विंटल। ब्लैक वाले बिचौलियों तक मालामाल और मोंसेंटा कम्पनी को मिले 1600 करोड़!

बी.टी. से किसानों को लाभ हुआ यह प्रचलित किया गया माहिकों-मोंसेंटो कम्पनी द्वारा—Bollguard boosts Indian cotton farmars' income by over Rs. 31500 crores .....

सफलता व लाभ की यह 'पेड न्यूज' माने पैसे देकर छपवायी जाने वाली खबरें, गढ़ी गयी पैसों पर बिके पत्रकारों से, पैसों पर बिके फिल्मकारों से, पैसों पर बिके नेताओं से और स्वयं कृषि मन्त्री द्वारा फैलायी गयी। हमारे साथ छल हुआ छल—धोखा! सबने किया। फल यह कि 1995 से 2010 तक समूचे देश में आत्महत्या करने वाले कुल किसानों की संख्या हो गयी 2 लाख 56 हजार, 910।''

चौथा दिन...!

'कीटनाशक या मनुष्य नाशक?' यह सत्र बीज सत्र के साथ टकराता रहा। पंजाब की रिपोर्ट पेश हुई, फसलों में कीड़े न लगें अतः कीटनाशकों का छिड़काव जरूरी है। सबसे पहले प्रचलित केमिकल कीटनाशकों के साथ यह दिक्कत है कि वे मिट्टी, पानी बीज में मिलकर हमारे संहारक सिद्ध हो रहे हैं। पंजाब और गुजरात के कितने ही किसान कैंसर और दूसरी बीमारियों से ग्रस्त हो चुके हैं। एक ट्रेन का नाम ही पड़ गया कैंसर एक्सप्रेस। मिट्टी, पानी, हवा यानी सबको हो गया है...ज्यादा मुनाफा के चक्कर में।

फिर दूसरे प्रान्तों और इसके कीटनाशकों की खपत, प्रभाव की रिपोर्ट पेश की गयी।

इस बात पर सभी एक मत थे कि केमिकल कीटनाशकों की जगह देशी विकल्प तलाशे जाएँ?

अब बारी आयी विकल्प खोजने की।

छोटी ने एक पौधे का डिसप्ले किया। धान के खेत में इसके चलते रात में उल्लू आदि निशाचर पक्षी आते हैं और कीड़ों को खाते हैं।

नानंा की टिप्पणी—''ऊँट के मुँह में जीरा!''

सबसे ज्यादा आकर्षित किया रायपुर की एक संस्था ने।

विजयेन्द्र ने सभी का परिचय देते हुए बताया—''परिचय के साथ-साथ मैं यह

भी जोड़ना चाहूँगा कि कृषि वैज्ञानिक मल्टीनेशनल कीटनाशक कम्पनियों की अपनी नौकरी छोड़-छोड़कर आये हैं। ये गाँव-गाँव जाकर शेतकरी लोगों को जैविक तरीके से कीटनाशक बनाने का प्रशिक्षण दे रहे हैं। ये स्वयं बताएँगे, कैसे बनाते हैं देसी कीटनाशक।''

दल के एक वैज्ञानिक ने बताया—''हम सिर्फ कीटनाशक ही नहीं, खाद भी बनाते हैं। गोबर, गोमूत्र, मानव मूत्र, हल्दी, लहसुन, नीम की खली, बेसन करंज, बेहया, अरंड...ये और इसी तरह की अल्लम-गल्लम चीजें, फेंकी हुई चीजें...।'' एक पारदर्शी प्लास्टिक में दिखाया गया।

''हम गाँव-गाँव जाकर लोगों को इस जैविक कीटनाशक बनाने की ट्रेनिंग देते हैं। ऑर्गेनिक पद्धति से पैदा की गयी फसलें, अन्न, सब्जियाँ, शहरी लोगों की पहली पसन्द और पूरे देश की जरूरत है। कोई भी इसे सीख सकता है, बना सकता है, मोटी कमाई कर सकता है और खुद को तथा देश को बचा सकता है।''

32

चर्चा अपने चरम पर तब पहुँची जब अमरावती के सुभाष पालेकर के एक प्रतिनिधि द्वारा 'जीरो बजेट फार्मिंग' का प्रतिवेदन पेश किया गया। बिना पैसे की खेती! ऐसा भी सम्भव है क्या?

प्रतिनिधि ने जो बताया, उसके हिसाब से खाद तो रायपुर वाले कृषि वैज्ञानिकों जैसी ही थी, पर उसके साथ कुछ उत्प्रेरक, छाछ आदि से बना फँफूदी नाशक द्रव, पीपल, बरगद, सहजन आदि पेड़ों की छालें, डंठलों से बना कीटनाशक, गेंदे, लोबिया और शेवन्ती के फूलों के कीटनाशक और नाइट्रोजन के स्रोत भी थे। "खर-पतवार के लिए फसल के कटाव के बाद केल्टिवेटर से मिट्टी उलटकर आच्छादन से ढक दीजिए, खर-पतवार को न मिलेगी सौर ऊर्जा, न होगा फोटोसिंथेसिस, सड़कर बन जाएँगे खाद! अब रहा पानी। ट्रांस्पिरेशन और अन्य जलवाष्पीय स्रोतों से भरी हवा पानी के अदृश्य सागर-सी हमारे चारों ओर लहराती रहती है आठों पहर—पानी की मात्रा भले कम-बेशी होती रहे। उससे पानी खींचेंगे पौधे। मात्र 10 प्रतिशत पानी की जरूरत पड़ेगी। अब आच्छादन से केंचुए पैदा होते हैं। केंचुए नीचे गहरे जाते हैं, ऊपर आकर विष्टा डालकर मिट्टी को पोषक तत्वों से भर देते हैं। दूजे इन छिद्रों से बारिश का पानी भूभर्ग जल का अच्छा संग्राहक बन जाता है। माने, पानी का ग्राउंड लेबल ऊपर...।"

मन्थन उस समय हर्ष ध्वनि से गुलजार हो उठा जब लाभों को गिनते समय बताया गया कि इस पद्धति में 6 बार बी.टी. जैसे संकर हाईब्रीड के वे बीज भी वापस देसी बन जाएँगे जिनके चलते आत्महत्या की तबाही शुरू हुई थी। जीरो बजेट फार्मिंग से न सिर्फ बिजली की बचत होगी बल्कि फसलों का खोया हुआ स्वाद, उसी की पौष्टिकता दोबारा बहाल हो जाएगी। यही नहीं, लोग कैंसर और सुइसाइड से भी बच जाएँगे।

"है तो बड़ी शानदार चीज यार, करके देखते हैं।" एक टिप्पणी।

"करना तो बाद में, हम तो सुन-सुनकर ही थक गये दादा!" दूसरी टिप्पणी।

इसके बाद आये वेंकटैया। उन्होंने आते ही पूर्व वक्ताओं के जादू को डायग्राम, मैप और आँकड़ों से तार-तार कर दिया—"नकदी फसल पूँजीवाद-साम्राज्यवादी शक्तियों का फैलाया लोभ का जहर है। कपास सबसे बड़ी नकदी फसल है। सो देश में सुनामी, गुजरात के दंगे, उत्तरांचल के सन् 2013 के तांडव, सबको जोड़ दें,

जितने मरे उससे भी ज्यादा अकेले 2012 तक 2,84,649 जिसमें 68 परसेंट कपास की खेती में। आत्महत्या का कारण पूर्व वक्ताओं ने बी.टी. कॉटन, महँगी खेती, सिंचाई का अभाव, सरकारी नीति और शराब को बताया। सही। इससे उबरने के लिए पारम्परिक खेती और लौटने के विकल्प और कुछ मॉडल्स पेश किये गये। दिल पर 'हात' रखकर के बताइए इनमें से एक भी कर पाएँगे आप...? फिर...? पानी के प्रबन्धन की एक नीति आधी समस्या का निदान है, कृष्णा, कावेरी के पानी के चलते व्यक्ति, व्यक्ति से और प्रान्त प्रान्त का शत्रु बन रहा है। कर्नाटक, तमिलनाडु, आन्ध्रा...यही नहीं रेन वाटर हार्वेस्टिंग भी, सुभाष जी ने एटमोस्फेरिक 'वाटर वेपर के यूटिलाइजेशन' का एक लोभनीय चित्र खींचा है, एटमोस्फेरिक फिक्सेशन ऑफ नाइट्रोजन को भी इवेन इन्सेक्टिसाइड भी और भी प्रयोगकर्ता हैं। पर प्रैक्टिकल वायेबिलिटी! क्या बोलते..?"

"व्यावहारिक सफलता।" छोटी ने चीखकर कहा।

"हाँ! इस पर काम करना चाहिए साइंटिस्टों को।"

पालेकर और वेंकटैया समर्थकों में विवाद हो गया जिसे किसी तरह शान्त कराया गया।

अमरावती, मराठवाड़ा के प्याज उत्पादक किसानों की अपनी व्यथा-कथा थी। महाजन उनसे 5 से 6 रुपये किलो के रेट से प्याज खरीदता है और वही प्याज 50 रुपये से 100 रुपये प्रति किलो में बिकती है। रबर की खेती का क्रेडिट गया त्रिपुरा के किसानों को और वहाँ के ईमानदार मुख्यमन्त्री माणिक सरकार के सुशासन को, पीछे से कोई चीखा—वो सुशासन और वो ईमानदार नेता का कमाल है, यहाँ तो ज्यादातर बेईमान हैं।

बेईमानी का सन्दर्भ आया तो पर्त-दर-पर्त खुलता गया, गन्ना उत्पादक किसानों की तरफ से प्रतिवेदन आया—गन्ना मिल मालिकों की मनमानी। अकोला के प्रोफेसर जगताप ने हाथ उठाकर हस्तक्षेप किया—"महान उपन्यासकार प्रेमचन्द ने किसानों को सम्मानपूर्ण सुझाव दिया था कि वे अपना ऊस मिल में न लाया करें, जिससे मिल वालों को खुद देहातों में जाकर अपनी गाड़ी, भाड़े से ऊस खरीदनी पड़े।"

"और अगर तब भी न खरीदें तो?" किसी ने टोका।

"कब तक नहीं खरीदेंगे?"

"प्रेमचन्द का कहना था कि ऊस दस दिन खेत में पड़ी रह सकती है, मिल एक घंटे भी बन्द नहीं हो सकती।"

"वही तो हुआ! वादा कर के भी नहीं ले गये मिल वाले।"

"पश्चिमी महाराष्ट्र और विदर्भ की गन्ना लॉबी में टकराव, दो साँड़ लड़ते हैं तो बेचारी घास कुचली जाती है...बेचारी घास!"

"बहुत-से तरीके हैं!"

"यू.पी. वालों की तरह गुड़ बनाकर बेच दें। गुड़ और चीनी दोनों के भाव में ज्यादा अन्तर नहीं है।"

"हाँ, यह भी ठीक है।"

"विदर्भ के किसानों की सबसे बड़ी समस्या है पानी। व्ही.एम. तिवारी ने जल संरक्षण के सन्दर्भ में अहमदनगर जिले के 'हिवरे बाजार' गाँव की रपट पेश की। नायक बने पोपटराव पवार सरपंच, गाँव के बाहर हर पहाड़ी ढलान पर बारिश के पानी को रोका गया। छोटे-बड़े स्टॉप डैम बना के। घर-घर में सॉक पिट बने। 10 लाख पौधे रोपे, परिणाम—भूजल स्तर 100 फीट से ऊपर उठाकर 20 से 40 फीट पर आ गया! एग्री वाटर शेड डेवलपमेंट ट्रस्ट ने गाँव को प्रदूषण से रोका। शराबबन्दी की...। जागरूकता, जागरूकता सिर्फ जागरूकता! नो ट्यूबवेल, नो हरामखोरी! कुएँ से सिंचाई। गाँव छोड़कर भागे लोग भी लौट आयें गाँव। इस आदर्श गाँव को देखने के लिए 112 देशों के लोग आये और महाराष्ट्र सरकार ने 100 गाँवों के उद्धार का काम पवार को सौंपा। यवतमाल, बुलढाणा के कुठौवड़ा और चालढाणा गाँवों ने भी इसे अपनाया।"

दर्शक दीर्घा से एक सवाल आया—"इधर तो सड़क में लैट्रिन करते, वहाँ कोई भी बाहर पायखाना नहीं करता।"

तिवारी ने उत्तर दिया—"1994 तक हर घर में लैट्रिन बन गया था। ग्राम-संसद से एक नारा गूँजा...एक मच्छर दिखाओ, 100 रुपये पाओ...।"

तालियाँ बजीं और बजती रहीं देर तक। देर तक चलता रहा मजाक। चलो यहाँ के मच्छरों को वहाँ भेजकर कुछ कमाई कर ली जाए।

गड़चिरोली में तोपा के मेंडालेखा, अहमदनगर के अन्ना के रालेगढ़सिद्धि और हिवरे बाजार तीन आदर्श गाँव चुने गये।

लंच के बाद पता नहीं कैसे चर्चा कलावती की ओर मुड़ गयी—विनायक ने छोटी को चिढ़ाया—"ये रही कलावती!"

"मारूँगी न!" छोटी ने धमकाया—"वो विधवा है और मेरे दो-दो जीवित हैं!" दर्शक दीर्घा में थोड़ी देर तक काँव-भाँव मचा रहा।

"वेट! वेट! सब्र कीजिए सब्र!" विजयेन्द्र ने स्पष्टीकरण दिया—"यवतमाल का जालका गाँव, जहाँ कलावती रहती है, कलावती वंडुरकर! एक कृषक-विधवा, जिसके पति ने 2005 में आत्महत्या की थी। सन् 2009 में राहुल गाँधी उसके घर गये। थोड़ी-बहुत मदद की। संसद में जिक्र किया। चर्चा में आयी। सुलभ अन्तरराष्ट्रीय के संस्थापक निदेशक विन्देश्वर पाठक ने भी देखादेखी मदद की। फिर सब भूल गये। भूल गये कि इस अभागे देश में लाखों कलावतियाँ विधवा हो चुकी हैं। लेकिन हम नहीं भूले। जल्द ही विधवा जुलूस निकालेंगे नागपुर में।"

दर्शकों के बीच से आन्ध्र के एक किसान सोमैया ने बताया—"भूले नहीं हैं।

बीच-बीच में मिसाल की मशाल जलाकर हाथ में उठा लेते हैं—महाराष्ट्र के कोंकण में एक आण्विक विद्युत परियोजना चल रही है जिसका वहाँ के गाँव वालों ने काफी विरोध किया था।'' राहुल ने कहा—''ऐसी विद्युत परियोजना की भारत में शुरुआत होती है तो कलावती जैसे लोगों के घर में भी बिजली पहुँचेगी।''

''ये रही हमारी कलावती।'' पाटिल ने दिखाना चाहा, मगर वह वहाँ नहीं थी।

''मनमोहन, राहुल और पाठक जी जालका की कलावती को जानते हैं, पर हमारी बांसोड़ा की कलावती को नहीं, 65 सालों बाद बिजली लाकर जिसने दिखा दिया।''

''मनरेगा ने किसानों को भ्रष्ट और कामचोर, आलसी बना दिया है। सौ दिन की गारंटी मजदूरी की सच्चाई क्या है?''

राज ने दूसरा प्रतिवेदन पेश किया—''यवतमाल की वह कलावती अकेली नहीं है। इसी यवतमाल में एक ऐसा भी गाँव है जहाँ 22 कृषक विधवाएँ हैं। वहाँ भी सांसद ने दीपावली के समय एक साड़ी और 500 रुपये का नोट उन विधवाओं के हाथ में दिया। कुछ विधवाएँ कहती हैं—'हमें साड़ी भी न मिली', कुछ कहती रहीं—'साहब हमें तो पात्र भी नहीं माना गया', मगर ये आवाजें जाती हुई गाड़ी की धूल में समा गयीं।''

''सरकारी कर्मचारियों को पॉलिसी मिलती है, हमें पैकेज। किसानों को पैकेज नहीं पॉलिसी चाहिए। विदर्भ को क्या चाहिए...पानी! सिर्फ पानी दे दें।''

जिस समय वर्धा में मन्थन चल रहा था, वर्धा से बहुत दूर दिल्ली की संसद में कृषि मन्त्री शून्यकाल में प्रश्नों का जवाब दे रहे थे—इसी बीच लोकसभा स्पीकर ने पूछा—''कृषि मन्त्री जी, विदर्भ में किसान आत्महत्या क्यों करता है?''

कृषि मन्त्री गीता रहस्य खोल रहे थे—''वहाँ का किसान खेती में कुआँ खोदने के लिए कर्ज लेता है पर कुआँ से पानी नहीं निकलता। तब किसान आत्महत्या कर लेता है?''

दिल्ली का स्लॉट वर्धा में दिखाया जा रहा है।

मन्थन में काफी काँव-काँव मच गयी है और कुएँ के अनुदान की जमीनी हकीकत पेश की जाने लगी...।

प्रधानमन्त्री यवतमाल और वर्धा के बायफाड़ आये तो उन्हें बताया गया कि कर्ज के कारण ही किसान सुइसाइड करता है। उन्होंने एक पैकेज की घोषणा की, तीन राज्यों को पैकेज दिया गया, 45 प्रतिशत उत्तर प्रदेश को और बाकी 55 प्रतिशत महाराष्ट्र और आन्ध्र प्रदेश को।

इस 55 में भी लाभ हुआ पश्चिमी महाराष्ट्र को। कहा जाता है कि पश्चिमी महाराष्ट्र में नेताओं के ही सहकारी बैंक हैं, सी.ए.जी. की एक रिपोर्ट पेश की—पैकेज का जो पैसा महाराष्ट्र को दिया गया था, वह जिन किसानों के लिए था, उन तक

पहुँचा ही नहीं। यह भी कहा कि बैंकों ने किसानों की जो सूची किसानों को सौंपी थी वह फर्जी थी, उसमें नाबार्ड जैसी संस्था या सरकार ने कोई जाँच न करके, सीधा उन बैंकों को पैसा दे दिया गया था। बाद में मालूम पड़ा कि ऐसे भी लोग हैं जो किसान ही नहीं थे, जिनके पास शेती ही नहीं। कर्ज पश्चिम महाराष्ट्र को मिला। किसके लिए—कापूस के लिए? ना! जवारी? ना! सोयाबीन? ना! फिर किसलिए? फूलों की खेती के लिए—लो पूजा करो, नेताजी के गले में माला बनाकर पहनाओ और बाकी मृत शेतकरी की अर्थी पर...।

''अभी तो माला पहनाओ अपने बैंक मैनेजर साहब को।'' नाना के बोलने पर बैंक मैनेजर देशमुख का पदार्पण हो रहा था। लोगों ने चौंककर देखा, जिलाधीश महोदय के साथ आये थे। पाटिल काका ने राज के कान में कुछ कहा और उन्हें बहस में तत्काल आमन्त्रित कर लिया गया।

जिलाधीश ने कहा—''बहुत जरूरी काम कर रहे हैं आप। धन्यवाद और आभार के पात्र हैं आप! पर मेरा विनम्र निवेदन है, गलत आँकड़े न पेश करें। हर तरह की मौतों को कृषक आत्महत्या में शामिल कर एक डरावनी संख्या पेश कर अफवाहें फैलाना एक अपराध है।''

दर्शक दीर्घा से प्रश्न आया—''आपके हिसाब से सही संख्या क्या है सर?''

''पूरे विदर्भ में मात्र तीस से चालीस हजार मैक्सिमम। तीन लाख तो कतई नहीं।''

''तीस से चालीस हजार—माने आपका ही आँकड़ा सही मान लेते हैं, चलिए थोड़ी देर के लिए। एक भी किसान आत्महत्या करता है तो यह शर्म की बात नहीं है आपके हमारे लिए? यह अपराध नहीं हुआ?''

'शेम! शेम!' की धिक्कार से गूँज उठा ऑडिटोरियम।

''कृपया यहीं बैठे रहें एक छोटा-सा प्रतिवेदन पेश कर रहे हैं विजयेन्द्र।'' राज ने अनुरोध किया।

विजयेन्द्र ने एक अखबार दिखाकर कहा—''मैं अपनी नहीं, खाद्य नीति के विश्लेषक देवेन्द्र शर्मा की एक रपट पढ़ रहा हूँ। अमेरिका में 91 फीसदी कृषि आधारित परिवारों को घर चलाने के लिए आय के एक से अधिक स्रोतों का सहारा लेना पड़ता है। यह उस देश में हो रहा है, जहाँ खेती को अगले दस साल के लिए 962 अरब डॉलर की सब्सिडी का प्रावधान किया गया है। यूरोप में भी स्थिति इतनी ही खतरनाक है। यूरोप के सालाना बजट का 40 फीसदी खेती को देने के बाद भी वहाँ हर मिनट में एक किसान खेती छोड़ देता है। नेशनल फार्मर्स यूनियन के सर्वे में पता चला कि 70 से ज्यादा कृषि आधारित व्यवसाय मुनाफा कमा रहे हैं लेकिन इस खाद्य शृंखला में किसान ही हैं, जो घाटे में चल रहे हैं, जैसा कि मैं कहता रहा हूँ कि अमेरिका व यूरोप में 80 फीसदी से ज्यादा सब्सिडी खेती आधारित व्यवसाय में चली जाती है। किसान एक मरती हुई प्रजाति बनता जा रहा है, न्यूजवीक में

मार्क्स कुटनर कहते हैं—''बरसों से अमेरिका में किसान, आम आबादी की तुलना में ज्यादा आत्महत्या कर रहे हैं। ठीक आँकड़ा हासिल करना कठिन है, क्योंकि ज्यादातर मौतें दर्ज नहीं होतीं।'' एक रिपोर्ट के अनुसार चीन में हर साल मौत को गले लगाने वाले 2,80,000 ग्रामीणों में 80 फीसदी भूमि अधिग्रहण के शिकार बने लोग होते हैं। भारत में 1995 के बाद से लगभग 3 लाख लोग आत्महत्या कर चुके हैं। भारत में भी अमेरिका की तरह ये मामले पूरी तरह दर्ज नहीं होते।

''कोई महामारी या कोई ऐसी विपत्ति नहीं आयी है कि भारत सहित दुनिया भर के किसान बेमौत मारे जा रहे हैं। यह वैश्विक अर्थव्यवस्था का नया रूप है जिसमें किसान को हाशिये पर धकेला जा रहा है। आत्महत्या एक संक्रामक व्याधि की तरह देश के उन राज्यों में भी फैलती जा रही है जहाँ अब तक नहीं थी, मसलन, बुन्देलखण्ड। जहाँ एक ठाकुर ने आत्महत्या की। यह आत्महत्या के अध्ययन का नया आयाम खोलता है। आगे और भी आयाम खुलेंगे। और भी आत्महत्याएँ होंगी? अब भी नहीं जगे तो आने वाले दिनों में पूरा देश श्मशान बन जाएगा।''

जिलाधीश ऊबकर जाने लगे तो विजयेन्द्र ने रोका—''बस एक मिनट और प्लीज!...हाँ तो शर्मा साहब आगे बताते हैं कि इसके साथ खेती में अत्यधिक सब्सिडी प्राप्त, पर्यावरण को विनाश पहुँचाने वाली कम्पनियों को लाया जा रहा है।...मुझे लगता है कि 2020 तक भारत में खेती का जी.डी.पी. में योगदान 10 फीसदी तक ला दिया जायेगा। हमारे यहाँ खेती की यह हालत है कि 2007 से 2012 के बीच 3.2 करोड़ किसानों ने खेती छोड़ दी है।''

माहौल भावुक होता गया और इसे परवान चढ़ाया अकोला के एक रिटायर्ड टीचर ने। आँखें भरी-भरी! बाल श्वेत। नाम-वाम कुछ नहीं बस इजाजत लेकर उसने बोलना शुरू कर दिया—''आत्महत्या, खुदकुशी, सुइसाइड। सिर्फ इस्केप नहीं है, प्रतिवाद भी है अन्तिम अन्याय के विरुद्ध चीख है, मौन चीख! सायलेंट क्राइ! साने गुरुजी कभी बालों में तेल-कंघी न करते। महात्मा गाँधी की हत्या के बाद जब उन्हें पता चला कि गाँधी जी को गोली मारने वाला व्यक्ति एक मराठी है तो उन्होंने बालों में तेल लगाया, कंघी की और आत्महत्या कर ली। मैं प्रायश्चित्त कर रहा हूँ उन पापों के लिए जो हमने भले न किये हों मगर हत्यारे से कहीं न कहीं जुड़ता है हमारा नाम। मैंने हिन्दी के कवि विवेक मिश्र की ऐसी ही एक कविता पढ़ी थी, जिसमें वह ब्राह्मण होने के नाते उन पापों के लिए क्षमा माँगते हैं जो उन्होंने नहीं किये, उनकी जाति वालों ने कभी किए।'' उसकी आँखें भरी-भरी थीं, उदासी हर उजली दाढ़ी-मूँछ के सिरे पर—''आत्महत्या महज कायरता नहीं, भाव प्रवणता का एक उदात्त मुहूर्त है—पश्चात्ताप और निर्वेद की आग में मानवता का झुलसता हुआ परचम!''

33

"जैसे दूसरे जीव-जन्तुओं का विकास, जैसे आदमी का विकास, वैसे फसलों का विकास।" बिल्कुल बच्चे की तरह कृषि का ककहरा पढ़ाते हैं डॉ. देवेन्द्र, लगता ही नहीं कि देश का अग्रणी कृषि वैज्ञानिक अपनी बात रख रहा है—"एक पौधे के फूल का पराग जब स्वजातीय दूसरे पौधे के गर्भ केशर में झरता है तो यह परागण या पॉलिनेशन सम्भव होता है। गेहूँ को ही लें, कुछ एक दुबले-पतले गेहूँ के बीज वाली किस्म का परागण प्रक्रिया से उन्नत किस्म की ज्यादा बीजों वाली नस्ल विकसित हुई।

"गेहूँ की तरह ही बहुत सारे अन्नों का उन्नत फलन प्रकृति ने स्वयं किया। इनसान ने चुन-चुनकर अच्छे बीज छाँटे और अगली फसल के लिए बो दिये। विकास गाँव में आज भी जिस किसी के पास उन्नत बीज होता है, कमजोर बीज वाले बीज बदल या माँग लेते हैं। बाद में कृषि वैज्ञानिकों ने देखा देसी चलन में कुछ फसलों पर बीमारियों का प्रकोप काफी होता है। कुछ आँधी-पानी में गिर पड़ती हैं। उन्होंने सोचा, इन्हें कीड़ों, बीमारियों के लिए प्रतिरोधी बना दिया जाए, पोषक तत्त्व डालकर उन्हें मजबूत बना दिया जाए तब उन्होंने ऐसे पौधों या नस्लों को छाँटा—किसी में कीड़े कम लगते हैं, मगर फलन कम है। किसी में फलन ज्यादा है, कीड़े ज्यादा लगते हैं। किसी में दोनों गुण थे, पर वह स्वादिष्ट न था। इसलिए वैज्ञानिकों ने गुणों के अनुसार प्रजातियाँ चुनीं और अपने हाथों से परागण करावा। कई बार बहुत से जरूरी काम अपने आप नहीं होते तो उन्हें जबरन कराना पड़ता है।"

"जैसे हमें गाय-भैंस को जबरन पाल खिलाना पड़ता है।" एक किसान ने कहा तो लोग हँसने लगे।

किसी ने टहोका मारा—"अपना-अपना अनुभव है, इसमें हँसने की क्या बात है।"

डॉ. देवेन्द्र ने आगे कहा—"नो...। यह हुई संकर या दोगली किस्म। इस किस्म में माता-पिता दोनों के गुण आ जाते हैं। इसे जाँचने-परखने के बाद बीज को संकर किस्म के रूप में जारी कर दिया जाता है। लेकिन इस संकर किस्म में आगे उतनी अच्छी फसल नहीं होती। इसलिए हर बुआई में नया बीज खरीदना पड़ता है। इस

विधि से तमाम देसी-विदेशी प्रजातियों के आपसी मिलन से अनेक संकर बीज तैयार किये गये।''

सभा से एक आवाज आयी—''इन्हीं संकर बीजों के बदौलत हम कृषि उत्पादन में आत्मनिर्भर हो पाये, वरना एक जमाना वो था कि पी.एल.480 जैसा गेहूँ भी हमें बाहर से मँगाना पड़ा था, गेहूँ के साथ पर्थेनियम भी आ गया।'' डॉ. देवेन्द्र बोलते रहे—''अब आइए ट्रांस्जेनिक या जेनेटिकली मोडिफाएड, जी.एम. फसलों पर देशी या संकर बीजों में प्रकृति प्रदत्त गुण होते हैं। लेकिन ये गुण क्या हैं? हमारे किसान भाई ध्यान दें, किसी भी वनस्पति या प्राणी का हर गुण, उसकी हर खासियत, उसकी आनुवंशिक या जेनेटिक संरचना में होती है। इस आनुवंशिक संरचना को डी.एन. ए. कहते हैं। डी.एन.ए. का एक सूक्ष्म अंश जीन कहलाता है। जीन ही उस बीज का हर गुण तय करते हैं, जैसे यह कि कापूस का रेशा छोटा होगा या लम्बा, उसकी उपज कितनी होगी और पौधे कितने बड़े होंगे।

''जब वैज्ञानिक किसी जीन को हटाकर उसकी जगह दूसरी प्रजाति या जीन डाल देते हैं, या वनस्पति में किसी प्राणी के अथवा प्राणी में किसी अन्य जाति का जीन डाल देते हैं तो जो सन्तान तैयार होती है, वह ट्रांस्जेनिक या जेनेटिकली मोडिफाएड या जी.एम. फसल कहलाती है।''

''किसी को कुछ पूछना है?'' डॉ. देवेन्द्र ने पूछा।

''कुछ उदाहरण देकर बतलाइए।'' एक आवाज आयी।

''एक उदाहरण आपके सामने है।'' देवेन्द्र ने तीन गमले लाकर सामने रख दिये और बत्तियाँ गुल कर दीं। एक से नीली-नीली आभा फूट रही थी, दो से नहीं, अँधेरे में उनकी आवाज आयी—''ये तीनों एक ही चीज के पौधे हैं, एक ट्रांस्जेनिक है। इसमें जुगनू में पाये जाने वाला एक जीन डाला गया है—नाम लूसीफरेन। पौधे को भूख लगे, प्यास लगे, रोग लगे या कोई तकलीफ हो, किसी भी तरह का तनाव हो तो इसमें यह आभा निकलने लगती है।''

बत्तियाँ जल गयीं तो एक सवाल आया—''क्या सिर्फ जुगनू पकड़कर डाल दें तो बत्ती जलेगी?''

''नहीं, उसका जीन डालना होगा...!''

''सिर्फ जुगनू का जिन्न?''

''हाँ! आप लोगों ने जीन को जिन्न बना दिया! वाकई यह जिन्न ही है। वैसे दूसरी चीजें भी हैं।''

''आप इसको बेचेंगे....?''

''कम्पनी से पूछना पड़ेगा, अभी तो इसका लास्ट दिन डिसप्ले करेंगे। महँगा पड़ेगा।''

अकस-पकस करते हुए नाना पीछे से उठ खड़े हुए—"हम शेतकरी लोग बिना किसी जिन्न या भूत प्रेत के सिर्फ, फसल देखकर बता देंगे कि इसे भूख लगी है कि प्यास, रोग लगा है कि दोष। आप फिर से हमें पट्टी पढ़ाने आ गये...? एक बार तो सी.टी.बी.टी. लाये, हमारी सिट्टी-पिट्टी गुम, तीन लाख मर चुके। फिर भी चैन नहीं!"

"इतना ही हुनर है तो पेड़ों को रोशन करके दो लैम्प पोस्ट बना दिये जायें। हम शेतकरी रात में भी काम कर सकें।" किसी ने नाना का समर्थन किया।

"वह भी हो रहा है लन्दन में—सूरज की पराबैंगनी किरणों को संगृहीत करके। कभी यहाँ भी होगा।"

"तब तक हम जिन्दा रहेंगे?"

"शायद! बशर्ते आपको कोई मार न डाले या आत्महत्या न कर लें।"

"ऐ नाना! बैठो भी। जान लेने में हर्ज क्या है!"

"हाँ, दूसरा बताइए...।" नाना को जबरन बैठाया गया।

"मैं किसी कम्पनी का प्रचारक या दलाल नहीं, आप ही के बीच का आदमी हूँ, आपका दोस्त। यह बताने का उद्देश्य सिर्फ इतना है कि आप जान लें और सचेत हो जायें।" यह कहते हुए डॉ. देवेन्द्र ने गेहूँ, चावल, टमाटर, आलू तक के प्रयोगों की चर्चा की—"सिर्फ एक आलू, एक पूरे आदमी का पेट भर सकता है।"

"अरे...!"

"हाँ!"

एक छात्र ने इजाजत लेकर बीच में हस्तक्षेप किया—"हमने सुना है, मछली पानी में रहकर भी नहीं सड़ती और टमाटर तीन-चार दिन में ही सड़ जाता है। सो वैज्ञानिकों ने मछली के जीन को टमाटर में डाल दिया, क्या वह सचमुच नहीं सड़ेगा?"

देवेन्द्र ने कहा—"जी, हाँ। एक आर्कटिक मछली के शीत प्रतिरोधी जीन को टमाटर जैसी चीज में डालकर उसे ऐसा बनाया जा सकता है—यानी टमाटर जल्द नहीं सड़ेगा...। हाँ, तो हम बात कर रहे थे आलू के जिन्न की। हमारी आँत में एक वाइरस है—ए कोलाइ, बटाटा में डाल दो—इसका वह जीन जो स्टार्च पैदा करता है, बटाटा महाबटाटा बन गया। एक आलू से एक आदमी का पेट भर जायेगा, ओके?"

ओके नहीं 'ओक'! किसी को उल्टी आयी। शायद यह सदा था।

जेनेटिक प्रयोगों की चर्चा के पर्चे से ऊब पैदा होने लगी तो एक किसान ने कहा—"भीख माँगने वाले गाँव का गोदाम नहीं तोलते, हमें सिर्फ हमारे काम का यानी बी.टी. कॉटन के बारे में बताओ।"

चारों तरफ से 'बी.टी.' की पुकार मच गयी—बी.टी.! बी.टी.! बी.टी.!

राव साहब ने सबको शान्त कराते हुए कहा--''कल डॉ. अहमद सिर्फ बी.टी. कॉटन पर ही चर्चा करेंगे।''

दूसरे दिन की बी.टी. की चर्चा में डॉ. निसार अहमद ने बताया–''माटी में एक बैक्टीरिया मिलता है बैसिलस थुरिंजिएंसिस। वैसे तो मिट्टी में हमें स्वतः ही कमोबेश ऐसे जीन्स और दीगर चीजें मिल जाया करती हैं मगर अक्सर वो पर्याप्त नहीं होतीं और जैसा कि डॉ. देवेन्द्र ने कहा–तब जबर्दस्ती करनी पड़ती है। इसका एक जीन कापूस में डाल दिया। इससे कापूस का गुलाबी कोशा (डोंडा) जर्म्स प्रतिरोधी हो गया। मतलब कापूस में कीटनाशक गुण आ गये। बैसिलस का बी और थुरिंजिएंसिस का टी, हो गया बी.टी. यह हुआ ट्रांसजेनिक या, जेनेटिकली मोडिफाएड जी.एम.।

''नवम्बर 2009 में मोन्सेंटों के वैज्ञानिकों को पता चला कि गुजरात में जो बी.टी. कॉटन बीज बोये गये थे, उनमें रोग प्रतिरोधी गुण आ गये हैं। यह दरअसल एक दुष्प्रचार ही था, कारण कोशा में छेद हो चुका था यानी इल्ली मरी नहीं, जिन्दा थी। दावा गलत था।

''बी.टी. कॉटन इस आश्वासन के साथ आया था कि प्रथम दो छिड़काव के बाद कीटनाशक की जरूरत कम होती जायेगी। मगर हुआ उल्टा। इल्लियाँ क्या मरतीं, मीलबग जैसे कई भुनगे पैदा हो गये। ऐसे जर्म्स इसके पहले यहाँ नहीं थे। अब इन्हें मारने के लिए और ज्यादा तगड़े कीटनाशक की जरूरत आ पड़ी। फल यह कि फसल, बीज, मिट्टी, पानी, मित्र कीड़े और मित्र पक्षी सब का नाश!

''पहले साल इसके कुछ फायदे हुए हों तो हुए हों, किसान चौंके, तब, जब दूसरी बार ये बीज जमे ही नहीं। उन्हें तो अभ्यास था एक साल के बीज से उत्पन्न बीज को दोबारा, तिबारा इस्तेमाल करने का! वह हुआ नहीं। देसी बीज 7 रुपये किलो था, बी.टी. 930 रुपये प्रति किलो। पहले जो-जो वादे किये गये थे। सब खोखले साबित हुए। निराश, लुटा हुआ निरुपाय शेतकरी। यहाँ से शुरू होती है किसानों की आत्महत्याएँ।'' एक क्षण को लगा जैसे सामने किसान की लाश पड़ी हो। फिर बोले–''लेकिन हमारे बिके हुए नेता! सरकार, कहाँ इसे रोकती, कहाँ उलटे इसके प्रचार के लिए कमर कस ली!''

''यह भी बताया जाता है कि चीन और अमेरिका में हाई ब्रीडों की जगह देसी साधारण प्रजातियों पर जोर दिया जा रहा है। मोंसेंटो का प्रचार है कि हमारे किसानों को 40,000 करोड़ का लाभ हो रहा है। सच्चाई इसके उलट थी। हजारों करोड़ का फायदा इन कम्पनियों को और इनके दलालों को हो रहा था। किसान तो मर रहे थे। हमारे कृषि मन्त्री भी पार्लियामेंट में लाभ की बात करते हैं। अपने क्रान्तिवीर एक फिल्म स्टार ने यवतमाल में प्रचार किया। समझ में नहीं आता कि क्यों बन गये उन हत्यारों के दलाल हमारे अपने ही भाई लोग! यह वही चेहरा है

जो विश्वयुद्धों में घातक रासायनिक हथियार बनाता रहा।''

''माने आदमी मारने का उनका पुराना अनुभव है।'' दर्शक दीर्घा से एक प्रतिक्रिया आयी।

''जी! बाद में यह अनुभव कृषि रसायन और बीज कम्पनियों में रूपान्तरित हो गया। 1972 में जीन इंजीनियरी की तकनीक विकसित होने लगी थी। याद दिलाएँ, ये मुनाफाखोर भविष्य द्रष्टा झट इस पर छा गये। भारत में अमेरिका मोंसेंटो ने 1970 में ही 'मैकिट' और 'राउण्ड आप' नामक खर-पतवार नाशक, कीटनाशक बनाये और बीज माफिया बन गया। इसने महाराष्ट्र हाई ब्रीड सीड कम्पनी 'माहिको' को सहयोगी बनाया। न सिर्फ कापूस बल्कि 60 बी.टी. फसलों और 40 खाद्य फसलों पर परीक्षण करवा रहा है। बेंगलुरू में करोड़ों डालर की लागत से रिसर्च एंड डेवलपमेंट की सारी नकेलें इनके हाथ में हैं और सुन लो हमारे कृषि वैज्ञानिको! आपका भाग्य भी इन्हीं के हाथ में....।'' सभा में सन्नाटा बरप गया।

''ये कितने ताकतवर हैं, इसका एक उदाहरण यहीं आपके सामने हैं। आपने अखबारों में पढ़ा और टी.वी. में देखा होगा कि हजारों मैट्रिक टन गेहूँ खुले में सड़ गया। अपने यहाँ भी यही हुआ। दरअसल वह सड़ नहीं गया, बल्कि उसे सड़ जाने दिया गया। क्यों...? सड़े हुए गेहूँ से शराब बनती है। लग गयी बोली। उस सड़े हुए गेहूँ को सस्ते में उन्हीं लोगों ने ले लिया जिन्होंने उसे खुले में छोड़कर नष्ट किया था। पहले सड़ाया, फिर शराब बना दी—सस्ते में खरीदकर। ट्रिपल क्राइम। शराब बन्दी का यह किस तरह मखौल उड़ रहा है—यह चौथा विषय है!

''तो मेरे शेतकरी भाई लोग, मेरा सवाल अपने तमाम नीति-निर्माताओं से है, क्यों दलाल बनने जा रहे हैं—ऐसी अन्तरराष्ट्रीय कम्पनियों के आप? जबकि आप देख रहे हैं कि ये हमें मौत के मुँह में धकेल रही हैं और इनका रीसाइक्लिंग, पुनरुत्पादन, पुनर्निवेश सम्भव नहीं है।''

चर्चा होनी थी जी.एम. बीजों के लाभ की मगर लोगों में इतना गुस्सा था कि अधिकांश पर्चे उनके दुष्प्रभावों पर आ गये।

एक पर्चे में एक वैज्ञानिक ने मटर के बीज में बीन का जीन डालकर उन्हें लम्बी फलियाँ बनाने के प्रयोग की चर्चा की थी। जिसके प्रयोग का परिणाम यह रहा कि पूरी फली ही जहरीली हो गयी—''जेनेटिकिली मोडिफाएड बीजों के साथ दिक्कत यह है कि हमें अक्सर पता नहीं होता कि कौन-सा भस्मासुर बना रहे हैं हम, कि कौन-सा जीन हमें बाँझ या नपुंसक बनायेगा और कौन-सा कैंसर, पार्किंसन, अलजाइमर्स का रोगी।''

डॉ. राव ने एक किसान को मंच पर बुलाया—''ये सज्जन आपको अपना एक विचित्र अनुभव बताएँगे!''

उस व्यक्ति ने कहा—''मेरे क्षेत्र में बी.टी. कॉटन के दो विस्फोटक परिणाम

हुए हैं, सम्भव है आपके यहाँ भी हों। कापूस के डोंडे के कीड़े का सफाया तो नहीं हुआ पर मधुमक्खियों, तितलियाँ और भौंरों का सफाया हो गया। इसके अलावा कीटनाशक तो हैं ही...जहर ही जहर, हमने मधु के छत्तों से मधु दुहे फिर फेंक दिये, पूछो क्यों...उस जहर को खाकर भी जो मधुमक्खियाँ बच गयीं, क्या पता उन्हीं का बनाया हुआ दूषित मधु हो और मधु के औषधीय गुणों की जगह उसमें जेनेटिकली बदलाव लाने वाले गुण आ जाएँ। लेने के देने पड़ जाएँ–दवा के बदले जहर हो। वो कव्वाली याद कीजिए–

"जो दवा के बदले जहर दे उस चारागर की तलाश है।"

राव ने अंसारी और पालीवाल से पूछा–"क्यों साहब?"

दोनों ने मूड़ी हिलाई–"मे बी।"

एक वैज्ञानिक ने कहा–"यह तो ट्रिपल फाल्ट हो गया–डोंडों के कीड़े भी न मरे, प्राकृतिक परागण से भी हाथ धो बैठे मधु भी जहरीला हो गया। यानी मर्ज बढ़ता ही गया ज्यों-ज्यों दवा की।"

राज के फिल्म दिखाने के पहले डॉ. राव कन्धे उचकाते हुए माइक पर आये–"हवा, पानी, माटी में जहर आ ही गया था, टमाटर से भी गये, आलू से भी गये, मटर से भी गये और लो, अब मधु से भी गये। अब क्या खाओगे राव?"

मंच पर दो बड़े कट्‌स। लोग आ-आकर पूछ रहे हैं–"ये तो दादाजी राम जी खोबरागड़े जी हैं और ये?"

"नाम तो किन्हीं इन्द्रासन सिंह का लिखा हुआ है।"

"इनकी तारीफ?"

"इन्होंने भी कोई 'बीया-ऊया' खोजा होगा। अभी पता चल जायेगा।"

किसानों द्वारा आविष्कृत बीजों के इस सत्र में डॉ. राव ने वहीं से अपनी बात उठायी–"एक धान इन्द्रासन, एक धान एच.एम.टी.! दोनों ही धान कृषि वैज्ञानिकों द्वारा नहीं, मामूली किसानों द्वारा खोजे गये हैं, जिसकी तस्वीरें नीचे लगी हुई हैं। इनमें से इन्द्रासन आज उत्तरी भारत और एच.एम.टी. मध्य भारत का प्रमुख धान-बीज है। अब जो चीज दोनों को अलग करती है, उस पर आपका ध्यान चाहूँगा...। इन्द्रासन बीज को इन्द्रासन का नाम मिला, गाँव का नामकरण भी...दादाजी इससे वंचित रहे। जितनी व्यापक स्वीकृति इन्द्रासन सिंह को मिली उतनी दादाजी को नहीं, अलबत्ता हमारे पूर्व राष्ट्रपति और वैज्ञानिक अब्दुल कलाम साहब ने इन्हें भी सम्मानित किया और उन्हें भी। दोनों को! सबसे बड़ा फर्क यह कि 'इन्द्रासन' को पेटेंट कराने के लिए पन्तनगर विश्वविद्यालय के कृषि वैज्ञानिक और 'किसान भारती' पत्रिका समेत सभी मंच आगे आये और 2010 को इसका पेटेंट भी करा लिया गया, जबकि दादाजी के एच.एम.टी. को पेटेंट कराना तो दूर, उनके श्रेय को भी कृषि विश्वविद्यालय ने हड़प

कर उसी में सुधार कर अपना नाम दे दिया। यह फर्क उत्तर प्रदेश और महाराष्ट्र की नीयत का ही फर्क नहीं दर्शाता, बल्कि 1952 और 2012 यानी 60 सालों में आये हमारे नैतिक मूल्यों के पतन को भी दर्शाता है।''

दर्शक दीर्घा से 'शेम, शेम', 'थू-थू' धिक्कार गूँजे।

सत्र समाप्त होकर भी समाप्त नहीं हुआ।

किसान अपने-अपने ढंग से मीमांसा कर रहे थे।

एक गुट में इस बात की चर्चा चल रही थी कि डॉ. देवेन्द्र ने पानी की तरह समझा दिया है कि जैसे दूसरे जीव-जन्तुओं का विकास वैसे पौधों का। इसको उलट दें तो निष्कर्ष यूँ निकलता है कि जैसे पौधों का बाढ़ विकास वैसे इनसानों का।

दूसरे ने पूछा—''गोल-गोल क्या बोल रहे हो?''

पहले ने कहा—''जैसे ये कि दादाजी रामजी खोबरागड़े और सिंहासन सिंह ने धान के उन्हीं पौधों में से होनहार पौधों को छाँटा और अच्छी नस्लें पैदा कीं।''

''हाँ। तो...?''

''हम करोड़ों-करोड़ मनुष्य की प्रजातियों में से उन्नत प्रजाति के मनुष्य भी इसी तरह छाँटे जा सकते हैं, इन्हीं में से कोई भगतसिंह, कोई शिवाजी, कोई ताराबाई, कोई सिन्धु ताई...।''

''और कोई छोटी माने अपनी कलावती बनता है।''

बोलने वाला इस पर गड़बड़ा गया और उस आदमी का मुँह ताकने लगा।

एक दूसरा गुट छात्रों और किसानों का था जो एक युवा वैज्ञानिक को घेरकर पूछ रहा था—''आपने क्या लेकर, उसमें क्या मिलाया और एक्स-रे या कौन-सी संजीवनी किरण पास की कि हाई ब्रीड उन्नत नस्ल का बीज प्राप्त हो गया।''

''क्षमा करें मैं आपका आशय नहीं समझ पाया।''

''नहीं समझ पाये...? हम अपने चारों ओर अक्सर लुटेरे, ठग और दलालों से घिरे हुए हैं। हमें सच्चा, कर्मठ, बहादुर मानुष चाहिए। इसी सिलसिले में पूछा था।''

युवा वैज्ञानिक की सिट्टी-पिट्टी गुम!

कुछ किसानों में इस बात का गहरा असन्तोष था कि मन्थन में न ओले, हरण (टिड्डी) पर कोई चर्चा हुई, न 2013 की अतिवृष्टि पर। कुछ ग्राम सेवक, पटवारी और सरकारी अधिकारियों के रवैये पर अलग से चर्चा चाहते थे। पढ़े-लिखे लोगों की अकादमिक बहसें उनके सिर के ऊपर से गुजर गयी थीं।

डॉ. अहमद उन्हें शान्त कराने की गरज से माइक पर आये—''आपकी चिन्ता जायज है। शेतकरी की समस्याओं को हम दो भाग में बाँटते हैं—मानव निर्मित, प्रकृति निर्मित। जहाँ तक ओले, टिड्डी, अतिवृष्टि और आबोहवा की बात है वे प्राकृतिक हैं। इन्हें नहीं रोका जा सकता।''

"इसलिए कि ओले, टिड्डी और बाढ़ से आप बचे रहते हैं, तबाही तो शेतकरी की नसीब में होनी होती है।" एक आवाज आयी।

"आप उन्हें रोक नहीं सकते, मुआवजे तो दे सकते हैं।" दूसरी आवाज।

"मुआवजे के नाम पर जो धाँधली ग्राम सेवक, पटवारी और सरकार द्वारा की जाती है वह तो मानव निर्मित है, उस पर विचार क्यों नहीं होगा?"

"आप कृपया स्टेज पर आकर अपनी बात कहें।"

टोपी पहने वह गावदी-सा व्यक्ति बड़ी ठेलमठेल पर अपनी बात कहने को राजी हुआ—"ओले के बारे में मौसम वैज्ञानिक अगर भविष्यवाणी नहीं कर सकते तो हराम की तनख्वाह क्यों लेते हैं? हालाँकि उससे दूर-दूर की फसलों को बचा पाना मुश्किल है। मुआवजे का यह हाल है कि घूस दो, मुआवजा लो। एक खेत को मिला, बगल वाले मेरे खेत को नहीं।" वह गावदी-सा किसान निरुत्तर कर गया पढ़े-लिखों को!

भोपाल से आये एक अतिथि ने अखबार का हवाला देकर बताया कि "भोपाल में जया बच्चन को ओले से हुए नुकसान का मुआवजा मिला—13156 रुपये बिन माँगे, जबरन जबकि हम किसानों की रिरियाने पर भी कोई नहीं सुनता।"

"आप लोगों को भी मिलेगा।"

"नहीं मिलेगा। बुन्देलखण्ड के एक किसान प्रजापति की पूरी फसल इस बार के ओले से नष्ट हो गयी। गिड़गिड़ाता रहा, कोई मुआवजा नहीं मिला। घर जाकर जहर पीकर मर गया।"

"ये फिल्म वाले, ये धरम वाले, ये कारपोरेट वाले, ये बिल्डर्स और दूसरे पैसे वाले सेठ देश की सारी लाभ देने वाली जमीन खरीद ही चुके हैं। आने वाले दिनों में खेती भी कारपोरेट घराने वाले करेंगे, किसान का नाम ही मिट जायेगा। ओले शायद हमें बख्श दें, टिड्डियाँ हमें बख्श दें मगर ये टिड्डियों से भी खतरनाक हैं। ये लोग कुछ भी नहीं छोड़ते।"

डॉ. राव ने कहा—"आपने हमें इस खतरे की सूचना दी—इसके लिए धन्यवाद, लेकिन इन प्राकृतिक प्रकोपों पर कभी फिर बात कर लेंगे।"

इस पर एक दढ़ियल युवक तमतमाकर खड़ा हो गया—"शराब भी प्राकृतिक प्रकोप है? यह कैसे सम्भव है कि हम कृषक आत्महत्या पर बात करें और दारू की बात न करें? पर उन्हें रोकेगा कौन? मन्त्री पीता है, अफसर पीता है, सिपाही पीता है, दरोगा पीता है, आईजी, डीआईजी, डीजी पीता है, मराठा पीता है, अम्बेडकरी पीता है, छात्र पीता है, मास्टर पीता है, कुलपति पीता है, कुलाधिपति पीता है जबकि महात्मा गाँधी से लेकर शंकर गुहा नियोगी और अन्ना हजारे, अभय, बंग—सभी ने इसका निषेध किया। वर्धा में मद्य पूरी तरह प्रतिबन्धित है और यहाँ सबसे ज्यादा, वो भी खुलेआम पी जाती है। इसके चलते कितने शेतकरी ने प्राण गँवाये और इन्हें

रोकने के लिए दारू पर पलने वाले हमारे थाने...इन्होंने महिला मंडलों को आगे कर दिया है—तुम आगे बढ़ो, हम तुम्हारे साथ हैं और कितने साथ हैं, ये आपको शकुन्तला देवी बतायेंगी—भट्टी भंजक दल की सदस्या, आन्ध्र की कल्याणी जी भी अगर आयी हों तो...।''

शकुन्तला ने अपने अनुभव बताये तो रोंगटे खड़े हो गये अतिथियों के। उन्होंने कन्धे और भौंहों पर के चोट के निशान भी बताये और नारायण जैसे सेठों की दास्तानें—''हमारी एक ही विनती है सरकार से, यह मद्यनिषेध की नौटंकी बन्द कर दे।''

मंच पर दो आदमी सुरेश वानखेड़े को सहारा देकर ले आये और आशा की बर्बादी की दास्तान, उसकी मुलगियों की करुण कथा सुनायी तो बुद्धिजीवियों को लगा इन सवालों को न उठाकर उन्होंने वाकई भूल की।

सत्र समाप्त होने के पूर्व डॉ. देवेन्द्र फिर आये मंच पर—''दोस्तो, शकुन्तला जी की बेटी कलावती ने अभी-अभी जो बात मुझे बतायी, उससे मैं दंग रह गया। इन्होंने अपने एक बैल को मरणोपरान्त खेत में ही गाड़ दिया था। बाद में इनके पिता का देहान्त हुआ तो उसे भी...। बाबा, आजोबा यानी पिता और दादा जी ही नहीं उनके बैल लालू, लालू की माँ लाली गाय और उनके तमाम पुरखे! अस्थियों ने खाद का काम किया और वहाँ बम्पर फसल होती है। मानो उनका पुनर्जन्म हुआ हो, हजार-हजार बाँहें लहरा रही हों और हजार-हजार आँखों से ताक रहे हों जैसे। अब जबकि हम वैकल्पिक खाद की बात कर रहे हैं, हमारी और हमारे जानवरों की अस्थियाँ मरणोपरान्त एक उत्तम वैकल्पिक खाद का काम कर सकती हैं। मैंने हरिद्वार और अन्यत्र देखा है, लाशें पूरी तरह जली भी नहीं होतीं कि उन्हें गंगा या दूसरी नदियों में प्रवाहित कर दूसरी चिता सजा देते हैं। नदियाँ जो प्रदूषित होती हैं, होती ही हैं, लाखों टन कीमती खाद बहकर बेकार चली जाती है। इसी तरह कब्रों में दफनाई गयी लाशों के रूप में वेस्टेज की बात आती है।''

''पगला गये हैं क्या?'' एक टिप्पणी।

टिप्पणी की परवाह न करते हुए वे बोलते गये—''वह खाद क्या है—एमोनियम हाइड्रोजन फास्फेट, अस्थियों के चूरे का खाद के रूप में इस्तेमाल हमारे पूर्वजों द्वारा भी किया जाता रहा। हड़हा जाति वाले अभी भी होंगे। पराशर के वृक्ष आयुर्वेद में अस्थियों की खाद का जिक्र आता है। हमारे अपने इस प्रक्रिया में नष्ट नहीं होते, पुनः लौट आते हैं अंशतः—रीसाइक्लिंग पुनर्चक्रीकरण! मगर कलावती ने नये सिरे से जिन्दा करते हुए इसे जीवन या सृष्टि चक्र से जोड़ते हुए परम आत्मीय बना दिया। कैसे, आइए हम उन्हीं से सुनते हैं—कलावती!''

कलावती ने मंच पर आकर जीवनानन्द दास की एक कविता 'आबार असिबो

फिरे...' का हिन्दी-मराठी अनुवाद पढ़ना शुरू किया तो मानो वह अपने पिता शिबू और बैल लालू के प्रवक्ता में पूरी तरह पर्यवसित हो गयी—

"फिर आऊँगा लौटकर
धान सीढ़ी नदी के तीर
इसी देश में। हो सकता है
मनुष्य नहीं, शंख चील या शालिख
मैना के भेष में।
या बन जाऊँ भोर का कागा
कार्तिक के नवान्न के उस देश में।
एक दिन कुहासे के सीने को भेदकर
बहता हुआ आऊँ
इन कटहलों की छाँव में।
शायद बन जाऊँ पालतू बत्तख
किशोरियों के बँधे घुँघरू
होंगे लाल-पाँव में...!"

पूरी नहीं कर पायी कविता। यहाँ तक पढ़ते-पढ़ते बिलख-बिलखकर रो पड़ी।

पूरी कविता का अनूदित मराठी, तेलुगु और हिन्दी प्रारूप गेट पर अन्य कविताओं के साथ पोस्टर बनाकर टाँग दिया गया।

34

मल्लेश के आ जाने के बाद मन्थन में कुछ ज्यादा ही भीड़ जमा होने लगी। नाना लोगों को दिखा-दिखा कर बताता—"देखो ये अपुन का मुलगा मंगल ग्रह पर जा रहा है। "देखने वाले दूसरे को दिखाते, देखो, देखो, एई मुलगा—ठो मंगल ग्रह पर जायेगा। 'सदा' थोड़ा कन्फ्यूज्ड था, पंढरपुर, नासिक, शिरडी, काशी, प्रयाग तो सुना था पर मंगल? ये नया तीर्थ कहाँ से निकल आया...? शायद मानसरोवर के आगे कहीं....लेकिन डर के मारे उसने किसी से पूछा नहीं। कहीं लोग उसे गँवार न समझ लें। छोटी मल्लेश को अलग डंक मारती—"अभी का यह हाल है, क्या होगा जब तुम सचमुच मार्श-मिशन से सकुशल लौटकर आओगे, टिकट लगाना पड़ेगा!"

अपने देश का कृषक पुत्र मंगल ग्रह पर जायेगा, नाम रोशन करेगा, मरतुकड़े, झुलसे चेहरों पर भी क्षण भर के लिए रौनक आ जाती। इधर मन्थन के रिवाइवल के अन्तिम दिन उसे सम्मानित किया जाना था, मगर मल्लेश...। अजीब सोंठ टाइप का मुलगा हुआ मल्लेश! वर्धा आकर उसने सेवा ग्राम, पवनार और बाबा आमटे का आनन्द वन आश्रम देखा...मगर चेहरे पर कोई प्रतिक्रिया नहीं। चुपचाप मन्थन की बहसों, पेपर्स और शोज को देखा करता। विजयेन्द्र उसके चेहरे को एक ब्लॉटिंग पेपर कहता और छोटी 'केयर फ्री नैपकिन'!

छोटी के साथ वह अक्सर आत्महत्या किए हुए परिवारों में जाता और चश्मे के पार से मूक दर्शक-सा देखता रहता। लोग उसकी चुप्पी का अलग-अलग मतलब निकालते—शायद मराठी—हिन्दी ठीक से न जानता हो, शायद अपनी अपार सफलता और विदग्ध विद्वत्ता के कारण साधारण लोगों से बातें करने का मन न होता हो लेकिन अपने पिता वेंकटेश से तो बात करता है। अन्तिम दिनों में छोटी उसे ले गयी अमरावती...साथ ही शकुन भी...।

एक कमरे का घर था वह, दस बाई दस के इस एकमात्र कमरे के घर में आधा से ज्यादा जगह उस चौकी ने घेर रखा था जिस पर दो मुलगियाँ, एक मुलगा लेकर माँ सोती थी। माँ और बड़ी बहन बाहर गये हुए थे। एक कोने में माटी के ठंडे चूल्हे पर पलोथन का भभूत लगाये तवा बता रहा था कि रोटी पोयी गयी थी। 14

साल की छोटी बेटी सलवार-जम्फर पहने सिर झुकाये खड़ी थी। घर में मातम बरस रहा था। एक साल पहले वडील ने कीटनाशक पी लिया था। कर्जदार परेशान कर रहे थे। मौत के मुआवजे की रकम के कितने मिलेंगे 25 हजार...? इसे ही हासिल करने गयी थी आई।

"सिर्फ पच्चीस?" छोटी ने पूछा।

"बाकी पचहत्तर हजार बैंक का फिक्स्ड डिपॉजिट।"

शकुन ने मुलगी के सिर पर हाथ रखा। पल थम गये। फिर जैसे उसकी आवाज पोखर में कंकड़ी-सी गिरी—"यहाँ माधव का घर कहाँ है?"

"वो, वहाँ...।" लड़की ने उँगली से इशारा किया।

"उसने भी तो...?"

"हाँ।"

और अब माधव के घर।

पीछे एक सूखी नदी थी और सामने एक सूखा घर। नदी के अगल-बगल, झाड़-झोंप मगर घर के सामने झुलसा खेत। यह था माधव का घर! क्या गजब कि माधव अब नहीं है, फिर भी घर माधव का ही कहलाता है। साल भर पहले शकुन महिला मंडल की मीटिंग के बहाने इस घर में आयी थी तो माधव ने आगे बढ़कर स्वागत किया था। आज वह फ्रेम में जड़ा है, ऊपर सूखे फूलों की माला। द्वार पर सिर्फ रोहिणी है, माधव की जवान विधवा। अन्दर बुआ, भतीजे, जेठानी, आई—सब थे, एक वही नहीं है।

कितने दिनों बाद देख रही थी रोहिणी को। कैसी लग रही थी विधवा के भेष में रोहिणी! पहली बार उसने उसे देखा तो वह सुहागन थी।

तब उसके लहजे में एक चाट जैसा चटखारापन रहा करता—तेलुगु वाली छौंक और कोल्हापुर वाली मिर्ची! नाम था रोहिणी। रोहिणी नारीलकर।

"कुछ सुना आपने ताई, हमारा उदरीच अकोला-अमरावती के शेतकरी को चीनी मिल के सेट का आदमी ऊस का शेती करने को मस्का मारता।"

"अच्छा!" शकुन की आँखें सिकुड़ जातीं।

"हाँ! वो बोलता, कापूस में लॉस-ई-लॉस। परोफिट पूछो तो काँदा[1] में है और ऊस में। पाँच रुपया किलो काँदा मारकेट और मंडी तक पचास रुपये किलो...उससे भी ज्यादा।"

"ये गौरमिंट गरीबों का नहीं। हाँ, ऊस का क्या?"

"सेट का आदमी बोला, ऊस का गारंटी हम लेता। गौरमिंट हमारा सेट का बात नईं टालने सकता?"

---

1. काँदा = प्याज

"नेता लोग उससे पैसा खाता न!"

"बरोबर! ये जो सुगर मिल बन्द हो गयी न उनके लिए क्या तो छियासठ हजार करोड़ देने वाली गौरमिंट! कितना होता ये छियासठ करोड़?"

कितना होता है छियासठ करोड़—इस कठिन पहेली को बूझने में पसीने छूट गये दोनों सखियों के।

शकुन बोली—"सौ-सौ को दस जगह रखो तो हजार!

हजार को सौ जगह रखो तो लाख!

लाख को सौ जगह रखने पर शायद एक करोड़ होता होगा!

इसके आगे अपुन को नहीं मालूम!"

रोहिणी बोली—"इसके आगे मैं कोशिश करती...करोड़ हो गया न, एक-एक करोड़ साठ और छौ जगह रखो—हुआ छियासठ करोड़।"

"हाय देवा!" इतने में ही हाँफने लगीं दोनों सखियाँ—"अभी इस छियासठ करोड़ को हजार जगह रखना था। ला मुझे पानी पिला, नईं तो मरी मैं।"

"कैसे-कैसे, क्या हुआ था?" वह मन्त्र-सी बुदबुदाये जा रही थी—"कैसे चीनी मिल मालिक के दलाल के कहने पर कइयों की देखादेखी माधव ने भी ऊस की शेती की। पैसा ही पैसा! पैसे से साझे की पम्पिंग सेट। हमारे पूरे परिवार ने मिलकर बोआई, सिंचाई, गोड़ाई की। ये देखिए, हाथ में ऊस के धारदार पत्तों से हाथ की चमड़ी की जगह-जगह क्या दुर्गति हुई।" वह बाँहों पर की उजली लकीरों के दाग दिखा रही थी—"ऊस खड़ा हुआ खेत में। मगर लेने वाला कोई नहीं आया...। क्या करें? पास-पड़ोस गाँव की महिला मंडल की औरतें आ गयीं।"

"भौत परेशान रहने लगे थे। खेत में तैयार ऊस। कन्धे पर तैयार तीन लाख का ऋण।" रोने लगी रोहिणी।

"औरतों में से एक ने बताया, शेत में चारों ओर पगलाये कुत्ते-सा चक्कर काटता रहता माधव...।"

"दूसरे लोगों ने भी तो उन्हीं के साथ ऊस की खेती की थी?" शकुन ने जानना चाहा।

"एक तो हमी ने की थी, सब परेशान थे।" एक अन्य औरत ने बताया—"एक दिन पता चला, अभी थोड़ा इन्तजार करना पड़ेगा। 'ऊस' का लौबी में पश्चिमी महाराष्ट्र और विदर्भ में टकराव है। सेट की सुगर मिल को चलने नहीं दे रहे पश्चिमी महाराष्ट्र के सेट लोग।"

"वो सेठ नहीं आया तो दूसरे को बेच देते?" छोटी ने पूछा।

"नहीं न बेच सकते थे मुलगी, हमने उस सेट से ऋण लिया था न। ऋण ने

हमारे हाथ बाँध रखे थे।''

''फिर क्या हुआ?''

''फिर एक दिन जाने कहाँ से केरोसिन लाकर आग लगा दी और जब धू-धू करके जलने लगा तो खुद भी...।'' बोलते-बोलते उसका कंठ फिर भर आया। वह आगे न बोल सकी।

''कहती क्या हो, वह जलते खेत में समा गया?'' शकुन ने पूछा।

''कोई उसे बचाने को आगे न आया?'' छोटी ने पूछा।

''आये। रात थी। जो जहाँ था, वहाँ से लपटें देखकर, चीख-पुकार सुनकर दौड़े आये। कुएँ से, नदी से पानी लाने को भी दौड़े मगर कोई भी उसे जिन्दा वापस न ला सका। लाये तो वह एक जला हुआ लोंदा था।;;

ऊस की कितनी मिठास थी और सपनों की कितनी ऊँची उड़ान! मल्लेश चुपचाप देख रहा था जले खेत को।

''वो सेठ, वो दलाल?''

''नहीं आया। आता भी तो हम उसका क्या कर लेते?''

शकुन, छोटी और मल्लेश कभी जले हुए काले खेत को देखते, कभी रोहिणी की नम उदास आँखों को।

लौटने लगे तो रोहिणी ने कहा—''रातों को जब भी नजर उस काले खेत पर जाती है, वह मुझे आग की लपटों के बीच जलता, तड़पता, भागता नजर आता है...कभी-कभी तो दिन को भी...।''

35

फकीरी टोला देखा, जोगियों का टोला देखा और अब पागलों का टोला बोडुरा। टाइम्स ऑफ इंडिया के फ्रंट पेज पर खबर छपी है बोडुरा की।

अम्बा देवी का जिला अमरावती! उसकी एक तहसील नाँदगाँव खाण्डेश्वर। नहीं! नाँदगाँव खाण्डेश्वर गये तो फिर लौटना पड़ेगा, वह तो तहसील मात्र है।

बोडुरा जाने को बाड़नेरा जंक्शन से पहले लोनी फिर लोनी के आगे हाई-वे की बायीं ओर सड़क आपको ले जायेगी बोडुरा। दूर-दूर तक बियावान। निर्जन-निर्जन पथ। प्यास लगे तो न पीने को पानी मिले, राह भूले तो न पूछने को आदमी। इस सड़क पर एक नदी और कई किलोमीटर चलने पर आगे एक चौरस्ता मिलेगा, चौरस्ते पर एक सायेबान! वहाँ एक जंग खाया बोर्ड होगा, जिस पर अमरावती समेत चार जगहों के मार्ग-निर्देशक नाम होंगे, जिनमें एक नाम पर कालिख पुती होगी। यही होगा बोडुरा!

कालिख तो पुतनी ही थी। पागलों के गाँव होने का ठप्पा जो लग गया है! आप सारी रपटें फाड़ देंगे, टाइम्स फाड़ देंगे, मगर गूगल पर भी तो कलमुँहे बन्दर की तरह चढ़कर डरा रहा होगा बोडुरा। कहाँ-कहाँ से खदेड़ोगे उसे?

सच तो यह है कि यहाँ छह शेतकरी लोगों ने आत्महत्या की जिनमें एक महिला शेतकरी भी थी, जो डराने के लिए काफी न था कि नाम तक लेने से डर लगे और कालिख पोत दी जाये नाम पर ताकि कोई आ न पाये।

कलंक...? क्या था कलंक? कितनी हकीकत, कितना फसाना? हकीकत तो यह थी कि यहाँ के एक किसान ने शेती के लिए कर्ज लिया था बैंक से, अदा न कर सका। दबाव बढ़ा तो खुदकुशी कर ली। पर इसमें नया क्या था? पूरे विदर्भ की कहानी है यह!

खुद बोडुरा में आगे-पीछे छह-छह किसानों ने खुदकुशी की थी, बाप न पहला था, न आखिरी और प्रकाश भी कोई ऐसा-वैसा मुलगा नहीं, नागपुर में आयोजित तैराकी प्रतियोगिता के पुरस्कार विजेता प्रकाश पर ऐसा क्या हुआ, कैसे हुआ कि बाप की आत्महत्या पर सोचते-सोचते सोच के दायरों के ही पार चला गया, विदर्भ

का नाम रोशन करने वाला प्रकाश खुद अँधेरा ओढ़ कर बैठ गया। अब न नागपुर की कोई दवा काम करती है, न अमरावती की कोई देवी। क्या सिर्फ पिता की आत्महत्या, क्या सिर्फ उसका लिया हुआ कर्ज? न! अगर ऐसा ही होता तो बोडुरा के बाकी ग्यारह लोगों का दिमाग क्या सुस्त पड़ गया? मति मन्द लोग! क्या अकेले बोडुरा में ऐसे लोग हैं! कहाँ नहीं हैं?

पानी में आर्सेनिक है या अत्यधिक कीटनाशक और खाद घुलकर उसे विषाक्त बना रहा है? सरपंच लिख-लिखकर हार गये, होम्योपैथी के डॉक्टरों का एक एन. जी. ओ. कैम्प लगा-लगाकर हार गया। रोग के कारणों का पता न चल सका...।

का पानी में घुलि गयो, का माटी की भूल
गुठली रोपी आम की, फिर-फिर फरत बबूल!

रिपोर्ट पढ़कर रख दी विजयेन्द्र ने—''क्या नाम हुआ गाँव का?''

''बोडुरा। क्यों?''

''कल को सारा देश बोडुरा न बन जाए।''

36

माधव और बोडुरा की मर्मान्तक कहानी सुनते ही सदानन्द आँखें मूँदकर भजन गाने लगा—''गोपाला-गोपाला-आ-आ!''

जैसे ही किसी आत्महत्या की खबर सुनता है, सदा ऐसे ही डरकर आँख मूँदकर भजन गाने लगता है। हर खबर को अपने टूटे दाँतों के झरोखे से मुँह बाकर सुनने वाला नाना इस पर पिनक जाता है—''झाल-मंजीरा ले आयें?'' और देर तक बड़बड़ाता रहता है—''ये स्साले! इन्होंने नाम बदनाम कर डाला है विदर्भ का। कई बार बाहर के लोग मुझे यह जानकर कि मैं विदर्भ का हूँ, ऐसे ताकने लगते हैं जैसे यकीन कर लेना चाहते हैं कि मैं आदमी हूँ या भूत। इधर के आदमी! मत पूछो। बायको से झगड़ा हुआ तो लगा ली फाँसी! सचिन सेंचुरी नहीं बना सका, टीम हार गयी खा लिया जहर, कोई नेता, अभिनेता, अभिनेत्री मर गयी, दे दी जान! थू!''

मन्थन में रोज की तरह राज आज जिस फिल्म को दिखाने जा रहा था, वह थी सदानन्द देशमुख के उपन्यास 'बारोमास' पर आधारित फिल्म जिसमें 'बैंडिट क्वीन' वाली सीमा विश्वास ने अभिनय किया था।

कथा में किसान सुभान राव ने एल्ड्रिन पी ली थी। उल्टी कराने के लिए उसे बच्चे का गू खिलाया गया था।

तैयब ने टिप्पणी की—''देख ले सदा, आत्महत्या का नाम न लेना वरना इसी तरह गू खाना पड़ेगा?''

सदा ने एक छोटी-सी गाली दी—''स्साला! मुझे क्या देखता, गोरी-गोरी मेमों को देख, मेमों को।''

''लगता है, सदा गू खाये बिना नहीं मानेगा।'' नाना ने कहा तो सदा ने उसे खदेड़ लिया।

मन्थन ने तय किया है कि फिल्म, नाटक, साहित्य और अन्य प्रचार सामग्रियों के साथ आत्महत्या ग्रस्त किसानों की विधवाओं का जुलूस भी निकाला जाए ताकि उनके अभियान को बल मिले। इसके तहत सदानन्द को भी दो विधवाओं की खोज और व्यवस्था करनी थी। लेकिन वही कहावत है न, जहाँ जाता है, समस्याएँ उससे

पहले ही पहुँच जाती हैं। बहुत दिनों के बाद गया जोगियों के गाँव।

''भगत जी!'' इस सम्बोधन पर मुड़कर देखा तो नाग जोगी की युवा पत्नी थी।

''इधर बहोत दिनों से नहीं आये भगत जी?''

''बाबा हैं?'' सदा ने उन्हें प्रणाम करते हुए पूछा।

''क्यों, बाबा से ही काम है? अरे घड़ी दो घड़ी हमसे भी बोल-बतिया लिया करो भगत—जोगी ही नहीं, जोगिन से भी।''

रसीले संवाद अभी शुरू भी नहीं हुए थे कि उसकी नजर दक्षिण पर पड़ी—''हाय देवा! वो देखो, लगता है हरड़[1] की फौज आ रही है। आसमान लाल हो गया।''

वह चिहुँक-सी उठी—''तुम हरड़ भगाना जानते हो?''

''ना।''

''तो क्या जानते हो? जैसे-जैसे बताती जाती हूँ, वैसा-वैसा करते जाओ।''

''बड़े ड्रम को लकड़ी से जोर-जोर से पीटो। हा-हा करके हल्ला करो, झाड़ लेकर हिलाओ। नहीं तो ये मेरे शेत में जो थोड़ी-सी सब्जी है, गयी इनके पेट में।''

आकाश लाल होता जा रहा था। हरड़ बढ़े चले आ रहे थे। वह युद्धकालीन जैसा दृश्य था। सदा ने टिड्डी या हरड़ का नाम भर सुना था। सारा गाँव बाहर निकल आया था, ड्रम, ढोल और नहीं तो थाली ही बजा रहा था। कुछ के हाथ में लग्गे थे, कुछ प्लास्टिक के थैले में पकड़ने की नयी स्कीम आजमाना चाहते थे। लो, वे आ गये। लाल सेना उतर पड़ी पेड़ों, फसलों पर उनके चुगने की 'चिक-चिक' की आवाजें सुनाई दे रही थीं। सदा ने प्राणपण से ड्रम बजाया और वह इधर-उधर दौड़ रही थी लग्गा लेकर शोर मचाते हुए। जैसे वह वादक था और वह नर्तकी! नर्तकी ही नहीं गायिका भी...! 'हा-हा-हो-हो!' दूर तक यही आवाजें आ रही थीं। दस-एक मिनट में हरड़ की इस फौज ने पेड़-पौधों के पत्तों को चुगकर खंखड़ बना दिया—पत्रहीन वृक्ष, लता तरु। मगर जोगिन के खेत की सब्जी बच गयी थी। उसने सन्तोष की साँस ली—''गये।'' हाथ झाड़े। अब वह उन्हीं हाथों को हिला-हिलाकर जी भरकर गालियाँ दिए जा रही थी पति को, जो उसके जिम्मे सारी गृहस्थी लादकर आवारगी कर रहा है—''स्साला भँड़वा! बड़का सिद्ध तान्त्रिक बना फिरता है, यहाँ गाँड़ उघरी हुई है। उस दिन साँड़ घुसा था, आये दिन सर्प घुसते हैं घर में, आज हरड़। यह औरत का काम है?''

सदानन्द ने पूछा—''ये हरड़ आते कहाँ से?'' वह अभी भी उस लाल आतंक से उबर नहीं पाया था।

''नरक से!'' वह काट खा रही थी—''तुम्हारा गुरु सर्वज्ञ है, उससे पूछो न।'' वह तनिक ठंडी पड़ी—''वो जो वोर नदी के उस पार पहाड़ी है न, उसकी किसी

---

1. हरड़ = टिड्डी

कन्दरा में रहते हैं। आने का टाइम फिक्स नहीं, आने को पाँच-दस साल में भी आ जाएँ और पचास सालों में भी न आयें। जहाँ से गुजरते हैं बाग के बाग चट कर जाते हैं जैसे यहाँ तुम न आये होते तो आज मेरा शेत भी...।''

वह उसे बेनिया से हवा कर रही थी। कुछ सोचकर बोली—''तुम लोग कोई खजाना खोज रहे थे न, मिल गया?''

''नहीं। वो तो...।''

''जोगी ने बताया होगा कि बस ऊपर का आवरण है। अनुष्ठान से हट जायेगा।''

''आपको कैसे मालूम?'' वह चौंका।

''ऐसा सभी को बोलता।''

''जा स्साला!'' सदा का सारा उत्साह जाता रहा।

''मराठा न?''

''हाँ।''

''तुम्हारा विवाह हो गया?''

''हो गया, बायको बीमार रहती।''

''मुलगे-मुलगी?''

''नहीं।''

''उमर?''

''सैंतीस।''

''शेती...?''

''दो एकड़ की।''

''परिवार में कौन-कौन है?''

''एक बूढ़ी आई, दो बैल, एक भैंस, बायको और मैं।''

''चलेगा!'' वह जैसे खुद से बोली और घर के अन्दर चली गयी, लौटी तो एक स्टील की तश्तरी में दो पेड़े थे और हाथ में एक गिलास पानी। पेड़े लेकर वह चुभलाने लगा।

''तुम्हें लक्ष्मी चाहिए न? मेरा नाम महालक्ष्मी है। वह कान के पास फुसफुसायी—''भगा ले चल न, महालक्ष्मी तेरे सारा दुख-दलिद्दर दूर कर देगी।''

सदानन्द उछल पड़ा--''अरे बाप रे!''

''क्यों? किसी मूँगी[1] ने काट खाया क्या चूतड़ में? कुठे चालला ऊहेस (कहाँ चले)?''

गले में पेड़ा तो नहीं अटका, मगर पानी अटक गया। वह उठ खड़ा हुआ—''मैं कृषक आत्महत्याओं की विधवाओं की खोज में आया था।''

''क्या करना? शादी बनाना?''

1. मूँगी = चींटी

"आपको तो सिर्फ शादी-ई दिखाई पड़ता। अरे प्रदर्शन करना है, प्रदर्शन!"

"वो तो मैं यहीं से बता सकती बैठे-बैठे।"

"बताइए।"

"इधर एक भी नहीं। हाँ उधिर फुलगाँव में दो हैं।"

सदा ने लौटकर दो विधवाओं की सूचना बिज्जू को दी और अनुरोध किया कि वह खुद चला जाए। उसे कल लू लग गयी।

फुलगाँव में फटफटी की कर्कश आवाज! मगर सुनने वाला कोई नहीं। 'पूरा गाँव खाली।' गाँव पहुँचकर हैरान रह गये विजयेन्द्र और कला!

फुलगाँव में क्या आदमी नहीं रहते? कहाँ गये वे? लोग तो लोग उनकी गृहस्थी, उनके मवेशी? पता करने के लिए बगल के गाँव गये—नागी और बक्सी। मगर वहाँ भी एक जैसी वीरानी! ऐसा विस्थापन तो कभी न देखा, न सुना। आखिर माजरा क्या है? देश के कुछ राज्यों में किसानों से छल कर उनकी जमीन पूँजीपतियों, कारखानेदारों और कॉरपोरेट घरानों को बेची जा रही है—छलात्कार! क्या यहाँ भी 'मिहान या 'सेज' का कोई प्रोजेक्ट है?

एक युवक साइकिल पर कुछ लादे पैदल चला आ रहा था उसी से पूछने पर पता चला—"तीनों गाँव के लोग गाँव छोड़कर वहाँ आ गये हैं।"

"क्यों?"

"बुरी आत्मा का साया है, ऐसा ज्योतिषी ने बताया। जब तक दूर नहीं होता, गाँव वाले वहीं रहेंगे—गाँव बदर! निरंजन देव गिरि कोई अनुष्ठान करेंगे, साया हटेगा, फिर अपने-अपने गाँव लौटेंगे।"

"तब तक तीनों गाँवों के तीन सौ लोग क्या करेंगे?" छोटी ने पूछा।

"अखंड हरिनाम संकीर्तन!"

जैसे-जैसे वे करीब पहुँचते गये, संकीर्तन के स्वर के साथ इनसान से लेकर मवेशी तक के डकरने, मेमियाने की कई मिली-जुली आवाजें आने लगीं, मानो बनजारों, कोलाटी लोगों या पारधियों ने कोई पड़ाव डाला हो।

"कैसे पता चला कि तीनों गाँवों पर बुरी आत्मा का साया है?" छोटी ने एक पत्रकार की तरह पूछा।

"अब पता चलने का क्या है मेमसाहब, कुओं का पानी सूख गया, तीन साल से सूखा, मुलगे-मुलगियाँ फेल होने लगे, फिर गायब। दो-दो शेतकरी सुइसाइड कर बैठे...। पहले ओले और अब हरड़ का हमला। सारी फसल, सारे पेड़ खा गये।"

"तो निरंजन देव गिरि ने क्या कहा, अनुष्ठान पूरा होते ही कुओं में पानी भर जायेगा, सूखा खत्म हो जायेगा का, पत्ते लौट आयेंगे?"

विजयेन्द्र ने छोटी की लगाम खींच ली—''हम दरअसल उन विधवाओं से मिलने आये हैं। विधानसभा के इस सत्र में एक जुलूस निकलेगा, ऐसी विधवाओं का, उसी में।''

दोनों विधवाएँ लायी गयीं। एक चालीस की लगती थी, एक तीस की। सहमी-सकुचाई, नम आँखें। नाम! मालती जाधव, शेवन्ती बेन्द्रे।

नागपुर के जुलूस में जाने-न-जाने के बारे में स्वामी जी से पूछकर बताने को कहा। उनके मोबाइल नोट कर के वे लौट आये।

''मोहन दादा के गले की 'बाँ-बाँ' क्या है? उनका अपराधबोध! इस बोध को जाग्रत किसने किया? गिरि ने। इन गाँव वालों को जलावतन किसने किया? इसी कमीने ने। मेरा वश चले न, मोहन दादा के गले का फन्दा इस गिरि के गले में पहना कर घसीटते हुए ले आऊँ पब्लिक में जगह-जगह और कुछ पूछने पर ये 'बाँ-बाँ' करते पोंकते हुए अपना प्रायश्चित्त करे।'' कला बिफर रही थी।

विजयेन्द्र ने मोटरसाइकिल रोककर उसकी आँखों के सामने हाथ हिलाया—''पागल हो गयी है क्या? कोई एक गिरि है? कायदे से तो यह सपना सिन्धु ताई को देखना चाहिए था, देखा उन्होंने? वे क्या...और और क्या, गिरि जैसों को कुछ भी करो तो पब्लिक उनके सपोर्ट और तुम्हारे अगेन्स्ट हो जायेगी। पानी पियो और चलो कुल 300 विधवाओं का इन्तजाम करना है।''

यह धप से बैठ गयी जैसे उसे चक्कर आया हो।

''क्या हुआ? डोन्ट क्रिएट ए सीन।'' बिज्जी ने उसका हाथ पकड़कर इतने जोर से खींचा कि वह सीधे उसी पर जा भहरायी। वह उससे चिपकी थर-थर काँप रही थी।

....और इसका समाहार हुआ रात को।

विजयेन्द्र की ओर पीठ फेरकर ब्रा का हुक लगाने में बार-बार असफल छोटी ने बिज्जी से अनुरोध किया—''प्लीज जरा हेल्प कर दो ना!''

''खोलने को कहती तो...ये बन्द करना...?''

''वो तो बिना बोले ही। बदतमीज!'' छोटी ने बनावटी गुस्से में गर्दन घुमायी।

''आखिरकार...!'' बिज्जी की आँखें झुकी-झुकी थीं। शब्द असम्बद्ध शरमाये-शरमाये-से!

उसे लग रहा था, कहीं-न-कहीं, कुछ-न-कुछ गलत हो गया उससे। उसने कई दिनों तक कई बार, कई तरीके से अपनी बात कहनी चाही लेकिन असफल रहा। हर असफलता उसे खीज से भरती रही—''वैसे गलत तो कुछ भी नहीं था। कोई क्या कर लेगा? फिर भी...।''

दूसरी बार उसने सीधे सपाट दो टूक लहजे में मन की बात कह ही डाली—''मुझे

जाने क्यों लग रहा है, मैं कोई प्रॉक्सी दे रहा हूँ...तू नसीब है किसी और की, तुझे चाहता कोई और है? एक्चुअली तुम हो तो अशोक की ही अमानत!''

''और फैक्चुअली...?'' छोटी ने तिरछी आँखों से देखा तिरछे सवाल को। गाँठ ढीली की—''सुनो, हम शादी नहीं करते, ऐसे ही...।''

''हाँ, जब ऐसे ही सारा कुछ...।''

''मारूँगी!'' वह उसके सीने पर हल्के-हल्के मुक्के तब तक मारती रही जब तक बिज्जी ने उसे सीने से पूरी तरह चिपका न लिया। धीरे-धीरे गाँठें और ढीली हुईं। छोटी ने कहा—''अनजाने हम बढ़ आये पर बढ़ आये सही। वो जनम-जनम के साथी वाला कॉन्सेप्ट या मन-प्राण वचन वाली एकनिष्ठता की बात तो झूठ है, सरासर झूठ!''

''हम सदियों से इस झूठ को ढोये जा रहे हैं रिचुअल्स-सा हो गया है जैसे 'सॉरी' कहना, जैसे कोर्ट या राजघाट पर जाकर झूठी कसम खाना। यह कैसे सम्भव है कि हम एक को छोड़कर दूसरे को चाहें ही नहीं। मिले न मिले, अलग बात है।''

''सामाजिक बन्धन इसलिए जरूरी है कि अराजकता न फैले, इसलिए भी कि पशुओं की तरह हमारी सारी एनर्जी इसी आहार, निद्रा, भय और मैथुन में ही न जाया हो जाये?''

''वो तो ठीक है, पर मैं मन की बात करती हूँ।''

''आज अगर अशोक आ जाये तो क्या करोगी?''

''अशोक? वही क्यों, पूरी जिन्दगी में और भी आ जायें, तुम्हारे भी हमारे भी।''

विजयेन्द्र ने करवट बदली—''सोचकर अजीब लगता है, क्या तुम उसी बाप की बेटी हो जो तुम्हारी वर्जिनिटी, तुम्हारी आबरू के प्रति इतना सेंसिटिव रहा कि आत्महत्या ही कर बैठा। इसे कैसे समझें—ऐक्शन का रिएक्शन!''

''सदियों के थोपे गये इन मूल्यों के तले दबकर रह गया है हमारा सहजबोध, जैसे ये ऋणवादी मूल्य। शास्त्रों में दबाव बनाया जाता है कि कर्ज अदा किये बिना मरे तो मुक्ति नहीं होगी। जरूरत थी, मजबूरी थी, कर्ज लिया, न दे पाये, जान दे दी, मरने के पहले तिल-तिल कर मरते रहे।''

''सुनो, मैंने स्कूल के दिनों में पेड़ से लटके एक ऋणग्रस्त किसान की लाश देखी थी, वो अपना मुलगा जीवन था न, उसका बाप। छूते ही चेहरा घूम गया था मेरी तरफ। मैं उसकी बुझी-बुझी आँखों में झाँकती रही—वह चेहरा जगह-जगह शक्ल बदल कर सवालिया निशान की तरह आता रहता है।

''मैं उससे पूछती हूँ ''तुम्हें किसने मारा—कर्ज ने?''

वह जवाब नहीं देता।

''अभाव ने?''

जवाब नहीं।

"मजबूरी ने?"

जवाब नहीं।

"शास्त्र ने?"

जवाब नहीं।

"फिर...?"

"सबने मारा, पर सबसे ज्यादा मैंने!"

विजयेन्द्र ने कहा—"तुम स्वयं अपने मूल केन्द्र से हट रही हो, अभी सवाल शास्त्र की भूमिका का है। कल एक शोधकर्ता के पहले परचे में बताया गया कि हिन्दू शास्त्रों में मरने के पूर्व जिन 18 बातों पर जोर दिया गया था, उनमें कर्ज चुकता करना भी था। इस धर्म, कर्म, पितृ-ऋण, मातृ-ऋण, गुरु-ऋण वगैरह से जोड़ दिया गया था। ब्राह्मणों को छोड़कर किसी को भी कोई छूट न थी। यहाँ भी वही बात है। अगर मामूली आदमी हो तो तुम्हें कोई छूट नहीं लेकिन अगर पूँजीपति या रसूखदार हो तो करोड़ों, अरबों-खरबों का कर्ज, इनकम टैक्स डकारकर शान से धन्धा चमकाकर भारत रत्न या शीर्ष पद तक पा सकते हो। महाजनी सभ्यता का उद्‌गम यही शास्त्र है चाणक्य, चन्द्रगुप्त के जमाने से भी पहले से आज तक बरकरार है। कोई यह नहीं पूछता कि कर्ज अदा करने वाला अदा कर पाने की स्थिति में है भी या नहीं। न भगवान, न शास्त्र, न प्रशासन, न कोई कोर्ट, न कचहरी! और इस महाजनी कोड ऑफ कन्डक्ट को सत्यापित करने के लिए तरह-तरह के हथकंडे! जैसे, ये कहानी राजा हरिश्चन्द्र को खुद समेत पूरे परिवार को बेच देना पड़ा, मजे की बात प्रचारित यह कराया गया कि सत्य-निष्ठा पर रहने के कारण उन्हें सब कुछ वापस मिल गया। झूठ! सरासर झूठ! महाजनी सभ्यता का असली चेहरा देखना हो तो चरणदास चोर को देखना पड़ेगा। सच बोलने वाला ही मारा जाता है।"

अलसाने लगी देह। नींद के किसी कोने से उसने आवाज दी—"सोने दो न!"

दो ही तीन मिनट बीते होंगे कि सहसा चिहुँककर स्वयं ही ताकने लगी—"एक जरूरी बात तो भूली ही जा रही थी।"

"तुम आदमी हो या मशीन?"

"मैं भूल जाऊँगी न!" उसने लाड़ से कहा और पलटकर एक चुम्बन जड़ दिया, बोली—"संस्थागत ऋण का बड़ा भाग 10 एकड़ से ज्यादा जमीन वाले किसानों को मिल रहा है, जो उस पैसे को सूद के ऊँचे दर पर छोटे किसानों को दे रहे हैं। माने खेती नहीं, सूद की फसल!"

"अरे...!"

"हाँ। और सुनने में आ रहा है कि रिजर्व बैंक इन देसी महाजनों का रजिस्ट्रेशन

करने वाला है।''

''कैसे कर सकता है?''

''आउटसोर्सिंग!''

''अरे बाप!''

''और वही शाश्वत पासा लालच का...पारम्परिक खाद्यान्नों की जगह नकदी फसलें बोओ, दूसरी फसलें छोड़ो, कापूस बोओ कापूस! हम निर्यात बढ़ा रहे हैं। पैसा झमाझम बरसेगा! पैसा आये तो खाने के लिए अन्न समेत कपड़े-लत्ते, बच्चों की पढ़ाई-लिखाई, टी.वी., फ्रिज, कार, बँगला—क्या नहीं...!''

''हूँ!''

''लेकिन सच्चाई है, अधिक कर्ज माने अधिक फँसान। फँसकर मरो।''

दूसरे दिन 'मन्थन' में यह रिपोर्ट छोटी ने पेश की तो हंगामा हो गया।

शाम तक सुझाव आया कि विजयेन्द्र के पिता सुनील का सिद्धान्त ही सही है—''रेस्ट्रिक्टिव को-ऑपरेटिव, न हम वहाँ से कर्ज लेंगे, न उसके जाल में फँसेंगे। न रहेगा बाँस, न बजेगी बाँसुरी!''

अगले दिन सरकारी कृषि नीतियों, ऋण, बैंकिंग, महाजनों, एजेंसियों और गाँव के साहूकारों पर पर्चे पेश हुए। सरकारी बैंक किसे कर्ज देते हैं, किसे नहीं। हमें दया नहीं, नीति चाहिए। मनमोहन सिंह ने जिन गाँवों का भ्रमण किया था, जिनको अनुदान बाँटे थे, उस दान-अनुदान की हकीकत क्या थी? जाबंदिया जी ने विस्तृत रपट पेश की कि इस कर्ज माफी में सरकारी बैंकों से लिया गया कर्ज ही माफ किया गया। सरकारी कर्ज तो सभी को मिले नहीं थे। सो, बहुतों को इसका लाभ नहीं मिला और बहुत से एजेंसियों और देसी बनियों के चक्कर में जा फँसे। मेरे पास लिस्टें हैं—एक जिनको जिस-जिस बैंकों का ऋण मिला था दूसरी लिस्ट ये...उसने लिस्ट हिलाते हुए कहा—''ये वे लोग हैं, जिन्होंने प्राइवेट एजेंसियों से कर्ज लिये थे। इस तरह मनमोहन सिंह ने किसानों का कर्ज माफ कर किसानों के बहाने बैंकों का उद्धार किया।''

सम्मेलन पर कुछ-कुछ फ्रस्टेशन-सा छाने लगा।

अलग विदर्भ के नारे भी उछले। अलग बुन्देलखण्ड के भी! इस पर सभा स्थल के बीच कुछ लोग खड़े हो गये—''यह उचित मंच नहीं है। यहाँ राजनीति हो रही है। कुछ लोग उनके विरोध में खड़े हुए—सच कड़वा होता है। 2004 की एक रिपोर्ट है, हाथ से परचा लहराते हुए एक ने कहा—''ये सरकारी बैंक जान-बूझकर किसानों को कम ऋण देते हैं ताकि वे निजी एजेंसियों और देसी महाजनों के जाल में जा फँसें।''

किसी ने कहा—''1996 के बाद अमेरिका ने अपने 9 लाख फार्मरों के लिए 7 गुना सब्सिडी दी, सब्सिडी! जबकि हमारे यहाँ कर्ज देते हैं कर्ज, नो सब्सिडी! वर्ल्ड

बैंक, आई.एम.एफ. के इशारे पर चलने वाली सरकार कृषक विरोधी है।''

''अपने यहाँ आढ़तियों पर भी निर्भरता बढ़ रही है, चूँकि वे ही मंडी में, वे ही कापूस खरीदने, शेती के लिए वे ही कर्ज देते, मुलगा-मुलगी की पढ़ाई, शादी-ब्याह, खुशी, गम सब। इस तरह बिक जाता है शेतकरी।''

कई आवाजें—''हम बिकने को तैयार हैं।''

विजयेन्द्र, छोटी और उनके साथियों के चेहरों पर हवाइयाँ उड़ने लगीं—''क्या सम्मेलन भंडुल हो जायेगा?''

''सरकारी बैंकों के पैसे चीनी मिलों, बड़े भू धारकों के लिए हैं हमारे, तुम्हारे लिए नहीं।'' अमला गाँव में नाना किसी को समझा रहा था कि आ गये देशमुख।

''किसे बरगला रहा है नाना?''

''कौन?''

''नाना के परनाना तुम्हारे बाप।'' किसी ने परिचय कराया।

शैतान का नाम लिया और शैतान हाजिर! दोनों ने आज फिर दारू पी रखी हैं—माने दोनों ही कवच कुण्डल से लैश।

''ये स्साला बैंक वाले लोग जान-बूझकर शेतकरी को कम लोन देते, ताकि वे गाँव के महाजन के करज में फँसे।'' नाना ने कहा।

''अब इनकी सुन लो...।'' बैंक मैनेजर रुक गये—''नाना, तुमने गाली दी?''

''नहीं तो।''

''ये साला किसको बोला?''

''वो...!'' हँस पड़े नाना—''बेईमान बैंक मैनेजर को, तुम को नहीं।''

बैंक मैनेजर का दाँव खाली पड़ा, तो दूसरी तरह से घेरा—''एक बात कहूँ नाना।''

''बोलो। हम ऑर्डर दिया, बोलने का। बोलो।''

''तुम पंजाब क्यों नहीं चले जाते! वहाँ आढ़तिये ही कापूस खरीदते, वो-ई कृषि के लिए ऋण देते। वो-ई मुलगा-मुलगी की पढ़ाई-लिखाई, शादी-विवाह का कर्ज देते।''

''भौत ई अच्छा! तुममें पहले से बेईमानी के गुण हैं, तुम बन जाओ आढ़तिया, ले लो सब हमारा। जीने दो हमको।''

''सरेआम बेईमान कहा, साला कहा। अब और नहीं।''

जब्ती कुर्की का परवाना लेकर आ धमके सरकारी अधिकारी, बैंक मैनेजर देशमुख भी साथ थे। दो एकड़ बंजर खेत, दो अदद बैलों और इस मरतुकड़ी बैलबंडी के अलावा जो था, वह थे खाली कनस्तर, कुछ साबुन के टुकड़े, जीर्ण-शीर्ण कपड़े, प्लास्टिक की थैलियाँ, एक झिलंगी खाट! एक चीकट रजाई, एक चीकट चादर, एक

फूटी थाली, एक फूटी पतीली, दो प्लास्टिक की बाल्टियाँ, एक कटोरी, एक लोटा।

"बहू भी नहीं है?"

"उसे भी ले जाना चाहते थे क्या। देर कर दी, भाग गयी।"

"और बच्चे...?"

"एक मुलगी थी, अपनी ससुराल में है।"

देशमुख का मुख देखने लायक था। जब्ती हो जाने के बाद भी नाना की 'जायदाद' का कोई संरक्षक या क्रेता नहीं था—घर तक ढहा हुआ, बैल तक कोई लेने को तैयार नहीं—कौन दूसरा मोहन दादा बनने का खतरा उठाये? न इसे ले जाते बनता था, न छोड़ते। उसे आश्चर्य हुआ, नाना जैसे लोग जीते कैसे हैं।

"ताश फेंक सदा, ताश!" ताश का पार्टनर सदानन्द को चेताता है।

ताश कैसे फेंके सदानन्द। वह वहाँ रहता तब न! वह तो उसी दिन से हरड़ पर सवार है। उस दिन जो दो-चार टिड्डियाँ महालक्ष्मी के महाप्रहार से घायल होकर नीचे गिरी थीं, उन्हीं में से एक परियों की तरह दोनों पंख फैलाकर उसे ले उड़ी, अकेले नहीं, उसके पीछे महालक्ष्मी भी...। सपनों के आकाश में सारा कुछ आनन्दमय है, लेकिन धरती पर...?

"कोई एक परेशानी हो सदा की तब तो!"

गाय अलला रही है, साँड़ के पास ले जाना है।

बनिये ने सँझलौके में सोयाबीन का सड़ा बीया दे दिया है, उससे झगड़ा कर, बदलकर अच्छा बीया लेना है। बायको को अस्पताल ले जाना है। डॉक्टरों ने बहुत पैसा खींचा, लाभ रत्ती भर का नहीं। आई कई दिन से झगड़ रही है। फिर महालक्ष्मी नाग जोगिन, साक्षात् नागकन्या! नागिन की आँख में झाँको तो तुम्हारी तस्वीर खिंच जाती है। उस दिन हरड़ के लाल आक्रमण में बनजारों की तरह ड्रम बजाता सदा और बनजारन की तरह नाचती महालक्ष्मी! उस दुखियारी को भगा लाना पुण्य का काम है मगर गुरु पत्नी के लिहाज से देखें तो महापाप! सो वह यह पाप नहीं कर सकता। अलबत्ता नाना से पूछे, अगर वह चाहे तो महालक्ष्मी से बात करे। सिन्धु ताई की खोज खबर लेने भी जाना है। इधर सपनों में आने वाला साईं बाबा के मुकुट का छल्ला भी कई दिन से नहीं दिखा। सपने में ही मिला, सपनों में ही गुम हो गया। ढूँढ़ना है। लेकिन सबसे पहले हरड़ की पीठ पर सवार पीठ में अपनी गुदाज छुअन से मस्त छौंक देती इस महालक्ष्मी को तो उसे खुद ही उतारकर नाना को सौंपकर मुक्त होना है।

पता नहीं, किस उम्मीद पर आई-वडील ने उसका नाम सदानन्द रखा। सदा आनन्द!

हुँह कभी तो आनन्द मिला होता जीवन में! एक मिला भी तो वर्जित। छू नहीं सकता।

मन्थन की टीम सर्वेक्षण के लिए टूर पर गयी है, सो आजकल छुट्टी है। एक भी काम कर पाये तो छुट्टी सार्थक हो जाये।

सबसे पहले गाय को पाल खिलाने का काम।

अगर नाना के गाँव लेकर जाए तो सरपंच के साँड़ से काम बन जायेगा, नाना से बात भी हो जायेगी...एक पन्थ दो काज!

अललाती हुई गाय के साथ नाना के गाँव पहुँचते-पहुँचते चार बज गये। सौ देने पड़ेंगे कि पचास—पता नहीं। साला, हर जगह धाँधली है। गाय को सरपंच के साँड़ के पास बाँधकर उसने नाना के घर की ओर रुख किया। नाना बैलों की नाद पर बैठकर बीड़ी सूटते हुए नीलामी के कबाड़ को देख रहा था। सदा अपने ताव में था—"जय साईंराम नाना!"

"जय साईंराम सदा। इधर कहाँ?"

सदा अपने लक्ष्य की ओर बढ़ता रहा, बढ़ता रहा। बोला—"स्त्री को चाहिए एक पुरुष और पुरुष को चाहिए एक स्त्री। गाय को पाल खिलाने आया था।...नाना तुम भी अब लक्ष्मी का चक्कर छोड़ो, महालक्ष्मी तुम्हारा इन्तजार कर रही है।"

जल गया नाना—"एक तो बैंक मैनेजर मेरी गाँड़ के पीछे पड़ा है, दूसरे तुम। जो भी मुझसे शादी करेगी, उसे विधवा होना ही होना है। तेरी विधवाओं की संख्या कम पड़ रही है क्या?"

सदा अवाक् रह गया। आज पहली बार नाना ने जिन्दगी की नहीं, मौत की बात की थी।

मलबे पर बैठा है मलबे का मालिक। मालिक नहीं, नीलाम हो चुका कबाड़! खुले आकाश के नीचे जिसमें तारों के फूँदने लगे हैं, चन्द्रमा एक बड़े झाड़ फानूस की तरह लटका हुआ...। सोच रहा है नाना—यह देह भी मेरी मरतुकड़ी बैलबंडी की तरह हो गयी है। चक्कों की तरह लस्त-पस्त टाँगें, अंजर-पंजर ढीला। बूढ़ा गाड़ीवान, बूढ़े बैल! फिर भी क्या गजब कि चलती रही। उतर गयी बायको, उतर गयी मुलगी, जाने कहाँ! फिर भी चली जा रही है—खड़-खड़-खड़-खड़ जाने कहाँ!

37

एक नयी अफवाह उड़ने लगी थी इन दिनों—बच्चे चुराये जाने की अफवाह!

आज वाशिम, कल अकोला, परसों चन्द्रपुर...और लीजिए, उतनी दूर जाने की जरूरत न पड़ी, सामने ही खड़ा था 'बच्चा चोर'। नाले से तसले से पानी पी रहा था। कन्धे पर लटका बड़ा-सा थैला। बढ़ी हुई खिचड़ी बाल-दाढ़ी। गले में रस्सी का फन्दा। देखने में आदमी जैसा पर पूछने पर सिर्फ 'बाँ...आँ...आँ।' बैल-सी आवाज! जरूर कोई छलिया है—''मारो-मारो, झोले को देखो, हो सकता है कोई बच्चा-वच्चा चुराकर भागा जा रहा हो।''

बच्चे दौड़ पड़े। जान बचाने को वह आदमी भागकर ऊस के खेत में जा घुसा। आनन-फानन में ऊस के खेत को घेर लिया लोगों ने।

''बाहर निकल! बाहर निकल!'' ईंट पत्थर बरसने लगे।

खींचकर निकाला गया। सिर फूट गया था। पूछने पर सिर्फ 'बाँ...आँ...वाँ...आँ' कर रोता। इत्तफाकन साइकिल से जा रहे शम्सुल की निगाह गयी तो 'बच्चा-चोर' को देखने की जिज्ञासावश रुक गया।

केशों के जटाजूट में पहचान ओझल थी। याददाश्त पर जोर देना पड़ा—''अरे यह तो मोहन दादा लगते हैं। हाँ, वही तो!''

साइकिल खड़ी कर दौड़ पड़ा—''रुको, रुको। ये तो निर्गुणी गाँव के अपने मोहन दादा हैं, बच्चा-चोर नहीं।''

''तुम नहीं जानते। 4 से 5 बच्चों के गुम होने की खबर तो अखबारों में ही आयी है। फुलगाँव, नागी और बक्सी के लोगों ने तो गाँव ही छोड़ दिया।'' किसी ने कहा।

''ओह! उन चीजों से इस गरीब को मत जोड़िए। तीन गाँव के लोग लौट भी गये। अपने-अपने गाँव पूजा-पाठ करके।''

''तो फिर क्यों हो रहा है यह सब?''

''मेरी कुछ सुनियेगा?''

''सुनाइए...।''

"सिर्फ एक मिनट...मैं बैलों का धन्धा करता हूँ। धन्धे के सिलसिले में मुझे इस इलाके में आना-जाना पड़ता है। मैं आपको सच्चाई बताता हूँ। वह कोई बच्चा-चोर नहीं, एक बाघ है जो ड़ोरली के पश्चिम की पहाड़ी और आर्वी से लेकर इधर बोर नदी तक राउण्ड मारता रहता है...वही।"

"तुम कैसे जानते हो?"

"अरे ले गया न मेरा बैल!"

"कहाँ?"

"डोरली की पहाड़ी के पास...वो दो पहाड़ियों के बीच एक खुला रास्ता है, ऐसे में दो-तीन किलोमीटर का चक्कर। शॉर्टकट के लिए उधर से जा रहे थे कि...मेरी जान बच गयी अल्लाह मियाँ की मेहरबानी से, नहीं तो हम भी जा चुके होते उसके पेट में।"

"तुम जानते हो इसे?" भीड़ में किसी ने पूछा।

"हाँ भाई! बैलबंडी वाले आन्दोलन में हम दोनों साथ-साथ थे। साथ-साथ पुलिस की लाठियाँ खायी थीं हमने।"

"इसके गले में तो...!"

"अरे गो-हत्या का पाप लगा है इसलिए सिर्फ 'बाँ...आँ...बाँ...आँ' बोलते हैं, ये देखिए गले का फन्दा...!"

"गाय मारी थी?"

"कुछ नहीं मारा था। वो एक लम्बा किस्सा है।"

आगे की बात शम्सुल को चालाकी से गोल करनी पड़ी। झट पटरी बदल ली--"अभी इन्हें घर या हॉस्पिटल न पहुँचाया तो मर जाएँगे।"

"ठीक है, ठीक है! इन्हें घर ले जाओ घर।"

साइकिल के कैरियर पर मोहन को लादकर चल पड़ा शम्सुल, कुछ दूर जाने पर उसने पूछा—"मोहन दादा, घर चलें या हॉस्पिटल?"

"वाँ...आँ?" दादा ने एक मन्दिर की सीढ़ियों की ओर इशारा किया था।

शम्सुल ने उन्हें वहीं उतार दिया, खुनाई चोटों को परखा फिर हाथ जोड़कर खड़ा हो गया—"मुझे माफ करना। अल्लाह ताला तुम्हें माफी दे और जन्नतनशीं करे और मुझे दोजख। गलती मेरी, सजा भुगत रहे हो तुम।"

जेब से दस-दस के कुछ नोट निकालकर देने लगा। मोहन दादा की आँखें बरसने लगीं, हाथ और मूड़ी को 'भाई' की तरह हिलाया—"बाँ...आँ...!" माने 'ना-आ!'

38

फ़ुरसत के क्षण थे। मन्थन के मुख्य हॉल के बाहर चाय चल रही थी तभी दो युवक पीठ पर बैग-वैग लादे आकर विजयेन्द्र के सामने खड़े हो गये। एक चालीस का लग रहा था, दूसरा तीस का।

पहले युवक ने कहा—''माफ करेंगे, हमें पहले ही आना चाहिए था मगर नयी जगह, गाड़ी-वाड़ी, पूछते-पाछते देर हो गयी।''

''आपका परिचय?'' राज ने पूछा।

''मैं दीपक हूँ, ये शिव!'' पहले युवक ने जवाब दिया।

''मन्थन में आये हैं?'' देवेन्द्र ने पूछा।

''ठीक मन्थन में तो नहीं, आये थे किसी व्यक्तिगत काम से ही लेकिन नागपुर में मन्थन की चर्चा सुनी तो उत्सुकतावश वर्धा चले आये। देर हो गयी न?''

''कोई बात नहीं, कल की सभा में शिरकत कर लेंगे। चाय तो ले लें।''

''कल...?'' वह तनिक दुविधा में पड़ा—''खैर...!'' चाय का कप उठाते हुए उसने पूछा—''जैसा कि नागपुर में हमें पता चला आप देश भर के किसान, बीज, खाद, कीटनाशक और उनसे जुड़ी हर समस्या पर विमर्श कर रहे हैं।''

''उद्देश्य तो यही था, वैसे हम कन्सेंट्रेट तो विदर्भ पर कर रहे थे, देश तो बहुत बड़ा है, हमने आमन्त्रित भी किया था मगर कुछ जगहों के प्रतिनिधि अभी तक नहीं आ सके।''

''जैसे?''

''जैसे तमिलनाडु, गुजरात...।''

''गुजरात भी...?'' दीपक ने पूछा।

''हाँ।''

''देखिए, मैं गुजरात को बिलांग करता हूँ। प्रतिनिधि का दावा तो नहीं कर सकता, मगर किसान का जीवन जिया है मैंने। मेरी आपबीती गुजरात के किसानों के किसी पहलू को समझने के काम आये तो मैं अपने को धन्य मानूँगा।''

कहते-कहते उसने खुद में डुबकी लगा ली। उतराया तो उसके गिर्द कई लोग खड़े उसे देख रहे थे, जैसे वह कब्र से निकलता हुआ कोई आदमी हो।

"क्या सुनाऊँ अपनी कहानी!" आगन्तुक ने कहा और अँधेरे में कहीं दूर देखने लगा—"एक जीवित लाश हूँ मैं, बल्कि लाश से भी बदतर! मेरा नाम दीपक है, दीपक पटेल। शिक्षा एम.कॉम., घर कृष्णपुरी, जिला राजकोट, गुजरात। यह सब 'हैं' नहीं 'थे' कभी। आज की तारीख में मैं मनसुख पटेल हूँ इंटर पास, गजधाम जिला आणंद। माँ-बाप भी बदल गये। उस अभागे मनसुख पटेल, जिसका नाम मैं ढोये चल रहा हूँ, का चेहरा, गाँव-गिराँव कुछ भी नहीं जानता। वह बेचारा अपने देश और प्रदेश, गाँव और गली से कहीं दूर अमेरिका में जा मरा था, मैं उसका प्रेत हूँ, उसका स्थानापन्न—मुझे छुओ, महसूस करो...।

"मेरे चेहरे की चिकणाई पे न जाओ। इस पर क्या-क्या गलीज चस्पाँ है, तुम नहीं जानते। गाँव का एक किसान सुइसाइड कर चुका था। मेरा बड़ा भाई भी एक दिन...। क्या? कैसे? मत पूछो। सारी कहानियाँ एक जैसी—वही कॉटन, वही महाजन, वही कर्ज—टेन परसेंट। उदासी और मातम में डूबे परिवार को देखता। ट्यूशनी भी नहीं थी गाँव में, नौकरी का कोई भरोसा नहीं, खेती खुद को ही खा रही थी। कोई चारा नहीं था मेरे पास। जीवन अन्धकारमय—न कुछ कर सकता था, न कुछ हो सकता था। आसपास के लोग पलायन कर रहे थे एक-एक कर। मेरे सामने सवाल था, मैं वहाँ रहकर मरूँ या कहीं और जाकर। कहीं और यानी इल्लीगल ढंग से अमेरिका। मेरे सामने छूट रही आखिरी ट्रेन का आखिरी डिब्बा था और मैं चढ़ गया।

"अमेरिका मक्का है भारत, स्पेशली गुजरातियों और पंजाबियों का और बिजनेस या पैसा कमाना धरम। गलत-सही हो जाए तो धर्म की लाउण्ड्री तो है ही। भिगोया, धोया, हो गया। शायद इसलिए ऐसे लोग परम धार्मिक होते हैं।"

सब मेरी तरह नहीं हैं पर कुछ भी अगर हैं तो क्यों?

"तो मैंने भी एक जुआ खेला—खेत बेचकर दस लाख लगा दिए जुएं में —दलाल हनफी भाई ईसा भाई—आखिरी ट्रेन का आखिरी डिब्बा! बोला, कुछ कम कर दो सेट, अल्लाह जन्नत बक्से तुम्हें।" वे बोले—"तुम्हारी लाचारी देखकर लिया। कितना रिस्क है, तुम क्या जानो। कदम-कदम पे पैसा। कदम-कदम पर रिस्क।" इल्लीगल ट्राफिकिंग और कबूतरबाजी के अन्दर ही अन्दर इतने तरीके होते हैं, मुझे मालूम न था। वह एक चेन सिस्टम होता है। बेईमान तरीके, बेईमान तरीके पर परस्पर विश्वास का अनुपालन!

"घर से चोरों की तरह चुपचाप निकला। किसी को कानोकान खबर नहीं। हनफी भाई ईसा भाई की मुकर्रर जगह पर हमारी तरह कुल आठ जने इकट्ठे हुए। आपस में बातचीत करने की सख्त मनाही थी। भारत से बार्डर क्रॉस करके जिस देश में हमें पहले-पहल ले जाया गया, उसके वीसा-पासपोर्ट असली थे लेकिन नाम...?

मैंने पाया कि रातोरात दीपक पटेल से मनसुख भाई पटेल बना दिया गया हूँ। अब दूसरा बॉर्डर क्रॉस कराने का सवाल था। हमें वहाँ दूर-दराज के एक सस्ते होटल में टिकाया गया। होटल वाले से किसी ने इशारे से पूछा—'आठ कबूतर?' हमें ले जाने वाले शख्स ने सिर हिलाया फिर हम लोगों से अलग-अलग कहा कि सारे इन्तजाम पूरे होने पर वह फिर आएगा, यह भी कि हमें सामान कम से कम रखना है—सिर्फ एक झोला भर। कब कहाँ भागना पड़े, छुपना पड़े इसकी सम्भावना हर घड़ी मँडराती रहेगी।

"दूसरे दिन आधी रात को हमें होटल से निकाला गया और साथ चलने को कहा गया, आगे शायद कोई एक्सप्रेस-वे था जहाँ एक झाड़ की आड़ में हमें छुपाया गया। हम आठों को अलग-अलग बता दिया गया था कि हमें एक ट्रक में ले जाया जाएगा। कोई चीं-चपड़ नहीं। कितने घंटे लगेंगे, कहाँ रुकना है, खाना-पीना और वाकी सुविधाओं के बारे में कुछ नहीं। कोई लाख पूछे, अपने बारे में किसी को कुछ नहीं बताना। आपस में मेलजोल नहीं—कौन जाने किसके मन में क्या हो।

"करीब दो घंटे के इन्तजार के बाद एक लम्बा ट्रक हमारे सामने आकर रुका। हमारे आदमी और ट्रक वालों के बीच में कुछ बातें हुई हैं, जिन्हें हम नहीं समझ सके फिर हमें बिस्कुट के दो-दो पैकेट और पानी की एक-एक बोतल थमाकर ट्रक के तहखाने में बध्य भेड़-बकरों की तरह ठेलकर ढक्कन बन्द कर दिया गया। घर से बाहर कदम रखते ही आशंका हुई थी कि गलत कर गया। यह भाव निरन्तर घना होते-होते अब ट्रक के ताबूत के अन्धकार के साथ एकाकार हो गया।

"ट्रक चल पड़ा। वह हमारी अदृश्य यात्रा थी। तहखाना इतना नीचे था कि हम सिर तक नहीं उठा पा रहे थे। लेट गये। हवा किन्हीं झिर्रियों से होकर आ रही थी। कभी-कभी उन्हीं झिर्रियों से कुछ उजाला भी छन-छनकर आ जाता। उसी उजाले में मैंने देखा मेरे बाकी सातों सहयात्री भी लेटे पड़े थे। हवा के साथ कोई बदबू-सी आती लगी। पता नहीं, हम कहाँ थे। कुछ ही मिनट बीते होंगे कि हमारे ऊपर गरम-गरम गोबर और मूत्र-सा गिरने लगा। बदबू से हमने पहचाना, हाँ वह गोबर व मूत्र ही था। इनके गिरने का यह क्रम रुक-रुककर चलता रहा। सड़ाँध से हमारी नाकें फटने लगीं तो हमारा सब्र टूट गया, हम रोने, चीखने और गालियाँ देने लगे, पता नहीं किसे...? उन्हें सुनने वाला कोई न था, सिवा हम आठों के। हम पगलाये जा रहे थे। लेटे ही लेटे हमने पशुओं की तरह मल-मूत्र त्याग किया। हमारे और पशुओं के मल-मूत्र मिलकर एक हो गये। उसी में लिथड़े हम चीख लिया करते। रोने, चीखने-चिल्लाने की आवाजों से हमने पहचाना कि यह काठियावाड़ी है, यह सौराष्ट्री, यह मुसलमान है, यह अमुक है, यह अमुक।

"हम पर लगाये गये प्रतिबन्ध टूट गये। हम करीब आने लगे, बातें करने

लगे, परिचय का आदान-प्रदान हुआ, एक-दूसरे के सहयोगी बने। वह एक विचित्र स्थिति थी, न मैं एम.कॉम. था न मेरे दायीं बाजू का त्रिवेदी ब्राह्मण, न बायीं का काठियावाड़ी बनिया। न ब्राह्मण पूजा कर रहा था, न मुसलमान नमाज अता कर रहा था।

''उफ्! ऊपर से बद-बद गिरता गरम-गरम गोबर, गरम-गरम मूत्र मिली-जुली सड़ाँध का सफर...।''

दीपक बोल नहीं रहा था अपने बदन और चेहरे का मल-मूत्र, मानो काछ-काछ कर फेंक रहा था।

''मेरे बायें बाजू का त्रिवेदी मतिच्छन्नता का शिकार हो गया। उसे लगा, वह मर कर नरक में आ गया है। वह अस्फुट स्वर में कुछ बोलते-बोलते मन्द पड़ रहा था, पता नहीं, मिन्नत या कन्फेशन! कुछ देर बाद वह ठंडा पड़ गया। दायें बाजू का काठियावाड़ी बनिया मुझे लगातार खोद रहा था—'तुम मरणा मत मनसुख भाई। कम से कम मेरे लिए तो तुम्हें जिन्दा रहना ही है। कहीं पंडत की तरह तुम भी मर गये तो मैं तो जीते जी मर जाऊँगा। भगवान कहीं है तो जरूर हमें इस नरक से मुक्ति देगा।' इसे मन्तर की तरह बुदबुदाते वह अँधेरे में भालू की तरह मुझे भभोरने लगता कि मैं जिन्दा हूँ या मर गया और मैं खीज जाता जैसे कोई प्रेत छू रहा हो मुझे। लेकिन जब थोड़ी देर तक वह ऐसा न करता तो मैं डर जाता, कहीं त्रिवेदी की तरह यह भी तो नहीं...! जानते हैं, जब हमें उस लम्बे ट्रक से निकालकर पानी वाले जहाज में ले जाया गया, त्रिवेदी और काठियावाड़ी दोनों को समन्दर में फेंक दिया गया जैसे वे कुत्ते-बिल्ली हों। यद्यपि काठियावाड़ी के अभी भी धीमे-धीमे होंठ हिल रहे थे। वह तो हमारी बात, हम तीनों की, बाँकी पाँच में पता नहीं कौन मरा, कौन बचा...।''

''रुको! रुको!'' सहसा दीपक को रोक दिया पाटिल ने—''तुम कल यह पूरा वृत्तान्त मन्थन के मंच से सुनाओगे ताकि लोगों को नसीहत मिले।''

''यही मैं शिव को समझा रहा था...।''

''ये शिव कौन...?'' बिज्जू ने दीपक से पूछा।

''ये...? आप ही के वर्धा के हैं। पूरा नाम...।''

''शिवजी मोहन जी बाघमारे...!'' दूसरे युवक ने कहा।

''तो तुम...!'' कई उँगलियाँ उठ गयीं। इन उठी हुई उँगलियों को दीपक ने नहीं देखा, वह अपनी रौ में था—''मैं एक भटका हुआ अभिशप्त यक्ष हूँ। अमेरिका या अरब कन्ट्रीज या कहीं भी जाना चाह रहा था, पैसे माँगे, मिले नहीं। ईश्वर ने संयोग से मुझसे इन्हें मिला दिया।''

''इन्हें इनके माता-पिता के पास सकुशल लौटा सकूँ तो कुछ तो पाप धुल

जाएगा मेरा...।''

विज्जी ने सोचा, इसे मोहन काका और सिन्धु ताई के बारे में बताया जाए या नहीं। कुछ सोचकर जब्त कर गया।

''तो यह है इस देश के किसान या किसी असहाय देशवासी की स्थिति। न स्वदेश में रह सकता है, न विदेश में। कैसी हालत में इसे ला खड़ा किया गया है।'' डॉ. राव ने एक गहरा निःश्वास छोड़ा—''हमें गुजरात के रिपोर्ट की प्रतीक्षा थी न, मिल गयी।''

रात वे नागौरा में रुके लेकिन सुबह उनकी खोज हुई तो कहीं न मिले। वाकई वे भूत थे क्या? भूत की तरह आये, भूत की तरह चले गये। चले गये—सम्भवतः अपने वडील मोहन दादा और सिन्धु ताई को तलाशने...।

39

इस बीच एक खबर विदेश की।

फकत आठ घंटे के समयान्तराल पर स्विट्ज़रलैंड में वन्दना...।

जाने कब तक वह अपने भीतर के अरण्य में ही भटकती रही। कोई ई-मेल आया था और बिज्जू उसे विज़ुअलाइज कर रहा था! यहाँ इत्ती दूर से।

इंटरलोकन से बासल तक की इस यात्रा के दरम्यान ट्रेन की काँच की बड़ी-बड़ी खिड़कियों से आल्प्स की पर्वत शृंखला पर नजर गड़ी हुई थी उसकी, कहीं हरा कोट तो कहीं काला कत्थई रंग का ओवर कोट पहने आल्प्स। कहीं पहाड़ के सीने से फूटते झरने, तो कहीं सैलानियों को पहाड़ों पर ले जाते फोनी कूलर, कितना सुन्दर है आल्प्स, ऊपर चोटी बर्फ से ढकी हुई जैसे चाँदी का मोर मुकुट हो। ऊपर से गिरते झरने, छोटे-छोटे नन्हे फूलों की घाटी। सब कुछ इतना मोहक था कि समय को जैसे पंख लग गये हों। वह खुलकर हँसी, पहली बार यह भी अहसास हुआ कि कितना जरूरी था उसके लिए खुलकर हँसना। वह सोचने लगी, क्यों नहीं हँस पाती वह अपने घर में, बासल में। इस खूबसूरत शहर इंटरलोकन की खूबसूरती ने उसे इतना स्वस्थ कर दिया था कि अब वह तनिक तटस्थ भाव से सोच सकती थी, भारत में मरते किसानों और स्विट्ज़रलैंड में बढ़ती आत्महत्याओं पर। स्विट्ज़रलैंड के बीच क्यों बीच-बीच में उभर आता है भारत?

इस अपूर्व खूबसूरती के बीच भी भला कोई सोचता है मौत के बारे में? नहीं, वह मौत के बारे में नहीं, जिन्दगी के बारे में सोचेगी। वह उन नीले फूलों के बारे में सोचेगी जिसके लिए उसके भारतीय दोस्त ने कहा था कि उसने ऐसे गहरे रंग के नीले फूल कहीं नहीं देखे, उसकी अमेरिकन दोस्त लूसी इसे फूलों का देश कहती थी, हर जगह फूल, बीच सड़क में फूलों के बड़े-बड़े गुलदस्ते। यहाँ तक कि लैम्प पोस्ट से भी लटकते फूलों के गुच्छे। होटलों की बालकनी, यहाँ तक कि दीवारों पर भी नन्हे-नन्हे फूलों की लताएँ। दोनों तरफ की सड़कें फूलों से लदी हुईं। लाल नारंगी पत्तों वाले पेड़, ऐसे पेड़ उसने भारत में कहीं नहीं देखे थे। वहाँ पेड़ के पत्ते झड़ने के पूर्व कत्थई पीले पड़ जाते हैं, जबकि स्विट्ज़रलैंड में पत्ते झड़ने के पहले लाल पत्ते बन जाते हैं। ऐसे लाल पत्तों के पेड़ की खूबसूरती उसके भीतर सोये प्रेम भाव को जगा देती है।

पर यहाँ की नैसर्गिक सुन्दरता से भी शायद इस देश को सन्तोष नहीं, कितने सुन्दर कितनी तरह की पत्तियों वाले पेड़, उसे तो नाम भी नहीं पता। इस सुन्दरता को भी और सुन्दर बनाने के लिए पेड़ों को भी ऊपर से ट्रिम कर दिया गया है, पता नहीं, बिज्जू ने तुलसी की यह चौपाई बताई थी या संजीव ने—

सुन्दरता कहँ सुन्दर करई,
छवि गृह दीप शिखा जनु बरई।

न! यह भाषा और भूगोल का ही नहीं काल का भी अन्तराल है। एक बार तो वह चौंक ही गयी, सारे पेड़ एकदम एक जैसे एक कैसे हो गये? ओह! ये सारे पेड़ हैं डिजायनर पेड़—ऊपर से नुकीले—शंकुवत्!

अब वह इस देश को आत्महत्या का देश कहती है। उसका भारतीय दोस्त संजीव इसे 'खामोश परिन्दों' का देश कहता है। भारत से आने के बाद यहाँ की इतनी गहरी खामोशी उसे भी अजीब लगती है, कई बार उसे डर भी लगता है इस खामोशी से। गहराती शाम के समय इंटरलोकन में तो लगता ही नहीं कि यहाँ लोग भी रहते हैं। लगता, जैसे यहाँ सिर्फ चमकती सड़कें, जगह-जगह झूलते फूल और बिना दुकानदारों की सजी दुकानें और छोटे-छोटे ढलुआ छतों वाले घर रहते हैं। यहाँ घर को लेकरभी लोगों के दिमाग में कैसी अजीब धारणा है। भारत में थी तो हर कोई उसे अपने घर में आमन्त्रित करता, कितनी आत्मीयता है वहाँ, जबकि यहाँ स्विट्‌जरलैंड में घर बुलाना मतलब किसी को अपनी व्यक्तिगत जिन्दगी में दखल दिलाने जैसा। एकाध बार ही ऐसा हुआ होगा जब उसके घर में मेहमान आये होंगे। सब कुछ बाहर-बाहर होता—मित्रों से मिलना हो, जन्मदिन हो, क्रिसमस हो।

अकेला घर और दीवारें जीवन की उदासी और मनहूसियत को कितना बढ़ा देती हैं। उस पर इतने लम्बे दिन! नौ बज गये पर रात का कहीं ठिकाना नहीं। भारत में कितना अच्छा है, सात बजते ही रात और दस बजते ही मीठी-सी नींद। यहाँ की उजली छोटी रातें नींदें चुरा लेती हैं। पास की 'सेल्फ-बार' की दुकान से बीयर की एक बोतल खरीदती है वह। पास में ही खड़ी है एक थुल-थुल बूढ़ी।

शायद ठीक से कोड देख नहीं पायी, खरीदना चाहती थी योगट (दही), खरीद लिया मिल्क। उसने सहायता की उसकी। ऊफ! ठीक से चल भी क्यों नहीं पा रही थी, पाँव कैसे काँप रहे थे उसके! मन फिर मर गया उसका। क्या यह भी घर में एकदम अकेली है, उसकी लैंड लेडी की तरह।

उसकी लैंड लेडी, नहीं-नहीं तो भी 90 के आसपास होगी। मुँह में दाँत नहीं, पेट में आँत नहीं पर होंठ रंगे हुए, चेहरा पुता हुआ, बाहर सब टिप-टॉप। यही विद्रूपता खासियत है इस देश की—मूल मन्त्र है यहाँ का—कमजोर नहीं दिखना। दुखी नहीं दिखना। असफल नहीं दिखना। एक अति में लुढ़कता जीवन!

अन्तस में सारी कालिमा छुपाये रखना। बाहर प्रसन्नता का प्रदर्शन!

स्विस बैंकों में पता नहीं किस-किस देश का छिपा होगा काला धन! मगर परसों जब जमायका की एक महिला बस में चढ़ी तो सारे लोग उतर गये। रेशियल डिस्क्रिमिनेशन या किसी को अपनी प्राइवेसी में दखल एलाउ न करना। बन्द समाज! एक मुखौटे, एक बुरके में सिमटा समाज...दम नहीं घुटता होगा? नहीं? नहीं घुटता यह अकेलापन भी एक अति है। वह अकेलापन का कोई पर्यायवाची ढूँढ़ना चाहती है।

तनहाई!

नहीं तनहाई या एक़ान्त में एक रूमानियत है, वहाँ वह अहसास व्यंजित नहीं हो पाता जो अकेलेपन में होता है। जब न कोई आने वाला हो, न कोई जाने वाला, न कोई कहने वाला, न कोई सुनने वाला। ग़ालिब ने कहा था—

रहिए अब ऐसी जगह चलकर जहाँ कोई न हो
हम सुखन कोई न हो और हम जबाँ कोई न हो
बे दरो दीवार-सा एक घर बनाना चाहिए
कोई हम साया न हो और पासबाँ कोई न हो
पड़िये गर बीमार तो कोई न हो तीमारदार
और अगर मर जाइए तो पैहख्वाँ कोई न हो।

उमड़ती भीड़ भी कभी-कभी अकेला करती है। दमघोंटू निस्संगता। जब सन्नाटा अहरह दस्तक देते-देते थक जाए पर वह वज्र कपाट न खुले, न टूटे।

सड़क पर चली जा रही है वह अकेले-अकेले। बादलों ने ढक रखा है आकाश, सो अपना साया भी साथ नहीं। ऊपर एक पत्ता गिरता है चकराते हुए। वह ठिठक कर देख रही है उसे। इस सन्नाटे में क्या कोई हिलकोर उठी होगी इस पत्ते के गिरने से? उठी भी होगी तो जम गयी होगी जैसे जमती है झील।—यह हरियाली, यह रंगीन, क्षितिज की यवनिका, सड़क की तनहाई।

उसने पत्ते को उठाकर कूड़ेदान में डाल दिया। घर आयी अब वह ग्लोब के सामने थी। एक दूजे में कीटों की तरह गुंथे-भिंदे देश—नीचे नीले-नीले महासागर! टेढ़ी-मेढ़ी झुकी-झुकी दुनिया। ग्लोब को उसने घुमा दिया है। एक देश आ रहा है, एक देश जा रहा है। मैं इस ग्लोब में तुम्हें ढूँढ़ रही हूँ विजयेन्द्र, अपने देश को, विदर्भ को और तुम्हें। यहाँ शाम घिरने वाली है। वहाँ रात हो गयी होगी। तुम बिजली या लैम्प की रोशनी में चार्ट फैलाये 'भारतीय किसानों की आत्महत्याओं पर सिर धुन रहे होगे।' तुम्हारे कन्धे पर हाथ रखना चाहती हूँ, दुख से की गयी आत्महत्याओं के बरक्स सुख से की गयी आत्महत्याओं को रखना चाहती हूँ...।

सुनो...!

यह दुनिया का ऐसा देश जहाँ आत्महत्या की दर सबसे अधिक है। एक ऐसा देश जहाँ कानूनी रूप से mercy killing मान्य है। एक ऐसा देश जहाँ पिछले 800 सालों में कोई युद्ध नहीं हुआ, दूसरे विश्व युद्ध के समय यूरोप के लगभग सभी देशों

पर बम गिरे पर स्विट्ज़रलैंड इससे अछूता रहा, conspiracy theory है कि स्विस सरकार ने unofficially हिटलर को मदद भिजवायी थी।

बहरहाल, दुनिया के सबसे खूबसूरत और अमीर देश में आत्महत्या इतनी अधिक क्यों? जहाँ ईमानदारी मूल्य नहीं, लोगों की आदत है। जहाँ आज की तारीख में भी नियम लोकसभा में नहीं वरन् referendum से बनते हैं। जहाँ के लोग इतने शान्तिप्रिय और बन्द हैं कि रात 10 बजे से सुबह 6 बजे के बीच आप कोई हल्ला गुल्ला नहीं कर सकते, यहाँ तक कि आपकी रसोई से कूकर की सीटी भी बजे और आपके पड़ोसी शिकायत करें तो पुलिस आपके घर आ आपको फाइन कर देगी। जहाँ परिवार लगभग नहीं हैं। विवाह आउटडेटेड है। 'लिव इन' प्रचलन में है। एक समय बाद 'लिव-इन' भी टूट जाता है। हर व्यक्ति अकेला कोई उसके अकेलेपन में खलल न डाले! कई बार यह भी देखा गया कि दो स्पाउज में कोई व्यक्ति भी मर गया तो दूसरा आत्महत्या कर लेता है। जिसने दुःख नहीं देखा वह सबसे बड़ा दुखियारा है। इसलिए दुःख के प्रथम आघात से ही युवक अपने को मेट्रो के सामने फेंक देता है। ऐसे केस की रिपोर्ट भी नहीं होती है।

परिवार सुख का सबसे बड़ा स्रोत होता है। अकेलापन आज वहाँ सबसे बड़ी समस्या है। लोग जब इसे झेल नहीं पाते हैं तो मर्सी किलिंग के लिए आवेदन देते हैं, कोर्ट के द्वारा आदेश मिल जाने पर आप ऐसी किसी भी संस्था में दाखिला ले सकते हैं। वे आपको मेनू देंगे कि किस प्रकार आप मरना पसन्द करेंगे। यदि आपकी कोई च्वायस नहीं है तो वे आपको ड्रग देंगे, पहले आप तीन दिनों तक नहीं उठेंगे, वे फिर ड्रग की मात्रा बढ़ा देंगे, फिर आप सात दिन बाद नहीं उठेंगे, फिर एक समय ऐसा आएगा कि आप कभी भी नहीं उठेंगे।

पता नहीं, तुम इसे कैसे लोगे—बताना।

तुम्हारी वन्दना!

विजयेन्द्र ने मेल पढ़ा। मल्लेश को आ जाने को फोन किया और चहलकदमी करता रहा। आकर जवाब लिखा—"मेल करने के लिए आभार! पढ़ा। दुर्खिम के अकेलेपन का रहस्य अब कुछ-कुछ समझ में आने लगा है जिसके चरम पर पहुँचकर कोई आत्महत्या करता है। अजनबीपन (एलायनेशन) हो या अकेलापन (लोनलीनेस) पश्चिम की अवधारणा अलग है, भारतीय अवधारणा अलग। यह अकेलापन उनका खुद का वरण पैदा किया हुआ है जबकि हमारा अकेलापन हम पर लादा गया है। वे इसका हल अपने तरीके से ढूँढ़ें, हम अपने तीरके से।"

मल्लेश आ गया तो लैपटॉप उसके सामने कर दिया। मल्लेश ने वन्दना का मेल पढ़ा। कुछ बोला नहीं।

"यह समस्या मंगल ग्रह की भी है। कल ही पढ़ रहा था, वहाँ गया हुआ रोबोट भी वापस लौटना चाहता है।" विजयेन्द्र ने हँसकर कहा।

40

गड़चिरोली।

प्रातः 8 बजे। घने जंगलों के पुराने-पुराने, ऊँचे-ऊँचे दरख्तों से बमुश्किल छन-छनकर पूर्वाह्न की धूप ने कई राहें खोल रखी थीं। जिस राह से भी आना हो एक बार जरूर आ जाओ मेंडालेखा। आखिर इस मेंडालेखा में ऐसा है क्या? धानौरा तहसील जाने वाली मुख्य सड़क से दायीं ओर आधे फर्लांग की दूरी पर जमीन पर उगा एक बेहद मामूली गाँव ही तो है मेंडालेखा! मन्थन के अतिथि सदस्यों की भारी-भरकम बस जब वहाँ आकर खड़ी हुई तो उसके स्वागत के लिए एक नाटा, कृष्णकाय, बहुत ही मामूली आदमी खड़ा था—देवाजी तोपा। उम्र 60 के आसपास।

शानदार बोलबो बस से भर-भरा कर उतरे लोग। धँसे खपड़ैलों और फूस के घरौंदों से बिलबिलाकर निकले ग्रामवासी। ये उन्हें देख रहे थे, वे इन्हें देख रहे थे। दोनों एक दूजे के लिए अजूबे। गाँव के लोगों द्वारा मिलकर बनाये गये सभा-घर के अन्दर इतने लोग जैसे-तैसे आकर बैठे। तोपा जी ने हाथ जोड़े—''इतने बड़े-बड़े लोग हमारे गाँव में—हम स्वागत करते हैं।''

''हमने आपके बारे में काफी सुना है, सो देखने चले आये।''

''ऐसा क्या है हमारे गाँव में जो आपके गाँव में नहीं है। जो सूरज आपके यहाँ, वो हमारे यहाँ, जो तारे वहाँ, वो तारे यहाँ, जो हवा वहाँ, वो हवा यहाँ।''

''माना। फिर भी कुछ तो है जो हमसे अलग पहचान देती है आपको वह क्या है—यही देखने तो हम इतनी दूर चलकर आये हैं।''

डॉ. निसार अहमद ने पहला प्रश्न किया—''तोपा जी, आपका धर्म कौन-सा हुआ?''

तोपा जी के चेहरे से लगा, सवाल उनकी समझ में नहीं आया।

''ये धर्म पूछ रहे हैं—जैसे हिन्दू, इस्लाम, क्रिश्चैनिटि!'' राव ने स्पष्ट किया।

''धर्म? पता नहीं! आप पूछेंगे तो नहीं बता पाएँगे।''

''आप लोगों को क्या कहा जाता है?''

''कोया।'' तोपा जी ने बताया।

''कोया का मतलब?'' राव साहब ने पूछा।

''आदमी।''

''गोंड...?'' राव साहब ने पूछा।

''बाहर से आने वाले अपने हिसाब से मतलब निकालते हैं।''

''आपके देवता?'' डॉ. राव ने पूछा।

''हमारे गाँव के देवता हैं—बूढ़ा देव, सात देव, पाँच देव, छह देव। बस्तर का अबूझमाड़ देख रहे हैं न, उसी का विस्तार है यह। दादा के परदादा की बात है। 7 कि.मी. पर छत्तीसगढ़ का राजनांद गाँव है।''

एक दूसरे आदमी ने कहा—''कुछ लोगों ने धरम अपनाया था, छोड़कर फिर लौट आये। हम न हिन्दू, न मुसलमान, न क्रिश्चियन, न बौद्ध बस कोया। क्या आदमी के लिए आदमी बना रहना काफी नहीं है?''

विद्वानों के पूरे समूह को निरुत्तर कर दिया उस बूढ़े ने। आगे क्या बोलें, कुछ देर तक कुछ समझ में नहीं आया फिर डॉ. देवेन्द्र ने धीरे से पूछा—''आप लोग कुल कितने हैं यहाँ?''

''मेंडालेखा में 105 कुटुम्ब और 500 लोग हैं।'' तोपा ने कहा।

लोग बातचीत में मशगूल थे, इधर कला वहाँ से चुपचाप बाहर निकल पड़ी।

ये चबूतरा, ये शुद्धिगृह...क्या तो कूर्माघर, वो जंगल, वो पहाड़, ये घोटुल, ये मंजर, ये गोबर से अँटी पड़ी सड़क...और ये मंजुला...अरे यहाँ तो रंगोली-वंगोली रची गयी है। उत्सव जैसा कुछ...!

छोटी उस घर-परिवार के लिए अपरिचित न थी लेकिन आज कोई भी उसे पहचान नहीं पा रहा था। आखिर में मंजुला की माँ आयी उसे घर के अन्दर लिवा गयी—''अच्छे दिन पर आयी। आज शादी है तेरी सखी की।''

''अरे!'' मंजुला को जाते ही सीने से चिपटाते हुई उलाहना दे बैठी छोटी—''तूने क्या समझा था, चुपके-चुपके शादी कर लेगी और मुझे पता नहीं चलेगा। देख, मूँगी सूँघते-सूँघते पहुँच ही गयी आखिर। कहाँ है तेरा नवरा?''

''अपने घर पर।'' गले लगाकर बोली मंजुला।

''अरे मैं तो भूल ही गयी थी। ठीक! तू ही तो जाएगी उसे ब्याहने बारात लेकर। बोल्ड स्टेप!''

''तू ब्याह कर ले आयी?'' मंजुला ने पूछा।

''ले भी आयी, छोड़ भी दिया।''

छोटी ने मुख्तसर में सारी बातें बता दीं।

''अरे! इतना सब कुछ हो गया और मुझे बताया ही नहीं।''

''मैंने तेरे नम्बर पर कितनी बार फोन किया, जो कहो, एक बार भी लगा हो।''

"चल, जो हुआ, वो हुआ अब लीडर भी बन गयी, पढ़ भी रही है—तेरी तो बात ही कुछ और है।"

"पैदल जाएगी मंजुला...?" कला ने मंजुला की आई से पूछा।

"अरे नहीं, पैदल क्यों...? गाँव समाज के ट्रैक्टर पर जाएगी।"

"कैसा है इसका नवरा...?"

"वो सात देव हैं, हम पाँच देव...।"

"तब तो कोई दिक्कत न होगी।"

"हाँ, गोत्र अलग-अलग हुए, गोत्र समान होते तो दिक्कत होती।"

"दोनों में कौन बड़ा है...?"

"हमारा हियाँ कोई बड़ा-छोटा नहीं, सब कोया समान है।" माँ ने कहा।

"बारात को खाने की व्यवस्था कौन करेगा?"

"लड़के वाले।"

"पंडित तो आयेगा न?"

"वो क्या होता है?"

"अरे वही जो विवाह कराता है। पुजारी!"

यह बात उसकी माँ की समझ में न आयी। कई औरतों में पूछ-पुछौवल हुई। फिर भिलभिला कर हँसने लगीं सब।

"हमारा हियाँ कोई पंडित-संडित नहीं होता। सरपंच बियाह कराता।" मंजुला की माँ ने कहा।

"झाड़ी पट्टी का नाच होगा विवाह में?"

"वो मुलगा वाले का काम है, चाहेंगे तो करेंगे।"

इधर हीरालाल और देवा जी ने 1927 से अब तक की सारी परतें निश्छल भाव से खोलकर रख दीं।

हीरालाल जी ने देवा जी को रोककर पूछा—"आप लोगों में से इंटरनेट से कितने लोग जुड़े हुए हैं?"

विजयेन्द्र ने बताया—"लगभग सभी।"

"तो सारी जानकारी वहाँ उपलब्ध है, लगता है आपमें से किसी ने भी नहीं देखा।" एक सामाजिक कार्यकर्ता ने उन्हें आईना दिखा दिया तो वे बगलें झाँकने लगे।

"खैर! जो इंटरनेट पर नहीं हैं, वह जान लीजिए।" तोपा जी ने मन्थन को शर्म से उबारते हुए बताया कि किस तरह 1950 से 1980 तक बाँस के व्यापारी, कागज मिल वाले भर गये।

"और आप....?"

"हम तो अबूझमाड़ से आये हुए जंगली थे। एक जमाना वह भी था जब बाहर का आदमी आता तो हम भागकर जंगलों में जा छिपते...।"

"और एक यह जमाना है कि आप 2003 में डरबन दक्षिण अफ्रीका के विश्व पार्क कांग्रेस में लेक्चर देने गये, दुनिया में कितने-कितने लोग अध्ययन करने आ रहे हैं और आप आईकॉन बने हुए हैं।" डॉ. निसार अहमद ने कहा।

"गलत! गलत! गलत!" किसी ने कहा—"देवा जी तोपा जी, खोबरागड़े, हीरालाल, वृक्षमित्र हमारे आईकॉन नहीं हैं...।"

"फिर?"

"वो सचिन या माधुरी दीक्षित के पाँव पकड़कर मना रहे हैं, बन जाओ ब्रांड अम्बास्डर!" मन्थन के एक सदस्य ने कहा—"तोपा जी, आप जानते हैं इन्हें?"

"इन्होंने देश के गरीब आदमी के लिए जान दी है क्या?" तोपा जी के मासूम सवाल ने उन्हें फिर निरुत्तर कर दिया।

"इस 1970 में मध्यप्रदेश में एक डैम बनाकर पन-बिजली बनाकर सरकार ने हमारा भला करना चाहा। हमने देखा इससे तो डूब और कटाव में हमारा आधार जंगल ही तहस-नहस हो जायेगा। 1982 में मेंडालेखा और आसपास के क्षेत्रों ने विरोध किया। बाबा आमटे, बहुगुणा जी, बी.डी. शर्मा जी और सब आ गये...। सरकार को पीछे हटना पड़ा। वहाँ से लौटकर हमने 4-5 साल गहरा सोच-विचार किया कि ढुलमुल तरीका छोड़कर क्यों न हम असली स्वराज में स्वशासन के लिए पुख्ता आधार बनायें। हमने एक छोटा डैम, एक कच्चा रास्ता, ये भवन जहाँ आज बैठे हैं सब अपने हाथ से बनाया।

"सब शेतकरी हैं, शेती करते। मूलतः हम शिकारी हैं। जंगल हमारा आधार है और बाँस हमारा मेरुदंड।"

वर्क उलटता है एक-एक कर 41 वर्ष पीछे। मेंडालेखा जिस खासियत के लिए जाना जाता है। वैसे तो जंगल बचाने का संघर्ष यहाँ तोपा के जनम से भी पहले से चल रहा था। वह सन् 1982 का समय था, जब 'बाँस बचाओ, जंगल बचाओ, मानुष बचाओ' का आन्दोलन मेंडालेखा से शुरू हुआ था। बहुत तो पैदा भी नहीं हुए थे, तब तोपा किशोर थे। घूस, पाखंड से दारू तक की जो सड़न पूरे देश में फैली हुई है, यहाँ भी था।

"आपके राज ने एक नाटक बनाकर इसका फिल्मी रूप दिया है। उन्होंने पुकारा—'राज'!"

राज बाहर मंजुला से बात कर रहा था, भागा-भागा आया—"जी!"

"वो फिल्म दिखाओ न...।"

दीवाल हो गया पर्दा, राज की फिल्म शुरू हो गयी—लौट गये वे 41 वर्ष पीछे।

सड़क पर कोया ही कोया! उटंग साड़ी, उटंग धोती, लहराते हाथ, जवान, बच्चे, एक-आध बूढ़े भी। नेतृत्व दे रहे थे बाबा आमटे, अभय बंग, वृक्षमित्र, हीरालाल, बी. डी. शर्मा चिपको आन्दोलन के बहुगुणा जी। आन्दोलन सफल रहा। आन्दोलन का नारा जीत का नारा बना—

''दिल्ली-बम्बई में हमारी सरकार
हमारे गाँव में हम ही सरकार।''

मल्लेश की पलकें एक बार भी नहीं झपकीं। फिल्म के बाद राव साहब ने पूछा—''अगर वे गोली चला देते तो?''

तोपा बोले—''हम बोले, गोली चलाओ चाहे तोप, हमारा आन्दोलन नहीं रुकेगा। आज का हाल यह है कि पुणे से अधिकारी आते हैं माल खरीदने लेकिन हम तय करते हैं कि तेंदू-पत्ते का रेट क्या होगा, चारोड़ी[1] का रेट क्या होगा? मावा का रेट क्या होगा। रेट जनता तय करेगी। कोई 2 बोरा अनाज उगाये तो 4 किलो ग्रामसभा का। सारी सम्पत्ति ग्रामसमाज की।''

''तब तो काफी पैसे हो गये होंगे ग्रामसभा के पास?''

''बाँस का क्या हुआ, बाँस का?'' एक सवाल पूरा न होता कि दूसरा सवाल।

''बाँस पर ग्रामसभा का अधिकार मिल गया है। 25 फीट का एक बाँस 24 से 40 रुपये में बिका। एक बाँस काटने की मजूरी 13 रुपये। पहला बाँस हमने यहाँ से एम.एल.ए. को ही बेचा।''

''अरे वाह! उसने खरीद लिया?''

''कोई सीमा भी है क्या?''

''हाँ, बाँस का बेड़ा बनाकर सीमा बना दी गयी है—118 हेक्टेयर जंगल। हमारी ग्रामसभा, बन सुरक्षा समिति के परमिशन के बिना इस 118 हेक्टेयर में सरकार का पत्ता भी नहीं खड़क सकता। दण्ड तक देने का अधिकार भी हमारा।''

''किसी को दण्ड दिया आपने?'' हँसने लगे सभी।

तोपा जी के आबनूसी चेहरे पर कोई मुस्कान नहीं पसीजी। पता नहीं, यह शख्स कभी हँसता भी है या नहीं!

''हाकिम के पास हम नहीं जाते, हाकिम हमारे पास आता है।'' हीरालाल जी ने जोड़ा, एक जिलाधीश या कमिश्नर ने तोपा जी को कोई ऑर्डर भेजा अंग्रेजी में। तोपा जी ने लौटा दिया—'हमसे कुछ कहना है तो हमारी भाषा में कहो।' मजबूरन उसे हमारी बात माननी पड़ी।''

''वाह! शाबाश! आपने हमारा सिर ऊँचा कर दिया।'' डॉ. निसार ने कहा, फिर

1. चारोड़ी = चिरौंजी

पूछा—"यहाँ दारू....?"

वह व्यक्ति बैल की तरह मूड़ी हिलाने लगा—"पहले मावा से दारू चुला कर पीते, औरतों को बौत पीटते फिर ग्रामसभा ने बन्दिश लगा दी। एक बूँद भी नहीं। न पीयी जायेगी, न चुलायी जायेगी। इससे पहला फायदा मिला औरतों को। पहले सामने बैठने का भी उनको हक नहीं था, अब पंचायत घर में बराबरी की हिस्सेदार हैं। वृक्ष मित्र और कल्प वृक्ष हमारे कानूनी सहायक हैं।"

वे मेंडालेखा ग्राम में नहीं, एक आश्चर्य लोक में थे। क्या कोई ऐसा देश भी है इस भूमंडल में जहाँ मन्दिर नहीं है, मस्जिद नहीं है, गिरजाघर नहीं है, धर्म नहीं, जाति नहीं, ऊँच नहीं, नीच नहीं, गालियाँ नहीं हैं, स्तुतियाँ नहीं, बलात्कार नहीं, दारू नहीं, हत्या नहीं, आत्महत्या नहीं, बाँस हो या कोई भोजपत्र, धान हो या दूसरी कोई फसल, अल्टीमेट मालिक ग्रामसमाज है, जहाँ ग्रामसमाज के निर्णय के बिना कोई पत्ता तक नहीं हिलता और जहाँ एक औरत भी 'ना' कर दे तो 'हाँ' न हो?

"आपने अपने ग्राम स्वराज को दूसरे गाँवों में विस्तार क्यों नहीं किया?"

"आप सरकारी लोगों के कारण! दारू हमने बन्द कराया, आपने चालू करा दिया। जो-जो स्टेप उठाया, आपने उन पर धूल डाल दी।" एक बूढ़े ने कहा। स्वर की निर्भीकता चकित करने वाली थी।

"क्या? क्या?"

"इंटरनेट पर आपको सारी जानकारी मिल जायेगी।"

छोटी ने ताली बजाकर सब का ध्यान आकृष्ट किया—"सज्जनो, सज्जनो, सज्जनो....!

"इस गाँव की दुलारी बिटिया, मेरी प्यारी सहेली मंजुला की शादी है। जब इस सुसंयोग पर मन्थन के इतने विद्वानों का गाँव में समागम हुआ है तो... उसकी इच्छा है कि लोग उसके विवाह में उपस्थित होकर नवरा-नवरी, माने वर-वधू को आशीर्वाद दें। यहाँ लड़की वाले लड़के वाले के घर ब्याहने जाते हैं। हम ठहरे लड़की वाले, सो गाँव वालों के साथ हम भी लड़की लेकर लड़के वाले के घर जायेंगे।"

"कहाँ है लड़के का घर?"

"बस तीन किलोमीटर आगे, बस से गाँव के पास तक जा सकते हैं।"

थोड़ी देर तक लोगों में विचार-विमर्श होता रहा, फिर सब तैयार हो गये...।

लोकाचार के बाद लड़की विदा हुई, बस में उसके स्वागत में सभी विद्वान खड़े हो गये। तोपा और दूसरे लोगों को भी उसमें बैठा लिया गया। मन्थन के सदस्य खड़े रहे। बाकी लोग ट्रैक्टर की ट्राली पर। बस में रो रही थी मंजुला-विदा की रुलाई!

"ए बाउ/ए बाबा-आ/एलिया लु नु/ए लुटन बाबा/एलिया लू नू ल/ए तस्कन

बाबा उ/ए न बा लो ह/ए दकन बाबा उ/ए न दे माइ कान/ए तुलून बाबा उ/ए न दे माई उन ए तुलून बाबा उ/ए लोन पई कान/ए तु लून बाबा उ/ए लो कुर ला तान्ह/दकन बा उ/''

विजयेन्द्र ने बगल के एक ग्रामवासी से इस अबूझ रुदन का अर्थ पूछा तो उसने जल्दी-जल्दी में बताया—''मैं छोटी थी, अब बड़ी हो गयी हूँ। अब जब मेरी शादी हो रही है, मैं परायी होने वाली हूँ। मैं रहूँगी या नहीं रहूँगी। वह अच्छा होगा या नहीं, नहीं बता सकती। अब मैं बचपन से जहाँ रही, उस बाबुल के घर को छोड़कर जा रही हूँ, वह सूना हो जायेगा। आदि-आदि!''

देखते-देखते वे आ पहुँचे लड़के के गाँव। फोन द्वारा पहले से बता दिया गया था फिर भी लोगों का हुजूम जिज्ञासा, कौतुक में उनकी अगवानी को खड़ा था। कुछ नंग-धड़ंग, कुछ मलिन कपड़ों में।

मिठाई के पैकेट खुले। बिस्लरी की पानी की बोतलें खुलीं। सबने खुलकर नृत्य में भाग लिया। छोटी बीच में नाच रही थी। बाकी लोक उसके चारों ओर।

पगड़ी बाँधे सरपंच उतरे। पगड़ी बाँधे लड़का देवा...! प्राइमरी टीचर...! लाल चूनर ओढ़े मंजुला। वर-कन्या की गाँठ जोड़ी गयी। बीच में बाँस कलश, नहीं-नहीं 'मुंडा'। मुंडा के चारों ओर तीन बार घूमते हैं।

औरतों ने गीत गाया, औरतों के साथ छोटी ने भी...

रे रे लुयो रे रेला रेला
कुड़का पीटे रामीन गुडा पियो-पियो
बाबान लोते माँ दिरो हल्यो ले
कुड़का पीटे रामीन गुडा पियो-पियो
बाबन लोनु तीर्थ किरो हल्यो ले...

आभिजात्य भोजन की जगह दाल-चावल, रोटी, बैंगन मिर्ची की सब्जी खुशी-खुशी खाकर अपना पानी पीकर जब मन्थन के सदस्य बस में सवार हुए तो छोटी नवरा-नवरी को देवघर (कोहबर) पहुँचाकर लौट रही थी। सब को लेकर बस चल पड़ी। दल को अभी तुकड़ो जी और गाडगे महाराज के ग्राम स्वराज का अध्ययन करना था जिसे अगली बार के लिए टाल देना पड़ा। कोई ग्रामीण कह रहा था—

''न कोई सरकार, न कोई एन.जी.ओ., हमें अपना विकास स्वयं करना है, अहिंसा, अध्ययन और स्वराज से...।''

''क्यों सरकारी या अन्य कोई मदद लेने में हर्ज क्या है?'' बिज्जू ने पूछा। गाँव का एक बुजुर्ग जो अब तक चुपचाप सुन रहा था। बोला—''हमने सोचा कि सरकार और सरकारी कर्ज पर भरोसा करेंगे तो मारे जाएँगे! देने वाले हाथ हमेशा ऊपर, लेने वाले हमेशा नीचे।''

"एक प्रश्न—यहाँ कितने किसानों ने आत्महत्या की है?"

"एक भी नहीं।"

"आसपास के गाँवों में।"

"सात।"

"और यहाँ एक भी नहीं?"

राव साहब ने दोनों हाथ जोड़कर प्रणाम किया—"चश्मे बद्दूर! किसी की नजर न लगे! आप तो हमारे सुखद सपने हैं। जो-जो चीजें इनसान को इनसान से, इनसान को प्रकृति और पर्यावरण से जुदा करती हैं, आपने अँखुआने के पहले ही उनका निषेध कर दिया है। दिल्ली, मुम्बई में हमारी सरकार। हमारे गाँव में हम ही सरकार। इस सरकार को सलाम।"

41

सुबह-सुबह किसी दबे कंठ की रुलाई से कोहराम मच गया नागौरा में।

''आवाज तो बिज्जू के घर से आती लगती है।'' पाटिल के घर की औरतों ने कहा।

''अरे देवा! अभी कुछ साल पहले ही तो सुनील ने आत्महत्या की थी। इतनी जल्दी फिर...?''

जुटते-जुटते बीस-एक लोग जुट गये घर में। सभी यह जानने को व्यग्र कि क्या हुआ।

''अरे वो कुछ नहीं।'' बिज्जू की आई ने बताया—''वो कलावती है न!''

''छोटी!''

''हाँ। रात भर जगकर कोई किताब पढ़ रही थी कि सुबह अकारण सियार की तरह रोने लगी।''

इतने लोगों को एक साथ सामने पाकर हड़बड़ाकर उठ खड़ी हुई छोटी।

''क्या हुआ छोटी?''

''कुछ नहीं आई। वो जरा...।'' अब वह लजाती हुई हाथ से आँसू पोंछ रही थी।

''क्या लिखा है उस कलमुँही पुस्तक में?''

बिज्जू ने किताब का नाम पढ़ा—'' 'जिन्दा कहानियाँ—शशिकला राय।' ये तो हिन्दी ठहरी।''

''क्या कोई जासूसी पुस्तक है?''

''अरे नहीं आजी, सिन्धु ताई को जानती हो?''

''कौन सिन्धु ताई—मोहन दादा की बायको?''

''अरे नहीं। एक सिन्धु ताई और हैं, अपने वर्धा के नवर गाँव में पैदा हुई थीं।''

एक औरत को जैसे कुछ याद आया—''अरे वो...जिसको सबसे बड़े सेठ की आई....क्या नाम...।''

"अम्बानी?"

"हाँ तो अम्बानी की आई कोकिलाबेन और अमिताभ बच्चन ने पुरस्कार दिया था?"

"हाँ, हाँ वही।"

"वो तो डेंजर बाई आहे। कोकिलाबेन को ही डाँट दिया था, तुम भूख के बारे में क्या जानो। पुणे रहती न? फिलिम बनी है उस पर!"

"भला देखो तो!" औरतों में सिन्धु ताई को खारिज करने की होड़-सी लग गयी।

अप्रतिभ हो उठी छोटी—"इसीलिए तुम्हारी यह दुर्दशा है! फिल्में तो बहोत देखीं, एक भी औरत बता सकती हो जो सिन्धु ताई जैसी हो?" सब चुप।

इसके बाद छोटी ने सीधे-सीधे जिन्दा कहानियाँ ही पढ़नी शुरू कर दीं—

"वर्धा के नवर गाँव की सिन्धु ताई...बचपन से ही अपमान और प्रताड़ना! जैसे-तैसे चौथी कक्षा पास की। ब्याह कर दिया गया। पेट से हुई कि एक साहूकार ने हवा उड़ा दी—इसके पेट में जो बच्चा है, मेरा है। बस नवरा ने सन्देह में पेट पर ही लात जमा दी खटाल में। सिन्धु भहरा पड़ी। बेहोश! होश में आयीं तो देखा, पेट खाली। बगल पड़ी थी बच्ची। एक गाय चाट रही थी, दूसरी गायों, भैंसों से रक्षा भी...। सिन्धु ने प्रार्थना की मदद के लिए। परिवार तो परिवार, गाँव से भी कोई न आया। खुद ही खटाल की एक गन्दी ईंट का टुकड़ा उठाया, उसी से नाल काटने लगी। सोलह बार के प्रहार में कटी नाल। सोलह बार, वो भी गन्दी ईंट से! उसी अवस्था में उठी। बच्ची को सीने से लगाया।"

इस पर कुछ औरतों ने सहमकर सीधे आँखें बन्द कर लीं।

छोटी ने बताना जारी रखा—

"सात दिन ससुराल की चौखट पर मिन्नत करती रही। कोई न पसीजा। एक सहेली अपने घर से जोआरी की भाकरी और संडास की बाल्टी का पानी अँधेरे में छुपाकर रख जाती। उसी से सींचती रही अपने और अपनी बच्ची के प्राण।"

"अरे बाबा!" कोई दबी चीत्कार।

"छाती में दूध नहीं। क्या करे! याद आया माहेर[1]। नवें दिन बच्ची को सीने से चिपकाए आ पहुँची नवर। मगर यहाँ भी सहानुभूति के सारे कपाट बन्द—न खाना दिया, न आश्रय! मगर अजीब की जीवट सिन्धु ताई। मरी नहीं, न ही मरने दिया शिशु को। स्टेशन पहुँचकर जो भी ट्रेन मिली, बैठ गयी। गीत बना-बनाकर गा-गाकर भीख माँगती। भिक्षुक बच्चों से दोस्ती, जो रात को उसे घेरकर सोते! फिर भी डर के मारे नींद न आती। तब सोचा, कहाँ जाऊँ, जहाँ ये मनचले जाने से डरें। चली

1. माहेर = मायका

गयी श्मशान भूमि—मुर्दों के बीच!

"यानी, जिन्दा लोगों में असुरक्षित, मुर्दा लोगों के बीच सुरक्षित!"

"हाँ, लेकिन कहाँ रह पायी सुरक्षित! एक दिन किसी मुर्दे के लिए जोआरी के पिण्डदान के पिण्ड को चिता में पकाकर खा रही थी कि श्मशान के पंछियों को सहन नहीं हुआ। टूट पड़े सब। लगे नोचने उसे। वह जोर-जोर से रोने लगी। गाँव के लोगों ने सुनकर कहा—"दरवाजा ठीक से बन्द कर लो। आज श्मशान में भूत रो रहा है।"

"अरे बाबा!"

"सिन्धु ताई पुणे आ गयीं। मुलगी को दगडू सेठ हलवाई के अनाथालय सिपुर्द किया। इच्छाओं को सात ताले में बन्द कर गहरे समन्दर में फेंक दी चाबी हमेशा-हमेशा के लिए और उठा लिया अपनी जैसी उपेक्षित माताओं, बच्चों को बचाने, सम्मान दिलाने का काम। मदद मिलती रही। काम बढ़ता रहा। बीस वर्ष में बाईस वर्ष और जुड़ गये। अब वह बयालीस वर्ष की थीं। यश ही यश! दसों दिशाओं में फैलता हुआ यश! तभी एक दिन 'पति' आया, गर्भ पर लात मारने वाला पति। रो रहा था। लेने आया था पर आँखें नहीं मिला पा रहा था। मगर सिन्धु ताई ने उसकी आँखों में आँखें डालकर नमस्कार किया। कहती हैं—"अगर वह घर से नहीं निकालता तो इतनी शक्ति कैसे अर्जित कर पाती मैं? 'पति' से कहा—'मेरी संस्था में आना चाहते हो तो आ सकते हो मगर पति बनकर नहीं, बच्चा बनकर। मैं अब आई हूँ, सिर्फ आई'।"

छोटी की बात पूरी होते न होते औरतों में खलबली मच गयी—"अब हमने समझा, तू क्यों रो रही थी।" आँचल से अपनी पलकें पोंछती हुई एक ने कहा।

"मैं रो भी रही थी, अपने अन्दर ताकत भी संचित करती जा रही थी काकू, मुझे मेरा रोल मॉडल मिल गया। मुझे मरने के नाम पर शर्म आयी। न मैं खुद मरूँगी, न किसी को मरने दूँगी।"

जलती बिल्लौरी आँखों में भर आये आँसुओं को उसने हथेलियों से पोंछा। उसका पूरा बदन अजीब तरह की करिस्माती ऊर्जा से गनगना रहा था।

"क्यों न हम 'मन्थन' का समाहार सिन्धु ताई से करायें—आत्महत्या को रोकने के लिए हत्या-आत्महत्या के विरुद्ध खड़ी उस महिमामयी महिला से बेहतर कौन होगा?"

"क्यों बिज्जू?" मन्थन के किसी सदस्य ने विजयेन्द्र से पूछा।

"चाहता तो मैं भी यही हूँ।" बिज्जू ने कहा—"सिर्फ एक बात का डर है, पाटिल काका ने इस आयोजन के लिए बड़े-बड़े सेठों से चन्दा लिया है। वे सभी समापन के दिन मन्थन के प्रोग्राम में आयेंगे। जो महिला सबसे बड़े सेठ की आई

को, जो खुद उन्हें सम्मानित करने ही आयी थी, डाँट सकती है, कहीं उन सेठों को कुछ कह दिया तो...?"

"मन्थन में पहले पहल विष ही निकला था।" छोटी ने आँखें तरेरते हुए कहा—"तुम करते रहो अपने नफे-नुकसान का हिसाब-किताब, मैं तो चली अपने प्रोमेथ्यूज के पास—आग लाने।"

चीजें युगों में बदलती हैं या पल में?

कभी-कभी चीजें युगों में भी नहीं बदल पातीं और कभी-कभी मात्र एक पल में बदल जाती हैं—बशर्ते संयोग और जज्बा हो। उसी सुबह छोटी ने परित्यक्त पड़े बाहर के दो कमरों को बिज्जू की आई से और खेत का तीन डिस्मल का एक टुकड़ा पाटिल काका से माँगा। हजार-एक रुपये अपनी आई और ताई से और शुरू कर दिया एक मिनी कृषि अनुसन्धान केन्द्र। किस खेत की किस फसल में कब, कौन-सी, कितनी खाद पड़ेगी, कब कितना पानी, कब कितना, कौन-सा कीटनाशक—सब की जानकारी। मिट्टी, खाद, कीटनाशक, बीज, पानी का परीक्षण-निरीक्षण। 'मन्थन' की सारी जानकारियाँ और अभी जो जानकारियाँ सम्भावित थीं—सब। मलसन सरकारी इमदाद और मार्केटिंग और एक अपडेट सूचना बैंक भी। कम्प्यूटर और इंटरनेट बिज्जी का। मन्थन के सारे युवा लड़के-लड़कियाँ उसके सहायक थे। यह सब बिज्जी की चोरी-चोरी।

और जिस दिन उसकी यह चोरी पकड़ी गयी, बिज्जी ने उसका कोर्ट मार्शल कर दिया—"तुम तो प्रोमेथ्यूज, आय मीन सिन्धु ताई को लाने जा रही थी न?"

"जा रही हूँ बाबा! ताई को दिखाऊँगी क्या—'मन्थन' की सैद्धान्तिकी, मॉडल्स—प्रैक्टिकली भी कुछ कर रहे हैं हम—यह भी देखें वे।"

"तुमने दो कमरे हथिया लिये, 3 डिस्मल खेत, आई-ताई के पैसे, मेरा कम्प्यूटर!"

"अभी तो शुरुआत है! मेरे कृषि अनुसन्धान केन्द्र को सामने के पूरे पचास एकड़ चाहिए!"

"बिना पूछे ले लोगी सब?"

इसके जवाब में छोटी ने नाच-गाकर बताया—

"जो तेरा है वो मेरा है,
जो मेरा है वो तेरा!"

वह नटखटपने पर उतर आयी थी। सुबह तक यह नशा हावी रहा।

"जा रही हूँ, बाकी आने पर बताऊँगी।" उसने बैग उठा लिया।

"पैसे हैं?"

"हैं।"

“अरे हाँ, ये तो बताती जाओ, तुमने कॉलेज छोड़ दिया क्या?”

“हाँ!” जाते-जाते उसने कहा—“अब यही मेरा कॉलेज है, यही मेरी यूनिवर्सिटी और यही मेरा मिशन!”

बिज्जू उसे अवाक् होकर देखता रहा—

काश तुम सिन्धुताई के मसले पर इतने अतिरेक में न होती। नवर नहीं, पिपरी मेघे गाँव में माहेर था नवर में तो शादी हुई थी उनकी। उनके संघर्ष को सलाम, लेकिन... खैर, भटकाव भी तुम्हारा और सन्तुलन भी तुम्हारा!

42

जलसाघर में तब्दील हो गया है मन्थन का मंच और प्रेक्षागृह। अन्दर किनारे-किनारे सजाये गये गमलों में जुगनू के जीन का आभास देते पौधों से छिटकती मनभावन नीली-नीली आभा। बीच में मंच। मंच के सामने मन्त्री, नेता, सेठ और विशिष्ट जन। भीड़ में चर्चा है कृषि मन्त्री के आने की। केन्द्र के या प्रान्त के यह पता नहीं। मंगल ग्रह पर जाने वाला मल्लेश स्वयं मंगल ग्रह की तरह चमक रहा है लाल-लाल दायीं ओर की कुर्सी पर। आज पूर्वाह्न में उसका सम्मान किया जाना है।

"छोटी की आई शकुन बाई को भी सम्मानित किया जाना था, मना कर दिया बाई ने।" किसी ने कहा।

"वो ट्रक देखा, गिफ्ट से भरा है। कोई सेठ लाया है। सबको मिलेगा।"

"सुना विदेश से किसी बाई ने कुछ पैसा भेजा है।"

"हाँ, क्या तो नाम है, वन्दना! स्विट्ज़रलैण्ड से!"

"सुना, सिन्धु ताई आ रही हैं।"

"क्या पता अभी तक तो दिखाई नहीं पड़ीं।" तरह-तरह की जिज्ञासाएँ।

सभा में थोड़ी अस्थिरता नजर आ रही थी। आन्ध्र का एक किसान प्रतिनिधि तैश में चीख रहा था—"अगर सरकारी मन्त्री को ही समापन करना है तो हमें माफ करें। हम सभा का बहिष्कार करते हैं।"

"मगर हुआ क्या अचानक?" पाटिल काका दौड़े-दौड़े गये।

"अपने तेलंगाना का हाल सुना? नये मुख्यमन्त्री को कृषक आत्महत्याओं की कोई चिन्ता नहीं, जबकि एम.एल.एज. की तनख्वाह 95,000 से बढ़ाकर दो लाख करने जा रहे हैं। किसान तो हर तरफ से ठगे गये।"

बड़ी मुश्किल से उसे मनाया जा सका। बेचैनी में चहलकदमी करता हुआ विजयेन्द्र बार-बार सेल फोन ट्राई कर रहा है—छोटी से कोई सम्पर्क नहीं हो पा रहा। अब तक तो उसे सिन्धु ताई को लेकर आ जाना चाहिए था। अगर वे समय पर न आ सकीं तो पाटिल काका की ही बात मानकर मन्त्री महोदय या किसी बड़े सेठ से ही सम्मान पर्व को सम्पन्न कराना होगा। सिन्धु ताई आयीं तो समापन सत्र

में उनका उपयोग कर लिया जायेगा। सेकेण्ड के काँटे-काँटे पर उछल रहा है दिल। यह कम्बख्त फोन क्यों नहीं लग रहा?

वही हुआ। बिना सिन्धु ताई और बिना छोटी के ही सम्मान सत्र की शुरुआत कर देनी पड़ी।

राज ने माइक सँभाला और विशिष्ट जनों का आह्वान किया। डॉ. अहमद ने मन्थन की फाइंडिंग्स की तीन मिनट की संक्षिप्त रपट पेश करते हुए किसानों की बदहाली की कारक शक्तियों और उनसे उबरने की कोशिशों पर प्रकाश डाला—

''मन्थन की सम्प्राप्ति! कितने रतन निकाले हमने। कितने विष? कितने अमृत? जो भी हैं, पेश हैं आपके सामने।

''जल हमारी प्राथमिक जरूरत है। सिंचाई के नाम पर हमें पानी नहीं, घोटाले मिले हैं। कभी अतिवृष्टि तो कभी अनावृष्टि। मन्थन पहली वरीयता जल संरक्षण को देता है। मॉडल हैं पोपटलाल पँवार का गाँव हिवरे बाजार, जिला अहमदनगर। द्वितीय, सम्पूर्ण मद्य और नशे का निषेध। तीसरा जी.एम. बीजों के स्थान पर देशी बीजों का, विदेशी खादों की जगह देशी कम्पोस्ट और नाइट्रोजन, फॉस्फेट के देशी विकल्प, कीटनाशकों के देशी विकल्प ताकि वे मिट्टी, पानी को प्रदूषित न कर सके और तितलियों, मधुमक्खियों तथा मित्र पक्षियों, प्रकारान्तर से मानव जीवन को बचाया जा सके। चौथा, कर्ज देने वाली एजेंसियों का सम्पूर्ण बायकाट, सरकारी बैंकों के ऋण लेने-देने की व्यवस्था को किसानोपयोगी बनाया जाये, वरना हम कर्ज से दूर रहेंगे। इनकी जगह कृषक सहकारिता की स्थापना, गुजरात मॉडल के आधार पर जो कृषि व ग्राम उत्पादों का संग्रह, मूल्य निर्धारण संचय और विपणन की व्यवस्था करेगा। डीजल, बिजली आदि पर सब्सिडी समाप्त करने की सरकारी पहलकदमी का हर तरह से विरोध। इस मॉडल को मन्थन के आधार पर हम स्वयं विकसित करेंगे? गुजरात के दीपक और हिवरे बाजार के पोपटलाल पँवार के मॉडल को आमने-सामने रखकर किसानों के पलायन और विस्थापन का निदान ढूँढ़ा जायेगा।

''पाँचवाँ, मौत मौत होती है। कृषक आत्महत्याओं को पात्र-अपात्र के पेंच में उलझाना बर्बरता है और भ्रष्टाचार को बढ़ावा देने वाला भी। मुआवजे की रकम भी पक्षपातपूर्ण है। मन्थन इन मौतों को अव्वल तो रोकने की हर कोशिश करेगा। मसलन, साहित्य, प्रचार सामग्री के जरिये उनका आत्मबल बढ़े, रोजगार के विकल्प खुलें, भजन प्रवचन आदि अन्धश्रद्धा से नहीं, वैज्ञानिक दृष्टिकोण से...दोयम, ऐसी हर मौत के मुआवजे में एकरूपता बरतने के लिए आन्दोलन करेगा।

''छठा, सम्प्राप्ति की एक रपट मन्त्री जी के द्वारा सरकार को भिजवायी जा रही है और मन्थन अपने प्रयोग क्षेत्रों में इसे स्वयं तत्काल प्रभाव से लागू करने जा रहा है। कलावती ने इसे प्रारम्भ भी कर दिया है। इसके लिए जो भी उपाय और

अधिरचना विकसित करना लाजिमी हो, हम करेंगे। यहाँ हमारा मॉडल मेंडालेखा का स्वराज स्वशासन है। लेने वाले हाथ देने वाले हाथ के हमेशा नीचे रहते हैं। अतः हम सरकार के मुखापेक्षी नहीं रहेंगे। दिल्ली-मुम्बई में हमारी सरकार, हमारे गाँव में हम ही सरकार!''

इसके बाद राज ने आत्महत्याग्रस्त क्षेत्र के कृषक पुत्र मल्लेश का गरिमापूर्ण परिचय देते हुए उसका मंच पर आह्वान किया और इसके साथ ही मन्त्री महोदय और तीन विशिष्ट सेठों को भी मंच पर सादर आमन्त्रित किया—जिन्हें सम्मिलित रूप से मल्लेश को सम्मानित करना था।

अभी ये उठे ही थे कि धप-धप करते हुए मल्लेश राज के पास जा पहुँचा। हाथ के इशारे से उसने रोक दिया विशिष्ट अतिथियों को। सभी हतप्रभ--यह क्या!

झुककर प्रणाम किया सबको और राज के हाथ से माइक लेकर पूर्व नियोजित कार्यक्रम से अलग बोलना शुरू किया—''आदरणीयो! मन्थन के उद्योक्ताओं का मैं आभारी हूँ जिसके फलस्वरूप मैं जान सका कि दुनिया में कितने बड़े-बड़े काम कितने मामूली लोगों ने, मामूली जगहों पर, मामूली सुविधाओं...यहाँ तक कि अभावों में रहकर किये...। निजी मुनाफे के लिए नहीं, जनहित में!''

मन्त्री महोदय और सेठों की समझ में नहीं आ रहा था कि खड़े रहें या बैठ जायें।

मल्लेश ने आगे कहा—''जिन वैज्ञानिक खोजों को वैज्ञानिकों को करना था उन्हें प्रायः अनपढ़ किसानों ने किया। जिन बड़े-बड़े कामों को मन्त्रियों, अफसरों, नेताओं को करना था, उन्हें आम आदमी ने किया। जिन्दगी ने उतनी नियामतें उन्हें नहीं बख्शीं। फिर भी...! जिस देश में तीन लाख से ज्यादा किसान आत्महत्या कर चुके, स्वयं मेरे फूफा जी, विजयेन्द्र के पिता, कलावती के पिता और मेरे सामने, मेरे गिर्द बहुतों के कोई-न-कोई माता-पिता, मित्र या रिश्तेदार...उसी देश में सिन्धु ताई ग्राम स्वराज के पुरोधा तुकड़ोजी महाराज, तोपा जी हैं, खोबरागड़े जी भी हैं, चार वर्ष तक डैमेज स्पाइन के अपने दर्द को दबाये लेटे रहकर भी कुष्ठ रोगियों की सेवा करने वाले बाबा आमटे भी लास्ट बट नाट द लिस्ट, सिंधु ताई और अपनी कलावती भी—आत्महत्या के विरुद्ध जिन्दगी के जिन्दा मशाल! मुझे क्षमा करें, मैं प्रेरक बनने आया था और खुद प्रेरणा ग्रहण करके जा रहा हूँ, दाता नहीं, भिखारी! यहाँ संहार देखा तो सृजन भी देखा। लूट और कपट देखा तो त्याग और समर्पण भी। अन्नदाता, वस्त्र दाता किसानों के नाम पर चल रही लूट, ठगी और हत्याएँ... जैसा कि प्रवेश द्वार पर विट्ठलदास और दूसरे लोगों की कविताएँ साफ-साफ एलान कर रही हैं, आप उन्हें लाख आत्महत्याएँ कहकर बरी हो लें, वे हैं हत्याएँ ही...। वह एक पल को रुका फिर भरे कंठ से बोलता गया कितना शर्मनाक है यह सब! ऐसे में मेरे जैसे का कैसा सम्मान? कैसा अभिमान?''

उसने जेब से मार्श मिशन का कागज निकालकर हवा में लहराया—''किसने जलायीं बस्तियाँ, बाजार क्यों लुटे। मैं चाँद पर गया था मुझे कुछ खबर नहीं।''

वह कागज को फाड़ना ही चाह रहा था कि रोक दिया विजयेन्द्र ने—''रुको, रुको मल्लेश, तुम अकेले नहीं थे मंगल अभियान पर तुम अपने मंगल पर जा रहे थे, मैं अपने...मेरा मंगल था कैलिफोर्निया।''

चर्र! चर्र! की जुगलबन्दी—छोटी-छोटी चिन्दियाँ स्लोमोशन में गिरती हुईं। लोग अवाक्! पीछे तालियाँ बजाते लोग अभिनन्दन में खड़े हो गये।

मन्थन के समारोह में अव्यवस्था फैल गयी। जिसके जो जी में आया, बोलने लगा। कोई किसी की नहीं सुन रहा था। इस बीच पाटिल काका को एक सेठ डाँटने लगा—''हमारे पीसे वापस करो।'' और भी जाने क्या-क्या! पाटिल काका ने समारोह को भंडुल होने से बचाने की हर चन्द कोशिश की। मंच पर आकर उन्होंने माइक सँभाला—''मन्त्री महोदय आप किसानों के लिए किसी पैकेज की घोषणा करने वाले हैं। कृपया शान्ति बनाये रखिये। गिफ्ट से भरा एक गिफ्ट वैन, खास आपके लिए बाहर खड़ा है।''

''नहीं चाहिए हमें पैकेज-वैकेज, गिफ्ट-विफ्ट! घूम-फिरकर यह पैकेज तुम्हारे और तुम्हारे चमचों के लिए होता है। हमें पॉलिसी चाहिए और वो भी हवा में नहीं, ठोस जमीन पर।''

उत्तेजना शान्त होने के उलटे बढ़ती गयी। कोई चीख रहा था—''पानी बेचा, नदी बेचा, पहाड़ बेचा, जमीन बेची, खनिज बेचा, पूरा देश बेच दिया तुमने कारपोरेट बनियों को। तुम्हारी जगह जेल में है।''

मन्त्री जी ने पहली बार मुँह खोला, चेहरा शान्त। मोहिनी मुस्कुराहट। बोले—''दिमाग को ठंडा रखो। तुम लोगों ने मेंडालेखा समेत जिस-जिस संस्था का नाम मॉडल के बतौर पर लिया, सरकारी संरक्षण न मिलता तो वे क्या पनप पातीं?''

जवाब दिया शोध छात्र प्रेम ने—''महोदय, प्रतिरोध के विभिन्न रूपों में सरकार या सत्ता उन रूपों को मजबूरन स्वीकार करती है जो उसकी शक्ति संरचना और छवि के लिए सबसे उपयुक्त लगते हैं। मेंडालेखा का वैकल्पिक मॉडल आपको अपनी लोक पक्षीय छवि को चमकाने का अवसर देता है।''

''यह तो सरासर इन्सल्ट है हमारा।'' मन्त्री महोदय से एक सेठ ने कहा। विशिष्ट अतिथियों के चेहरे पर तनाव उभर आया। मन्थन अपने अन्तिम दिन जहर लेकर आया था। पाटिल काका की कोशिशों के बावजूद बात बिगड़ती ही चली गयी।

सत्तापक्ष और विरोधी पक्ष दोनों इस बात पर एकमत थे कि उन्हें अपमानित करने का सुनियोजित षड्यन्त्र है। एक बिल्डर ने राज को धकिया कर माइक हथिया लिया और बोलता चला गया—

"महीने भर के इस मन्थन से कौन-कौन-से रतन निकाले तुम लोगों ने, अब यह हमसे कुछ छुपा नहीं रहा। माना कि यही न कि सभी पार्टियाँ और सभी लोग भ्रष्ट हैं, किसान के, क्या नाम के, शेतकरी के हत्यारे हैं, बस एक तुम्हीं हो उनका भला चाहने वाले। हम तो भ्रष्ट हैं, चलो माना लेकिन इन भ्रष्टों के पैसों पर गुलछर्रे उड़ाने वाले तुम कौन हो? हमारी जगह जेल में है और तुम्हारी...? हमने सोचा, एक अच्छा काम कर रहे हो, मन्थन का जो भी सहयोग हमसे बन पड़ा किया, पूछो, पूछो पाटिल से, सभी पार्टीसिपैंट्स के लिए गिफ्ट लेकर आये थे और तुम...?"

इस भंडुल मंच के कलंकित नायक की तरह विजयेन्द्र धीरे-धीरे बाहर निकल आया। फिर उसने राज को इशारे से बुलाया—"मैं जरा नागौरा होकर आ रहा हूँ। छोटी और सिन्धु ताई की कोई खबर नहीं मिल रही है। तब तक किसी तरह सँभालो।"

अभी दस ही बज रहे थे लेकिन आसमान से आग बरस रही थी, बिज्जू की मोटर साइकिल वर्धा नागपुर रोड की पुलिया पर पहुँची ही थी कि पीछे से आ रहे ट्रक ने टक्कर मार दी। एक फिल्मी दृश्य की तरह झाड़ी से उलझकर मोटरसाइकिल के दोनों पहिये नाच रहे थे और विजयेन्द्र नीचे नदी में जा गिरा था।

चोट तो लगी, मगर जान बच गयी। जान इसलिए बच गयी कि नदी में पानी था मगर इससे भी बड़ी वजह यह कि पीछे-पीछे कार में विनायक और मल्लेश आ रहे थे। जैसे ही विजयेन्द्र की मोटरसाइकिल आगे बढ़ी, गिफ्ट वाला ट्रक उसके पीछे लग गया। मल्लेश की खोजी मेधा ने आसन्न खतरे को सूँघ लिया और विनायक के साथ तत्काल कार पर निकल पड़ा। पुलिया पर उन्होंने गिफ्ट वाले ट्रक को विजयेन्द्र की मोटरसाइकिल को टक्कर मारते और उसे नदी में गिरते देख लिया था। यह संयोग ही था कि बचाने वाले सारे सूत्र जुड़ गये वरना सेठों का गिफ्ट कितना भारी पड़ता!

घायल विजयेन्द्र!

आँखों के सामने एक दृश्य उभर रहा है, एक मिट रहा है...मुम्बई के फैशन शो को कवर करते मीडिया के चैनल! रैम्प पर आती हुई सुन्दरियों की कतार। फर्श बुहारते उनके एक से बढ़कर एक गाउन। उसी के समानान्तर विदर्भ की विधवाओं का जुलूस!

कपास चुनती बदरंग नववारी में बदरंग महिला। कपास से जीनिंग मिल, जीनिंग मिल से गाउन बनकर फैशन शो की सुन्दरियों तक का सफर! कपास की चुनाई से जीनिंग मिल, जीनिंग मिल से साड़ी बनकर गाँव की महिलाओं तक का सफर! फैशन सुन्दरियाँ और विधवाएँ अदल-बदल जाती हैं। कभी केवल सुन्दरियाँ, कभी केवल विधवाएँ। कभी सुन्दरियों के बीच विधवाएँ। कभी सुन्दरियों का कायाकल्प विधवाओं में। कभी सारे पॉजिटिव्स निगेटिव्स में ढलते हुए। गले में परिचय पत्र के टैग्स!

लम्बे सुन्दरियाँ कैटवाक करती हुई मुड़ गयी हैं। उस मोड़ से निकलकर आ

रही हैं मजूरनें। कभी तेज-तेज। कभी दौड़ती हुई। अँधेरे में ठोकर लगी, गिरी फिर उठी दौड़ पड़ी दुलकी चाल से। दूर ट्रेन के इंजन की आती हुई हेड लाइट। कहीं ट्रेन न छूट जाये। विदर्भ की बिजली से चौंधिया रहा है मुम्बई का फैशन शो और यहाँ एक कतरा रोशनी के लिए तरसते प्राण!

रैम्प पर वाक करते पक्ष-प्रतिपक्ष के नेता, उद्योगपति, साहूकार, अफसर, पटवारी। रैम्प पर वाक करती मनमोहिनी गायें, रैम्प पर वाक करते भजन गाते साधु, तान्त्रिक और कंकालों की कतारें। पीछे-पीछे भजन गाते वाक करते हुए सदानन्द—

''वैष्णव जन ते तेणे कहिए जे पीर परायी जाणे रे...।''

रैम्प अब बेताल भूमि में परिवर्तित होता है। हाथों में फ्लैग लहरा रहे हैं कुछ कंकाल। फ्लैग में खोपड़ी अंकित है। राजधानी एक्सप्रेस की तर्ज पर श्मशान एक्सप्रेस की स्पेशल ट्रेनों को सिग्नल दिया जा रहा है—एक ट्रेन पंजाब से, एक गुजरात से, उसी तरह एक कर्नाटक, एक मध्यप्रदेश, एक छत्तीसगढ़, एक आन्ध्रप्रदेश, एक तमिलनाडु, एक बुन्देलखण्ड, एक विदर्भ से। दिल्ली के गाजीपुर के कचरे के स्तूप पर आ-आकर रुकती हैं ट्रेनें। मरे-अधमरे रोगग्रस्त किसानों के कचरे को उलीचती हैं ट्रेनें। हजारों, लाखों चील, कौवे, गिद्ध चक्राकार चक्कर काट रहे हैं उन पर। देश का अधुनातन पक्षी विहार!...अचानक उनका रंग उजला हो जाता है, जैसे मृत किसानों की रूहों द्वारा यहाँ भी कोई मन्थन चल रहा हो। विचित्र-विचित्र आवाजें। ट्रैफिक जाम हो गया। ताई मोहन दादा के गले का रस्सा पकड़े खड़ी हैं। रोहिणी खड़ी है पति का जला काला प्रेत लेकर। पाँवों में बेड़ी घसीटते हुए बोडुरा का प्रकाश खड़ा है—बाप की लाश को बेताल की तरह कन्धे पर लादे हुए। अपात्र मृतात्माओं की भीड़! कोई सिपाही चाबुक सटकार रहा है उन पर—''लाइन से आओ। लाइन से।''

होश में आते ही रैम्प मन्थन के मंच में तब्दील होने लगता है। धुन्ध विजड़ित आकृतियाँ! क्षण भर के लिए खयाल आता है, कहाँ है छोटी!

ठीक उसी समय वर्धा स्टेशन पर उतर रही थी छोटी। तनिक खिन्न थी—

मौत ने तो धर दबोचा एक चीते की तरह
जिन्दगी ने जब छुआ एक फासला रख कर छुआ।

उतरते ही पहली चिन्ता हुई पर्स की। सिर्फ तीन सौ रुपये बच रहे थे।

हर महीने पाँच सौ रुपये भेज दिया करती थी सरस्वती ताई। इस बार खर्च ज्यादा था लगा दिया कृषक अनुसन्धान केन्द्र में। पुणे से वर्धा लौटते हुए छोटी तनिक चिन्तित हुई। फोन लगाया। फोन काटकर खुद फोन किया सरस्वती ने—''पैसा और फोन नहीं गया न मेरा, माफ करना। दरअसल मैं इस बार खुद आकर सरप्राइज देना चाहती थी तुझे। एक छोटी-सी सूचना—तुझे पता है, जीवन को अपने साथ ले

गया अशोक।''

''कब? कैसे? कहाँ?'' एक साथ इतने सारे सवाल पूछकर जड़ हो गयी छोटी।

''वह मैं ठीक-ठाक नहीं बता सकती...मुला का बनगाँव में यह कहकर दुष्प्रचार किया गया कि तुम्हारा और अशोक का बेटा है जिसके कारण...।''

''सो तो मालूम है।''

''इस दुष्प्रचार को सरेआम मुँह चिढ़ाते हुए अशोक ने डंके की चोट पर ऐलान किया कि हाँ, है और ऐसा होने में ही हम दोनों का गौरव है। सन्तान सिर्फ कोख जायी ही नहीं होती। देवकी वासुदेव ही माता-पिता नहीं थे, यशोदा और नन्द भी थे बल्कि देवकी-वासुदेव से ज्यादा ही।''

कट गया फोन सम्पर्क। अब वहाँ सिर्फ एक सिजदा थी और था एक एकालाप—''बहुत जल्दी वयस्क बना दिया तुमने मुझे...साथ-साथ खुद को भी। इससे सच्चा पति-पत्नी भी कोई हुआ होगा इस जहान में! जो मैं न कर सकी, तुमने करके दिखा दिया। तुम जीत गये अशोक, मैं हार गयी। यद्यपि तुमने मुझे हारने नहीं दिया! तुमने सारी कुत्साओं का मुँहतोड़ जवाब दे दिया अपनी तरफ से, मेरी तरफ से भी जो जहर की तरह छिड़के गये थे। जीवन मुँह चिढ़ाता रहेगा मौत को।''

स्टेशन की एक बेंच पर अकेले में एक मीठे तनाव में कभी गुरूर में फूली न समाती, कभी कृतज्ञता में टेसुए बहाती। कोई देखता तो कहता, बावरी है।

सहसा उसे सरस्वती की बात याद आयी—'दरअसल मैं इस बार खुद आकर सरप्राइज देना चाहती थी तुझे।' अक्षर-अक्षर आह्लाद से तरंगायित थे—'तो क्या ताई खुद आ रही हैं!...और सरप्राइज...? कैसा सरप्राइज?'

उसने दोबारा फोन लगाया। सरस्वती ने मीठे-मीठे डाँटा—''नहीं सब्र हुआ न?''

''बहुत कंजूस हो, कुछ और बताओ न। प्लीज ताई!''

''अच्छा तो सुन, अशोक का सन्देश तुम्हारे लिए—सन्देश के पीछे एक विराट चेहरा मूर्तिमान था। अशोक की काली-काली दाढ़ी, मूँछें, करुणार्द्र आँखें...शब्द बरस रहे थे—'क्या हुआ जो हमारा दैहिक मिलन नहीं हुआ! क्या हुआ जो हम घोषित रूप से पति-पत्नी नहीं बन पाये! क्या हुआ जो हमने जैविक सन्तानें नहीं पैदा कीं! हमारी आत्माओं का तो मिलन हुआ। हमारी रूहें तो एकसार हुईं! उसी की सन्तानें हैं ये...यह संस्था जो मैं तुम्हारे नाम से चला रहा हूँ 'कलावती कुंज'। इस कुंज में 'जीवन' जैसी कई कलियाँ हैं और तो और अमला की तुम्हारी आई की सखी आशा की दो मुलगियाँ अजन्ता, इलोरा भी। कर्ज की एवज में सूदखोर महाजनों की लार टपक रही थी। आत्महत्या ग्रस्त शेतकरी की इन सन्तानों को मैं भेड़ियों को नहीं ले जाने दूँगा।

''मुझे तुम्हारी गतिविधि की घड़ी-घड़ी की खबर है, मन्थन की भी। खुद तो नहीं आ रहा मगर मेरी ओर से तुम्हें, विजयेन्द्र को और मन्थन को यह तोहफा—कलावती

कुंज! कलावती कुंज की कलियाँ उपस्थित रहेंगी समापन पर्व पर। सरस्वती ताई तोहफा लेकर जा रही हैं।''

सरस्वती ने कहा—''अभी इतना ही। मैं पहुँच रही हूँ, तू भी पहुँच जा जल्दी से। बाकी मिलने पर...।''

उमंग में कदम अटपटे पड़ रहे हैं, चाल बहकी-बहकी—पंख होते तो उड़ आती रे...।

वह दौड़कर यह खबर देना चाहती थी विजयेन्द्र को, आई को, मावसी को, मन्थन को...सारे जमाने को, भर कंठ भेंट लेना चाहती थी ताई को, आई को, भर आँख देख लेना चाहती थी कलावती कुंज की कलियों को।

प्रेम के औदार्य में कदम बहके-बहके, पलकें छलकीं-छलकीं...

मरने से हमें इनकार नहीं जीते हैं मगर इक हसरत में,
भूले से हमारा नाम कभी आ जाए तेरे अफसानों में।
मिटते हैं मगर हौले-हौले, जलते हैं मगर इक बार नहीं,
हम शम्मा का सीना रखते हैं, रहते हैं मगर परवानों में।

मन्थन के समापन के जलसे में इतनी भीड़! कई लोग आँखें फाड़-फाड़कर छोटी को देख रहे थे। कुछ लोगों ने उसके लिए रास्ता बनाया। सबसे पहले दिखीं सरस्वती ताई। आँखें छलछला आयीं। झुककर चूम लिया कदमों को—''अरे-अरे! क्या करती है छोटी!'' बड़ी ने उसे बाँहों में भर लिया।

''बच्चे कहाँ हैं ताई...वो जीवन...?''

''आ जाएँगे। पहले तुम विजयेन्द्र को सँभालो।''

''क्या हुआ बिज्जू को?''

''हुआ तो बहुत कुछ। लेकिन बच गया।'' और उन्होंने मुख्तसर में सब कुछ बता दिया। दौड़ पड़ी वहीं से...।

विजयेन्द्र को होश आ रहा था, जा रहा था। चेतन-अचेतन की सन्धि पर सहसा कानों में आवाज आयी—''अरे छोटी...?'' और इसके साथ ही उसे आभास हुआ जैसे किसी महिला ने उसे गोद में ले लिया है। खुल गयीं आँखें। खिल गयीं आँखें! उथलाती भीड़—''सुनो, वो मुलगी कुछ कह रही है।''

''नहीं मार पाये न?'' चुनौती उछालते शब्द—''फिर कोशिश करो।'' उसकी बिल्लौरी आँखों में आग थी, पानी था।

''छोटी न? अरे मुलगी तू तो सिन्धु ताई को लाने गयी थी न?'' पूछते हैं पाटिल काका।

''हाँ काका। सिन्धु ताई व्यस्त हैं, अभी नहीं आ सकतीं। कोई बात नहीं।''

''तो क्या तुम्हारा जाना बेकार रहा?''

''बेकार तो नहीं, नयी-नयी सच्चाईयों से रू-ब-रू हुई। कोई बात नहीं। मैं

प्रोमेथ्यूज को तो न ला पायी, मगर उसकी वह आग चुराकर ले आयी हूँ। जो वह स्वर्ग से चुराकर ले आया था।''

''कहाँ?''

''यहाँ!'' उसने मस्तक के कोने पर दस्तक दी—''देश को बचाना है तो देशवासी को बचाओ और शेतकरी को बचाना है तो इन परजीवियों और दलालों को उखाड़ फेंको।''

तनिक रुककर छोटी ने कहा—''जाओ पाटिल काका, जाओ। इन सेठों साहूकारों से कह दो, हम किसी के कर्जदार नहीं। कोई भी शेतकरी किसी भी महाजन का कर्जदार नहीं। तुम भी इस देश के, हम भी इस देश के। हमारा पैसा तुम्हारा पैसा। तुम्हारा पैसा हमारा पैसा। अपने दिये पैसे का तुम हिसाब माँगते हो! सोचो, क्या होगा उस दिन, जिस दिन इस देश का एक-एक शेतकरी अपने पैसे का हिसाब माँगने लगेगा।''

''मूँगी को पंख लग गये तो समझो उसका अन्त आ गया।'' कोई शरारती टिप्पणी!

''ना-आ-आ-आ!'' छोटी की उँगली इनकार में हिलती है जैसे आगे बढ़कर कालचक्र के काँटे को पकड़कर कोई झूल गया हो—

''मूँगी उड़ाली अकाशी,
तिने घेरले सूर्यासी!''[1]

''हमारा मन्थन सफल रहा। पहले जहर मिला। धन्वन्तरि मिले और अब अमृत...।''

मिचमिचाती आँखों से देखता है विजयेन्द्र। देखते हैं सभी—छोटे-बड़े पचासों बच्चे, किशोर, किशोरियाँ, तितलियों की तरह बाँहें फैलाये दूर से दर्शकदीर्घा के तीन तरफ से दौड़े चले आ रहे हैं—कलावती कुंज की कलियाँ!

''ये अपने ही बच्चे हैं। इत्ते सारे बच्चे! मौत के पंजों से छीने हुए इतने जीवन! सुन पा रहे हैं इनकी किलकारियाँ! इनके हर धाप पर धन्य हो रही है वत्सला धरती।''

□□

---

1. सन्त ज्ञानेश्वर की बहन मुक्ताबाई का एक काव्यांश—
चींटी आकाश में उड़ी, उसने सूर्य को निगल लिया।